U0512401

格致方法·社会科学研究方法译丛

质性研究分析与诠释

访谈之后

[美] 查尔斯·瓦诺弗   Charles Vanover

保罗·米哈斯   Paul Mihas

约翰尼·萨尔达尼亚／主编   Johnny Saldaña

秦静 施文刚／译

Analyzing and
Interpreting
Qualitative Research
After the Interview

格致出版社   上海人民出版社

致　谢

在本书编写过程中,下列审稿专家提出了宝贵意见和建议,在此表示感谢:

芭芭拉·安德森(Barbara Andersen),爱达荷大学

德里亚·伯德(derria byrd),马凯特大学

朱毅亭(Yiting Chu),路易斯安那大学门罗分校

道恩·克拉克(Dawne Clarke),圣托马斯大学

马库斯·克劳福德(Marcus Crawford),弗雷斯诺州立大学

罗宾·格雷尼尔(Robin Grenier),康涅狄格大学

杰卡琳·M.格里芬(Jacalyn M. Griffen),弗雷斯诺太平洋大学

安妮·M.霍纳克(Anne M. Hornak),中央密歇根大学

柯克·利奇(Kirk Leach),阿肯色大学小石城校区

杰奎琳·马莱特(Jacquelyn Mallette),东卡罗来纳大学

罗伯特·T.帕尔默(Robert T. Palmer),霍华德大学

海蒂·帕奎特(Heidi Paquette),马凯特大学

佩吉·香农-贝克(Peggy Shannon-Baker),佐治亚南方大学

查琳·斯内尔森(Chareen Snelson),博伊西州立大学

珍妮·索菲斯(Jeanne Surface),内布拉斯加大学奥马哈分校

简·韦斯特(Jane West),默塞尔大学

目　录

第四部分　反思与分析备忘录策略

第五部分　解释策略

第六部分　以艺术为基础的实践

第七部分　写作实践

导　论

查尔斯·瓦诺弗　保罗·米哈斯　约翰尼·萨尔达尼亚

《质性研究分析与诠释：访谈之后》为读者提供了转录、分析和解读访谈资料的实践与策略，适用于一对一访谈、焦点小组以及二手资料的分析。我们将为读者在撰写重要的实地研究结论或正式的研究报告方面提供丰富多样的方法，从而为读者呈现一套适用于质性研究全过程的操作指南。

我们没有就如何从一组访谈记录到形成研究章节、论文或专著这样单一的角度进行分享，而是请质性研究领域的专家学者分享了他们在对不同类型数据进行分析时所采取的具体步骤和操作指南。虽然本书作者们的观点和质性研究领域一样丰富多样，但它们都有一个共同点：本书的每一章都反映出研究人员的决策在质性研究技能掌握中所起的作用。因为每一个研究问题都是独特的，每一组访谈都可以用多种方式解读，所以质性研究并没有放之四海而皆准的方法来完成各个阶段的研究。研究人员已经就如何进行数据分析提供了指导（例如，Bernard，Wutich and Ryan，2016；Braun，Clarke and Weate，2016；Galman，2016；Gee，2014；Miles，Huberman and Saldaña，2020；Rubin and Rubin，2011；Silverman，2000），但是并没有一种适用于各种研究问题和研究情境的最佳方法。

质性研究人员需要在质性研究的各个阶段进行决策判断并逐步优化。我们的研究目标和提出的研究问题决定了我们从大量数据到形成研究论文的实践过程。使用的分析框架或理论视角决定了我们提出的研究问题以及从调查中获得的见解。不同的理论会产生不同的问题，

1

最初的研究问题可能会有意想不到的研究发现,研究方法也会出人意料。

数据分析和数据诠释在某种程度上是可以分离的。数据分析是指深度解析数据,分析数据组成,倾听并复核我们所收集的资料,运用诸如编码、备忘录写作等方法,根据先验知识或所谓"突现"的灵感,系统地解析我们所阅读的资料。数据诠释是指对我们所研究的内容概念化或对其意义进行泛化。通常,我们会通过讲述元故事,或通过构建主题,将数据中看似不相关的信息串联起来。尽管数据分析和数据诠释之间的界限很模糊,我们还是讲明了它们之间的差异,以便更好地理解质性研究全过程中的增量转变,即零散的数据如何演变成完整的研究结论。

一组访谈的意义是通过研究人员的决策和实践来构建的,在数据分析初期,随着分析的进行,选择的确定意义可能就突然显现了。可以说,在质性研究早期,研究人员通过争论就可得出意义。正如查尔斯·瓦诺弗(Charles Vanover)在第 4 章中所描述的那样,当研究人员在随后的调查阶段处理准备好的访谈文本时,他们决定使用的一组特定的转录方法会影响他们的即时理解。一些转录方法可能会强调参与者的手势和声调,而另一些可能会忽略这些方面(Bartesaghi,Chapter 5)。随着数据分析的开展,不同的实践会将研究人员的注意力集中在访谈内容的不同方面。没有一段录音对话一开始就有意义。发现一组特定数据中最重要的内容可能是一个复杂的、非线性的过程。在第 21 章中,卡卡莉·巴塔查里亚(Kakali Bhattacharya)描述了她通过一套沉思和基于艺术的方法提出"访谈中具有强大吸引力的多个元素"并调查"这种吸引力的原因"。

反思性计划和决策在质性研究全过程的每个阶段都至关重要(Lincoln and Denzin,2003;Saldaña and Omasta,2018)。有时最好遵循最初的研究设计,并按照研究工作计划的顺序执行分析的每个步骤。在另外一些情况下,最好的选择可能是修改原始问题或根据收集的数据来选择更适合的数据分析形式(Bingham and Witkowsky,Chapter 8;Blanco and Rossman,Chapter 1)。这样的决策不能总是预先确定的。熟练的质性研究人员在开展工作时对他们的调查目标有深刻的理解，对他们可能应用的潜在方法和实践范围也有深入的了解。

质性研究是一种开放性的研究实践。方法和途径的多样性丰富了该领域的分析方法。数据分析会有各种各样的出发点，而组织访谈、视频和研究备忘录的方法也很多。本书的一些作者主张谨慎使用质性数据分析软件来组织和构建研究人员与访谈数据的互动(di Gregorio，Chapter 6；Larbi-Cherif，Egan and Glazer，Chapter 17；Lester and Paulus，Chapter 2；Turner，Chapter 7)；一些作者强调花时间通过使用备忘录和记事卡等写作实践来深入理解数据的好处(Fiddler，Chapter 16；Keane，Chapter 15；Mihas，Chapter 14)；有人认为转录是分析过程中的关键步骤(Bartesaghi，Chapter 5；Vanover，Chapter 4)；也有人倾向于使用与音频和视频文件直接进行交互而忽略转录的做法(Bernauer，Chapter 10)。本书的许多作者都描述了不同编码方法的价值及挑战。珍妮特·理查兹(Janet Richards)在第 9 章中描述了通过使用主题分析来发现一组实地记录中的共性和多样性的方法。安德烈娅·宾厄姆(Andrea Bingham)和帕特里夏·维特科夫斯基(Patricia Witowsky)在第 8 章中讨论了运用理论和归纳相结合的方法进行编码。第 8 章提供了具体案例讨论如何使用演绎的方法对数据进行整理和分类，以及如何转向归纳的方法来识别未预料到的研究话题、主题和有意义的发现。这些话题、主题及发现将数据与理论及研究文献中的其他概念结合起来。阿德里安·拉尔比-谢里夫(Adrian Larbi-Cherif)、科里·伊根(Cori Egan)和约书亚·格莱泽(Joshua L. Glazer)在第 17 章中描述了他们的研究团队对一个学区改革过程进行的研究。该研究对通过多重数据收集的 157 次访谈进行了编码。艾尔莎·冈萨雷斯(Elsa M. Gonzalez)和伊冯娜·S.林肯(Yvonna S. Lincoln)在第 12 章中描述了跨语言和跨文化编码访谈数据所面临的挑战。

决策数据分析工作的结束并不意味着决策工作的结束。解释、综合和撰写都需要认真的计划和进一步的决策。一些质性研究与其说是正式的研究报告，倒不如理解成拼贴画、戏剧、电影和/或诗歌的形式更好。基于艺术的方法可能会以更加感人和具有表现力的方式阐述数据和传达研究的意义（Bhattacharya，Chapter 21；Campbell Galman，Chapter 22；Saldaña，Chapter 19；Shenfield and Prendergast，Chapter 20）。即使研究人员的诗歌、戏剧、漫画和/或绘画从未发表过，使用以艺术为基础的方法所产生的见解仍可能丰富研究的结果。当巧妙地使用以艺术为基础的方法来制作具有震撼力的艺术作品时，研究人员的想象力就被激活了，也可实现与公众的直接交流。一件具有"高审美"品质的艺术品或表演可能在情感上与观众形成共鸣（Saldaña，2018：374）。而学术期刊文章则很少能实现这一点。

质性研究人员可以选择多种多样的写作方法。蒂姆·赫夫曼（Tim Huffman）在第 18 章中讨论了如何从质性分析中提出主张，以及如何使用这些主张来就引发调查的问题提出论据。杰西卡·斯马特·格利恩（Jessica Smartt Gullion）在第 24 章中讨论了研究人员在进行正式和非正式形式的研究写作（如概念论文和博客文章）时可能使用的方法和策略。在第 25 章中，米切尔·艾伦（Mitchell Alle）利用他多年的出版经验来讨论研究人员在撰写专著长度的手稿时面临的选择和权衡。

一组质性研究的数据所传达的含义并不是原始研究记录中与生俱来的。意义必须通过耐心的工作来构建。这一工作拓展了研究人员的思路，使他们能够将所学的知识传达给不同的受众。

在质性研究过程中找到适合自己的道路

本书的每一位主编都有着多年的质性研究经验。21 世纪初，查尔斯·瓦诺弗以硕士研究员的身份进入质性研究领域，从事一组混合方法的研究，这种研究与拉尔比-谢里夫等人描述的类似（第 17 章）。然而，对查尔斯个人发展影响最为重大的，是他加入了密歇根大学安娜堡分校研究生院叙事研究所。该研究所由一群研究生和教师组成，他们举办了一系列月度交流会来讨论叙事研究。随着这些交流会和会议的推进,叙事研究所的核心成员向每位报告人提出了一套相同的问题:"你如何处理所收集到的第一手资料?如何将在数据收集过程中制作的录音、转录文本和其他材料转变为我们今天所讨论的完整书籍或文集?"那时,质性研究领域刚刚开始数字化,研究人员从采访现场返回时确实是拎着箱子和手提箱的,那里装满盒式磁带、胶卷、成堆的记事卡和其他材料。

密歇根州的研究生有一个共识,那就是从实地工作到数据分析的转换是研究过程中的危险环节。在叙事研究所,一些关于研究方法讨论最多的对话就是围绕着如何组织和处理现场材料的具体细节展开的。许多展示其成果的研究人员从未被要求分享他们如何转录访谈的细节,或讨论他们用来解释和编写数据的技术。在叙事研究所的正式研讨会上,以及在校外的咖啡店和酒吧里,都流传着许多警示性故事。这些故事的内容是研究人员满怀希望地从访谈现场带着满箱子的材料返回,结果却迷失在数据中,并且一直都没找到自己的研究方法。据说,有些研究生和高级教师完成了实地访谈,但随后的整个职业生涯都在处理自己的数据。想法可能不断涌现,描述也越来越多,但从未整理成册,从未提交过文章,也从未发表过任何见解。

数字化的数据收集方法增加了可用于分析的数据种类,使这个问题变得更加复杂。20世纪的质性研究人员受到所用实地材料数量的限制,而21世纪的研究人员有足够的资源来生成数小时的数字音频和视频文件,并收集数以千计的照片、电子邮件和社交媒体帖子。就如何组织和使用这些材料并将其转化为完整的研究成果做出明智的决定,是质性研究人员的核心能力之一。

本书的第二位主编保罗·米哈斯于20世纪90年代在杜克大学继续教育学院教授创造性非虚构写作课程时首次进入质性思维领域。作为一位社会学期刊的执行主编,他对非虚构类作品传达生活经验的方式感到震惊。与传统学术写作相比,非虚构作品可以以更令人难忘也更能引起共鸣的方式传达生活经验。生存故事和危机回忆录尤其引起了他的注意。他开始收集有关癌症幸存者的访谈数据,并专注于转变过程中的个体，幸存者如何以自己的方式理解他们的健康问题并找回被压抑的自我。在他还没听说过"数据驱动"这个词之前，就知道了"癌症毕业生"和"癌症老手"之类的隐喻。当他在奥德姆社会科学研究所担任质性研究顾问时，他遇到了无数苦于数据收集和分析的研究生。每当保罗开始一项新的研究时，他都会想起质性研究的不可预测性。他也会提醒自己，在一个不断推动数据加速的世界里，我们必须放慢脚步，倾听当下——这种语言可以让我们一窥生活的经验和意义。

约翰尼·萨尔达尼亚(Johnny Saldaña)的质性研究课程始于 1995 年春季，师从亚利桑那州立大学汤姆·巴隆(Tom Barone)教授（入门方法）和玛丽·李·史密斯(Mary Lee Smith)教授（高级方法）。巴隆教授讲授了范式的基础知识，还涉足一些以艺术为基础的研究方法，例如叙事探究和表演民族志。史密斯教授则专注于如扎根理论和断言发展等研究方法，其重点是民族志实地调查。之后，萨尔达尼亚与莎拉·阿米拉·德拉加尔萨(Sarah Amira De la Garza)（跨文化民族志）和莎拉·J.特蕾西(Sarah J. Tracy)（高级质性数据分析）一起参加了传播和质性研究的额外课程。一系列不拘一格的课程体验造就了一位不拘一格的研究员。萨尔达尼亚尝试了从系统的数据分析到基于艺术的方法等一系列的探究方法。直到今天，他都认为，质性研究人员不应该将自己局限在一种方法内，而应该精通多种调查方法并尝试多种分析实践。这种认知为研究人员提供了很好的服务，提供了具有启发性的解决问题的方法。

关于质性研究和质性研究全过程的假设

本书的作者围绕一系列有关质性研究的目标和实践的假设来编写本书。与所有假设一样，有些人可能不同意我们的观点，包括本书的作者。透明和清晰是质性探究的核心要素。通过分享我们的假设，我们希望鼓励研究人员从反思的角度来处理文本(Berger, 2015)，并让那些质疑我们观点的人，通过本书作者们丰富的作品，来校准本书主编可能出现的错误。

有两个主要的前提假设指导着我们的工作。首先,我们认为质性研究很重要。向人们提出问题和传播研究结果是社会变革的强大引擎(Flyvbjerg,2001)。其次,我们相信做好质性研究所需的技能可以通过学习和实践来获得。每个个体的言行都具有价值,无论这些人是管理公司、学校或医院的人(Benner,Hooper-Kyriakidis and Stannard,2011;Jackall,1988;Wolcott,1973),还是生活在社会边缘的人(Behar,2014;Bourgois,2003;Finley,2000;Ladson-Billings,1994)。本书的主编认为人们的言论和行为是可以被记录和研究的,而利用这些数据可以让研究人员深入地了解他们的经历、世界和思想——可供学者、临床医生、从业者和其他人使用的知识。诠释一个访谈从来没有最好的方法,但研究人员在理解、交流访谈的内容和意义层次时可以做得更好抑或更差。

主编希望研究人员可以采取一种更好的方法,可以让他们熟练地运用本书所描述的方法,并在实践时完善他们的判断。然而,研究技巧并不是有益质性探究的唯一基础。质性研究是一种道德的和解放的实践,研究过程中表达和传播的价值观十分重要。当质性研究中有意或无意地包含了种族主义、恐同和性别歧视时,都不能说是一个成功的研究,无论这项研究的转录多么仔细或编码系统多么细致。质性研究必须服务于政治理想(Charmaz,2017;Denzin and Giardina,2009)。本书没有关于研究伦理的单独章节,因为所有研究决策都必须遵循有关可信赖性、多样性、公平性和包容性的伦理原则(Christians,2000)。

在整本书中,我们使用"质性研究全过程"这一术语来表示质性研究往往有着各不相同且不断发展的各个阶段。质性研究通常都有一个研究设计阶段,我们在该阶段查阅文献、构建概念框架、完善研究问题、计划实地工作以及开发访谈和观察工具(对这项工作的描述,参见Creswell and Poth,2018;Leavy,2017;Saldaña,2014;Smith,Flowers and Larkin,2009)。

一旦研究设计就绪,拨款到位,委员会签字,当地内部审查委员会接受数据收集计划,研究就从计划转向了行动。实地工作开始,研究人员前往另一个国家、城市或当地社区，观察人们的言行并记录这些活动。他们或安排面对面的访谈，或安排线上会面。研究人员可以拍照、观察或参加艺术活动，可以调查团体成员如何应对危机，或与其他人合作改变他们所处的世界一隅。

最终，随着研究人员返回家中，或者在他们最喜欢的咖啡馆待上更长时间，研究工作发生了变化。他们开始集中精力分析数据，而不是收集新信息。在质性研究全过程的这个阶段，研究人员准备转录文本、写备忘录、编码数据，或参与其他有助于他们组织和理解这些材料的活动。有时研究人员会自己完成大部分工作，而有时分析和写作是围绕参与性的、基于社区的实践来组织的。最终，研究的"成果"可能是一本书、一部戏剧或一个项目网站，但研究人员共同的愿望都是分享调查结果，人们在这个研究中有所收获，并且希望研究建立的知识将是变革性的，而不仅仅是事务性的。质性研究不是纸上谈兵，而是对不公正世界的积极干预。

表 0.1　项目术语表

质性研究全过程

质性研究全过程始于研究设计阶段，可以包括理论或概念框架，然后进入数据收集阶段、分析阶段、诠释阶段、研究成果制作阶段和传播阶段。在某些情况下，该过程是迭代的、循环的和突发的，数据收集和分析可能开启数据收集的另一个阶段。因此，分析中出现的问题可能会带来另一轮访谈，并且在调查早期得出的研究结论可能会被重新分析或重新诠释。

理论：是将相关概念联系起来诠释基于先前研究的或在分析和诠释过程中构建的不同类型、结构、条件、过程、结果或其他诠释。质性研究可以从理论开始，成果或许有助于理论发展。有些理论是明确的，可以通过指导或演示进行学习；有些理论则是隐秘的，特别容易受到质疑（参见 Milner，2007；Scheurich and Young，1997）。

分析：是指在文本摘录的微观层面和转录文本的整体层面（例如，编码文字片段，在转录文本上写备忘录）对数据进行详细检查。分析通常包括方法的、系统的实践，但也可以包括直观的和创造性的方法。

诠释：是指在分析的基础上赋予数据意义。诠释包括概念化、主题化或其他形式的综合表现形式，呈现跨数据源的浓缩式理解。

主题：常常是抽象概念，或现象模式、研究话题。主题是在分析和诠释过程中使用代码、类别、数据、备忘录和人口统计特征构建或识别的。也就是说，主题将分析的各个部分综合成一个更形象、更有意义的整体。

质性研究全过程

探究层次：是指研究人员在工作中有意或无意使用的调查层级（Vagle，2018）。它们包括关于现实本质和知识获取的假设，以及与这些本体认识论范式相一致的研究传统和研究方法。调整探究层次就是要确保研究方法适合更广泛的范式，并且遵循的方法将提供最适合回答这些研究问题的数据。

世界观/范式：是指支撑质性传统的本体论、认识论的哲学和假设（例如，建构主义、批判社会理论）。

途径/传统：是指业已存在的数据集，以及分析实践和策略集，它们形成了一套连贯的研究系统（例如，扎根理论、民族志）。

方法：是指用于数据收集的特定工具（例如，访谈、焦点小组、参与者观察）。

实践：是指特定的分析或数据处理任务（例如，实境编码、主题构建）。

策略：是指用于特定分析目的的实践做法（例如，使用代码和备忘录来构建主题，使用关键引文来发展诗歌）。

在表 0.1 中，编辑们展示了他们对各章所使用关键术语特定定义的理解，同时作者们可以对这些术语使用自己的观点。

模糊的界限和知情决定

质性研究全过程的各个阶段的区分并不总是很明确。实地调查、分析和诠释可能遵循一种相互反射性的、非线性的逻辑，一个阶段可能与另一个阶段重合。模糊的界限可能会导致强有力的研究。艾莎·纳希达（Aishath Nasheeda）、哈斯琳达·宾蒂·阿卜杜拉（Haslinda Binti Abdullah）、史蒂文·埃里克·克劳斯（Steven Eric Krauss）和诺巴亚·宾蒂·艾哈迈德（Nobaya Binti Ahmed）在第 23 章描述了如何解决有关参与者访谈意义的问题。这个问题并非通过各种分析和诠释方法去解决，而是重新访谈参与者并要求他们对访谈叙述中提出的问题发表评论。克雷格·M.麦吉尔（Craig M. McGill）、德鲁·普罗维（Drew Puroway）和马克·杜斯拉克（Mark Duslak）在第 13 章描述了如何将数据分析会议的记录转化为待分析的数据。谢丽尔·L.查特菲尔德(Sheryl L. Chatfield)在第 3 章描述了当研究人员选择使用存档的质性数据时，在访谈之后，如何进一步推进研究问题和研究设计。艾莉森·韦尔克(Alyson Welker)和乔治·坎贝雷里斯(George Kamberelis)在第 11 章强调数据分析可能不是完整的。研究人员可能会使用新的联系和关系来丰富他们从数据中已经创建好的设想。

这种模糊的边界和非线性的研究过程凸显了研究人员设想最终目标和组织研究以支持项目目标能力的重要性。本书的主要目的之一是帮助读者提高他们的研究方法素养。我们希望本书的每一章都能帮助读者扩展他们用来指导研究的框架，或者指导他们如何转变视角(参见 Bhattacharya，Chapter 21；Blanco and Rossman，Chapter 1)。本书的转录部分旨在帮助读者确定转录访谈的最佳方式，而杰米·菲德勒(Jaime Fiddler，Chapter 16)和詹姆斯·A.伯诺尔(James A. Bernauer，Chapter 10)的章节可能会对直接使用已经转录好的数据的读者有所帮助。我们提供的一系列编码实践(Bingham and Witkowsky，Chapter 8；Gonzalez and Lincoln，Chapter 12；Larbi-Cherif et al.，Chapter 17；Turner，Chapter 7)可以帮助读者比较研究参与者的经历，并推动分析结果在后续调查阶段的出版。我们希望关于备忘录和其他写作策略的讨论(Fiddler，Chapter 16；Keane，Chapter 15；Mihas，Chapter 14；Welker and Kamberelis，Chapter 11)能启发读者开发一个系统来记录他们的思考，并在访谈中和访谈之间建立分析联系。基于艺术和基于文本的传播实践的部分，旨在扩大研究人员用来诠释数据和传播研究发现的策略范围。

质性研究是一个有着许多表演者的大帐篷(Tracy，2010)。我们希望本书能激发读者走出观众席，走上钢丝，成为空中飞人。

查尔斯·瓦诺弗

保罗·米哈斯

约翰尼·萨尔达尼亚

参考文献

Allen，M.(2022)．"Sophie's Choices：The Social Act of Publishing a Qualitative Study." In C. Vanover，P. Mihas and J. Saldaña(Eds.)，*Analyzing and Interpreting Qualitative Research：After the Interview*. SAGE.

Bartesaghi，M.(2022)．"Theories and Practices of Transcription from Discourse Analysis." In C. Vanover，P. Mihas and J. Saldaña(Eds.)，*Analyzing and Interpreting Qualitative Research：After the Interview*. SAGE.

Behar，R.(2014)．*Translated Woman：Crossing the Border with Esperanza's Story*. Beacon.

Benner，P. E.，Hooper-Kyriakidis，P. L. and Stannard，D.(2011)．*Clinical Wisdom and Interventions in Acute and Critical Care：A Thinking-in-action Approach*(2nd ed.). Springer.

Berger，R.(2015)．"Now I See it，Now I Don't：Researcher's Position and Reflexivity in Qualitative Research." *Qualitative Research*，15(2)，219—234. https://doi.org/10.1177/1468794112468475.

Bernard，H. R.，Wutich，A. and Ryan，G. W.(2016)．*Analyzing Qualitative Data：Systematic Approaches*(2nd ed.). SAGE.

Bernauer，J. A.(2022)．"Oral Coding：An Alternative Way to Make Sense of Interview Data." In C. Vanover，P. Mihas and J. Saldaña(Eds.)，*Analyzing and Interpreting Qualitative Research：After the Interview*. SAGE.

Bhattacharya，K.(2022)．"Embedding Critical，Creative，and Contemplative Data Analysis in Interview Studies." In C. Vanover，P. Mihas and J. Saldaña (Eds.)，*Analyzing and Interpreting Qualitative Research：After the Interview*. SAGE.

Bingham，A. J. and Witkowsky，P.(2022)．"Deductive and Inductive Approaches to Qualitative Data Analysis." In C. Vanover，P. Mihas and J. Saldaña (Eds.)，*Analyzing and Interpreting Qualitative Research：After the Interview*. SAGE.

Blanco，G. L. and Rossman，G.(2022)．"As a Qualitative Study Unfolds：Shifts in Design and Analysis." In C. Vanover，P. Mihas and J. Saldaña(Eds.)，*Analyzing and Interpreting Qualitative Research：After the Interview*. SAGE.

Bourgois，P.(2003)．*In Search of Respect：Selling Crack in El Barrio* (2nd ed.). Cambridge University Press.

Braun，V.，Clarke，V. and Weate，P.(2016)．"Using Thematic Analysis in Sport and Exercise Research." In B. Smith and A. C. Sparkes(Eds.)，*Routledge Handbook of Qualitative Research in Sport and Exercise*(pp.213—227). Routledge.

Charmaz，K.（2017）. "The Power of Constructivist Grounded Theory for Critical Inquiry." *Qualitative Inquiry*，23（1），34—45. https：//doi. org/10. 1177/1077800416657105.

Chatfifield，S. L.（2022）. "After Someone Else's Interview." In C. Vanover，P. Mihas and J. Saldaña（Eds.），*Analyzing and Interpreting Qualitative Research：After the Interview*. SAGE.

Christians，C. G.（2000）. "Ethics and Politics in Qualitative Research." In N. K. Denzin and Y. S. Lincoln（Eds.），*The Sage Handbook of Qualitative Research*（4th ed.）. SAGE.

Creswell，J. W. and Poth，C. N.（2018）. *Qualitative Inquiry and Research Design：Choosing among Five Approaches*（4th ed.）. SAGE.

Denzin，N. K. and Giardina，M. D.（2009）. *Qualitative Inquiry and Social Justice：Toward a Politics of Hope*. Routledge.

di Gregorio，S.（2022）. "Voice to Text：Automating Transcription." In C. Vanover，P. Mihas and J. Saldaña（Eds.），*Analyzing and Interpreting Qualitative Research：After the Interview*. SAGE.

Fiddler，J. L.（2022）. "Listening Deeply：Indexing Research Conversations in a Narrative Inquiry." In C. Vanover，P. Mihas and J. Saldaña（Eds.），*Analyzing and Interpreting Qualitative Research：After the Interview*. SAGE.

Finley，M.（2000）. *Street Rat*. Greenroom Press and the University of Detroit Mercy.

Flyvbjerg，B.（2001）. *Making Social Science Matter：Why Social Inquiry Fails and How It Can Succeed Again*（S. Sampson，Trans.）. Cambridge University Press.

Galman，S. C.（2016）. *The Good，the Bad，and the Data：Shane the Lone Ethnographer's Basic Guide to Qualitative Data Analysis*. Routledge.

Galman，S. C.（2022）. "Follow the Headlights：On Comics-based Data Analysis." In C. Vanover，P. Mihas and J. Saldaña（Eds.），*Analyzing and Interpreting Qualitative Research：After the Interview*. SAGE.

Gee，J. P.（2014）. *How to Do Discourse Analysis：A Toolkit*（3rd ed.）. Routledge.

Gonzalez，E. M. and Lincoln，Y. S.（2022）. "Analyzing and Coding Interviews and Focus Groups Considering Cross-cultural and Cross-language Data." In C. Vanover，P. Mihas and J. Saldaña（Eds.），*Analyzing and Interpreting Qualitative Research：After the Interview*. SAGE.

Gullion，J. S.（2022）. "Writing for a Broad Audience：Concept Papers，Blogs，and OpEds." In C. Vanover，P. Mihas and J. Saldaña（Eds.），*Analyzing and Interpreting Qualitative Research：After the Interview*. SAGE.

Huffman, T. (2022). "Making Claims Using Qualitative Data." In C. Vanover, P. Mihas and J. Saldaña(Eds.), *Analyzing and Interpreting Qualitative Research: After the Interview*. SAGE.

Jackall, R.(1988). *Moral Mazes: The World of Corporate Managers*. Oxford University Press.

Keane, E.(2022). "Critical Analytic Memoing." In C. Vanover, P. Mihas and J. Saldaña(Eds.), *Analyzing and Interpreting Qualitative Research: After the Interview*. SAGE.

Ladson-Billings, G. (1994). *The Dreamkeepers: Successful Teachers of African American Children*. Jossey-Bass.

Larbi-Cherif, A., Egan, C. and Glazer, J. L.(2022). "Emergent Analysis: Strategies for Making Sense of an Evolving Longitudinal Study." In C. Vanover, P. Mihas and J. Saldaña (Eds.), *Analyzing and Interpreting Qualitative Research: After the Interview*. SAGE.

Leavy, P. (2017). *Research Design: Quantitative, Qualitative, Mixed Methods, Arts-based, and Community-based Participatory Research Approaches*. Guilford.

Lester, J. N. and Paulus, T. M.(2022). "Using Qualitative Data Analysis Software to Manage the Research Process." In C. Vanover, P. Mihas and J. Saldaña(Eds.), *Analyzing and Interpreting Qualitative Research: After the Interview*. SAGE.

Lincoln, Y. S. and Denzin, N. K. (2003). *Turning Points in Qualitative Research: Tying Knots in a Handkerchief*. Rowman/AltaMira.

McGill, C. M., Puroway, D. and Duslak, M.(2022). "On Being a Researcher-participant: Challenges with the Iterative Process of Data Production, Analysis, and(re)Production." In C. Vanover, P. Mihas and J. Saldaña(Eds.), *Analyzing and Interpreting Qualitative Research: After the Interview*. SAGE.

Mihas, P.(2022). "Memo Writing Strategies: Analyzing the Parts and the Whole." In C. Vanover, P. Mihas and J. Saldaña(Eds.), *Analyzing and Interpreting Qualitative Research: After the Interview*. SAGE.

Miles, M. B., Huberman, A. M. and Saldaña, J.(2020). *Qualitative Data Analysis: A Methods Sourcebook*(4th ed.). SAGE.

Milner, H. R.(2007). "Race, Culture, and Researcher Positionality: Working through Dangers Seen, Unseen, and Unforeseen." *Educational Researcher*, *36*(7), 388—400. https://doi.org/10.3102/0013189X07309471.

Nasheeda, A., Abdullah, H. B., Krauss, S. E. and Ahmed, N. B.(2022). "Turning Transcripts into Stories." In C. Vanover, P. Mihas and J. Saldaña (Eds.), *Analyzing and Interpreting Qualitative Research: After the Interview*.

SAGE.

Richards, J.(2022). "Coding, Categorizing, and Theming the Data: A Reflexive Search for Meaning." In C. Vanover, P. Mihas and J. Saldaña(Eds.), *Analyzing and Interpreting Qualitative Research: After the Interview.* SAGE.

Rubin, H. J. and Rubin, I. S.(2011). *Qualitative Interviewing: The Art of Hearing Data.* SAGE.

Saldaña, J.(2014). *Thinking Qualitatively: Methods of Mind.* SAGE.

Saldaña, J.(2018). "Ethnodrama and Ethnotheatre: Research as Performance." In N. Denzin and Y. S. Lincoln(Eds.), *The Sage Handbook of Qualitative Research*(5th ed., pp. 377—394). SAGE.

Saldaña, J.(2022). "Dramatizing Interviews." In C. Vanover, P. Mihas and J. Saldaña(Eds.), *Analyzing and Interpreting Qualitative Research: After the Interview.* SAGE.

Saldaña, J. and Omasta, M.(2018). *Qualitative Research: Analyzing Life.* SAGE.

Scheurich, J. J. and Young, M. D.(1997). "Coloring Epistemologies: Are Our Research Epistemologies Racially Biased?" *Educational Researcher, 26*(4), 4—16. https://doi.org/10.3102/0013189X026004004.

Shenfifield, R. and Prendergast, M.(2022). "What Makes an Effective Teacher? Revealing Good Teaching Practice through Interview Poetic Transcription." In C. Vanover, P. Mihas and J. Saldaña(Eds.), *Analyzing and Interpreting Qualitative Research: After the Interview.* SAGE.

Silverman, D.(2000). "Analyzing talk and text." In N. K. Denzin and Y. S. Lincoln(Eds.), *Handbook of Qualitative Research*(2nd ed., pp.821—834). SAGE.

Smith, J. A., Flowers, P. and Larkin, M.(2009). *Interpretative Phenomenological Analysis: Theory, Method and Research.* SAGE.

Tracy, S. J.(2010). "Qualitative Quality: Eight 'Big-tent' Criteria for Excellent Qualitative Research." *Qualitative Inquiry, 16*(10), 837—851. https://doi.org/10.1177%2F1077800410383121.

Turner, D.(2022). "Coding System Design and Management." In C. Vanover, P. Mihas and J. Saldaña(Eds.), *Analyzing and Interpreting Qualitative Research: After the Interview.* SAGE.

Vagle, M.(2018). "Learning from Lived Experience: How We Can Study the World as It Is Lived." Course at the qualitative research Summer Intensive. ResearchTalk, Inc.

Vanover, C.(2022). "Transcription as a Form of Qualitative Inquiry." In C. Vanover, P. Mihas and J. Saldaña(Eds.), *Analyzing and Interpreting Qual-*

itative Research：*After the Interview*. SAGE.

　　Welker，A. P. and Kamberelis，G. （2022）. "Mapping Trajectories：Analyzing Focus Group Data Rhizomatically." In C. Vanover，P. Mihas and J. Saldaña(Eds.)，*Analyzing and Interpreting Qualitative Research*：*After the Interview*. SAGE.

　　Wolcott，H. F.(1973). *The Man in the Principal's Office*. Holt，Rinehart，& Winston.

第一部分　数据和概念选择

查尔斯·瓦诺弗　保罗·米哈斯

引言

在本书第一部分,我们探讨一下研究的出发点,将更多注意力放在作为研究人员的我们所做的决定上。当我们开始制订数据分析计划时,我们要考虑哪些选择可以用来收集和分析数据。质性研究是一种创造性的实践,也是一种分析性的实践。质性研究的设计和分析不像计算机一样受算法或计算机程序的预定逻辑支配。将一组访谈转化为完整研究需要数百个琐碎的、相互联系的决策,这些决策的做出不是一时冲动的结果,而是研究人员仔细研究做出的有意识的结果。当质性研究人员对数据进行编码、筛选、挖掘、转换和呈现时,他们会根据一组"路标"评估他们的进展,推动这一进展的正是研究问题,而不是协议、方程或计算机软件。

研究问题决定了访谈工具的设计方式及研究人员从参与者的话语中构建意义的方式。这些研究问题指导着研究人员在选择分析对话时做什么决定以及在转录和管理数据时所使用的相应策略。研究问题既是个人研究工作所特有的,也是由知识社区塑造的,这些社区塑造了我们已经知道或我们认为自己知道的东西。当我们踏上质性之旅,并开始进行访谈和审查转录文本时,我们必须问自己,我们的研究能不能解开先前的假设和研究未曾解决的问题,我们是不是带着这个问题进入实地研究的。也就是说,我们可能会以参与者的视角来看待这个多样的、复杂的世界。因此,我们可能需要记录我们的先验概念,以及它们将在多大程度上推动这个研究。我们必须问这些想法是不是"敏感概念"(即我们知道的话题),或者它们是否能更正式地指导我们探究(Charmaz,2014:30)? 通过这种方式,出发点与再出发点相遇,因为我们重新进一步了解参与者的世界,也更好地掌握我们在知识生产和传播中将采用的方法。

质性研究的突现特性指的是即使指导研究的问题也可能发生变

19

化。相关性不是由硬性规则决定的，而是由数据的内容和分析师的技能、判断所决定的。这种灵活性是质性研究人员努力理解不断变化的生活和社会世界时所具有的优势。我们必须调整研究进程以解决这些新出现的复杂问题。随着研究人员进入和再次进入同一领域，原来的问题和研究设计可能会变得不那么合适。同样，一旦研究人员进入质性研究全过程的下一阶段，并将数据分析作为他们的中心工作，编码、备忘录写作或艺术性的工作所产生的新意义可能会完善原来指导研究的问题。研究人员可能会发现，数据讲述的故事与他们在进行文献综述时，或从该领域参与者那里首次听到时最初设想的故事不同或更加深入（Locke，Golden-Biddle and Feldman，2008）。

杰拉尔多·L.布兰科（Gerardo L. Blanco）和格雷琴·B.罗斯曼（Gretchen B. Rossman）（第 1 章）、杰西卡·N.莱斯特（Jessica N. Lester）和特雷娜·M.保卢斯（Trena M. Paulus）（第 2 章）以及谢丽尔·L.查特菲尔德（Sheryl L. Chatfield）（第 3 章）的章节提供了详细的决策说明，指导质性探究。作者讲述了有关他们的研究设计和出发点的不同故事，但每一章都传达了相同的核心信息——质性研究全过程既具有创造性又具有分析性。布兰科和罗斯曼的章节强调，研究问题的转变必须是谨慎而有意识的。一个新的研究问题可能会在数据分析计划中产生具有重大变化的连锁反应，并需要新的转录文本、新的编码方案和新的备忘录。在某些情况下，数据可能保持不变，但研究人员最重视的部分可能会随着自己的工作重点与参与者的故事和其他领域的材料相一致而发生改变。正如查特菲尔德深入阐述的那样，质性研究人员可能会因引导问题的不同而从同一份访谈记录中解读出不同的含义。

查特菲尔德提醒我们，研究人员不需要真的进入该领域，而是选择收集新的数据或分析现有的数据。二手数据可能是口述历史数据和其他记录的存档、文本或视听记录。保卢斯和莱斯特提醒我们，分析中最重要的一些决定，可能会在质性研究全过程的早期做出，并且可能包含许多关于使用软件管理数据的关键选择，例如，花时间将转录文本与转录数据同步。如果我们可以就如何使用复杂工具做出明智的决定，那我们就能够更有效地管理我们所收集的数据。质性数据分析软件可以让我们立即听到参与者的声音,有时甚至可以让我们在阅读转录单词时再次转向他们原来的音频声音。

一个工具：数据分析的开始和工作的完成

在本书的引言部分,查尔斯·瓦诺弗描述了他和密歇根大学叙事研究所的同事们如何让展示者描述他们将其在实地工作中制作的盒式磁带、笔记本、照片和软盘变成完整的质性研究成果。本书的作者们制作了以下工具来帮助新入门的研究人员进行概念化和管理研究工作。该工具旨在支持研究设计,并帮助研究人员制订详细而符合实际的研究计划。该工具还将在实地调查之后和数据分析期间使用以确保项目正常进行并协调多项工作。许多最初的问题都是技术性的,以下这些提示侧重于分析过程中的具体细节。

计划和组织是质性研究成功的基础。每一项质性研究都是一趟通往未知的旅程。为了研究顺利,研究人员必须拥有合适的工具以及使用工具的技能。是的,虽然计划可能会改变,工具可能会被丢弃,意想不到的风景可能会改变旅程的路线,但是当时间有限且压力很大时,准备和计划是很重要的。

请读者在考虑他们的数据分析计划和进入他们的调查分析阶段时,考虑好研究的计划和组织工作。

数据分析和问题诠释

1. 你的问题和假设是什么?

（1）在你使用此工具创建的文档顶部列出你的研究问题,并经常思考它们。

（2）简要列出推动调查的任何关键假设。

2. 你的数据是什么？

（1）如果你还没有进行研究设计，请参考质性研究的书籍对你的研究进行概念化（例如，Charmaz，2014；Galman，2007；Gullion，2016；Leavy，2017；Rossman and Rallis，2011；Saldaña and Omasta，2018）。

（2）列出你打算收集的数据或已收集的材料。

3. 你的数据从哪里来？

（1）创建一组电子的和纸质的文件，你可以在其中放置访谈、照片、观察结果以及你将在实地收集的其他文本和材料，或检查以确保你收集的数据在它们所在的位置。

① 预测重要的归档难题。例如，你在访谈中写的笔记是放在那个访谈的文件夹中，还是放在你放置观察结果的文件夹中，或是放在一个单独的文件夹中？

（2）创建一组标签和时间戳，列出数据的关键属性，检查以确保数据被正确标记和归档。

（3）你是如何备份你的内容的？

4. 你是否按照机构审查委员会（Institutional Review Board，IRB）的政策处理和存储数据？

（1）你的数据收集工作是否遵循 IRB 协议中所概述的程序，你是否向研究参与者提供了你所承诺的保密级别？

5. 你有多少时间和金钱来做这项工作？

（1）书籍、文章、报告或论文的截止日期是什么时候？哪些进度报告需要发送给谁？

① 研究人员应该弄清楚他们的委员会成员的时间表和进度，以及他们大学的政策。获得学位的时间要求和论文学分注册截止日期可能会成为研究的重大障碍。

② 尤其是刚刚开始研究生涯的研究人员，更应该弄清楚他们的年度审查进度报告的提交时间。审查人员还可能会检查他们三年评估的出版时间、新闻研究的到期时间，以及外部信件和流程中的其他步骤何

时到期。

6. 当你提交的论文中有一篇即将出版时,修改的程序是什么?

(1) 你的实地调查是否按时进行? 如果研究花费的时间比预期的要长,会有什么后果?

① 编辑建议将所有相关的截止日期放入在线日历。

② 这个进度表看起来现实吗?

回顾与练习

1. 拿出你的研究大纲并查看本书的目录。写一份备忘录,描述你学习中可能需要的最重要的部分和章节。你预计是否需要任何其他专业上的支持?

2. 使用项目列表或规划软件概述书面数据分析计划。通过阅读本书和其他专业拓展知识,在巩固你已有知识的同时,填补其他的任何空白。检查你的问题和假设,它们是否符合当前的分析计划? 写一个简短的摘要,描述问题、假设、数据和分析之间的一致性。根据布兰科和罗斯曼、莱斯特和保卢斯以及查特菲尔德在接下来的章节中分享的信息,进一步完善这个计划。在接下来的几周内,你可能会采取哪些最重要的步骤来巩固你的调查?

3. 阅读本书后以及从实地返回后,修改此计划。

参考文献

Blanco, G. L. and Rossman, G. B. (2022). "As a Qualitative Study Unfolds: Shifts in Design and Analysis." In C. Vanover, P. Mihas and J. Saldaña (Eds.), *Analyzing and Interpreting Qualitative Research: After the Interview.* SAGE.

Charmaz, K. (2014). *Constructing Grounded Theory.* SAGE.

Chatfield, S. L. (2022). "After Someone Else's Interview." In C. Vanover, P. Mihas and J. Saldaña (Eds.), *Analyzing and Interpreting Qualitative Research: After the Interview.* SAGE.

Galman, S. C. (2007). *Shane, the Lone Ethnographer: A Beginner's Guide to Ethnography.* Rowman Altamira.

Gullion, J. S. (2016). *Writing Ethnography.* Brill Sense.

Leavy, P. (2017). *Research Design: Quantitative, Qualitative, Mixed Methods, Arts-based, and Community-based Participatory Research Approaches.* Guilford.

Lester, J. N. and Paulus, T. M. (2022). "Using Qualitative Data Analysis Software to Manage the Research Process." In C. Vanover, P. Mihas and

J. Saldaña(Eds.)，*Analyzing and Interpreting Qualitative Research：After the Interview*. SAGE.

Locke，K.，Golden-Biddle，K. and Feldman，M. S.(2008). "Making Doubt Generative：Rethinking the Role of Doubt in the Research Process." *Organization Science*，19(6)，907—918. https://doi.org/10.1287/orsc.1080.0398.

Rossman，G. B. and Rallis，S. F.(2011). *Learning in the Field：An Introduction to Qualitative Research*. SAGE.

Saldaña，J. and Omasta，M.(2018). *Qualitative Research：Analyzing Life*. SAGE.

Vanover，C.，Mihas，P. and Saldaña，J. (2022). "Introduction." In C. Vanover，P. Mihas and J. Saldaña(Eds.)，*Analyzing and Interpreting Qualitative Research：After the Interview*. SAGE.

1 质性研究的开展：从设计到分析

杰拉尔多·L.布兰科　格雷琴·B.罗斯曼

摘要:研究设计并不遵循线性轨迹。研究人员常在他们最初的计划和现实及由数据收集和分析而带来的限制之间徘徊。这个过程并不总是限制性的；在这一过程中新的机会出现,也会有新的潜在合作者出现。研究正是这种互动过程的结果。重新进行研究设计所涉及的复杂决策过程不是凭空进行的。在本章中,我们将讨论实践社区和批判性朋友,它们是指导访谈后研究进行的关键因素。提案和研究计划书提供了重新评估研究设计的机会,但并不是唯一的机会。我们会提供一些我们自己的和我们学生的例证。我们认为,研究人员必须准备好接受深思熟虑和负责任的研究中涉及的许多曲折,而不是将重新设计视为一种缺点。

关键词:批判性朋友；实践社区；质性研究；研究设计

1.1　文献综述

质性探究的一个核心原则是,许多研究至少在一定程度上是"新出现的"(Creswell and Poth,2017；Denzin,2009)。这种对创新的强调源于对知识和探究的核心假设,包括诠释、同理心和情境化/在知识构建中的再现(Stake,2010)。尽管研究从经过深思熟虑的概念框架、指导性问题和可靠的分析框架开始,但实地工作的混乱往往需要对这种早期设计进行适度的改变,这种改变通常通过数据分析体现在假设和路径中。对于学生,我们强调假设就是这样——研究人员在进行研究时计划采取的行动。将假设概念化为研究计划,而不是合同,这为研究人员在进行实地工作和后续分析时对进一步发展做出反应提供了空间,从而更容易做出符合道德的、人性化的改变。我们认为,对研究的数据分析计划进行适度的重新设计和改变,不仅能够使其变得更加合理,并且对于体现质性调查的灵活性也十分必要。因此,我们认为,"新出现的状况"可能会改变最初的设计计划以及研究的许多重点分析阶段。

尽管许多关于质性探究的主要著作(例如,Merriam and Tisdell,2015；Pailthorpe,2017；Ravitch and Carl,2016；Rossman and Rallis,2016；Silverman,2011)都描述了质性探究的这个特性,但很少能给出具体例子来描述如何对研究设计和新的分析方法进行适度调整,在什么情况下进行调整,以及这些调整为什么发生。在本章中,我们提出了一组经常遇到的情况。针对这些情况,我们经常会重新设计研究,或改变研究的分析框架。然后,我们提供了杰拉尔多·布兰科工作中的一个例子,以及我们的学生在工作中的一些细节。最后,我们提出了一些实用性建议,以系统地记录和证明这些在研究遇到新出现情况过程中所做的决策。这些例子说明了质性研究的辩证本质,以及关注该领域的关系和研究所处的不断变化的环境的必要性。

我们在本章中关注的具体实践是协作。我们认为,研究设计、数据收集(无论是方法还是来源)和分析的转变最好通过与他人进行深入、深思熟虑的讨论来完成。这在文献中经常被称为建立一个实践社区和依赖批判性朋友。二者虽然相关,但它们的侧重点有所不同。

1.1.1 实践社区

莱福和温格(Lave and Wenger,1991)以及温格(Wenger,1998)指出,实践社区是具有以下特征的个人群体：

1. 他们拥有一个具有共同兴趣的研究领域；

2. 他们形成了一个社区,社区成员共同参与活动和对话,可以相互提供支持和帮助,并且可以将成员之间的经验和见解联系起来;

3. 他们是参与者,也就是说,他们拥有"共享的资源库——经验、故事、工具、解决反复出现的问题的方法——简而言之,共享实践"(Wenger-Trayner and Wenger-Trayner,2015)。

一个有效的实践社区的关键在于信任:鼓励成员们分享在他们的研究实践中遇到的恐惧、担忧和困惑。同样,他们也愿意接受其他成员温和的批判性意见,乐意倾听他人的声音,从而思考能够扩大他们思维范围的问题,并考虑为解决这些棘手方法问题而提出的建议。简而言之,在我们的领域,实践社区是一个致力于帮助成员改进他们的研究实践的学习社区。

1.1.2 批判性朋友

在关于质性研究方法的文献中,经常将使用批判性朋友视为防止研究人员偏见的一种方式(例如,参见 Creswell and Poth,2017;Marshall and Rossman,2016;Merriam and Tisdell,2015;Rossman and Rallis,2016)。该观点认为,批判性朋友可以提出棘手的问题,鼓励研究人员认识并超越他们自己的先入之见。这类似于实践社区成员所扮演的角色:相互推动他们对实践的重新思考,并朝着新的、也许是创造性的和广阔的方向努力。然而,批判性的友谊不在具有共享领域的社区中,而是研究人员和他者之间的二元关系。因此,他们之间可能更亲密。然而,与实践社区一样,建设性的批判性朋友关系会向研究人员提出棘手的问题,这些问题在其他时候有可能是很难被提出的。

两种形式的协作式参与都基于对话的概念并建立在信任之上。在词源上,对话来自希腊语 *dialogos*,意思是"对话、话语、有价值的或建设性的交流"(Brown,1993:661)。"因此,对话本质上是真正思考的互动过程。它是建设性的,超越了任何个人的理解来产生新的知识。"(Rallis and Rossman,2000:83)。

我们认为,协作式实践,无论是实践社区还是批判性友谊,都提升了研究的丰富性。当人们共同努力对研究设计进行深思熟虑的修改时,或随后在数据收集方面进行改变时,或者共同深化数据分析过程中的洞察力时,研究工作会变得更好。接下来,我们将展示杰拉尔多·布兰科研究过程中的一个例子。正如我们所描述的,他在整个研究过程中都依赖于协作关系。

1.2 更多并不总是更好：一个例子

我们指导和监督学生研究的经验告诉我们对研究设计和再设计的看法。研究生和新手研究人员有时会认为是他们犯的错误导致了研究设计的转变,或者这些变化导致了研究的失败。相反,我们仅仅是将研究设计的转变看作质性研究开展的方式,为分析提供了新的可能性。实际上,发生重大变化是很常见的。例如,在论文答辩期间以及偶尔在研究假设获得批准之后。正如引言中提到的,我们不将假设视为一份合同,而是将其视为已做出且可能更改的、有组织且详细的决策记录。当委员会成员提议对他们的研究结构甚至研究目的进行重大修改时,研究生有时会感到震惊。我们认为,有必要与学生进行公开的、有目的的对话,以了解论文答辩的预期内容。我们讨论的范例将我们带回 2012 年,当时本章的作者之一杰拉尔多正在准备他的论文答辩。

1.2.1 研究提案答辩：重新进行研究设计的机会

杰拉尔多的论文探讨了墨西哥私立大学采用美国认证的情况,这是在比较研究和国际高等教育领域内的一种新兴现象。他最初提出了一个比较案例研究,通过分析墨西哥三个不同州的三个不同机构,以确定其相似之处和不同之处。这种多案例研究设计(Stake,2005)看起来足够全面，可以在论文答辩中传达一种严谨和有意的感觉。支持这种初创方法的原因是墨西哥有四所大学持有美国认证，在做研究项目时第五所正在推进。通过研究新认证的机构与两所已经建立的机构的对比，可以在预期案例中选择一种变化最多的形式（Patton，2015）。杰拉尔多认为，探索这所新获得认证机构的独特特征的"正确方法"是将其与之前获得认证的机构进行比较和对比。

这五家符合条件的机构分布在墨西哥的三个地区：其中两家位于墨西哥中部，两家位于墨西哥中北部，一家位于墨西哥西北部。它们均为私立大学。表 1.1 总结了机构的一些特征，使用的是机构化名。NuevoTec 最终被选为研究项目地点。

表 1.1　机构特征总结

机构名称	地点	所有权	认证	初步认证
UniMex	单校区，市区，中部地区	私人	南方高等学校协会（SACS）	1991 年
UPA	单校区，市区，中部地区	私人	南方高等学校协会	1959 年
Mex. I. T.	多校区，市区，东北	私人	南方高等学校协会	1950 年
UniNorte	单校区，市区，西北	私人	南方高等学校协会	2001 年
NuevoTec	**多校区，市区，西北**	**私人**	**西部学校和学院协会**	**2012 年**

然而，答辩与他最初的预期不同。杰拉尔多未能展示完他精心设计的演示幻灯片。答辩很快变成了同事之间的对话，他们讨论了从单个研究人员进行的研究中可以期待些什么，讨论了要访问在其他国家的三个不同机构所需要的成本，以及许多其他的实际因素。在决定研究是否可行时，对资源可用性的考虑至关重要（Rossman and Rallis，2016）。

在提案答辩期间，随着谈话的进行，一位委员会成员提出了以下问题："你为什么不做一个单一的案例，并将其做得很好？"最初，研究设计如此重大的变化让人感觉非常害怕。就对该领域做出原创成果和重大贡献而言,单个案例研究是否符合获得最终学位所需的门槛? 会有人真正关心"仅仅"一所高等教育机构发生的事情吗? 此外,有人感觉研究计划中的工作不知为何总被误导或偏离原先的目标。回想起来,这些问题和挣扎的感觉并不奇怪,但也没有必要。这就是质性研究进行的方式。研究目的和研究问题仍然可以通过单个案例来体现。

由于与批判性朋友和实践社区的互动,"应急设计"的理论思想并没有使研究"分崩离析",而是在特定的背景下运作。此外,委员会成员提出问题的方式也很重要。"但确实做得很好"这句话暗示了在当时可用资源的情况下,在提议的范围内进行高质量研究是多么困难。最重要的是,问题中隐含着对研究成功的关心和投入以及让学生为成功做好准备的兴趣。这位论文委员会成员当然很挑剔,但最重要的是,他们扮演的是朋友的角色——对研究表现出了关心和合理的兴趣。这在指导学生的工作中至关重要。

实践社区内的集体审议,对于做出有关研究重新设计的决定以及数据收集后进行的研究步骤至关重要。很明显,小组审议在论文委员会中十分重要,经验丰富的研究人员在这里指导研究生。然而,其他的许多研究环境为小组讨论和决策提供了机会。在过去的几十年中,"孤独的质性研究人员"的想法受到了质疑(Bresler, Wasser, Hertzog and Lemons, 1996)。即使是单一作者的研究,也涉及研究人员和该领域之间的对话,而且往往是妥协——这种妥协体现在期刊和图书的编辑与审稿人等的身上。

1.2.2 重新设计和数据分析

在就研究范围达成一致并且提案获得批准后,研究设计的转变将继续进行。将选址从三个案例缩小到一个案例使得数据收集和分析成为可能。在提案答辩时,只考虑了传统的数据分析策略。由于三个研究站点中每个站点都有多个参与者,因此可以预测只有传统的开放式访谈和焦点小组访谈的内容才能被记录编码(Saldaña, 2016)。由多个案例向单一案例的转变为分析开辟了新的可能性。

布林克曼认为,质性研究经历了"一定程度的扩张……参与者越来越多"(Brinkmann,2012:1)。最初提出的多个案例研究可以看作这种趋势的一个例子。

由于对单一案例研究的范围进行了修订,数据收集和分析扩展到传统访谈记录、转录和编码之外的更多内容。研究人员生成的图像,将校园周围展示的海报和横幅等日常物品添加到数据收集策略中(Blanco Ramírez,2015b)。这为固定情境和日常生活数据源的视觉分析策略开辟了新途径(Brinkmann,2012;Pink,2012)。正如委员会成员在答辩期间所建议的那样,最初作为弥补研究范围缩小的补偿策略,最终带来了更强大的数据集和更有趣的研究。最初的提案没有考虑任何这些可能性。尽管我们永远不会知道最初的研究会变成什么,但在三个涉及国际旅行的地点收集数据的压力下,可能会限制使用除传统记录/转录访谈之外的替代数据形式的可能性。还值得一提的是,重新进行研究设计不仅仅发生在答辩中,也是学生和论文委员会的每个成员之间多次对话以及小组之间大量电子邮件通信的结果。

1.2.3　调整研究设计并不是纠正错误

我们分享的例子有许多圆满的结局。在将研究范围修改为单一案例进行研究后,杰拉尔多完成了他的论文并于次年毕业。针对单个案例的研究不仅让他完成了研究生课程,而且在会议上也受到了好评,并在该领域的顶级期刊上发表(Blanco Ramírez,2015a)。当开始收集数据时,尽管论文委员会提供了所有的建议和保证,但采用单一案例研究方法对研究设计进行修订仍然感觉像是一种缺陷。这使得杰拉尔多采取了广泛的数据收集方法:他不再仅仅专注于访谈,而是开始关注物理环境和物质文化。例如,他不得不在教职员工和管理人员办公室外等候,并与多名助手互动。于是,他关注那些等候区、墙上的材料和咖啡桌上的小册子,更注意从停车场到校园大楼的步行路程(参见图1.1)。当然,这些都是很好的研究实践。但在当时,它们只是试图填补取消研究站点留下的空白。

图 1.1 "有了 WASC，我们将继续追求卓越的教育。"研究人员在数据收集期间拍摄的图像

除了初步研究之外，在合著者的帮助和研究基金的资助下，杰拉尔多在加拿大的三所大学进行了多项案例研究，探索了相同的现象（Blanco Ramírez and Luu，2018）。这项在加拿大背景下的研究与他最初的研究设计相似，涉及三个案例，但也包含了对视觉元素的关注。这项研究的突出之处在于增加了资源的可用性和更多的研究经验。此外，由三名研究人员组成的团队在墨西哥最初的单一案例研究的基础上，通过对三个机构的案例研究（Barrett，Fernandez and Gonzalez，2019）研究了这一现象。

也许更重要的是，因范围收窄而收集的视觉数据使其得以出版（Blanco Ramírez，2015b），视觉分析已成为杰拉尔多研究议程的核心组成部分。上述成功出版物的例子表明，质性研究中的设计构成了一个级联过程，其中一个决定影响着后续的各种决定。从这个角度来看，当研究设计发生变化时，我们通常不能说这是一个错误。相反，当我们做出改变研究方向的决定时，新的可能性就会出现。这些可能被视为失败的变化有时可能会带来全新的思考方式，不仅是对于手头的研究，而且更广泛的，是对一个人进行研究和探索方法的思考。

1.3 质性研究中的合作实践

如以上文献综述所描述的，任何研究都存在着大量的合作机会。重新进行研究设计，对数据收集（来源和方法）和新的分析方向的影响经常出现在致力于高质量研究的合作伙伴中。这些合作机会可以在研究的早期进行,例如在实证阶段开始之前、数据收集期间或数据收集之后。正如杰拉尔多的论文范例中所讨论的,这些变化可能侧重于对研究进行重新设计以使之简化。在其他情况下,我们寻找机会重新进行研究设计,以专注于一组不同的理论或不同的概念框架。重新设计有时是在寻得该领域的新机遇或意想不到的发展的时候,也可能是在研究者获得新技能的时候。

1.3.1　数据收集之前的协作和设计调整

我们在上一部分讨论的范例说明了答辩如何形成一种环境,研究人员可以在这种结构化环境中展开协作。协作并不总是以安排会议和分配诸如主席、读者角色等结构化形式开展。通常情况下,质性研究从一开始就是协作式的:一个有趣的话题可能是在会议上与一位同事进行有趣的对话而想到的,或者是我们与具有不同专业知识的同事一起确定的。无论结构和形式的水平如何,重要的是要注意到协作过程中的权力差异。教员对研究生的建议,或者资深学者对职业生涯早期的人的建议,虽然这些可能会让人感觉是不可协商的指令。然而,我们相信,协作是一种可以学习的技能,而实践对于更好地适应沟通过程的协作需求大有帮助。

在最近一次论文答辩中,杰拉尔多不再是学生,而是答辩委员会成员。答辩中,一名学生最初提出了一种多案例研究方法。拟议的论文着眼于未被充分代表的学生,他们在学校生活社区学习。很明显,随着讨论的进行,案例的界限很难确定。每个学习社区都可以当作一个案例吗?每个参与者都可以当作一个案例吗?有几个地区校区的这家机构也是个案例吗?该学生提议汇总所有访谈以对它们进行分析,并进行通用主题分析。有了这些信息,委员会在与学生对话中,建议将设计转变为叙事探究或现象学方法。在讨论了不同的研究设计方案及其影响之后,这位学生选择了一种现象学的方法,这是因为她接近研究环境——她在校园里担任顾问。学生担心叙述方法需要十分详细的细节,才可以轻松识别参与者的身份。论文提案答辩后,杰拉尔多分享了他自己的论文是如何进行重大调整的，并鼓励学生将此视为一个机会，或一件"因祸得福"的事情。

建议别人对其研究设计进行重大调整，或认识到我们最初的行动计划需要调整，这并不是一个容易的过程。然而，我们认为真正的协作可以促进信任和沟通。从这个角度来看，我们的目标是发现机会，而不是发现要修复的错误，这种方法使研究设计的转变更容易被接受。

1.3.2 设计调整作为对进行中工作的重构

质性研究中协作的其他范例包括在将手稿发送出去供他人审阅，也可以包括在展示正在进行的工作会议之前同事之间交流的手稿。在其他情况下，合作可能不会让人感觉如此，而是呈现出争论的形式，这时就需要做出妥协了。这种情况在期刊编辑身上尤其明显，特别是与众所周知的"审稿人"合作时，他认为该研究探索了一个重要主题，但也认为该研究应该包括不同的参与者，应该在另一个环境中进行，应该包括一套完全不同的数据收集和分析策略。研究人员将受益于重新规划他们的一些方法选择、记住特定的受众或实践社区，而非放弃该项目并重新开始。

在我们讨论的范例中，杰拉尔多研究设计的调整在收集数据之前就由学生和论文委员会成员商定了。在其他情况下，研究设计的调整大多是由研究进行期间的协作导致的，甚至会在实证阶段结束并且研究人员开始撰写研究之后进行调整（Wolcott，2009）。其中一些调整与研究的框架有关。回到我们的例子，修订后的研究范围，根据一个长期为人所接受的案例研究类型学，一个单一的研究对象也可以构建一个工具性案例研究（Stake，2005）。然而，案例研究强调折中主义和案例周围的界限（Yin，2018），而不是被视为经由整体决策的、获得一致同意的数据收集和分析策略集合。因此，进行案例研究的研究人员经常借用其他体裁类型来描述他们的方法选择。

修改研究范围后，杰拉尔多的论文被定格为一个民族图形案例研究,因为它侧重于行为和互动,旨在寻求团体成员之间的共享意义,这里的团队成员指墨西哥大学的教师和行政部门。然而,同样的研究可以按照压缩民族志的方法进行(LeCompte and Schensul,2010)——正如格雷琴在杰拉尔多将论文变成手稿以在期刊上发表时所建议的那样。值得注意的是,这种区别并不涉及改变研究的进行方式,而是改变了研究向不同受众展示的方式。随着范围的变化,视觉数据的作用更加突出,鉴于视觉和公共民族志的悠久传统,在民族志类型的语言中回顾性地重新构建研究是有意义的(Pink,2007)。

格雷琴的学生詹·弗莱明(Jenn Flemming)给出了重新设计中间数据收集的一个例子,她对希腊莱斯沃斯岛难民进行了研究。莱斯沃斯岛在过去和未来都是来自许多国家(叙利亚、伊拉克、阿富汗、刚果和索马里等)的难民从土耳其(在可怕的情况下)出发前往希腊的目的地,这些难民还希望通过希腊前往欧洲其他国家。詹·弗莱明设计了一项参与式的人种学研究,重点关注岛上的两个主要难民营。在收集数据时,她了解到摄影(和 PhotoVoice 方法)对于描绘难民的经历尤其具有启发性,因为所有年龄段的难民都拍摄了照片并向她讲述照片的意义。她在最初的设计中没有预料到这一点,但她有幸被邀请参加了爱琴海大学关于移民的夏季研讨会。该研讨会是为在希腊难民营进行民族志研究的研究生筹办的,包括希腊和其他国际学者都参加了这次研讨会。研讨会确实是一个真正的实践社区,并促进了一些有价值的批判性友谊的发展。这个实践社区鼓励詹·弗莱明更加明确地关注视觉图像。

詹·弗莱明召集的参与者解释的视觉图像讲述了许多难民所经历的痛苦、失落和希望。例如,一个年轻女子凝视着地中海对面、她的难民之旅起源的图像所引起的情绪反应,远超言语的表达能力。这位年轻女子向学生讲述了她的一些感受(参见图 1.2):"其中一个女人尤斯拉(Yusra)过来坐下和我说话。'这是我们的船停靠的地方,'她解释说,'直到现在我们还没有回到这里。我们差不多三个月前就到了。'"

詹·弗莱明一直在对访谈和观察数据进行初步分析。随着她更加有意识地进行分析,并在其实践社区的支持下,她意识到这些照片及其

资料来源:经詹妮弗·弗莱明(Jennifer Flemming)许可重新发布。

图1.2　爱琴海沿岸的女人,研究人员在数据收集过程中生成的图像

附带的叙述内容非常强大,在许多方面比访谈记录更能唤起人们的回忆。如上所述,她没有预料到这一点,并且她想要改变她的数据收集计划以强调照片及其叙述。在继续收集"传统"访谈和观察数据的同时,她坚定地认为,视觉图像具有深远的意义。她与委员会主席(和批判性朋友)格雷琴深入讨论了数据收集和分析的这个可能的新焦点。由于来自许多国家的难民分享了他们的观点(照片)及其附带的意义,从而使演示文稿展示十分令人感动(Flemming,2018)。

设计有时一直都在进行调整,研究人员只需跟上这些变化并更新提案中使用的语言以反映已经做出的决定即可。杰拉尔多和莱斯沃斯岛的范例,都展示了与可信赖的实践社区和可信赖的批判性朋友的对话如何以创造性、生成性的方式推动研究设计、后续数据收集和分析。建立信任关系需要时间。我们鼓励学生和研究团队练习提供有用的批判性反馈。

在大多数情况下,给予反馈和接受反馈是可以通过学习获得的技能,还能够加强对话。最近的一个例子来自一项受资助的研究,该研究涉及生活困难的儿童及其家庭的计算思维。多学科研究团队代表了各种理论和方法论的主张,因此,想要达成真正的合作将具有挑战性。然而,研究团队的一名成员在格雷琴的课程中了解了实践社区和批判性朋友,并将这些想法带给了整个团队。鉴于对该成员的尊重并考虑他们如何塑造协作实践,其他人听取了他的意见。然后他们通过提出棘手的问题来练习这些新技能,同时支持共同的目标:成功的多站点、多研究人员、多学科研究。这项研究现在才刚刚开始,但是关于团队会议中的对话报告是值得期待的。

1.4　结论

本章的核心观点是,研究的重新设计与初始设计一样是质性研究过程的一部分。当研究人员遇到该领域出现的意想不到的挑战和机遇时,重新设计就有可能发生。对这些领域的经验持开放态度至关重要。这些想法与为重新设计一项研究提供一个规范的步骤路线图相矛盾。但是,我们建议应该关注那些在我们的方法或观点中可能导致变化的时刻。这些时刻可以是与同事的对话、该领域中意想不到的手稿或令人惊讶的理论联系。根据我们的经验,成功的重新设计需要为调整或添加新元素腾出空间。这类似于亨特提出的"主动等待"的概念,他认为"研究人员需要在整个研究项目中、在推进和优化研究过程之间取得平衡;另一方面,要给予充分发展研究的各个方面充足的空间和时间"(Hunt,2010:72)。

以增加更多参与者的形式,或仅仅是为了"更多"而采用更多的数据收集方法和编码方法抵制设计膨胀,对于为重新设计留出空间至关重要。同时,为了保持专注,我们需要提及的是,重新设计并不一定会带来更成功的研究。这份警示并不是要阻止我们重新设计一项研究。相反,可能发生的最坏情况就是回到最初的设计,但我们会对最初的计划有更清晰的信念和重新焕发的热情(参见图 1.3)。

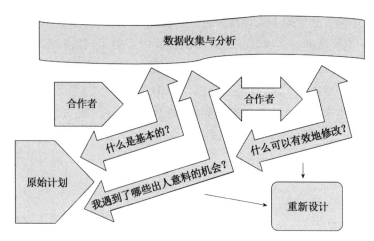

图 1.3 重新设计时需要考虑的因素

我们认为，带有目的进行的合作可以使研究更加丰富。其他人的想法，以体贴和关怀的形式进行分享、提供指导，可以使研究更加扎实。然而，寻找和培养合作伙伴并非易事。我们经常听到博士生导师将理论或意识形态框架强加给成熟的学生，这些学生感到困惑——并且经常感到不安——因为他们的导师不支持他们。遗憾的是，这些都是学院权力动态的重要组成部分。鉴于此，寻找并信任批判性的朋友和实践社区可能具有挑战性。我们认为，这同样适用于更成熟的研究人员。想想之前讨论过的匿名手稿审稿人提供的批判性反馈。有些为如何改进论文提供了极好的、深思熟虑的见解，其他的则没有那么好。经验丰富的研究人员会与其他值得信赖的同事权衡这些评论，寻求在评论者的建议和研究人员认为不可改变的内容之间找到平衡。

正如我们在本章中所阐述的那样，关系在研究工作的所有阶段都是基础。时间、信任和对共同目标的坚持均至关重要。

补充阅读

Appleton，C.(2011). "'Critical Friends,' Feminism and Integrity：A Reflection on the Use of Critical Friends as a Research Tool to Support Researcher Integrity and Reflexivity in Qualitative Research Studies." *Women in Welfare Education*，10，1—13. http://hdl.handle.net/2292/14443.

Mazzei，L. A. and Smithers，L. E.(2020). "Qualitative Inquiry in the Making：A Minor Pedagogy." *Qualitative Inquiry*，*26*(1)，99—108. https://doi.org/10.1177/1077800419869966.

Olan，E. L. and Edge，C.(2019). "Collaborative Meaning-making and Dialogic Interactions in Critical Friends as Co-authors." *Studying Teacher Education*，*15*(1)，31—43. https://doi.org/10.1080/17425 964.2019.1580011.

回顾与练习

1. 在这堂课中，我们应该如何鼓励公开的批判性反馈？我们要遵循哪些准则？

2. 发现更多关注实践社区、批判性朋友以及给予和接受批判性反馈的阅读材料。

3. 就你当前的研究设计编写一份相当详细的备忘录(3—5页)。描述设计的关键要素(整体方法(民族志、案例研究、现象学研究、视觉方法、混合)。描述当前数据收集的计划(方法、目标参与者人数、位置)。批判性地检查这个计划，寻找关于它实施的假设(隐藏的或显露的)。

例如，你对访谈的难易程度做了哪些假设？参与者愿意通过某种方式参与吗？如果使用虚拟方法，关于访问技术和互联网的假设是怎样的呢？"守门人"的批准？建议的数据收集对回答你的研究问题的价值？考虑到这些假设，该计划的哪些要素是必不可少的，哪些更容易修改？在数据收集之前，你可能无法完全知道这些问题的答案，但事先(然后在研究期间)思考它们可以帮助你找到计划的可延展边界，并有意识地重新考虑研究设计。(参见本书第15章关于备忘录写作的内容。)

参考文献

Barrett，B.，Fernandez，F. and Gonzalez，E. M.(2019). "Why Universities Voluntarily Pursue US Accreditation：The Case of Mexico." *Higher Education*，1—17. https://link.springer.com/article/10.1007/s10734-019-00427-y.

Blanco Ramírez，G.(2015a). "International Accreditation as Global Position Taking：An Empirical Exploration of U. S. Accreditation in Mexico." *Higher Education*，*69*(3)，361—374. https://doi.org/10.1007/s10734-014-9780-7.

Blanco Ramírez，G.(2015b). "U. S. Accreditation in Mexico：Quality in Higher Education as Symbol，Performance and Translation." *Discourse：Studies in the Cultural Politics of Education*，*36*(3)，329—342. https://doi.org/10.1080/01596306.2013.871236.

Blanco Ramírez，G. and Luu，D. H.(2018). "A Qualitative Exploration of

US Institutional Accreditation in Three Canadian Universities." *Studies in Higher Education*，43（6），989—1001. https：//doi. org/10. 1080/03075079. 2016.1203891.

Bresler，L.，Wasser，J. D.，Hertzog，N. B. and Lemons，M.(1996). "Beyond the Lone Ranger Researcher：Team Work in Qualitative Research." *Research Studies in Music Education*，7(1)，13—27.

Brinkmann，S. (2012). *Qualitative Inquiry in Everyday Life：Working with Everyday Life Materials*. SAGE.

Brown，L.(1993).(Ed.). *The New Shorter Oxford English Dictionary on Historical Principles*(Vol.I). Clarendon Press.

Creswell，J. and Poth，C. N.(2017). *Qualitative Inquiry and Research Design：Choosing among Five Approaches*(4th ed.). SAGE.

Denzin，N. K. (2009). *Qualitative Research under Fire：Toward a New Paradigm Dialogue*. Left Coast Press.

Flemming，J.(2018). Unpublished manuscript. University of Massachusetts Amherst.

Hunt，M. R.(2010). "'Active Waiting'：Habits and the Practice of Conducting Qualitative Research." *International Journal of Qualitative Methods*，9(1)，69—76. https：//doi.org/10.1177/160940691 000900107.

Lave，J. and Wenger，E.(1991). *Legitimate Peripheral Participation in Communities of Practice*. Cambridge University Press.

LeCompte，M. D. and Schensul，J. J.(2010). *Designing and Conducting Ethnographic Research：An Introduction*. AltaMira.

Marshall，C. and Rossman，G. B.(2016). *Designing Qualitative Research* (6th ed.). SAGE.

Merriam，S. B. and Tisdell，E. J.(2015). *Qualitative Research：A Guide to Design and Implementation*. Jossey-Bass.

Pailthorpe，B. C. (2017). "Emergent Design." *International Encyclopedia of Communication Research Methods*. Wiley Online Library. https：//doi. org/ 10.1002/9781118901731.iecrm0081.

Patton，M. Q.(2015). *Qualitative Research and Evaluation Methods：Integrating Theory and Practice*(4th ed.). SAGE.

Pink，S.(2007). *Doing Visual Ethnography*. SAGE.

Pink，S.(2012). *Situating Everyday Life*. SAGE.

Rallis，S. F. and Rossman，G. B.(2000). "Dialogue for Learning：Evaluator as Critical Friend." *New Directions for Evaluation*，2000(86)，81—92. https：// doi.org/10.1002/ev.1174.

Ravitch，S. M. and Carl，N. M. (2016). *Qualitative Research：Bridging the Conceptual*, *Theoretical*, *and Methodological*. SAGE.

Rossman，G. B. and Rallis，S. F.（2016）. *An Introduction to Qualitative Research：Learning in the Field*. SAGE.

Saldaña，J.（2016）. *The Coding Manual for Qualitative Researchers*（3rd ed.）. SAGE.

Silverman，D.（2011）. *Interpreting Qualitative Data：A Guide to the Principles of Qualitative Research*. SAGE.

Stake，R. E.（2005）. "Qualitative Case Studies." In N. K. Denzin and Y. S. Lincoln（Eds.），*The Sage Handbook of Qualitative Research*（pp. 443—466）. SAGE.

Stake，R. E.（2010）. *Qualitative Inquiry：How Things Work*. Guilford Press.

Wenger，E.（1998）. *Communities of Practice：Learning，Meaning，and Identity*. Cambridge University Press.

Wenger-Trayner，E. and Wenger-Trayner，B.（2015）. *Introduction to Communities of Practice：A Brief Overview of the Concept and Its Uses*. https://wenger-trayner.com/introduction-to-communities-of-practice/.

Wolcott，H. F.（2009）. *Writing up Qualitative Research*. SAGE.

Yin，R. K.（2018）. *Case Study Research and Applications：Design and Methods*（6th ed.）. SAGE.

2 使用质性数据分析软件管理研究过程

杰西卡·N.莱斯特　特雷娜·M.保卢斯

摘要:本章将说明如何使用质性数据分析软件来管理基于访谈的研究。基于使用质性数据分析软件包 ATLAS.ti 的研究案例,我们展示如何使用六种特定软件的策略,包括:(1)在软件包内部和/或外部开发转录文本;(2)设计和组织访谈数据;(3)将转录文本与记录同步;(4)创建引用文件和直接编码和/或备忘媒体文件;(5)比较参与者对案例的看法;(6)在研究报告中生成对质性数据分析软件使用的描述。为了讨论这个问题,我们首先介绍五级质性数据分析(QDA)方法并简要概述质性数据分析软件的当前状态。

关键词:ATLAS.ti;五级质性数据分析方法;质性数据分析软件

2.1　引言

研究人员可以从头到尾使用质性数据分析软件(qualitative data analysis software,QDAS[①])包,例如 MAXQDA、ATLAS.ti 或 NVivo[②],管理整个访谈研究(Paulus and Lester,2022)。从开始文献综述(Lubke et al.,2017;O'Neill et al.,2018;Pope,2016)到收集

[①]　在文献中,当指代支持质性数据研究过程的软件时,通常使用术语计算机辅助质性数据分析或 CAQDAS。

[②]　NVivo 的最早版本被称为 NUD*IST。

各种数据类型(例如,捕获推特数据)再到进行转录(Lester,2015),QDAS 软件包提供了一整套管理和分析工具。值得注意的是,这些软件不能与 SPSS 或 STATA 等统计软件混为一谈,这些软件包通常的定位是自动进行分析;相反,质性数据分析软件包则是"文本实验室"(Konopasek,2008)或工作台(Muhr,1997),研究人员在其中可以系统性地、科学地管理、组织、储存和/或安排(尚未处理的)质性数据。此外,另一点值得注意的是,质性研究人员使用质性数据分析软件的方式理论上应该与指导研究的方法有着千丝万缕的联系,因此两项质性研究不太可能涉及相同的工具组合也就再正常不过了。例如,保卢斯和莱斯特(Paulus and Lester,2016)说明了如何在进行对话分析或话语分析研究时利用质性数据分析软件中的特定功能,特别是 ATLAS.ti。他们描述了在使用 ATLAS.ti 的功能时如何采用针对对话分析和话语分析的分析策略,从而强调特定的质性研究方法如何影响质性数据分析软件的采用和使用。

尽管关于如何设计和进行基于访谈的质性研究(例如,Brinkmann and Kvale,2015)的学术研究由来已久,但在计划这样的研究时,他们很少将数字工具考虑其中,特别是质性数据分析软件。事实上,很少有研究人员详细描述他们如何使用 QDAS 工具(Woods et al.,2016)。因此,在本章中,我们的目标是在设计以访谈为主要数据源的研究时,汇集与使用质性数据分析软件相关的考虑因素。更具体地说,我们描述了以一种可以利用质性数据分析软件来管理整个研究过程的方式来进行访谈研究的计划。

首先,我们简要介绍质性数据分析软件的使用场合和潜力。在本部分,我们将介绍伍尔夫和西尔弗(Woolf and Silver,2017)的五级质性数据分析方法,并将其作为规划有效使用质性数据分析软件功能的一种方法。我们将五级质性数据分析方法视为以方法论为基础的方式使用质性数据分析软件的重要框架。随后,我们在基于访谈的研究中详细介绍了如何使用质性数据分析软件。相关研究人员使用的是 ATLAS.ti 的第 7 版,因此我们在整个讨论中,尤其关注的是针对 ATLAS.ti 的策略(虽然其与其他软件包有重合的地方)。值得注意的是，我们最熟悉的软件是 ATLAS.ti，因为我们是它的长期用户，而且我们中的一位（保卢斯）也是该软件包的认证培训师。这项特别研究完成后，ATLAS.ti 发布了第 8 版。因此，我们在本章中呈现的屏幕截图已更新为第 8 版（Windows 版本）。具体而言，我们强调了如何使用软件来执行以下分析策略：

1. 在软件包内部和/或软件包外部开发转录文本；
2. 设计和组织访谈数据；
3. 将转录文本与记录数据同步；
4. 创建引用和直接编码（或备忘媒体文件）；
5. 跨案例比较参与者的看法；
6. 在研究报告中生成使用质性数据分析软件的描述。

在关注这六项实践时，我们强调研究人员可能会在设计他们的研究时考虑如何使用质性数据分析软件，而不是在收集数据后或只是事后才使用。在本章的结尾，我们向计划通过学习和使用质性数据分析软件来支撑基于访谈研究的研究人员提供指导。

2.2　质性数据分析软件在质性研究中的现状

质性数据分析软件在 20 世纪 80 年代随着民族志和非数值非结构化数据索引搜索和理论（NUD * IST，现在称为 NVivo）的发展而首次出现。这些软件包最初并不是出于商业目的开发的。相反，它们旨在满足研究人员的需求。尽管如此，随着 20 世纪 80 年代笔记本计算机的兴起，质性数据分析软件的使用量大幅增加（Fielding，2008）。在 20 世纪 90 年代初期，位于萨里大学的计算机辅助质性数据分析（CAQ-DAS）网络项目充当了促进与质性数据分析软件使用相关对话的主要平台。在过去的 15 年中，质性数据分析软件开发人员和用户组成了一个强大的联盟，培训、会议和学术出版物的激增就是这个联盟的证明。今天，有各种各样的质性数据分析软件包可用，从长期存在的软件包

（例如 ATLAS.ti、NVivo 和 MAXQDA）到相对较新的软件包（例如 Quirkos），再到开源软件包（例如 RQDA）。

尽管质性数据分析软件的可使用性有所增加，但它与质性研究人员之间的关系仍然有些脆弱（Davidson and di Gregorio，2011）。事实上，质性研究人员在进行研究时一直在使用工具。然而，质性数据分析软件的使用尤其引起了关于它在研究过程中的地位的争论，尤其是与质性数据分析相关的问题（Paulus and Lester，2021）。我们认为，这场辩论及其相关担忧往往是由对质性数据分析软件的目的和功能的误解而引起的。具体而言，一个经常被引用且我们认为是错误的说法是：质性数据分析软件包替研究人员进行分析。而这种说法肯定与进行质性研究的实践相悖。像吉布斯等人所说的一样，我们们认识到质性数据分析软件"只是一种分析工具，良好的质性分析仍然依赖于人类研究人员细心的、高质量的分析工作"（Gibbs et al.，2002：9）。

根据科诺帕塞克（Konopasek，2008）的"文本实验室"概念，质性数据分析软件包可以被认为是研究人员阅读、收听（查看）、编写和管理整个过程的"站点"（Paulus et al.，2014）。例如，蒂·格雷戈里奥和戴维森（di Gregorio and Davidson，2008）描述了如何在软件包中构建整个研究项目，从而提供了一个有效的范例，说明如何在设计研究时考虑质性数据分析软件的使用，而不是等到事后再考虑。值得注意的是，伍兹、保卢斯、阿特金斯和麦克林（Woods，Paulus，Atkins and Macklin，2016）对 763 篇使用 NVivo 或 ATLAS.ti 报告的实证文章进行内容分析后发现，除了数据管理和数据分析之外，很少有研究人员将质性数据分析软件包用于其他任何事情。然而，我们认为，从文献综述到相关文件（例如 IRB 协议）再到数据源，质性数据分析软件项目文件可以成为完成和仔细记录与给定研究相关的决策的"一站式商店"。

重要的是，研究人员使用质性数据分析软件包的方法，与方法论、研究方法、研究人员的定位以及对给定软件包功能的熟悉程度密不可分。伍尔夫和西尔弗（Woolf and Silver，2017）的五级质性数据分析方法是一种特别有效的方法，它仔细考虑了如何以方法论为基础的方式

使用该软件。他们建议对分析策略和软件策略进行区分,提供五个级别来支持研究人员使用质性数据分析软件。这些级别如下:

1. 明确研究目的很重要。换言之,对于研究人员来说,阐明他们想对特定数据集做什么至关重要,因为这决定了应该如何使用质性数据分析软件。

2. 描述给定研究的分析计划至关重要。

3. 应采用循环方法,将分析任务转化到软件工具上,并将工具映射到分析计划。

4. 在将可用工具映射到分析计划之后,可以使用单独的软件工具。

5. 软件操作都应该以特定的方式进行,并针对给定的研究进行定制。

为了理解伍尔夫和西尔弗的方法是如何起作用的,我们可以假设一位研究人员对研究资源分配和特定课程的实施感兴趣。首先访谈学校管理人员,了解他们的预算,然后是课程,并邀请管理人员描述支持课程进行所使用的材料和设施。最终,研究人员可能会检查与资源分配方式相关的循环代码,以及这些代码之间的潜在联系或脱节。在此过程中,他们接下来可能会检查必要资源的描述和资源可访问或不可访问的方式(例如,通过观察确定)之间的潜在联系。这种分析策略可以通过使用 ATLAS.ti 的网络视图作为一种软件策略来获得支持,这样就可以以图形化的方式概念化项目实施和资源分配如何(或不能)同步进行。

遵循五级质性数据分析方法(Woolf and Silver, 2017)是在项目开始时明确研究人员目标的一种方式;同时,在使用质性数据分析软件之前,研究人员就应该明确研究方法和分析目标。值得注意的是,无论研究人员是否有预先确定的研究问题与目的,或是否使用更新兴的质性研究设计,都必须先确定在研究中将采用的分析策略。这种方法使得质性数据分析软件的使用有了方法上的驱动,并增加了以创新和强大的方式充分使用质性数据分析软件的潜力。

2.3 范例研究的背景

从 2013 年 9 月到 2014 年 7 月，一个研究团队（Lester and Loch-miller，2014；以下简称"我们"）与国际文凭组织（International Bacca-laureate，IB）签约，研究南美洲哥伦比亚四所使用国际文凭组织小学课程项目（Primary Year Programme，PYP）的 K-12 私立学校。该项目是一个为 3—12 岁儿童设计的探究性项目，它"基于建构主义的学习观点并以概念为导向"（Eaude，2013：11）。该研究的目的是研究在南美洲哥伦比亚的国际文凭组织小学课程项目学校工作的学生、教师和管理人员的看法，尤其是考虑到哥伦比亚普遍缺乏关于教育的研究，特别是在哥伦比亚国际文凭组织小学课程项目的研究。因此，我们研究了这些看法，注意到那些在哥伦比亚国际文凭组织小学课程项目学校工作和学习的人如何理解他们的日常工作生活和学习经历。

该研究被设计为一个案例研究（Yin，2009），将四所学校定位为"有界系统"（见下文描述）。我们试着探索这四所学校的项目背景差异，以及学生、教师和管理人员的看法，所以这种研究方法特别有用。此外，这种多站点的案例设计使我们能够完成跨案例分析。

我们进行了为期两周的密集实地考察。在此期间，我们收集了许多与教师、小学项目协调员、学校主管和学生的个人访谈以及焦点小组访谈。我们还对学校站点进行了观察，并收集了相关的教学、行政和学生学习文件进行分析。

我们的主要数据来自深度访谈和焦点小组访谈，其他数据来源（即观察数据和文件/人工制品）用于情境化和加强诠释。鉴于本章的重点，我们接下来提供与访谈本身相关的更多细节。

2.3.1 访谈与焦点小组

在整个访谈和焦点小组中，都有一名西班牙语翻译在场，其中只有三名受访者需要将问题翻译成西班牙语并用英语回复。在与教师和管理人员以及与学生的焦点小组进行访谈时,我们使用了半结构化协议和数字记录设备。

　　所有小学项目协调员都参加了多次访谈,每个协调员都参加了一次坐下来的访谈。在此期间我们提出了协议中列出的问题,也进行了一系列步行访谈,我们"边走边谈"。当研究人员试图在具体环境中理解参与者的日常活动时,步行访谈特别有用(Clark and Emmel,2009)。克拉克和埃梅尔指出,这种特殊的访谈方法使"参与者在更大程度上控制研究过程,决定研究的走向";环境本身"可以引发更多讨论或有助于进一步探讨在房间内可能不会出现的问题"(Clark and Emmel,2010:2)。因此,当协调员向我们展示学校空间时,我们跟随他们的脚步,允许他们将那些对他们的工作有重要意义的空间和地方联系起来。例如,在 C 学校,项目协调员想向我们展示"特殊需求部门",他这样讲:

　　　　好的,那么我给你介绍一下,这是我们的特殊需求部门。顾名思义,我们在这里所做的就是帮助有特殊需要的学生。老师们要么把这些学生喊出来,要么走进教室帮助他们,所以我们已经——他们在数学、西班牙语和英语方面提供帮助……我们对此感到非常自豪——我们更喜欢称之为学习支持而不是特殊教育。

　　接下来,我们询问了如何确定学生需要接受特殊教育以及如何资助该计划等后续问题。由此可见,步行访谈提供的信息不是通过半结构化协议获得的,但对学校的日常运作至关重要。

2.3.2　数据分析

　　我们对质性数据集进行了主题分析(Braun and Clarke,2006),进行了 11 个迭代阶段的数据分析,在此期间我们做了以下几件事:(1)集中聆听录制的访谈和焦点小组内容,并直接存储和编码音频文件;(2)对访谈和焦点小组内容进行了专业性转录,并审查了转录文本以保证准确性,同时对用西班牙语进行的三个访谈进行了检查,以确保翻译的准确性;(3)多次阅读转录文本和观察笔记;(4)通过多轮备忘录确定数据中的关键模式;(5)使用在体和社会学构建的代码以多轮模式对数据进行编码;(6)为个别学校站点确定主题;(7)编写个别学校案例的描述性报告;(8)对跨校址的主题进行比较分析;(9)与部分参与者分享初步解释,以供成员核对;(10)对主题性发现进行描述。

2.4 使用 ATLAS.ti 管理研究过程

在这项范例研究中,从文献回顾过程的早期阶段到撰写研究结果的后期阶段,我们都在使用 ATLAS.ti。尽管我们使用 ATLAS.ti 来支持整个研究过程,但在此我们只描述对本次特定访谈研究最有用的六种做法。

2.4.1 练习 1:在内部/或外部开发转录文本

在所有访谈研究中,必须对转录文本的类型(例如,逐字记录、杰斐逊式记录等)以及如何制作做出重要决定。这些决定应由方法驱动并涉及一系列考虑因素(Hammersley, 2010),从要转录的数据量(例如,仅转录数据集的选定片段)到转录的详细程度(例如,是否应暂停转录)。因此,在进行国际文凭组织小学课程项目研究时,我们甚至在收集数据很久之前就决定了在哪里以及如何制作转录文本。从本研究的目的出发,我们确定了逐字记录的方式足以满足我们的目的,特别是考虑到我们对访谈的内容感兴趣,但对如何表达不那么感兴趣。另一个重要的考虑因素是在哪里生成转录脚本。从聘请专业转录员到使用 InqScribe 等手动转录软件工具或 Temi 等自动化工具,现在有很多可选择的转录方法。鉴于倾向于尽可能在质性数据分析软件内进行,我们还考虑在 ATLAS.ti 的第 7 版①中自己制作转录文本。由于这项研究是一个时间紧迫的资助项目，我们最终决定申请资助以使用专业的转录服务。这项服务使我们能够相对快速地生成"初稿"逐字记录。生成这些初稿逐字记录后，我们进一步格式化、组织和准备这些数据，以便导入 ATLAS.ti。

2.4.2 练习 2：计划和组织访谈数据

收到转录文本后，我们将数据匿名化，同时进一步制作准确的转录文本。我们认为，匿名化数据是在将数据导入 ATLAS.ti 之前的一个重要步骤，因为它有助于在分析过程中建立道德保护。因此，我们在一个单独的电子表格中保存了一份姓名和假名的主列表，该电子表格位于我们的 ATLAS.ti 项目文件之外。一旦使整个数据集匿名化，我们就将所有数据导入项目文件中，如图 2.1 所示。

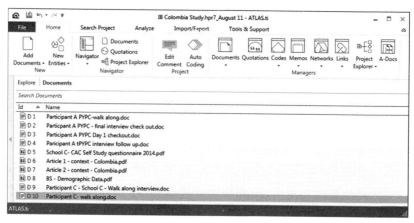

图 2.1　导入原始文件/数据

鉴于计划是进行跨案例分析，我们整理了与学校（例如，学校 A、学校 B、学校 C 和学校 D）和参与者角色（例如，教师、学生、管理员、协调员等）相关的数据，目的是最终在我们分析的各个阶段比较学校和参与

---

① 在撰写本文时，ATLAS.ti 第 8 版不支持转录。

者角色。这种分析策略是我们研究设计的一部分,因此我们采用了ATLAS.ti的软件策略来支持我们的分析目的。具体来说,在导入所有数据后,我们将数据组织成文档组。在 ATLAS.ti 中,"文档组"可用于整理数据源,这些数据源可能与分析相关的属性相关。例如,在国际文凭组织小学课程项目研究中,学校是一个相关属性,因此我们为学校A、学校 B 等创建了文档组。鉴于一个文档可以是多个组的成员,我们将数据文档分配给与特定角色(例如,教师)相关的组。图 2.2 突出展示了我们的数据集整理方案。

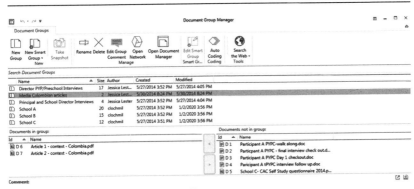

图 2.2　文档组管理器

尽管立即记录或编码数据很有诱惑力,但我们认为,先将数据源整理到文档组中的过程对我们完成丰富而有洞察力的跨案例分析这一目标至关重要。最终,通过这个步骤,我们知道自己将能够在整个分析过程中查询我们的备忘录和编码数据,而不仅仅是在完成多个编码和备忘录周期之后。因此,我们能够探索诸如与学校 B、学校 C 等的学生相比,学校 A 的学生对该项目的报告是什么等问题。孔特雷拉斯(Contreras,2014)认为:"ATLAS.ti 中一个好的文档组系统将为有效的数据研究和分析做好准备。"确实,我们在这项研究中发现这一观点是正确的。

2.4.3 练习3:将转录文本与记录数据同步

质性研究人员通常会将迅速阅读他们转录的访谈作为分析的第一阶段。虽然阅读通常比收听/查看录音访谈更有效率,但任何快速转移到转录脚本的决定都有可能失去在反复查看详细录音时发现的"与具体环境联系在一起"的内容。在质性数据分析中使用转录功能的一个关键优势是能够创建同步的转录文本。同步的转录文本(通过研究人员插入的时间戳)将媒体文件/记录与录音的陈述/转录文本关联起来(Paulus et al.,2014)。创建这种转录文本使得研究人员能够轻松定位到媒体文件和/或转录文本的各个地方。此外,时间戳让研究人员能够创建对分析特别有用的音频或视频文件的片段。因此,研究人员无须将音频文件快速转发到访谈中最相关的部分,而只需单击即可找到相关的数据片段。

在国际文凭组织小学课程项目研究中,我们没有同步转录文本,但我们当然可以这么做。我们在此提供一个可能与分析相关的范例。创建同步的转录文本对于研究教师访谈的部分特别有用,在这些部分中,教师分享了在双语课堂中实施项目的挑战。在导入数据和多轮编码和备忘录写作后,我们注意到所有参与的教师都分享了他们所经历的挑战。最终,我们回到录音中更详细地聆听这些访谈片段,并注意教师描述中所强调的内容(例如,提高语调、增加音量),以更好地为我们的诠释奠定基础。值得探讨的是,将这些音频片段直接链接或同步到转录文本会很有用,这样我们可以生成与我们所听到的内容相关的更详细的转录文本。如果我们将音频文件与逐字记录同步,那么我们就可以更轻松地完成,并且还可以链接到数据集的编码和备忘录片段。

2.4.4 练习4:创建引用数据并直接编码和/或记忆媒体文件

访谈数据的初步审查在质性研究中很常见,有助于使研究人员熟悉潜在的分析途径。在国际文凭组织小学课程项目研究中，分析的第一阶段涉及精听，即我们花时间独立聆听访谈和焦点小组访谈的数据。在转录数据之前，我们在 ATLAS.ti 中进行了这种精听，从而使我们能够接近所记录对话的细微本质。在制订分析计划时，我们打算记录聆听数据时对我们来说较突出的内容，然后彼此分享这些内容。鉴于准备使用 ATLAS.ti 来支持我们的研究过程，我们利用 ATLAS 中允许研究人员直接创建其媒体文件的引用（或片段）的工具。创建引用数据类似于强调一段文本以记录数据的潜在相关部分。在这种情况下，我们对音频文件中被突出的部分进行分段或突出显示，如图 2.3 所示。

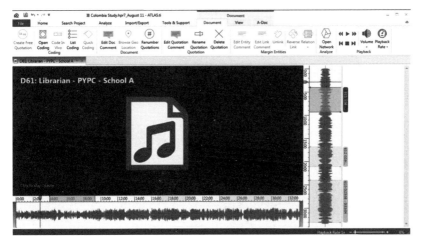

图 2.3　带引用的访谈音频文件

创建引用后，我们写了评论和备忘录来捕捉我们对数据的最初想法和预感，并分享了这些评论和备忘录，这些早期的思考也为我们的分析提供了信息。最终，我们对转录文本进行了编码，创建了相关数据段的引用，将分析和理论备忘录附加到这些片段，并在多轮编码中将代码应用于这些数据段。如上所述，我们可以将音频文件与转录文本同步，从而直接将我们最初的思考与最终记忆和编码的转录文本建立起联系。

直接备忘媒体文件的一个特别优势是，这种做法使我们能够接近数据，还可以让我们一次又一次地回到访谈或焦点小组数据的特定部分——即使我们的分析转向更抽象的诠释层面。值得注意的是，研究人员还可以直接对媒体文件进行编码。直接编码的媒体文件对跟踪音频和/或视频/视频数据特别有用，并且这种编码支持研究人员更有选择性地确定要转录哪些数据段（而不是转录整个数据集）。

2.4.5 练习5：比较参与者对案例的看法

在对数据进行多轮编码之后，我们特别感兴趣的是查询数据以开始了解学校站点之间（即学校 A 与学校 B 等）以及参与者之间的异同（即教师与导演等）。西尔弗和勒温斯（Silver and Lewins，2014）将这个过程描述为"询问数据集"。在最广泛的意义上，查询编码数据集允许研究人员检查数据的关键属性（例如，学校站点、参与者角色）与编码结果之间的潜在关系和模式。

	22: Pilar PYP... 15	23: Preschoo... 0	24: PYP Teac... 26	25: PYP Teac... 19	26: PYP Teac... 11	27: PYP Teac... 17	28: PYP Teac... 12	29: PYP Teac... 23
administrator descriptions (teacher per... 20			3	1				1
balanced 3								
becoming an ib school 2								
Bilingual instruction 27				3		1		1
budgeting 13								
caring 11					1	1		
classroom tools or resources 30			2	1	3	2	2	
collaboration amongst teachers 8			1					2
Colombian context influences 6								
Colombian educational policy 3								
Colombian educational traditions 2								
Colombian teacher training 2								
communicators 2								
comparing two PYP programs (teache... 4								
curiosity 2								
definition of learning								
description of changes since adopting... 26	1			1		2	1	2
Description of IB organization 1				1				
description of 'successful learner' 3								
equity 0								
family descriptions 2								
Good quote 54				2		1	1	1
implementation challenges 54			1	2		4	2	4

图 2.4　ATLAS.ti 编码文档表

在我们的研究中,在对数据进行编码后,我们通过使用 ATLAS.ti 中的编码文档表(策略)查询数据,以大致了解编码在不同学校站点的分布(分析策略)。如图 2.4 所示,编码文档表使我们能够检查各个学校实施该计划的相似和不同的方式。我们还能够以一种可以探索教师、学校主管和学生对该项目的看法差异的方式来整理我们的数据。然后,质性数据分析软件查询工具可以帮助研究人员更广泛地识别具有跨意义属性的编码模式。

2.4.6 练习 6:在研究报告中生成对质性数据分析软件使用的描述

使用质性数据分析软件包进行研究时,一个经常被忽视的方面是,在生成最终研究报告时未提及是如何使用质性数据分析软件的。保卢斯等人(Paulus et al., 2017)提倡研究人员应当详细报告他们对质性数据分析软件的使用情况。首先,他们主张要说明你所使用的软件版本,因为不同版本的软件的功能是有天壤之别的。其次,他们强调在描述质性数据分析软件包的使用时,用主动语态来描述其重要性,以避免有该软件替研究人员进行分析的暗示性意味。再次,保卢斯等人(Paulus et al., 2017)认为报告应介绍使用了哪个质性数据分析软件包、选择它的原因以及使用的功能,这些都很有用,因为他们认识到许多读者可能对质性数据分析软件并不熟悉。最后,他们指出,如果研究人员认为质性数据分析软件提高了研究结果的严谨性或准确性,那么特定的关于质性数据分析软件工具如何提高了研究质量的细节的说明也很有必要。

在与国际文凭组织小学课程项目研究相关的两个成果中,研究人员使用了两种不同版本的描述来报告 ATLAS.ti 的使用情况。首先,在为资助机构提供的更长、更详细的报告中,研究团队写道:

> 在我们的质性分析过程中,我们使用了 ATLAS.ti 第 7 版 (Muhr, 2004)。这是一个通常用于支持质性研究数据分析的软件包。利用 ATLAS.ti 第 7 版的功能,我们可以系统地注释数据,在我们处理数据集时构建详细的理论和分析备忘录,并使用

编码特征和编码系列达到更抽象的分析级别。（Lester and Loch-miller，2014:19）

值得注意的是，上面的描述分享了质性数据分析软件的类型和版本（ATLAS.ti 第 7 版，不仅仅是"质性数据分析软件"），并且在其功能（注释、理论化和分析，并转向抽象的分析水平）旁边提到了具体的工具（备忘录、代码和代码系列）。通过这种方式，有关选择此软件包和使用特定工具的详细程度可以为其他研究人员提供指导。

令人惊讶的是，在与这项研究相关的期刊中，对 ATLAS.ti 使用的描述更简短。

> 在我们的质性分析过程中，我们使用了 ATLAS.ti 第 7 版（Muhr，2004），这是一个通常用于支持质性数据分析的软件包。（Lochmiller et al.，2016:162）

上述描述虽然是主动语态，但并没有提供有关使用哪些功能以及为什么使用的详细信息。回想起来，本可以提供更多的细节来证实 ATLAS.ti 是如何以稳健方式支持研究团队进行解释的。

2.5　结论

选择质性数据分析软件包时，最好从选择机构（如果有的话）支持的软件包开始。通常会是 ATLAS.ti、NVivo 或 MAXQDA。在没有机构支持的情况下，至少找出你的同事们正在使用哪些软件，并在他们的支持下探索该软件包，这一做法可能会有所帮助。

如果没有机构支持该软件也没有同事使用质性数据分析软件，那么探索免费试用版也是值得的。虽然大多数质性数据分析软件包都是跨平台的，但并非所有软件包都是作为本地 Mac 或 Linux 程序开发的，因此确认要使用的平台是否会提供所需的软件策略很重要。这些信息在包装的网站或用户手册中会提供。就协助决策的软件包，计算机辅助质性数据分析软件网络提供了许多的评论：https://

www. surrey. ac. uk/computerassisted-qualitative-data-analysis/support/
choosing。

检查软件包是否提供了决策所需的功能也很重要。例如：

- 软件是否支持所需的转录字符(例如,杰斐逊符号)？
- 它能对媒体文件和转录文本进行时间标记和/或同步吗？
- 它是否支持媒体文件的直接编码？
- 它是否提供波形或时间轴显示？
- 每个项目文件可以支持多少个媒体文件和/或转录文本？
- 它支持哪些注释方法？

阅读比较研究人员与不同软件包经验的文章可以为我们提供宝贵的指导。我们推荐西普斯(Cypress,2019)、埃斯特拉达和库伦(Estrada and Koolen,2018)以及索蒂里亚杜、布劳威尔斯和雷(Sotiriadou, Brouwers and Le,2014)的资料作为阅读起点。回顾这些研究,可以为我们决定使用哪个软件提供参考,并提供真实世界的例子,说明哪些有效,哪些无效。学习新软件可能是一项具有挑战性的任务,学习者通常会选择自己搞明白(Freitas,Ribeiro,Brandão,Azevedo de Almeida, Neri de Souza and Costa,2019)。我们建议观看这些公司提供的免费网络研讨会,这些会议通常会说明程序的主要特征。接下来,调查附近提供的任何面对面培训研讨会,或报名在线培训。如需即时帮助,请观看公司网站上的视频教程或 YouTube 上其他用户分享的视频教程。在处理研究数据之前,请使用软件随附的范例项目文件来练习使用各种功能。

最后,阅读伍尔夫和西尔弗的 ATLAS.ti、NVivo 或 MAXQDA 的五级质性数据分析书籍可以为预想的策略选择合适的软件工具提供指导。如今,使用软件来管理质性研究过程更加重要,因为我们的大多数(如果不是全部)数据源都是一开始就以电子格式生成和存在的。研究人员在一个"文本实验室"(Konopasek,2008)中组织和浏览所有研究文档和媒体文件,能够使分析过程更加透明和系统。通过感兴趣的关键特征组织数据,可以就调查结果的差异和相似性提出更加深入的问题,如果不使用软件,这几乎是不可能的。

补充阅读

Paulus，T.（2018）. "ATLAS. ti Qualitative Data Analysis Software." In B. Frey(Ed.)，*The SAGE Encyclopedia of Educational Research*，*Measurement and Evaluation*. SAGE. http://dx.doi.org/10.4135/9781506326139.n57.

Paulus，T. M. and Lester，J. N.（2021）. *Doing Qualitative Research in a Digital World*. SAGE.

Paulus，T. and Lester，J.（2020）. "Using Software to Support Qualitative Data Analysis." In S. Delamont and M. Ward(Eds.)，*Handbook of Qualitative Research in Education*（2nd ed.，pp.420—429）. Edward Elgar Publishers.

回顾与练习

1. 思考你希望进行的访谈研究。你的访谈数据中存在哪些人口统计或其他变量（例如,地理位置、机构规模、参与者年龄等）可能有助于你解释调查结果？QDAS 如何帮助你做出这些解释？

2. 你如何使用 QDAS 来"以系统和方法论的方式管理、组织、存储和/或构建你的（非结构化）质性研究数据"？

3. 哪种数据分析方法可能有助于你分析访谈数据？确定方法来源以了解有关此方法的更多信息,并确定你将用于进行此分析的策略。

4. 使用结论中提供的指导,选择一个 QDAS 软件包并下载免费试用版。查看相关 YouTube 或公司提供的在线教程并上传一些视频文件和转录文本文件。练习以下软件策略：

（1）编写一份备忘录,包括研究问题、分析计划/策略,并描述数据来源；

（2）根据你的分析兴趣创建数据源"组"；

（3）如果可能的话,将媒体文件与转录文本同步；

（4）选择媒体文件的一些有趣的部分进行转录并创建注释（例如,创建引文、附加备忘录和/或编码数据段）；

（5）编写另一份反映上述学习过程的备忘录,并生成后续步骤列表。

参考文献

Braun，V. and Clarke，V.（2006）. "Using Thematic Analysis in Psychology." *Qualitative Research in Psychology*，*3*（2），77—101. https://doi.org/10.1191/1478088706qp063oa.

Brinkmann，S. and Kvale，S.（2015）. *Interviews：Learning the Craft of Qualitative Research Interviewing*（3rd ed.）. SAGE.

Clark，A. and Emmel，N.（2009）. "Connected Lives：Methodological Challenges for Researching Networks，Neighbourhoods and Communities." *Qualita-*

tive Researcher, *11*, 9—11. http://usir. salford.ac.uk/id/eprint/10434.

Clark, A. and Emmel, N.(2010). Using walking interviews. Realities Toolkit ♯3, ESRC National Centre for Research Methods. http://eprints.ncrm.ac.uk/1323/1/13-toolkit-walking interviews.pdf.

Contreras, R.(2014). Primary Document Families: An Essential Procedure for Data Exploration and Analysis. https://atlasti. com/2014/11/09/primary-document-families-an-essential-procedure-for-data-exploration-and-analysis.

Cypress, B.(2019). "Data Analysis Software in Qualitative Research: Preconceptions, Expectations and Adoption." *Dimensions of Critical Care Nursing*, *38*(4), 213—220. http://doi.org/10.1097/DCC.0000000000000363.

Davidson, J. and di Gregorio, S.(2011). "Qualitative Research and Technology: In the Midst of a Revolution." In N. K. Denzin and Y. S. Lincoln(Eds.), *The SAGE Handbook of Qualitative Research*(4th ed.). SAGE.

Di Gregorio, S. and Davidson, J.(2008). *Qualitative Research Design for Software Users*. McGraw-Hill.

Eaude, T.(2013). *Primary Education: A Literature Review*. International Baccalaureate Organization.

Estrada, M. L. and Koolen, M.(2018). "Audiovisual Media Annotation Using Qualitative Data Analysis Software: A Comparative Analysis." *The Qualitative Report*, *23*(13), 40—60. https://nsuworks. nova. edu/tqr/vol23/iss13/4.

Fielding, N.(2008). "The Role of Computer-assisted Qualitative Data Analysis: Impact on Emergent Methods in Qualitative Research." In S. Hesse-Biber and P. Leavy(Eds.), *Handbook of Emergent Methods*(pp. 644—673). Guilford Press.

Freitas, F., Ribeiro, J., Brandão, C., Azevedo de Almeida, C., Neri de Souza, F. and Costa, A. P.(2019). "How Do We Like to Learn Qualitative Data Analysis Software?" *The Qualitative Report*, *24*(13), 88—106. https://nsuworks.nova.edu/tqr/vol24/iss13/8.

Gibbs, G. R., Friese, S. and Mangabeira, W. C.(2002, May). "The Use of New Technology in Qualitative Research." *Forum Qualitative Sozialforschung/Forum: Qualitative Social Research*, *3*(2), Article 8.

Hammersley, M.(2010). "Reproducing or Constructing? Some Questions about Transcription in Social Research." *Qualitative Research*, *10*(5), 553—569. https://doi.org/10.1177/1468794110375230.

Konopasek, Z.(2008). "Making Thinking Visible with ATLAS.ti: Computer-assisted Qualitative Analysis as Textual Practices." *Forum Qualitative Sozialforschung/Forum: Qualitative Social Research*, *9*(2), Article 12.

Lester, J. N. (2015). "Leveraging Two Computer-assisted Qualitative Data Analysis Software Packages to Support Discourse Analysis." In S. Hai-Jew (Ed.), *Enhancing Qualitative and Mixed Methods Research with Technology* (pp. 194—209). IGI Global.

Lester, J. N. and Lochmiller, C. R. (2014). *A Mixed Method Case Study of International Baccalaureate Primary Year Programmes in Four Colombian Schools*. Center for Evaluation & Education Policy.

Lochmiller, C. R., Lucero, A. and Lester, J. N. (2016). "Challenges for a New Bilingual Program: Implementing the International Baccalaureate Primary Years Programme in Four Colombian Schools." *Journal of Research in International Education*, 15(2), 155—174. https://doi.org/10.1177/1475240916660803.

Lubke, J., Britt, G., Paulus, T. and Atkins, D. (2017). "Hacking the Literature Review: Opportunities and Innovations to Improve the Research Process." *Reference & User Services Quarterly*, 56(4), 285—295. https://doi.org/10.5860/rusq.56.4.285.

Muhr, T. (1997). *ATLAS.ti 5: The Knowledge Workbench*. Scientific Software Development.

Muhr, T. (2004). User's Manual for ATLAS.ti 5.0. ATLAS.ti Scientific Software Development GmbH.

O'Neill, M. M., Booth, S. R. and Lamb, J. T. (2018). "Using NVivo™ for Literature Reviews: The Eight Step Pedagogy (N711)." *The Qualitative Report*, 23(13), 21—39. https://nsuworks.nova.edu/tqr/vol23/iss13/3.

Paulus, T. M. and Lester, J. N. (2016). "ATLAS.ti for Conversation and Discourse Analysis Studies." *International Journal of Social Research Methodology*, 19(4), 405—428. https://doi.org/10.1080/13645579.2015.1021949.

Paulus, T. M and Lester, J. N. (2022). *Doing Qualitative Research in a Digital World*. SAGE.

Paulus, T., Lester, J. and Dempster, P. (2014). *Digital Tools for Qualitative Research*. SAGE.

Paulus, T., Woods, M., Atkins, D. and Macklin, R. (2017). "The Discourse of QDAS: Reporting Practices of ATLAS.ti and NVivo Users with Implications for Best Practices." *International Journal of Social Research Methodology*, 20(1), 35—47. https://doi.org/10.1080/13645579.2015.1102454.

Pope, L. (2016). "On Conducting a Literature Review with ATLAS.ti." *ATLAS.ti Research Blog*. http://atlasti.com/2016/09/01/litreview/.

Silver, C. and Lewins, A. (2014). *Using Software in Qualitative Research: A Step by Step Guide* (2nd ed.). SAGE.

Sotiriadou, P., Brouwers, J. and Le, T. (2014). "Choosing a Qualitative

Data Analysis Tool: A Comparison of NVivo and Leximancer." *Annals of Leisure Research*, 17(2), 218—234. https://doi.org/10.1080/11745398.2014.902292.

Woods, M., Paulus, T., Atkins, D. and Macklin, R.(2016). "Advancing Qualitative Research Using Qualitative Data Analysis Software? Reviewing Potential vs. Practice in Published Studies Using ATLAS.ti and NVivo, 1994—2013." *Social Science Computing Review*, 34(5), 597—617. https://doi.org/10.1177/0894439315596311.

Woolf, N. and Silver, C.(2017). *Qualitative Analysis Using ATLAS.ti: The Five Level QDA Method*. SAGE.

Yin, R. K.(2009). *Case Study Research: Design and Methods*(4th ed.). SAGE.

3 访谈结束后

谢丽尔·L.查特菲尔德

摘要：在质性研究中，二手数据越来越多地通过数字化手段在线获得，但在已发表的研究中却很少看见它们的身影。本章提供了对访谈数据进行二次分析的策略，并特别强调了使用存档的口述历史访谈。来自肯特州立大学 5 月 4 日的档案数据，说明了数据分析和处理的各个阶段。该档案中的材料被用于一个现象学研究项目，该项目探索俄亥俄州国民警卫队向一群手无寸铁的大学生抗议者开枪时，在现场目睹这一切的青少年的现场经历。本章考虑了与同意、保密及背景相关的伦理问题，并提供了将现有数据与研究人员的兴趣相匹配的策略。对二手存档数据进行分析的优点包括减少参与者负担、为特定研究领域的知识体系做出贡献以及有效利用现有资源。

关键词：质性二次分析；归档数据；口述历史；跨案例分析；现象学研究方法

现如今，可持续性的问题日益被企业重视，但它与研究过程的联系却少很多。典型的可持续商业实践包括减少浪费和最大限度地利用现有资源。在本章中，我通过分析现有的存档数据来描述这些可持续实践在研究中的应用。质性二次分析可以减少数据收集和处理所消耗的时间、劳动力和资源，并有助于最大限度地挖掘现有数据的价值。

本章的目的是为质性访谈数据的二次分析提供策略指导，并特别强调使用存档的口述历史访谈作为数据来源。尽管质性二次分析通常被纳入研究指导，但基于他人数据的已发表研究仍然相对较少。质性二次分析的优势主要包括有效地再利用数据以最大化参与者贡献的价值，以及改进或提供对历史、当前和新兴问题的新见解。

本章首先对质性二次分析进行定义和描述。接下来，考虑了学者们对使用二手数据的项目的同意、保密和背景相关的问题的反应。然后，参考了一项已发表的研究来说明为这个范例项目的开发提供信息的过程和决策。在后一部分，本章提供了另外的思路，以鼓励更多研究人员使用来自"别人的访谈"的数据进行深思熟虑和有用的研究，并描述这些可用的资源。本章的结尾提倡更多使用存档数据进行质性二次分析。

3.1　质性二次分析的定义

博斯劳（Boslaugh，2007）曾说，原始分析的数据收集和分析均由同一（组）研究人员进行，而二次分析则由不同的学者进行。希顿提供了数据驱动的定义，并断言质性二次分析仅适用于"来自先前研究的数据"（Heaton，2008：34），而且她认为，对"发现的"材料进行分析（Heaton，2008：34）属于原始分析，例如，日记和其他文件。哈默斯利认为，原始研究人员对数据的任何重用都构成了原始分析，还有像希顿一样，认为所有不是为了研究而生成的数据的文档分析都是原始分析，而不是二次分析。然而，根据哈默斯利的说法，对他人研究数据的初步分析是"使用和再使用之间的一个真正的边界案例"（Hammersley，2010：para.2.2）。

我对质性二次分析的定义受上述定义的启发但又有不同，它更加简单而广泛。我认为，研究人员的任何分析过程的目的如果不同于指导原始数据收集的目的或是此目的之外的其他目的，都是二次分析。我的目的是将再分析包括在内，无论进行再分析的人是谁，也将对口述历史访谈的存档、基于文本或视听记录和其他存档记录的初步分析包括在内。数据档案的最常见用途包括保存事件、记忆和经历的记录，因此，我认为系统质性分析过程的应用是"除了指导原始数据收集的既定目的之外"的东西。

我的定义适用于在该领域产生的或在质性研究全过程的其他阶段产生的多种质性数据形式(参见本部分引言中对质性研究全过程的讨论以及米哈斯、基恩和加尔曼等人的章节中产生这些不同形式数据的范例)。实地笔记、备忘录和其他记录不是本章的重点,尽管我承认这些信息可以为分析存档访谈的分析提供背景线索。其他多种应用也是可能的,但超出了本章的范围。

3.1.1 质性二次分析研究的贡献

当作者对可用的质性数据集进行初始的系统分析以解决长期困扰的问题或达到紧急的目的时,证明了我自己的定义中所描述的质性二次分析的一个重要贡献。例如,布鲁尔使用 20 世纪 70 年代对威尔士矿工的口述历史访谈来探索有关职业安全的外行知识,并描述了南威尔士矿工联合会在确保矿工肺部赔偿方面的关键作用。布鲁尔描述了他是如何"被丰富的口述历史档案迷的晕头转向的",这些档案"描述了党派历史中的真实事件"(Bloor，2000：127—128)。布鲁尔还论证了他的历史研究报告的持续相关性,认为："'南威尔士矿工联合会'的成功对那些寻求使医学科学和技术民主化的当代社会运动有所启发。"(Bloor，2000：136)

根据朗索特霍尔、斯奎和阿丁顿霍尔(Long-Sutehall，Sque and Addington-Hall，2010)的说法,减轻参与者负担是质性二次分析的另一个重要贡献。菲尔丁和菲尔丁对最高安全监狱中囚犯的研究就是这种贡献的很好例证。研究者们将质性二次分析描述为"更充分地研究敏感话题和难以接触到的人群的重要方法"(Fielding and Fielding，2008：92)。

菲尔丁和菲尔丁还描述了质性二次分析作为多种"集体和增量努力"(Fielding and Fielding，2008：92)之一的作用,将其与原始研究的结果一起整合到知识库中,以提高对随着时间的推移而产生兴趣的问题的理解。汤普森将这种质性二次分析的使用称为新研究项目的"苗床"(Thompson，2000：para.31)。

希顿(Heaton，2004)将验证原始发现的再分析确定为质性二次分析研究的重要贡献。相比之下，萨维奇认为试图"通过返回他们的数据并显示他们是否误解了自己的工作来验证或反驳质性社会科学家提出的论点"(Savage，2007：para.2.3)并没有什么价值，而是提倡质性二次分析，以更好地理解"变化的历史模式"(Savage，2007：para.1.1)。菲尔丁和菲尔丁(Fielding and Fielding，2008)也反对验证，建议质性二次分析更有意义的贡献包括从现有数据中开发其他主题。萨维奇(Savage，2005，2007)认为，可以通过鼓励使用研究人员创建的数据(例如实地笔记和研究人员期刊)来收集有关主要研究的更多见解。

3.1.2　道德考量

质性二次分析中存在的主要伦理问题可归类为与同意、保密和背景相关的挑战。第一个是指参与者最初提供数据时使用的知情和同意足以解决二次分析的程度。当参与者最初批准的范围不明确时，毕肖普称研究人员应考虑他们的道德责任，"避免不必要的重复数据收集并确保参与者的数据被充分用于公共利益"(Bishop，2009：267)，以决定数据是否能适当地用于二次分析。毕肖普还描述了目前为扩大知情同意的应用所做的努力，包括披露存档数据的意图、使用一揽子同意书以及重新联系原参与者的努力。

对于任何研究，都需要持续尊重参与者的隐私权，尤其是当披露与数据相关的身份令人不舒服或会造成困扰时。传统的研究伦理委员会建议通过使用假名或更改细节，或通过开发复合案例对参与者身份保密，特别是当信息可能具有破坏性或令人尴尬时。然而，汤普森告诫说，改变太多细节可能会使调查结果"失去其作为证据的内在有效性"(Thompson，2000：para.22)。

然而，由于研究人员缺乏对原始研究设计的直接影响以及与参与者的直接互动，初始数据收集的背景与二次分析的环境之间的差异在一开始似乎就是一个设计挑战。然而，有一个相关的伦理问题，即设计挑战可能会使研究人员对参与者的责任复杂化，以利用他们的贡献进行方法上合理的研究，这些研究可能会因其他感兴趣人员的个人利益而得以传播。在质性二次分析中可能会被考虑的其他背景或设计问题，包括数据是否足以解决研究问题以及数据对于给定的质性方法或分析策略而言的适当性。摩尔建议研究人员将萨维奇（Savage，2007）的工作作为潜在的榜样，因为他使用"研究过程本身的细节作为数据"（Moore，2012：130）的方法提供了一种潜在的有效策略帮助研究人员参与一项研究。

在毕肖普的"反思"（Bishop，2007：para.1.1）中，她通过两组存档的实时历史访谈得出结论，质性二次分析通常"与使用原始数据非常相似"（Bishop，2007：para.11.1）。毕肖普承认对她的项目进行了微小的修改，以确保更好地适应可用数据。但她同时也表示，研究人员无法直接控制的多个因素，例如，可用的资助机会、学科隶属关系和研究趋势，通常会对初级研究的要素产生类似的影响。

3.2 1970年5月4日美国肯特州立大学惨案后的创伤反思：质性二次分析研究案例

在这个部分，我将根据肯特州立大学5月4日档案（Kent State University Libraries，2019）的一系列口述历史访谈，描述与已发布的质性二次分析项目（Chatfield，DeBois and Orlins，2020）相关的关键过程和决策点。1970年5月4日，俄亥俄州肯特市肯特州立大学的学生在校园内聚集，抗议愈演愈烈的越战。抗议前几天，在学校财产遭到破坏后，国民警卫队于5月2日开始被派往肯特市。在5月4日的集会期间，警卫人员向学生人群开枪，造成4人死亡，多人受伤（Lewis and Hensley，1998/2019）。

永久性的5月4日档案建立于1990年，内容广泛但整理有序的在线开放获取数字馆藏包括文字、照片、录音和口述历史访谈的转录文本。主页上的一条链接(https://www.library.kent.edu/special-collec-tions-and-archives/kent-state-shoots-oral-history-project)可以打开"口述历史项目"页面,该页面为潜在贡献者提供了现有资源和信息的链接。现有的访谈主要是面对面进行的,以捕捉和保存这一历史事件目击者的经历,并且可以按照姓名、角色或广泛的主题列表进行搜索。

3.2.1　1970 年 5 月 4 日美国肯特州立大学惨案后的创伤反思:二次分析的目的、样本和伦理批准

本章的合著者之前通过对基于案例的国家数据集(Orlins,DeBois and Chatfield,2020)的二次分析,调查了可能促使青少年自杀的潜在诱因。我在质性研究课上熟悉了 5 月 4 日惨案的相关资料,所以我知道档案中包含了对惨案发生时还是青少年的这群人的访谈。考虑到可能与我们对青少年心理健康的现有研究兴趣相重叠,我们决定探究 5 月 4 日惨案的数据作为相关信息的可能来源。

因为连贯的质性研究实践遵循一个明确的目的或问题(或明确地调整为一个新出现的目的),所以在研究开始时心中就有一个目的或问题至关重要。在处理二手数据时,通常会发生另外两种情况之一:研究人员研究数据集时发现数据有吸引力,并尝试提出一种有意义的方式来使用数据(我称之为"支持研究问题");或者,就像在这种情况下发生的那样,数据与我们头脑中的目的相重叠,但这些数据并不完全符合我们的研究兴趣。为了使用这些数据且仍然与我们的一般研究议程保持一致,我们决定将本研究的重点缩小到暴力创伤对青少年心理健康的影响。

当我们优化研究问题时,我们同时进行了数据审查并阅读已发表的研究,以进一步确保二次分析是可行的并且能够做出有意义的贡献。我们发现,其他研究人员(Leiner et al.,2018)对暴力创伤的长期影响缺乏全面的了解。文献中的这一空白支撑了我们对 5 月 4 日档案进行调查的价值。我们的最后一个研究问题是:"1970 年 5 月 4 日肯特州立大学惨案对一个住在肯特市的青少年来说是怎样的体验?"

我们通过按角色搜索档案访谈来确定我们的青少年访谈样本对象。我们审查了许多转录文本以确保合适，进行了双重检查以防分类错误。最终，我们确定了 7 名在 1970 年还是青少年的访谈者，他们于 1970 年 5 月 4 日在肯特市现场。访谈时间主要是每年的 5 月 4 日或前后，在一年一度的大学纪念事件期间进行。其中，1990 年访谈了 1 人，2000 年访谈了 1 人，2007 年访谈了 2 人，2010 年访谈了 1 人，2015 年访谈了 1 人，2018 年访谈了 1 人，让他们回忆 20—48 年前发生的事情。对图书馆工作人员和研究生使用了标准化的访谈时间表进行访谈。

在我们确定了样本后，有必要确保机构董事会批准我们的研究。目标、传播计划、数据来源和机构政策的变化意味着二次分析可能会也可能不会受到机构审查委员会的审查和监督。我所在机构的董事会对公开可用或去识别的二手数据（无论是定性的还是定量的）使用快速流程。我建议学者们谨慎行事，并始终咨询管理研究审查委员会。许多期刊需要批准或豁免的证明，因此当你的目的是传播质性二次分析的结果时，审查委员会的文件尤其重要。

3.2.2 1970 年 5 月 4 日美国肯特州立大学惨案后的创伤反思：质性二次分析中的设计、数据处理和步骤

研究连贯性包括目的与数据的匹配以及方法与目的的匹配。正如我们的问题所示，我们对个人如何理解重要的生活经历很感兴趣。这引出了一种现象学研究方法。我向我的合著者建议，我们应该遵循穆斯塔卡斯（Moustakas，1994）描述的现象学研究的先验方法，原因有几个。穆斯塔卡斯建议将个人访谈作为主要的数据收集方法，只要数据可以告知预期的结果（对体验的综合描述），就没有规定的访谈问题。此外，由于这项工作涉及多名分析师，所以我认为采用由穆斯塔卡斯提供的清晰流程描述将有助于确保工作的一致性。最重要的是，用这种方法来"更全面地揭示人类经验中的本质和意义"（Moustakas，1994：105），会使其与我们的目的高度一致。

访谈被存储为网站文本,因此我们可将文件导出到可编辑的文字处理软件。我们使用了一系列文字处理功能,包括查找和替换命令以及重新编排段落,以生成干净的文件以供分析。当数据集包含录音时,研究人员可以通过执行转录清理操作和最终准确性检查来有效利用他们的时间,同时收听录音。正如巴尔泰萨吉、蒂·格雷戈里奥和瓦诺弗在本部分开篇所论述的那样,此类工作还具有解释功能,可以帮助研究人员了解他们的数据。

在投入分析过程之前,我们遵循穆斯塔卡斯(Moustakas,1994)的指导进入一个阶段,这是一个识别判断、期望和现有知识的过程。为此,我们花时间进行独立反思,以确定当前的知识和个人背景,然后与合著者分享这些信息。在整个分析过程中,我们挑战自己和对方,以确保我们的印象和解释得到数据的支持。

我们遵循穆斯塔卡斯(1994)对改进的范·卡姆(Van Kaam)方法的描述。该方法包括一个八阶段的分析过程,将深度的逐个案例解构分析阶段与跨案例分析相结合。我没有计划说明这些步骤,而是介绍了与关键发现相关的数据的转换。我们确定了两个触发因素,这些因素会在暴露于这种创伤后重新触发而使当事人受到创伤:(1)事件发生后其他人的无法预料的反应;(2)经历其他暴力事件,包括多年后发生的事件。我首先展示了原始数据的相关部分,这些部分被确定为"水平化"初始阶段的相关表达(Moustakas,1994:120),有助于我们理解和描述那些已经成为成年人的青少年当年的经历。

惨案过后其他人的反应

1970年就读于肯特州立大学的学生于2000年接受访谈:

> 每次我们全家去其他任何地方,人们都会问我们(这些问题)。那年夏天我们去加拿大拜访朋友……他们问我们的第一件事是:"你们来自哪里?"当我们告诉他们时,他们说:"嗯,你们那里还枪杀学生吗?"我们去了华盛顿特区,走进白宫,参观了白宫,当被问来自哪里,人们说了同样的话。我在加利福尼亚州住了几年,五年,每次他们都会问我来自哪里,同样的事情。所以,我想我有点像我们其他人——被标记了。

1970 年就读于肯特罗斯福高中的学生于 2007 年接受访谈：

到我上大学的时候,《俄亥俄州的四个逝者》是一首大热的曲子,上了伍德斯托克音乐节等,突然间,如果你说"肯特",那么人们会觉得你很有趣,至少他们知道你来自哪里。

1970 年就读于肯特罗斯福高中的学生于 2018 年接受访谈：

当人们问我……"你一生中经历过的最重要的事情是什么?"我是这么说的。肯特州大屠杀。然后他们说——那些还记得的人说,"哇,你在那儿啊",我说,"是的,"我的意思是,我幸存了下来。当有人提问时,肯定就有很多人想知道相关细节,比如它的结果、后果……

和其他案件的对比

1970 年就读于肯特罗斯福高中的学生于 2007 年接受访谈：

弗吉尼亚理工大学几周前刚刚成立,令人毛骨悚然的是,现实中没有人真正安全,也没有人能保证你的安全。

1970 年就读于肯特罗斯福高中的学生于 2007 年接受访谈：

当"9·11"悲剧发生时……那些人的表情都是一样的。很诡异,这就是你在 5 月 4 日的感觉,就是那些人脸上那种空洞、诡异的感觉。

1970 年就读于戴维初中的学生于 2015 年接受访谈：

我记得当时我感受到的可能是我一生中最难以置信的恐惧感,而我现在唯一能与之相比的就是在"9·11"时看电视,看着第二架飞机撞上塔楼,然后听到关于五角大楼不知道发生了什么并且失去了控制——但那是在电视上,这就像现实,我记得我被吓死了。

下面的两段展示了这些信息是如何被聚合成对青少年生活经历的综合描述的一部分的。

有关此案件的其他回应

在 1970 年 5 月 4 日之前,俄亥俄州肯特市是一个在该地区以外鲜为人知的小镇,而在事件发生后,则变得臭名昭著,并且说自己是肯特居民往往会激发其他人的情绪反应——要么支持抗议者,要么捍卫暴力。

和其他案件的对比

随后发生的各种暴力事件,包括一名学生实施的弗吉尼亚理工大学大规模枪击案,以及 2001 年 9 月 11 日在美国发生的恐怖袭击事件,使那些在 1970 年 5 月 4 日有过亲身经历的人重新感到悲伤和失落。

3.2.3 1970 年 5 月 4 日美国肯特州立大学惨案后的创伤反思:对本次质性二次分析案例的反思

我们发现,二次分析和我们依据类似研究经验进行的原始分析在具体实施过程中的差异主要在于研究的开始阶段。二次分析和原始分析方法的差异包括改进目的,以确保研究问题有意义,以及有充足的二手资料。实际上,在具体研究过程中,整理数据资料所占用的时间并不多,更多时间花费在将访谈录音转录为文字文本。正如毕肖普(Bishop,2007)所言,一旦我们开始分析数据资料,就会发现二次分析与原始分析的相似性多于差异性。

我认为,当我建立访谈资料的档案时,我经历了与处理原始资料时相似的情感体验。我一直关注美国肯特州立大学惨案,这对我的研究很有帮助。虽然 1970 年 5 月 4 日惨案发生时我还太小,不明白发生了什么,但透过我现在的办公室窗户可以清楚地看到抗议发生的地方,我也会经常路过纪念 4 名遇难学生的地方。我对 2001 年 9 月 11 日的恐怖袭击事件记忆深刻,并且发现受访者对这两起事件的比较使我能够更好地理解 1970 年 5 月 4 日惨案的影响。与此同时,5 月 4 日惨案也是肯特州立大学被载入史册的重要事件,每年学校都会通过组织活动和停课的方式来纪念这次事件。然而,在事件发生三四十年、将近五十年后,我和我的合作者仍然被受访者通过语言和语调所传达的事发当天的回忆和真实情感所震惊。我们认为这有助于我们在二次分析中对数据资料进行处理。基于我的研究经验,质性二次分析是完全可能的,并且,当研究人员对研究背景或主题有某种认同时,对于研究会有很大的帮助。

正如穆斯塔卡斯（Moustakas，1994）所指出的，这项研究的不足之处是我们无法与受访者接触，以便让他们确认我们对经验的描述是准确的。我们的研究报告里也承认了这一局限性。这项研究的附加价值是，我们的发现可能为其他调查青少年创伤后果的研究者提供参考。因此，我们的研究有助于对事件访谈资料建立档案，在这一过程中，受访者无须承担额外的再创伤风险。

3.3　质性二次分析

质性二次分析有可能对人类科学研究做出有意义的贡献。同原始研究一样，质性二次分析也面临很多挑战。与其他研究方法一样，它并不是解决任何研究问题的最佳方法。在本节中，我将对数据拟合的广义和具体要素进行补充说明，并说明质性二手数据的在线来源。

3.3.1　范例兼容性

某个视角、范例或质性方法（例如批判性、女权主义者）在多大程度上促使受访者选择和访谈问题，通常会影响质性二次分析的适用性，尤其是为了达到特定目的所需要的特定数据集。我赞同汤普森（Thompson，2000）的建议，即考虑使用一般的、非结构化访谈，例如口述史，因为使用广泛收集的质性数据可能更容易进行二次分析。

尽管存档的访谈记录可能与质性研究和主观的、个体的、建构主义框架密切相关（Saldaña and Omasta，2018），但数据本身没有任何内在因素会阻碍研究人员从不同角度进行分析。例如，使用质性二手数据的学者可能会选择使用忽略了数据主观性的策略，包括将质性资料转换为定量或数值型数据。不管是二次研究还是原始研究，研究人员必须说服其他人相信数据的价值和贡献，从而证明他们对数据的处理方法的合理性。

3.3.2 确定现有数据和当前研究问题之间的匹配性

我之前描述了我称之为"回到研究问题"的过程,并认为这不是一种理想的学术研究方法。虽然研究者通常倾向于从一个好的研究问题开始,而不是从有趣的数据开始进行研究,但我并不是要阻止基于数据驱动的质性二次分析。尽管数据驱动的问题很难作为研究的重点加以发展和合理化,但可以提出一个合乎逻辑和有意义的论点,以支持将大量存档数据压缩并转换为另一种形式,例如对共同经历的描述,或主题和子主题的分级列表,这些可能更容易获得,因而更有可能被人使用。当存档数据中出现不同的声音和较少听到的声音时,这项工作的意义尤为凸显。

由于在处理存档资料时,后续访谈或澄清回应的诉求几乎不太可能实现,因此现有资料必须足以说明研究目的。访谈资料的特点是使一个存档文件相较于其他存档文件更适合某些质性方法。我个人认为,描述性和基于经验的问题可能最容易通过二次分析来解决,因为存档的访谈资料往往侧重于对经验的描述。如果要将存档资料与其他数据源整合在一起,其他研究方法,例如案例研究或扎根理论方法,可能更合适。布劳恩和克拉克(Braun and Clarke,2006)的主题分析方法操作指南提供了构建二次分析问题的另一个有用来源。

3.3.3 可用资源

越来越多的在线档案包含质性数据可供使用,我在附录中列出了美国的数据资源清单。许多是口述史或生活史的资料收集。令人兴奋的是,这些数据往往都可以公开使用,以促进相关研究的开展。尽管美国的存档资料主要存放在公共图书馆、专业兴趣小组和项目网站,但我主要提供了高校图书馆的收藏链接,因为高校的网址通常是稳定的,便于不断获取资源。与此同时,高校图书馆正在加快藏书的数字化工作,并从主题的角度提供广泛的资源,这些都有利于相关研究资料的获取。

虽然我没有把英国的存档资料列入我的清单,但位于埃塞克斯大学的资料库为研究人员提供了存储库和数据访问服务，重点是存储受资助的研究成果。对存档资料的访问因研究项目和请求者角色的差异而有所不同。目前，美国资助的研究还没有中央资料库，政策和指导方针因资料库和资助者的不同而有所差异（Antes et al.，2018）。幸运的是，美国数字档案馆中的许多资料都是从受访者那里收集的，他们同意在开放获取的基础上提供他们的信息和身份。其他特定的使用条件通常都会在存档网站上予以说明。

3.4 结论

在这一章中，我对质性二次分析进行了界定，强调对口述史或其他项目的存档访谈资料的分析。这些资料通过数字化、在线收集的方式越来越容易获得，但在已发表的研究中仍很少被使用。使用这些资料的好处包括减轻受访者的负担、为特定领域知识体系的完善做出贡献，以及有效利用现有资源。目前，阻碍使用存档资料的主要问题包括受访者原始知情同意的局限性，以及现有资料的充分性和资料背景是否适用于研究者的研究问题。虽然我主张目的驱动而不是数据驱动的质性二次分析，但我认为后者也是有价值的，特别是当这些资料有助于研究那些在传统意义上代表性不足的群体的观点或经验时。

本章提供的实例说明了二次分析的价值。这些存档资料的使用增加了有关青少年创伤研究的知识体系，避免使参与者遭受额外的再创伤。虽然我无法亲自与受访者联系，但我相信我的情感体验与我处理一手数据时所经历的相似。

在美国，限制质性二次分析的一个关键问题是缺乏收集、存档和共享这些资料的全面工作。与密歇根大学政治与社会研究校际联合会等中央储存库存储的定量数据相比，质性数据集还相对较少[美国校际社会科学数据共享联盟（ICPSR），2020]。尽管数据共享越来越受到资助方和出版方的鼓励（DuBois et al.，2018），但像美国国家卫生研究院和国家科学基金会这样的资助机构目前并没有为质性资料的开放存取归档提供中央资料库。

在这方面还需要开展更多的工作,以鼓励建立和发展各类资料档案库,并得到广泛使用。杜波伊斯等人建议,对于研究人员来说,一个良好的开端是将数据共享和建立档案的期望纳入研究计划的初始阶段。汤普森(Thompson,2000)将资料档案库的发展描述为一个循环过程,鼓励研究人员从档案中提取数据,并将自己的数据存档,"其他人基于你所建立的资料档案库进行相关研究,发表研究成果,有助于不断扩大你的研究成果的价值和影响"。通过资料存档促进质性二次分析的开展优势明显,扩展可用存档资料将增加研究的贡献和意义。

补充阅读

Corti, L., Kluge, S., Mruck, K. and Opitz, D.(Eds.).(2000). Text. Archive. "Re-analysis [special issue]." *Forum Qualitative Sozialforschung/Forum: Qualitative Social Research*, 1 (3). https://www. qualitative research. net/index.php/fqs/issue/view/27.

Heaton, J.(2004). *Reworking Qualitative Data*. Thousand Oaks, CA: SAGE.

UK Data Service Qualitative Data.(2020). https://www.ukdataservice.ac.uk/get-data/otherproviders/qualitative/uk-archives.aspx.

回顾与练习

1. 假设你是一个质性研究入门课程的学生,你需要做一份访谈,它将作为音频和文本文件保存在有关学习质性分析的在线档案中。描述你对此要求的可能回应("是"或"否"),以及可能影响你的回应的考虑因素。(可选)如果访谈是关于不同的话题,例如,当前或以前的关系,或者你的政治观点,你的回应是否会有所不同?

2. 使用存档的访谈数据进行手头研究的缺点包括研究人员没有收集数据,因此无法很好地了解所有情况或研究背景。除了审查主要研究人员的数据(例如,实地笔记、备忘录)之外,还有哪些策略可以帮助研究人员更好地了解原始研究?

3. 使用为本章开发的档案列表查找访谈数据的在线档案,其中包括为当前或以前因种族/民族、性别、年龄、残疾或其他政治或社会因素而发声不足的人而发声的人。使用本书中的一章来设立一个数据驱动的研究问题或研究目标,该问题或目标可使用档案中的至少两次访谈来构建研究。本章附录中与本书相关的电子资料列出了这些档案。

参考文献

Antes, A. L., Walsh, H. A., Strait, M., Hudson-Vitalie, C. R. and DuBois, J. M. (2018). "Examining Data Repository Guidelines for Qualitative Data Sharing." *Journal of Empirical Research on Human Research Ethics*, 13(1), 61—73. https://doi.org/10.1177/1556264617744121.

Bishop, L. (2007). "A Reflexive Account of Reusing Qualitative Data: Beyond Primary/secondary Dualism." *Sociological Research Online*, 12(3), 43—56. https://doi.org/10.5153/sro.1553.

Bishop, L. (2009). "Ethical Sharing and Re-use of Qualitative Data." *Australian Journal of Social Issues*, 44(3), 255—272. https://doi.org/10.1002/j.1839—4655.2009.tb00145.x.

Bloor, M. (2000). "The South Wales Miners' Federation, Miners' Lung and the Instrumental Use of Expertise, 1900—1950." *Social Studies of Science*, 31(1), 125—140. https://doi.org/10.1177/030631200030001005.

Boslaugh, S. (2007). *Secondary Data Sources for Public Health: A Practical Guide*. Cambridge University Press.

Braun, V. and Clarke, V. (2006). "Using Thematic Analysis in Psychology." *Qualitative Research in Psychology*, 3(2), 77—101. https://doi.org/10.1191/1478088706qp063oa.

Chatfifield, S. L., DeBois, K. and Orlins, E. (2020). "Reflections on Trauma: A Phenomenological Qualitative Secondary Analysis of Archived Interviews about Adolescent Experiences during the 1970 Kent State Student Shootings." *Advance*. Preprint. https://doi.org/10.31124/advance.13477755.v1.

DuBois, J. M., Strait, M. and Walsh, H. (2018). "Is It Time to Share Qualitative Research Data?" *Qualitative Psychology*, 5(3), 380—393. https://doi.org/10.1037/qup0000076.

Fielding, N. G. and Fielding, J. L. (2008). "Resistance and Adaptation to Criminal Identify: Using Secondary Analysis to Evaluate Classic Studies of Crime and Deviance." *Historical Social Research*, 33(3), 75—93. https://doi.org/10.1177/S0038038500000419.

Hammersley, M. (2010). "Can We Re-use Qualitative Data via Secondary Analysis? Notes on Some Terminological and Substantive Issues." *Sociological Research Online*, 15(1), 47—53. https://doi.org/10.5153/sro.2076.

Heaton, J. (2004). *Reworking Qualitative Data*. SAGE.

Heaton，J.(2008). "Secondary Analysis of Qualitative Data: An Overview." *Historical Social Research*，33(3)，33—45. https://doi.org/10.12759/hsr.33. 2008.3.33—45.

Inter-university Consortium for Political and Social Research (ICPSR，2020). https://www.icpsr.umich.edu/icpsrweb/.

Kent State University Libraries.(2019). "Kent State Shootings: May 4 Collection." *Special Collections and Archives*. https://www.library.kent.edu/special-collections-and-archives/kentstate-shootings-may-4-collection.

Leiner，M.，De la Vega，I. and Johansson，B.(2018). "Deadly Mass Shootings，Mental Health，and Policies and Regulations: What We Are Obligated to Do!" *Frontiers in Pediatrics*，6，Article 99. https://doi.org/10.3389/fped. 2018.00099.

Lewis，J. M. and Hensley，T. R.(1998/2019). "The May 4 Shootings at Kent State University: The Search for Historical Accuracy." *University History*. https://www.kent.edu/may-4-historical accuracy.

Long-Sutehall，T.，Sque，M. and Addington-Hall，J.(2010). "Secondary Analysis of Qualitative Data: A Valuable Method for Exploring Sensitive Issues with an Elusive Population?" *Journal of Research in Nursing*，16(4)，335—344. https://doi.org/10.1177/1744987110381553.

Moore，N.(2012). "(Re)using Qualitative Data?" In J. Goodwin(Ed.)，*SAGE Secondary Data Analysis*，*Vol III: The Secondary Analysis of Qualitative Data*(pp.121—139). SAGE.

Moutsakas，C.(1994). *Phenomenological Research Methods*. SAGE.

Orlins，E.，DeBois，K. and Chatfifield，S. L.(2020). "Characteristics of Interpersonal Conflicts Preceding Youth Suicide: Analysis of Data from the 2017 National Violent Death Reporting System." *Child and Adolescent Mental Health*. https://doi.org/10.1111/camh.12439.

Saldaña，J. and Omasta，M.(2018). *Qualitative Research: Analyzing Life*. SAGE.

Savage，M.(2005). "Revisiting Classic Qualitative Studies [43 paragraphs]." *Forum Qualitative Sozialforschung/Forum: Qualitative Social Research*，6(1)，Article 31. https://doi.org/10.17169/fqs-6.1.502.

Savage，M.(2007). "Changing Social Class Identifies in Post-war Britain: Perspectives from Massobservation." *Sociological Research Online*，12(3)，14—26. https://doi.org/10.5153/sro.1459.

Thompson，P.(2000). "Re-using Qualitative Research Data: A Personal Account." *Forum Qualitative Sozialforschung/Forum: Qualitative Social Research*，1(3)，Article 27. https://doi.org/10.17169/fqs-1.3.1044.

UK Data Archive.(n.d.). https://www.data-archive.ac.uk/.

附录

用于存档口述历史和其他访谈的美国在线资源样本

南佛罗里达大学图书馆："口述历史课程"——包括按主题领域分组的大量音频文件，http://guides.lib. usf.edu/c.php?g55770&.p525630。

肯特州立大学："肯特州枪击案：口述历史"——包括访谈反映肯特州枪击案的个人录音和转录文本，http://www.library.kent.edu/special-collections-and-archives/kent-state-shootings-oral-histories-0。

北亚利桑那大学："贸易商口述历史"——包括参与印度贸易商协会的个人录音和转录文本，http://library.nau.edu/speccoll/exhibits/traders/oralhistories/oralhist.html。

密歇根大学迪尔伯恩分校："语音/视觉大屠杀幸存者口述历史档案"——包括大屠杀幸存者录音和转录文本，http://holocaust.umd.umich.edu/interviews.php。

美国国会图书馆："民权历史项目"——包括对20世纪60年代美国民权运动回忆的个人回忆视频记录和转录文本，http://www.loc.gov/collection/civil-rights-history-project/abou.t this-collection/。

北卡罗来纳大学教堂山分校："记录美国南部：美国南部口述历史"——包括录音和转录文本，分为六类，http://docsouth.unc.edu/sohp/。

哈佛大学施莱辛格图书馆："黑人女性口述历史项目"——包括1976—1981年间对19世纪末和20世纪初出生的黑人女性进行访谈的音频文件和转录文本，https://guides.library.harvard.edu/schlesinger_bwohp。

加州大学伯克利分校班克罗夫特图书馆口述历史中心："残疾人权利和独立生活运动"——包括对20世纪60年代和20世纪70年代观察或参与美国残疾人权利运动的个人的访谈记录，https://www.lib.berkeley.edu/libraries/bancroft-library/oral-history-center/projects/drilm。

质性数据存储库（QDR）：由锡拉丘兹大学麦克斯韦尔公民与公共事务学院的质性和多方法查询中心主办。QDR管理、存储、保存、发布并支持下载通过社会科学中的质性和多方法研究生成的电子数据，https://qdr.syr.edu/。

北卡罗来纳大学数据库：这个数据库由奥德姆社会科学研究所管理，使科学家、研究团队、学术期刊和研究界的其他成员能够存档和发布他们的数据集，包括越来越多的质性数据集，https://dataverse.unc.edu/。

第二部分　访谈转录策略

查尔斯·瓦诺弗

引言

　　质性研究人员不断从他们的数据中学习,反复研究数据,从而加深理解和洞察力(Charmaz,2014;deMarrais and Lapan,2003;Rossman and Rallis,2011;Saldaña and Omasta,2018)。从数据收集开始,他们在调查过程中看到、听到和感受到的东西会贯穿整个研究的全过程。进入该领域并进行一系列访谈,是一种在情感上要求很高的体验,它为个人成长、专业发展及知识生产创造机会(Clifford,1983;Mienczakowski,1995)。

　　转录、分析和解释访谈的实践都提供了积累知识的机会。洞察力可能一闪而过,也可能姗姗来迟。整个质性研究设计的方向可能会因参加某次访谈、转录一段令人回味的对话或仔细审查转录文本而改变。研究者的直觉也可能从对质性研究全过程的每个阶段(从研究设计到撰写论文)的仔细关注中变得更加敏锐,还可能在备忘录和正式的研究写作中蓬勃发展。

　　这种流动性和演变性将质性研究与传统的调查区分开来。研究问题在实验过程中不会改变。调查经常以电子方式提交,而使用该方法的研究人员可能与他们的受访者没有面对面的接触,并且个人挑战在数据收集过程中也很少会遇到。相比之下,对于质性研究人员而言,转录的过程可能会引入理论性、解释性和代表性的复杂问题,这需要研究人员就他们的数据以什么样的文本形式呈现做出关键决定(Davidson,2009)。

　　进行访谈和其他形式的实地考察可能会是一次非常紧张的经历。当研究人员查看有关这些事件的录音时,他们经常发现自己已经忘记了大部分所说的话和所做的事情,也可能会发现自己最初的理解是错误的,并且误解了关键对话的某些片段。通过花时间聆听并将录音转化为书面记录,研究人员加深了对这些研究事件的理解,这也为洞察力的形成建立了联系。转录是一种专业的聆听行为,它随着经验和意识而发展。以书面形式记录一个人的听觉体验并不是一个简单的行为,而是需要我们决定是否考虑诸如沉默、表演性和语言能力等维度在内的复杂过程。

本部分的三章讨论了转录如何促进这一学习过程。每位作者都讨论了以不同方式呈现数据所需的工作,并描述了在质性研究全过程的后期阶段对这些文本的使用。本部分所有的作者都一致认为,这种质性探究方法的产物——转录文本——是后续工作的组成部分。决定使用一组特定的转录方法将一轮访谈转换为具有具体的和有目的性特点的文本,这可能是质性研究全过程中最关键的选择之一。这是一个很大的赌注,编码的内容决定了分析和解释的内容(Cowan,2014;Hepburn,2004;Lapadat and Lindsay,1999)。通过使用一套前后一致的转录方法,研究人员将未来研究人员的注意力集中在话语的某个特定维度上,如从非语言到非自愿发声(Bezemer and Mavers,2011;Davidson,2009;Ochs,1979;ten Have,2007)。交替的转录实践可能会从视图中删除相同的交互行为。选择突出或忽略不同的言语行为——例如手势、口音和语调——可能会在整个询问过程中产生出人意料的反应。

有意花时间将转录作为一种质性研究方法是有代价的。有些音频或视频在访谈转录为文本的过程中可能会丢失。当研究人员确认这些材料的关键内容时,他们付出的努力会显著增加(Bernauer,Chapter 10;Markle,West and Rich,2011)。有意进行转录的研究人员必须确定一种策略来选择重要的内容,同时避免造成话语重要内容的丢失。

平衡转录所带来的好处与管理研究项目其他方面的需求也是一项挑战。实地工作可能需要比预期更长的时间,实地工作期间消耗的资源和能源几乎总是比研究人员最初分配的多。论文研究人员经常发现自己受制于委员会的日程安排,到截止日期也没有足够的时间进行深入分析和解释。当开始写作的压力越来越大时,一个简单的解决办法就是不用什么明智的策略,只是进行理论上的转录,只需付钱给某人做该项工作,然后直接从该材料中转录。

有计划的质性研究需要复杂的选择和谨慎的决策。没有最佳标准来决定一个人应该花多长时间在收集到的访谈细节中,也无法决定应该花多少时间进行更集中的分析实践,如转录和备忘录写作。手工抄录使研究人员能够实际体现他们的访谈,并为深入思考数据留出时间,但与此同时,手工抄录也需要时间。本部分的每一章都清晰地描述了进行转录的实践和策略,并讨论了这些选择如何为分析增加价值。每一章还提供了一些策略以避免转录过程中一些最费力的工作,同时继续从物理转换记录数据中获益。

在数据收集和转录过程中,用更接近参与者或社区的生活现实方式改进自己的方法可以为高质量的博客文章、正式出版物和民族戏剧表演奠定基础。在本部分中,我们将讨论转录方法。这些方法使我们更接近在该领域所见证的内容,更接近参与者的多层含义。查尔斯·瓦诺弗在第 4 章描述了如何使用一组简单的微软 Word 组织技术来强化转录文本中传达的含义。玛丽亚埃琳娜·巴尔泰萨吉在第 5 章描述了使用话语分析中的转录策略来创建访谈数据的细粒度渲染,并讨论了小组转录会话对从录音和文本中获取意义的好处。西尔瓦娜·蒂·格雷戈里奥在第 6 章描述了有计划地使用在线转录程序来创建粗略的转录文本,然后可以对其进行手动精练,从而开发更丰富的视觉和文本表达。

每章都旨在帮助读者对这项重要工作进行概念化,并设想将转录作为质性研究的一种有计划性的方法。

回顾与练习

1. 从 YouTube 或其他在线网站获取 5—10 分钟的音频访谈。如果音频是可使用的,请查看这段音频的自动转录。

2. 阅读第 4 章和第 5 章后,考虑使用格式化技术以强化访谈的意义。根据这些技术人工转录访谈,转录两个或三个关键部分。

3. 重新审视访谈的同一部分,并考虑使用替代技术来增强音频文件的不同方面(例如,音调、停顿)。此版本的转录与自动转录和你最初的工作相比如何?

参考文献

Bartesaghi，M.(2022). "Theories and Practices of Transcription from Discourse Analysis." In C. Vanover，P. Mihas and J. Saldaña(Eds.)，*Analyzing and Interpreting Qualitative Research：After the Interview*. SAGE.

Bernauer，J. A.(2022). "Oral Coding：An Alternative Way to Make Sense of Interview Data." In C. Vanover，P. Mihas and J. Saldaña(Eds.)，*Analyzing and Interpreting Qualitative Research：After the Interview*. SAGE.

Bezemer，J. and Mavers，D. (2011). "Multimodal Transcription as Academic Practice：A Social Semiotic Perspective." *International Journal of Social Research Methodology*，*14*(3)，191—206. https://doi.org/10.1080/13645579.2011.563616.

Charmaz，K.(2014). *Constructing Grounded Theory*. SAGE.

Clifford，J. (1983). "On Ethnographic Authority." *Representations*，*2*，118—146.

Cowan，K.(2014). "Multimodal Transcription of Video：Examining Interaction in Early Years Classrooms." *Classroom Discourse*，*5*(1)，6—21. https://doi.org/10.1080/19463014.2013.859846.

Davidson，C.(2009). "Transcription：Imperatives for Qualitative Research." *International Journal of Qualitative Methods*，*8*(2)，35—52. https://doi.org/10.1177/160940690900800206.

deMarrais，K. B. and Lapan，S. D.(2003). "Qualitative Interview Studies：Learning through Experience." In Kathleen B. deMarrais and Stephen D. Lapan (Eds.)，*Foundations for Research*(pp.67—84). Routledge.

di Gregorio，S. (2022). "Voice to Text：Automating Transcription." In C. Vanover，P. Mihas and J. Saldaña(Eds.)，*Analyzing and Interpreting Qualitative Research：After the Interview*. SAGE.

ten Have，P.(2007). *Doing Conversation Analysis*. SAGE.

Hepburn，A.(2004). "Crying：Notes on Description，Transcription，and Interaction." *Research on Language and Social Interaction*，*37*(3)，251—290. https://doi.org/10.1207/s15327973rlsi3703_1.

Lapadat，J. C. and Lindsay，A. C.(1999). "Transcription in Research and Practice：From Standardization of Technique to Interpretive Positionings." *Qualitative Inquiry*，*5*(1)，64—86. https://doi.org/10.1177/107780049900500104.

Markle，D. T.，West，R. E. and Rich，P. J.(2011). "Beyond Transcription：Technology，Change，and Refinement of Method." *Forum Qualitative Sozialforschung/Forum：Qualitative Social Research*，*12*(3). http://www.qualitative-research.net/index.php/fqs/article/view/1564.

Mienczakowski，J.(1995). "The Theater of Ethnography: The Reconstruction of Ethnography into Theater with Emancipatory Potential." *Qualitative Inquiry*，1(3)，360—375. https://doi.org/10.1177/107780049500100306.

Ochs，E.(1979). "Transcription as Theory." In E. Ochs and B. Schieffelin (Eds.)，*Developmental Pragmatics*(pp.43—72). Academic Press.

Rossman，G. B. and Rallis，S. F.(2011). *Learning in the Field: An Introduction to Qualitative Research*. SAGE.

Saldaña，J. and Omasta，M.(2018). *Qualitative Research: Analyzing Life*. SAGE.

Vanover，C.(2022). "Transcription as a Form of Qualitative Inquiry." In C. Vanover，P. Mihas and J. Saldaña(Eds.)，*Analyzing and Interpreting Qualitative Research: After the Interview*. SAGE.

4 转录作为质性研究的一种形式

查尔斯·瓦诺弗

摘要：转录策略的选择会在质性研究全过程产生影响，从而影响人们从转录访谈和研究项目的其他部分中获得的意义。本章论述转录如何发挥作用以及为何如此重要，并讨论对录音材料进行转录的重要决策点和策略。作者发布相同访谈片段的多个转录文本，以传达不同形式的转录产生的含义。使参与者的话语具有浅层意义的非理论转录实践与鼓励理解和理论构建的有意转录形成对比。这些选择都会产生影响。作者使用一组简单微软 Word 编排命令来构建对参与者演讲进行叙述的转录文本，并讨论该决定如何改变了研究项目进程。本章最后讨论了转录实践的成本，并分享了尽量减少工作消耗的策略。

关键词：转录策略；叙述性访谈；反思性质性研究实践

转录是一种将人们所说和所做的事情转化为文本形式的方法。音频和视频记录被转换成文字和图像，使研究人员能够分析和解释这些研究事件的各个方面。转录选择并浓缩了访谈所产生的一系列复杂的互动。它将原始对话中不绝于耳的"嗡嗡声"转变成可供人们查询的形式。

转录不仅仅是达到目的的一种手段。转录工作为研究人员提供了研究数据并形成深入理解的机会。通过观看访谈记录，聆听访谈录音，并从这些内容中构建文本，研究人员加深了对研究材料的理解。对研究材料的深入理解是质性研究分析工作的核心（Charmaz，2014，2017；Locke，Golden-Biddle and Feldman，2004）。

本章回顾了关于转录的研究，并讨论了用来转录一组叙述性访谈的符号和微软 Word 编排命令，用于论文研究。我分享了运用两种不同策略对这个叙述数据集的两个访谈片段转录的结果。第一个例子提供了片段的非理论转录——如果转录是由付费转录员制作的，那么口头数据可能会是什么样子。然后，相同的访谈片段通过一组旨在增强可读性和理解力的自然化转录方法进行转换。我的论文研究演变成以艺术为基础的探究。在本章的结尾，我将简要讨论我的转录策略如何支持我的工作。

4.1　文献综述：作为研究方法的转录

有意地使用转录作为一种研究方法需要仔细地计划和决策。不同的研究设计和研究目标需要不同的转录策略（Greenwood，Kendrick，Davies and Gill，2017；Lapadat and Lindsay，1999）。话语分析与扎根理论使用的转录方法就不尽相同。录制视频中的访谈记录可能需要与录制录音带中的访谈不同的策略（Heath，Hindmarsh and Luff，2010；Mondada，2018）。

转录所有形式的数据的第一步是评估原始数据的样子和声音。回顾录音并测试可能的转录形式可能是值得的。研究人员必须评估转录策略是否为部署研究设计指定的分析实践提供了丰富的材料。他们还可以调查转录文本是否支持未来的转录系统，决定转录文本是否补充了他们选择的基于艺术的实践。

其中，一个重要的步骤是弄清楚应该转录多少数据。以相同的标准化方式转录每一次访谈总是可能的，有时甚至是必要的（实现这一目的的规则和程序，参见 McLellan，MacQueen and Neidig，2003）。然而，并非所有研究问题和研究设计都需要这种标准（Eaton，Stritzke and Ohan，2019；Halcomb and Davidson，2006）。话语分析人员倾向于转录一小部分内容，以探究作为他们调查重点的言语行为（Bartesaghi，Chapter 5；ten Have，2007）。扎根理论和叙事研究人员可能会逐字记录与其研究问题相关的材料，同时记下访谈中不太相关的部分。这些笔记可能有时间戳或指向记录数据的链接，如果日后研究人员希望更详细地调查，可以引导他们检索到具体信息。

　　大量已发表的模型系统、实践经验和策略可用于指导研究人员对他们选择的访谈片段进行转录（Bucholtz，2007；Davidson，2009；Lapadat and Lindsay，1999）。德雷斯勒和克罗伊茨（Dressler and Kreuz，2000）基于对发表在《话语过程》（*Discourse Processes*）期刊上的文章所进行的为期五年的研究，提出了一套转录模型系统。德雷斯勒和克罗伊茨希望这项研究能够提供一套标准化和通用的符号集，涉及口语转录的 21 个维度，包括语调、停顿、语速和呼吸等。克罗（Crow，1988）使用民族方法学创建了一个包含 17 种表演行为的框架，例如，玩笑式的谎言和代码转换。戴维森（Davidson，2009）没有分享标准化系统的建议，而是提供了从不同转录方法中进行选择的指南，他讨论了质性研究期间的转录行为，并描述了转录过程中的重要决策点。

　　使用特定的转录策略可能具有重要的伦理和政治意义。奥利弗、谢罗维奇和梅森（Oliver，Serovich and Mason，2005）讨论了他们的研究团队在转录和分析一组旨在研究男同性恋的艾滋病病毒阳性携带者决定向他人坦白自己的病情时所面临的挑战。研究小组访谈了来自不同种族背景的多名男性，并收集了关于男性决定向性伴侣公开其艾滋病毒状况的大量记录。由于故意传播艾滋病病毒在许多州属于重罪，有人决定不公开。奥利弗等人的文章分享了研究团队在为他们的分析和解释工作制作访谈效果图的同时，也提供了为保护机密性所做的复杂决策的范例。

　　最近关于转录的研究的一个主要焦点是在视频记录的访谈和观察中呈现手势、语音和话语等其他方面的挑战。弗利维特（Flewitt，2011）讨论了从视频记录中开发转录文本的关键问题以及在调查期间使用这些动态文本的方法。考恩（Cowan，2014）将不同的转录方法应用于同一视频片段，以展示这些方法如何引起人们对记录话语交替维度的关注。马克尔、韦斯特和里奇（Markle，West and Rich，2011）描述了转录作为一种研究方法的许多不足。马克尔等人认为直接从数字记录中转录视频数据能够提供更有意义的分析材料，而不是花费时间和资源来开发可能不准确和不可信的转录文本。伯诺尔（Bernauer，Chapter 10）讨论了从事这种无转录转录形式的优势和挑战。

人工转录和清理原始文本记录都是了解数据的方法。不管为开发文本而做出的具体分析选择如何，花在转录上的时间都可能为溯源、洞察力和理论构建奠定基础（Alvesson and Karreman，2011；Charmaz，2011；Saldaña and Omasta，2018）。仔细转录也是一种道德要求。质性研究的核心期望是把访谈参与者的话语以适当的准确度呈现。

4.2　定位声明和研究描述

我是一名白人男性，在芝加哥郊区长大。我在芝加哥公立学校（Chicago Public Schools，CPS）工作了八年，之后我获得了在州外研究型大学学习教育政策的奖学金。当我回到芝加哥为我的论文做实地调查时，我对五位入职一年的老师和七位在芝加哥公立学校工作的资深和有成就的教育工作者进行了四轮半结构化的叙事访谈（访谈指南和其他学习资料参见 Vanover，2014）。当时，作为访谈者和质性分析师，我的工作全部围绕两位作家的作品展开。第一位作家是帕特里夏·本纳（Patricia Benner）。她的焦点小组和叙事访谈方法成就了许多关于护士勇气和能动性的故事（Benner，Hooper-Kyriakidis and Stannard，1999；Benner，Tanner and Chelsea，1996）。第二位作者是罗伯特·韦斯（Robert Weiss）。他的作品为我的研究设计提供了主要指导。韦斯（Weiss，1995）为半结构化访谈会议研发了工具并制定了策略，使参与者能够控制他们在访谈中发言，并帮助参与者分享他们从经验中学到的东西。

虽然参与一项产生了 48 次 90 分钟访谈的数据收集工作可能是一种美妙的体验，但当我回到我的大学时，我经历了一些令人近乎恐慌的事情。我提着行李回到公寓，查看电话录音机上的信息，然后坐在办公桌前，试图弄清楚如何处理我在芝加哥收集的数百张照片和 80 小时的录音故事。

在我开展研究设计的过程中，我参加了一个由叙事研究人员组成的跨学科研讨会。我们的讨论激发了我起草第一轮访谈的灵感。在关于我的研究研讨会上，研究生和教职员工将手抄转录文本视为最佳实践：转录使研究慢下来，并为反思和理论构建提供了时间。我没有听老师分享故事，而是决定通过复制老师的话来呈现它们。

我永远无法计算转录数据所花费的时间与我最终成果的质量之间的关系。然而，有一点是肯定的：这项工作花费了大量时间。转录 12 个 90 分钟的访谈是一项高强度的劳动。如果我的目标是条件反射性地参与受访者的故事，而不是打出单词，那么工作量就会大幅增加。我喜欢听访谈，但是当我使用踏板编码播放器从原始盒式磁带中进行手工转录时，确实花了我好几个星期。

4.3　叙述访谈文本和其他转录策略

当我对老师的访谈进行转录时，我遇到的第一个问题是，怎样从我的访谈方法产生的数千个单词和其他话语中创建一个有意义的文件。我在 6 月份进行了大部分第一轮访谈，也就是学年结束后的两周内。在这些访谈中，老师们有时会深入他们的故事讲述中，可能会过去五分钟或更长时间，而我无须再问任何后续问题。老师们在访谈中分享了很多，我发现转录他们所说的内容很有挑战性。在访谈过程中让我着迷的故事变成了电脑屏幕上的一排排文字。

表 4.1 说明了这项工作的利害关系。表格的第一行记录着我对哈尔斯特德·霍因（Halsted Hoyne）（化名）访谈的非理论转录。这是我

为自己的论文转录所进行的第一次录音访谈。如果我的目标是快速转录哈尔斯特德·霍因的访谈并记录他所说的话,而不参考其他更高层次的理论或目标,这样产生的文本就像是我为了一个我并不理解的项目而花钱雇人来转录老师的访谈一样。而第一行显示的就是这样的文本。转录文本也有一些不准确之处,它不会转录每一个单词。快速浏览一下表 4.1 就会发现,这样的非理论转录并不是思考、沉思和参与其他分析和解释实践的沃土。这样的文本读起来很吃力。

表 4.1 来自匿名老师哈尔斯特德·霍因的同一访谈片段的两个版本

版本 1:非理论的转录

阅读老师进来了,只是说你不能在这里。你必须去上你的课。好像她开始对他很直接。告诉他,不,你要去上课。你不能待在这里。我把她拉到一边,说,你知道,他爸爸今天早上刚去世。他真的很冷静。我不介意他在这里。她说,不,你很好。但这太荒谬了。他得去上他的另一节课。把他逼疯了。只是你要上这门课。我不去那门课。你要上这门课。我不会去那门课,我的意思是,真的,我退后一步,因为老实说我不知道该怎么做。

版本 2:同一访谈片段的叙述性转录

阅读老师进来了,只是说

你不能在这里。你必须去上你的课。

就好像,她开始对他很直接。告诉他,

不,你要去上课。你不能待在这里。

我说——我把她拉到一边,说,

你知道,他爸爸今天早上刚去世。他真的很冷静。我不介意他在这里。

她说,

不,你很好。但这太荒谬了。**他必须去上他的另一节课**

把他逼疯了。只是

你要上这门课。

我不去那门课

你要上这门课

我不去那门课

我的意思是,真的。我退后一步,因为老实说我不知道该怎么做。

　　鉴于哈尔斯特德·霍因在她的第一次访谈中说了超过 2.6 万个单词,我们可以想象制定一个有价值的转录策略的重要性。为了整理这些口头数据,我决定采用我现在描述的一种自然转录实践形式(参见 Bucholtz,2000;Davidson,2009;Oliver, Serovich and Mason, 2005)。我制定了一套叙述文本的策略:使用转录技术来对老师的故事

进行转录从而提高可读性并使文本像故事一样。我认为制定这些策略和叙述访谈的决定改变了我整个研究项目的过程。

表 4.1 第二行的文本是我的转录策略的例子。每次哈尔斯特德·霍因和其他老师用学生、家长、同事、校长或他们自己的声音复述他们的内容时，我都会按回车键并使用不同的微软 Word 字体来区分这种演讲与老师更笼统的叙述声音。在花费了一些试错的学习时间之后，我认为最有意义的方法是学生的声音使用一种字体，成人的声音使用另一种字体，然后老师自己的演讲使用不同的字体。我没必要为每个老师的每种言语都分别使用一种对应的字体，也没必要为每个学生都分配一种不同的字体。如果日后的分析需要对他们进行比较，那我可以使用 NVivo 软件编码指令来进行。

通过查看表 4.1 中哈尔斯特德·霍因故事的两种解释，可以看出我的转录方法的结果。第 2 个版本中的叙述性文本更容易阅读，也更富有意义。我之所以能够实现这个目标，不是通过改变或重新排列老师所说的话，而是通过改变哈尔斯特德·霍因的话在页面上的显示方式，然后添加一些粗略的标点来突出她的演讲。我还试着写下她所说的每一个字，对她的语法不做任何修改。

我没有记录这种转录策略的决策过程。我确实知道对哈尔斯特德的访谈是我为自己的论文转录的第一个环节，并且我使用了大部分转录策略来完成这次访谈。如果我每天在转录后保存了一份微软 Word 副本的话，那么我就有可能——如果不理想的话——发表我对她的故事的最初版本。然后，我可以分析特定访谈片段的变化，因为我的转录策略是亲自制定的。

4.3.1 标记访谈者

在接下来的三个部分中，为了清晰起见，我使用了"访谈者"（interviewer）一词和代词"他"（he），以强调我不再是以坐在芝加哥教师工会和芝加哥大学校友会办公室的人的身份进行访谈了。相反，我是分析访谈者工作的人。

我的研究目标之一是将入职一年的老师(例如哈尔斯特德·霍因)的故事与更有经验的资深教育工作者的故事进行比较。然而,为了使这种比较合理,我们有必要表明访谈者并没有试着引导访谈。因此,我认为在我记录老师讲话的同时,把访谈者的原话逐字逐句地录下来很重要。同样,我相信让读者看到老师们在访谈过程中回答的问题也很重要。我还决定在访谈者回应老师的故事时做标记,并按照韦斯(Weiss,1995)的建议,主要通过喃喃自语表示同意,来肯定他们说的话。

最终我意识到,我不需要记录下访谈者喃喃自语的每一句"唔""嗯"和"是的,嗯"。对于我的研究目标而言,重要的是访谈者肯定了老师的故事。我决定用两个星号标记访谈者表示同意的咕哝声。这种策略将使文本被分成更易于阅读的单元,同时将文本的重点放在老师身上,而不是访谈者身上。这些标记可以在表4.2第2个版本的文本中看到。

4.4 标记老师们的停顿

哈尔斯特德·霍因告诉我,她在芝加哥公立学校的第一年里,每天早上和她的一个朋友开车上班及每天下午她们开车回家时,都会谈论她的教学。哈尔斯特德·霍因晚上都在与她的丈夫和她的教师教育项目的朋友们谈论自己的课堂。2004年6月,当我在芝加哥教师工会的办公室采访哈尔斯特德时,她说了很多。哈尔斯特德从一个故事讲到另一个故事,她分享的话语比我访谈的任何其他老师都多。我最初的转录策略就是为了让这些材料有意义。

印第安娜·英格尔赛德(Indiana Ingleside)(化名)的访谈片段记录在表4.2中。与哈尔斯特德·霍因不同,印第安娜告诉我,她几乎没有和任何人谈论过自己的教学,而且除了她的学生之外,她几乎没有和学校里的任何人交谈过。在访谈过程中,她经常停下来,我相信主要是为了寻找合适的单词。当我转录她的访谈时，我决定记录下那些重要的停顿。我觉得这些停顿为她的转录文本增添了意义。

表 4.2　化名印第安娜·英格尔赛德老师的同一访谈片段的两个版本

版本 1：非理论的转录

访谈者

好的。你能谈谈这一年中你觉得你真的对你的教学或你的学生有新的了解吗？

印第安娜·英格尔赛德

每天都有。我今年向孩子们学习了非常多东西。很难挑一个出来讲。

访谈者

就说一些吧，没事的。

印第安娜·英格尔赛德

我学到的很多东西就是孩子们对环境的反应，以及他们对人们对待他们的方式的反应。今年之前，作为硕士课程的一部分，我在东区做了一年，然后这是我在自己课堂上的第一年。我从来没有像今年这样密切地与孩子们一起工作过。所以这在很多层面上都是一次真正的学习经历。只是与他们互动以及他们彼此互动背后的心理。

版本 2：叙述性转录

访谈者

好的。你能谈谈这一年中你觉得你真的对你的教学或你的学生有新的了解吗？

印第安娜·英格尔赛德

(笑声)呃(10 秒停顿)，我今年向孩子们学习了非常多东西。很难挑一个出来讲，但是

访谈者

就说一些吧，没事的。

印第安娜·英格尔赛德

我学到的很多东西就是(5 秒停顿)孩子们对环境的反应，以及他们对人们对待他们的方式的反应，以及(6 秒停顿)今年之前，我只是——我有

**

作为硕士课程的一部分，我在东区做了一年，然后这是我在自己课堂上的第一年。我从来没有像今年这样密切地和孩子们一起工作过(笑)。所以这在很多层面上都是一次真正的学习经历。只是

**

(停顿 4 秒)呃，只是与他们互动以及他们彼此互动背后的心理。

　　一些对话分析师决定将停顿标记为 1/10 秒，但经过一些试错后，我意识到我不需要对如此精细的细节进行转录。最有效的方法是标记所有语音流中有意义的停顿，我决定逐秒测量所有持续 3 秒或更长时

间的停顿。表 4.2 中印第安娜·英格尔赛德的两个版本的访谈显示了这种策略产生的变化——我强烈建议读者每次都停下来听听这些言语行为的全部含义。转录文本还显示了我决定抄录老师的确切话语并标记重要的话语形式(例如,笑声)的好处。

4.5 量化转录符号

在第一轮的 12 次访谈中,我以标准化的方式应用了我选择的转录策略。我写下了每次访谈中老师所说的每一个完整的单词,并格式化了每段重声对话。我决定,如果我要比较新入职老师和资深老师的访谈,他们的转录文本应该都以相同的方式呈现。在分析过程中,我经常返回原来的访谈录音中。这项工作帮助我修改了转录中的不准确之处,并确保我最初的转录选择是有意义的。例如,因为我没有抄录前两次访谈中的停顿,所以我不得不重新听那些磁带来添加那个符号。

这种标准化的行为提供了意想不到的分析优势。当我写我的方法章节时,我发现我可以使用自己创建的格式化文本和符号来量化转录。我了解到我可以使用微软 Word 中的命令来计算每次访谈中撤销、暂停和访谈者确认的次数。我还总结了每节课老师和访谈者重复的单词数,并计算了这个比例。表 4.3 显示了哈尔斯特德·霍因和印第安娜·英格尔赛德的访谈结果。(第一轮访谈的全部结果参见 Vanover,2009:106—116。)

我用这些证据来支持我的主张,即虽然每次访谈的具体行为各不相同,但访谈者的工作并没有有意的变化。访谈者并没有对初级老师使用一种访谈方式,而是对有成就的资深教育工作者使用不同的访谈方式。当然,这样的调查结果不能用来证明访谈是没有偏见的。我作为一名白人男性、前芝加哥公立大学老师和外州博士生的身份很重要。我敢肯定,即使他们使用相同的访谈指南,具有其他个人特征的不同采访人员也会激发出不同的故事。

表 4.3　量化转录符号

老师	学生的声音——作为一个学生说话	成年人的声音——作为另一个成年人说话	老师的声音——作为她自己说话，教书	每次访谈的访谈者肯定的数量	访谈者词汇与受访者词汇的比例	老师词汇的百分比	每次访谈的受访者产生的停顿的数量
哈尔斯特德·霍因	64	79	288	384	755/26 715	97%	4
印第安娜·英格尔赛德	18	1	48	100	644/11 315	94%	50

4.6　作为民族戏剧剧本的转录

我对老师故事进行转录有很多优势。我全心全意地做这项工作，而且我觉得花时间听老师们说什么很重要。我的方法也有很多问题，如时间消耗很多，转录花了很多时间，我在研究中也落后了。我相信，我从手工抄录前几次访谈中受益了，但一旦我弄清楚了我的转录策略，给转录员付工资让他们制作原始转录文本就是合理的——就像我在第二轮、第三轮和第四轮访谈中所做的那样。然后，我可以清理这些材料，并使用我的转录策略来准备数据，而不会丢失参与度。

这也是我在整个过程中独自工作的情况，正如上一节中所说，我并没有编写一套常规的备忘录来记录我的进度。在我缺乏备忘录写作这件事情背后，隐藏了一个更大的问题：我是一个优秀的作家，但我没有发出一种声音来传达我从访谈中学到的东西。结果很可能是，当我完成论文，并且是时候根据我在芝加哥的研究撰写论文时，我很难将材料整合在一起。

正如我在其他地方所写的（Vanover，2016a，2017），对我而言，有用的是将转录文本转换成现在的六个民族戏剧剧本。为老师访谈找出一种民族戏剧的方法是一项挑战（参见 Saldaña，Chapter 19），但一旦

图 4.1　詹妮弗·J.史密斯(Jennifer J. Smith)在密歇根大学安娜堡
分校杰拉尔德·鲁道夫·福特公共政策学院的《系统故障》
(*System Failure*)表演中扮演哈尔斯特德·霍因

我找到了一种方法,剧本写作就很容易了。因为我已经把数据叙述了
一遍,所以当我重新阅读转录文本并开始撰写脚本时,我领会页面上那
些声音的意思。我能够从老师的转录文本中编辑无聊的部分,并浓缩
访谈的内容,因为我已经知道令人振奋的部分是什么了。本章发布的
访谈片段的脚本版本可以在瓦诺弗(Vanover,2019:26)和瓦诺弗
(Vanover,2016b:182)的研究中找到。萨尔达尼亚(Saldaña,2003,
2011)提供了从数据和戏剧剧本写作惯例范例中发展民族戏剧的建议。

4.7　结论

　　在转录过程中做出的决定形成了研究人员在质性研究全过程的
后续阶段与文本互动时意义的构建。所有的转录都是政治性的(Bu-
choltz,2000;Ochs,1979)。话语、手势和其他方面的话语总是从一组特定的偏见和信念中呈现出来。转录人员清晰或不清晰的理论影响了他们用来呈现录音的行为的单词和符号。这些理论也影响了机器学习。自动转录系统呈现语音类型的能力各不相同（di Gregorio，Chapter 6）。严格的质性数据分析需要有计划地、仔细地进行转录。

本章一个主要的主题是研究问题和研究目标决定了研究人员对转录策略和实践的选择。有目的的转录策略考虑了数据的特征和研究团队应用于该材料的分析框架。在分析早期花时间处理记录的数据和转录文本的草稿可能会为意想不到的见解奠定基础，并加深研究人员对访谈内容的理解。

本章使用的简单微软 Word 格式化命令说明了不同的转录实践是如何引导研究团队的注意力的。正如所讨论的那样，我作为论文研究员决定进行叙事性转录，这丰富了项目全过程后期可用的分析和解释的可能性。这种转录策略影响了我在阅读老师故事时所经历的意义和形象的形成。

图 4.2　鲍勃·德文·琼斯（Bob Devin Jones）和丽莎·特里科米
（Lisa Tricomi）在位于佛罗里达州圣彼得堡的@620 工作室
表演《聆听沉默》（*Listening to the Silences*）

时间是宝贵的资源。质性研究人员必须在参与记录访谈的时间和完成研究所需的所有其他工作所花费的时间之间找到平衡。在我看来,严格的质性研究工作并不是建立在付费转录员和自动转录系统的非反射性标记之上的。而且我认为,研究人员没有必要将他们手动制作的每一个录音都抄录下来。正如蒂·格雷戈里奥(di Gregorio,Chapter 6)所讨论的,如果研究人员随后聆听录音并处理未完成的转录并组织数据以支持他们的研究目标,那么研究人员可以将转录过程中更费体力的工作外包给付费转录员和自动转录系统,这都是值得的。

质性研究的未来是视频(参见 Harris,2016;Pink,2013)。正如我在本章的文献综述中所讨论的,当前几乎所有的前沿转录工作都集中在这种媒体上。在我看来,阻碍该领域前进的因素与推动它前进的因素相同:技术。技术尚未像印刷术使印刷品普及那样使视频制作普及,但这一天即将到来。

我不再将我的访谈记录在盒式磁带上,但有时我会拿出我的数字转录踏板并用手转录。我发现这些转录过程让自己找回了讲故事的乐趣,这是最开始让我走上质性研究道路的原因。这些转录正在成为一个重要的研究领域(Langtiw and Vanover,正在提交中;Vanover,Knobloch,Salaam and Agosto,正在提交中),我现在愈发觉得在这项工作上花费时间是值得的。我作为转录员的工作耗时耗力,但我却十分珍惜这些回忆。

补充阅读

Cowan,K.(2014). "Multimodal Transcription of Video: Examining Inter-action in Early Years Classrooms." *Classroom Discourse*,5(1),6—21. https://doi.org/10.1080/19463014.2013.859846.

Lapadat,J. C. and Lindsay,A. C.(1999). "Transcription in Research and Practice: From Standardization of Technique to Interpretive Positionings." *Qualitative Inquiry*,5(1),64—86. https://doi.org/10.1177%2F107780049900500104.

Oliver,D. G.,Serovich,J. M. and Mason,T. L.(2005). "Constraints and Opportunities with Interview Transcription: Towards Reflection in Qualitative Research." *Social Forces*,84(2),1273—1289. https://doi.org/10.1353/sof.2006.0023.

回顾与练习

1. 比较和对比与转录作为一种研究方法相关的概念和实践，以及条件反射性地使用转录作为分析的非理论媒介的实践。

2. 讨论不同的研究问题和研究目标可能需要不同的转录策略。

3. 根据表 4.1 中的转录文本构建的民族戏剧，哈尔斯特德的访谈是杰拉尔德·鲁道夫·福特公共政策学院一系列关于教育差距的谈话的一部分：http：//fordschool. umich. edu/video/2014/what-doesit-mean-work-system-fails-you-and-your-kidsbeginning-teachers-journey through-。转到该视频中脚本表演的开头（41 分 30 秒），并要求全班制定一个转录策略来呈现该剧的前五分钟。学生可以选择从福特学校的机器转录内容中构建此文本。我们应该选择视频的哪些方面，忽略哪些方面？

参考文献

Alvesson，M. and Karreman，D.(2011). *Qualitative Research and Theory Development：Mystery as Method*. SAGE.

Bartesaghi，M.(2022). "Theories and Practices of Transcription from Discourse Analysis." In C. Vanover，P. Mihas and J. Saldaña(Eds.)，*Analyzing and Interpreting Qualitative Research：After the Interview*. SAGE.

Benner，P. E.，Hooper-Kyriakidis，P. L. and Stannard，S.(1999). *Clinical Wisdom and Interventions in Critical Care：A Thinking-in-action Approach*. Springer.

Benner，P. E.，Tanner，C. A. and Chelsea，C.(1996). *Expertise in Nursing Practice：Caring，Clinical Judgment，and Ethics*. Springer.

Bernauer，J. A.(2022). "Oral Coding：An Alternative Way to Make Sense of Interview Data." In C. Vanover，P. Mihas and J. Saldaña(Eds.)，*Analyzing and Interpreting Qualitative Research：After the Interview*. SAGE.

Bucholtz，M.(2000). "The Politics of Transcription." *Journal of Pragmatics*，32（10），1439—1465. https：//doi. org/10. 1016/S0378-2166（99）00094-6.

Bucholtz，M.(2007). "Variation in Transcription." *Discourse Studies*，9(6)，784—808. https://doi.org/10.1177/1461445607082580.

Charmaz，K.(2011). "Grounded Theory Methods in Social Justice Research." In N. K. Denzin and Y. Lincoln(Eds.)，*The Sage Handbook of Qualitative Research*(Vol.4，pp.359—380). SAGE.

Charmaz，K.(2014). *Constructing Grounded Theory*. SAGE.

Charmaz，K.(2017). "The Power of Constructivist Grounded Theory for

Critical Inquiry." *Qualitative Inquiry*, *23*(1), 34—45. https://doi. org/10. 1177%2F1077800416657105.

Cowan, K.(2014). "Multimodal Transcription of Video: Examining Interaction in Early Years classrooms." *Classroom Discourse*, *5*(1), 6—21. https://doi.org/10.1080/19463014.2013.859846.

Crow, B. K.(1988). "Conversational Performance and the Performance of Conversation." *TDR*(*1988*—), *32*(3), 23—54. https://doi.org/https://doi.org/10.2307/1145905.

Davidson, C. (2009). "Transcription: Imperatives for Qualitative Research." *International Journal of Qualitative Methods*, *8*(2), 35—52. https://doi.org/10.1177/160940690900800206.

Dressler, R. A. and Kreuz, R. J.(2000). "Transcribing Oral Discourse: A Survey and a Model System." *Discourse Processes*, *29*(1), 25—36. https://doi.org/10.1207/S15326950dp2901_2.

Eaton, K., Stritzke, W. G. and Ohan, J. L.(2019). "Using Scribes in Qualitative Research as an Alternative to Transcription." *The Qualitative Report*, *24*(3), 586—605. https://nsuworks.nova.edu/tqr/vol24/iss3/12.

Flewitt, R.(2011). "Bringing Ethnography to a Multimodal Investigation of Early Literacy in a Digital age." *Qualitative Research*, *11*(3), 293—310. https://doi.org/10.1177/1468794111399838.

Greenwood, M., Kendrick, T., Davies, H. and Gill, F. J. (2017). "Hearing Voices: Comparing Two Methods for Analysis of Focus Group Data." *Applied Nursing Research*, *35*, 90—93. https://doi.org/10.1016/j.apnr.2017.02.024.

di Gregorio, S.(2022). "Voice to Text: Automating Transcription." In C. Vanover, P. Mihas and J. Saldaña(Eds.), *Analyzing and Interpreting Qualitative Research: After the Interview*. SAGE.

Halcomb, E. J. and Davidson, P. M.(2006). "Is Verbatim Transcription of Interview Data always Necessary?" *Applied Nursing Research*, *19*(1), 38—42. https://doi.org/10.1016/j.apnr.2005.06.001.

Harris, A. M.(2016). *Video as Method*. Oxford University Press.

Heath, C., Hindmarsh, J. and Luff, P.(2010). *Video in Qualitative Research*. SAGE.

Langtiw, C. L. and Vanover, C.(under submission). "Sitting with: An Interview with Cynthia Lubin Langtiw." *The Qualitative Report*.

Lapadat, J. C. and Lindsay, A. C.(1999). "Transcription in Research and Practice: From Standardization of Technique to Interpretive Positionings." *Qualitative Inquiry*, *5*(1), 64—86. https://doi.org/10.1177%2F107780049900500104.

Locke，K.，Golden-Biddle，K. and Feldman，M. S.（August 1，2004）. "Imaginative Theorizing in Interpretive Organizational Research." *Academy of Management Proceedings*，*2004*（1），B1—B6. https://doi.org/10.5465/ambpp. 2004.13857425.

Markle，D. T.，West，R. E. and Rich，P. J.（2011）. "Beyond Transcription: Technology，Change，and Refinement of Method." *Forum Qualitative Sozial-forschung/Forum：Qualitative Social Research*，*12*（3）. http://www.qualitative-research.net/index.php/fqs/article/view/1564.

McLellan，E.，MacQueen，K. M. and Neidig，J. L.（2003）. "Beyond the Qualitative Interview: Data Preparation and Transcription." *Field Methods*，*15*（1），63—84. https://doi.org/10.1177/1525822X02239573.

Mondada，L.（2018）. "Multiple Temporalities of Language and Body in In-teraction: Challenges for Transcribing Multimodality." *Research on Language and Social Interaction*，*51*（1），85—106. https://doi.org/10.1080/08351813. 2018.1413878.

Ochs，E.（1979）. "Transcription as Theory." In E. Ochs and B. B. Schieffelin （Eds.），*Developmental Pragmatics*（pp.43—72）. Academic Press.

Oliver，D. G.，Serovich，J. M. and Mason，T. L.（2005）. "Constraints and Opportunities with Interview Transcription: Towards Reflection in Qualitative Research." *Social Forces*，*84*（2），1273—1289. https://doi.org/10.1353/sof. 2006.0023.

Pink，S.（2013）. *Doing Visual Ethnography*. SAGE.

Saldaña，J.（2003）. "Dramatizing Data: A Primer." *Qualitative Inquiry*，*9*（2），218—236. https://doi.org/10.1177/1077800402250932.

Saldaña，J.（2011）. *Ethnotheatre：Research from Page to Stage*. Left Coast.

Saldaña，J.（2022）. "Dramatizing Interviews." In C. Vanover，P. Mihas and J. Saldaña（Eds.），*Analyzing and Interpreting Qualitative Research：After the Interview*. SAGE.

Saldaña，J. and Omasta，M.（2018）. *Qualitative Research：Analyzing Life*. SAGE.

ten Have，P.（2007）. *Doing Conversation Analysis*. SAGE.

Vanover，C.（2009）. *The Expertise in Urban Teaching Project：A Theory-based Study*（dissertation），University of Michigan. Deep Blue. http://deepblue. lib.umich.edu/handle/2027.42/62224.

Vanover，C.（2014）. *The Expertise in Urban Teaching Project：Interview Instruments，Recruitment Letters，and Other Materials*. USFSP Digital Archive. University of South Florida St. Petersburg. https://digital.usfsp.edu/fac_publications/2881/.

Vanover, C. (2016a). "Inquiry Theatre." *Qualitative Inquiry*, *22* (4), 238—248. https://doi.org/10.1177%2F1077800415572395.

Vanover, C.(2016b). "Listening to the Silences: A Teacher's First Year in Words and Music." *Art/Research International: A Transdisciplinary Journal 1*(1), 174—207. https://ejournals. library. ualberta. ca/index. php/ari/article/view/24952.

Vanover, C.(2017). "From Connection to Distance: Using the Practice of Arts-based Research to Interpret Field Work." *Journal of Contemporary Ethnography*, *46*(1), 51—80. https://doi.org/10.1177/0891241615598201.

Vanover, C.(2019). "What Does It Mean to Work in a System That Fails You and Your Kids?: A Teacher's First Year in the Chicago Pubic Schools." *International Journal of Education & The Arts*, *20*(4), 1—56. http://doi.org/10.18113/P8ijea20n4.

Vanover, C., Knobloch, K. T., Salaam, O. and Agosto, V.(under submission). "Act 2: Inquiry and Discussion on 'Goodbye to All That!' at the 7th Annual the Qualitative Report Conference." *The Qualitative Report*.

Weiss, R. S.(1995). *Learning from Strangers: The Art and Method of Qualitative Interview Studies*. Free Press.

5 话语分析中转录的理论与实践

玛丽亚埃琳娜·巴尔泰萨吉

摘要:在本章中,我将话语分析中的转录视为透明度、学术流通和分析反思过程中的关键实践。即使基本的转录符号,例如话语的音量和速度、表示两个说话者之间的语音是否重叠的符号以及指示停顿时间的数字,也都是研究人员的关键资源。这些符号指出了日常行为如何与性别、种族和其他权力的不对称等更大的社会话语相适应。通过分析研究生研讨会数据会议中的一个例于及一个停顿是如何通过仔细地聆听先后被转录和再转录的,我认为仔细转录对话的微观互动特征对于解释社会生活的构成至关重要。

关键词:话语分析;数据会话;停顿;转录;聆听

5.1 转录:一个简短的介绍

社会学家哈维·萨克斯(Harvey Sacks)对社会互动有序性的研究指出,日常交流(如电话)的方式、我们互相打招呼的方式以及服务会面的流程(参见 Merritt, in Aston, 1988)构成了我们所谓的"社会"。哈维·萨克斯在 20 世纪 60 年代中期告诉他的学生:

> 我开始使用录音带记录对话,就只是因为我可以重播它们。我可以对它们进行一些转录并进行广泛的研究。可以肯定的是,还发生了其他事情,但至少录音带上的事情已经发生了。我可以

一次又一次地研究这些录音带,而且,其他人也可以看看我研究过的东西。如果他们想针对我的观点发表反对意见,那么他们可以使用这些材料来进行分析(Sacks,1984:26)。

哈维·萨克斯提出的"近距离观察世界"(Sacks,1992:420)要求质性研究人员以民族志领域的笔记永远无法做到的方式拥有透明度和问责制。从我在此讨论的话语分析(DA)①开始,分析向费时费力的、艰苦的和(最重要的)富有创造性的记录和转录话语的实践转变,这改变了我们有关每一天的生活、机构、社会问题甚至是做质性研究的实践。

1974年,当第一个话语分析研究出现在学术期刊上时(Sacks et al.,1974),距离人类首次登上月球已经过去了五年。轮流说话及说话者管理对话的方式共同构成了"最简单的系统学"(Sacks,Scheglcff and Jefferson,1974)。在我们每次谈话时,社会身份、不对称和权力都是由这些系统构成的。但此时还没有研究人员就二者提出相关见解。

对于像我这样的话语分析师来说,我们努力将谈话与自己所掌握的更广泛的背景和社会话语联系起来,以提出和授权知识主张,例如,转录文本创造并限定了我们所希望了解的宇宙。作为"短暂的、多维的、经常重叠的交互事件"的记录(Edwards,2006:321),转录文本包含两个重要的东西。它们既是记录,又是分析师对记录的描述,它们提炼出交互的特征,并在时间和空间上对其进行重新语境化(正如我稍后说明的那样)。转录文本也是话语分析方法的必需品。它们是分析师通过通用语言(共享的通用语言)进行交流的一种方式,分析师可以就他们所研究的内容进行争论。作为反思性实践的产物,转录文本本身就是高度理论化的认识论文本,因为我们从转录文本产生的论点最终是本体论的。转录为我们研究居住的说话者带来了可能的空间,包括我们自己。从这个意义上说,它们是阈值文本(Turner,1967),因为转录文本涉及持续和正在发生的状态变化,它从短暂的、体验式的瞬间到

---

① 我将DA定义为口语话语的跨学科方法的总称(参见Stubbe et al.,2003;Tracy and Mirivel,2009)。

"发生了什么"的固定记录的变化以供分析。每种状态仅在与非它的情况下才有意义。

在接下来的部分中，我将讨论，如果进行话语分析是在其社会背景下研究谈话（Tracy，2006），那么研究人员应该如何在转录文本中建立被认可的"发生了什么"版本非常重要。没有转录文本，就不可能有话语分析。没有好的转录文本，就没有有效的和令人信服的理论论据。一开始，我简要回顾有关话语分析转录的文献。然后，我介绍数据会话的实践，并描述了一个特定的会话教会我和话语分析研讨会上的学生们如何理解一个演讲中的停顿，以及我们能做什么。最后，我反思了话语分析作为一种方法论和作为转录和分析数据的元理论方法的重要性和可能性。

5.1.1　转录符号

大多数话语分析师使用杰斐逊式转录系统（Sacks et al.，1974，要了解该系统的一个众所周知的变体可参见本章的附录和 Gee，1999），该系统是从对会话研究的最初尝试发展而来的。这种转录方法为声音文字提供了指导，而不是"清理"掉诸如"wanna"和"gonna"缩写之类的语音，而说话者并未按缩写发这些音。杰斐逊式转录系统具有特定的符号和书写规范，用于重新开始和重复，包括非词汇声音（例如 umm、mmm、uh huh，这些声音在谈话过程中可有多种用途）、语音的音量、音节的延长或重读，以秒为单位的停顿长度，以及其他形式的声音特征。学者们（我也是其中之一）经常会根据分析目标来使用这个转录系统的简化版本。较长的谈话片段，研究人员的目标是分析谈话如何在更广泛的语境中发挥作用，而可能不需要像在直接语境中对话语进行微观分析那么多的符号（也称为邻接对，例如，我们接受或拒绝邀请）。

奥克斯指出（而且我认同），选择性转录比满是未被关注的细节的转录更加有用，这些细节与分析也无关。基于这个原因，研究人员在从事各种形式的转录时面临的关键决策点之一是选择谈话的特定特征对它们进行转录。这些决策过程反映了我们的"理论目标和定义"（Ochs，1979:44），这也使我们能对阅读我们研究的其他学者负责。我们必须有意识地做出选择和剔除。

一旦做出选择，转录可能就是从其上下文中删除剩下的文本。这种隔离适用于任何书面记录。然而，转录文本也非常具体。它们在我们如何倾听和捕捉自己所听到的内容之中纠缠，这本身与我们对如何呈现话语以及如何完成微观话语的文化理解密不可分。考虑到西方的转录文本应该从上到下阅读这一假设，这使得话语分析师可将说话者的话语理解为连续的和相互依存的，每次发言都为下一次发言创造一个机会（Ochs，1979；关于这种理解可参见 Sacks et al.，1974）。奥克斯（Ochs，1979）提醒人们注意这样一个事实，即成人是以这种方式对话的，而儿童则不然。儿童讲话通常不是对前一个话语的回应，并且可能根本不注意他们说话对象的话语。

因此，作为研究人员，我们有义务了解自己在构建和生成关于"发生了什么"记录时的偏见。我们必须对谈话的进行逻辑保持开放态度。开展反思性转录需要话语分析研究人员处于持续专注的状态，并承认特定转录选择的可供性。对我而言，反身性来自透明度——也就是说，反身性来自我们向我们的读者（以及我们自己）明确为什么我们选择做自己正在做的事情，并让读者自己判断。这种反身性可以像简要说明的我们的过程一样简单，我在此对心理治疗作为社会互动进行了质性研究：

> 我以中等细节水平进行转录，与话语分析相比，这算是最低水平（Sacks et al.，1974；对转录本身的反思参见 Ochs，1979）。我留下标点符号（Labov and Fanshel，1977:41）。此外，我为错误的开始和发声、重叠、闭锁的话语、强调单词和增加音量进行转录。由于篇幅限制，我在摘录中省略了数行，删掉的内容不会对分析提供额外数据。在这些情况下，我会解释正在说的内容和省略的行数。在讨论每个例子时，我用性别代词指代治疗师，因为我知道他们的性别。（Bartesaghi，2009:17）

5.1.2　录音的问责记录：转录的变化

和奥克斯(Ochs，1979)一样，布霍尔茨认为转录文本"充当了语言再现的政治化工具"(Bucholtz，2000：1439)。作为谈话的技术(Jones，2006)，转录调解体验，所以它们只能是政治性的，但这是真实的而不仅仅是语言体验。它们存在于产生它们的我们的身体内、根据它们所产生的数据及我们需要根据我们的意愿来进行不同的解释之间(Ashcraft et al.，2017)，这三者是个持续的反思过程。转录文本提供了某些解释，在不知不觉中为特定发言者赋予了特权，并推进了特定的意识形态。因此，布霍尔茨将"负责任的转录"描述为分析师在创建转录文本的过程中发挥的开放且反思性的作用以及由此产生的意识形态影响(见上文我的尝试)。转录中体现政治利益的一个例子，是布霍尔茨将她自己对警察审讯的转录与警方提供的转录进行的比较。这两种转录都不是"客观的"——从某种意义上说，情况只有一种可能的呈现方式——然而，两份转录都索引了抄录者的解释规范。为了定罪，警察将几个实例转录为"难以理解"，而布霍尔茨(Bucholtz，2000)将这些实例转录为警察积极与嫌疑人达成一致。

布霍尔茨(Bucholtz，2007)确定了四种类型的转录形式，具体如下：

1. 基于对内容与形式(或分析师选择的详细程度)的分析重点的全球化格式选择。

2. 复制自己或他人的转录文本时转录格式上细节的变化(我们将在下文中看到这一点，决定在哪里暂停转录)。

3. 单个转录文本中的拼写变异。

4. 翻译变体，即说话者的原始语言由转录员转换为另一种语言。

这种变化就是为什么话语分析者总是会提供他们分析的交互特征(一些话语分析学者称之为"小 d"话语)、它们之间的相互构成关系、(也称为"大 D"话语)社会行动以及分析师这样做的目标。正如布霍尔茨指出的那样，她特别重新构建了对奥克斯的批评，正是这种透明化的实践允许其他学者对相同数据进行多次分析，每一个研究人员都会有一组可行的合理解释。虽然篇幅不允许深入分析有效性问题，但并不是所有的对相互作用进行的可能解释都同样有效。希望下面的范例能够进一步阐明这一点。

　　话语分析师在"数据会话"的过程中提出了进行最优转录的方法，以及上下文中的单词、话语和更长的谈话意味着什么（两者不得不相互告知）。无论是面对面的还是线上的，话语分析研究人员聚集在一起的目的，就是"反复观察/聆听，然后尝试对同样观察的其他人提出论点"（Tracy and Mirivel，2009：157）。斯塔布等人（Stubbe et al.，2003）通过研究如何使用五种不同的话语分析方法来解释相同的数据，并举例说明了这种协作聆听的好处。这些作者使用对话分析、互动社会语言学、礼貌理论、批判性话语分析和话语心理学，分析了新西兰工作场所中两个人之间的互动。斯塔布等人将他们在研究过程中发现的不同点和相同点归因于对数据产生影响的五种不同的话语分析方法和逻辑。在接下来的部分中，我们将在一个特别令人难忘和激烈的数据会话中审视我们自己的经历。

5.2　在话语分析中练习转录：一个例子

　　摘录 1 中的互动由尼维蒂莎·基西斯瓦兰（Nivethitha Ketheeswaran，2018）（以下简称"尼维"）为我教授的研究生研讨会《用话语分析的方法做研究》（Doing Research with Discourse Analysis）进行了转录。转录内容摘自 YouTube 上一位宣称是"把妹达人"的发布者发布的录音（是的，有这样的话语类型）作为他的频道的一部分，这位"把妹达人"向男人们提供建议。录音的标题是"把妹实战音频，和两个印度女孩在拉斯韦加斯调情"。经过简短的谷歌搜索，尼维确定这是一个"公共互动"的无脚本记录①，在这个案例里，指的就是在拉斯韦加斯的

---

　　①　我通过""将自己与这一类的政治和伦理刻意保持距离，但这就是 IRB 的用途。

"把妹达人"和两个民族意义上的"印度女孩"。尽管从交流中我们可以看出男性是高加索人，但实际上仅从数据中并没有证据表明这一点。然而，我们所知道的是，摘录中的两位对话者——这很重要——是标准美式英语（SAE）的使用者。在"把妹达人"（M）听到"女孩"（W）的名字之后，会出现以下转录文本。

当数据呈现出来后，话语分析师的主要实证问题总是那些元问题："他们在做什么?"和"在其他互动和（重新）产生社会/制度/意识形态行为的背景下，这一特定行为应该如何表示?"。通过密切关注第一个问题，检查戈夫曼所说的"油腻的词性"（Goffman，1964:133），我们关注特定情况下参与者的理解方式，以及反思性地再现社会秩序的方式。因此，转录员的选择是"产生差异的差异"（Bateson，1972/2000:318）。这些选择对我们的影响与那些可能不同意我们分析的人一样重要。请注意，话语分析师对不同说话者根据"轮次"进行编号的简单选择已经产生了很大的不同。这种选择使我们能够了解意义是动态的和主体作用的，以及在短短五个回合内可以发生多少次。尼维以足以进行分析的详细程度进行了互动过程的转录[她转录了语音特征，而不是口音的实际音素转录（第 1 行）、停顿和重叠的语音。在第 4 行中，(2.0)符号标记了 2 秒的时间暂停（见附录）。在第 5 行中，尼维放置方括号来表示 W 和 M 同时讲话的一段简短谈话的开始([)和结束(])。一旦转录，这是一个中断还是一个建立融洽关系（被称为"合作"）的重叠问题（参见 Nordquist，2019）可能成为可靠解释的一部分]。

简而言之，尼维的论点（Ketheeswaran，2018）是，"把妹达人"在 YouTube 上标注的"玩笑"从一开始就充满了种族色彩。在第 1 行中，M 在提到"绿野仙踪"时使用了印度口音，让人们注意到 W 的名字是盎格鲁人"多萝西"的讽刺意味，而她的外表（根据"把妹达人"在标题中的分类）却不是这样。下一个问题可能是：这是对 W 名字的真实的或故意的误听吗？话语分析员通过密切关注数据来回答这个问题。与其他质性研究人员不同，我们避免对"认知""意图"或话语"背后"的事物进行解释。所以，我们必须继续对 W 的真实姓名进行更正，具有讽刺意味的是，我们这么做是由于 M 的"幽默"（第 2 行）。M 现在解释了他判断力差的事实(第 3 行),这证明了他对"交流产生的麻烦"的认识(例如,参见 Sidnell,2016)。他试图通过提供一些模棱两可的、多功能的信息来证明他确实知道印第安人的名字。M 熟悉那句"哦,嘿"让他可以扩展这样的论点,即交流的背景是"一切都很有趣"。因此,第 4 行和第 5 行对于参与者和分析师对 M 和 W 在做什么的意义构建至关重要。由于他们的讲话重叠(这就是所谓的合作重叠吗? 如果不是,M 和 W 同时讲话是什么意思?),两个讲话者可能非常热衷于彼此交谈,或者"把妹达人"可能正在讲话 在第 5 行短暂地放在尤提(Jyothi)的顶部,表明他没有在听。通过声称 W"抵制种族化身份",因此谈话是缺乏合作的,尼维拓展了后一种解释。

		摘录 1:开玩笑,第一次转录
1	M:	((假印度口音))我叫多萝西,住在堪萨斯州
2	W:	我是尤提
3	M:	哦,嘿,我最好的朋友是斯鲁蒂
4	W:	(2.0)那不是(一样)的
5	M:	[斯鲁蒂](.)我不知道,但听起来很像

5.2.1 ……以及,后面发生了什么

一旦尼维用这些术语向全班展示了她的分析,数据会议的讨论就变得激烈了起来。班级的意见是分裂的。第一组认为尼维是错误的,因为转录的内容只不过是研究对象在调情的过程中交换名字。更确切地说,是尼维将她自己的种族化想法强加于研究对象的交流中,因为转录文本根本没有足够的证据来支持她的看法。其他人表示强烈反对。对他们而言,虚假的口音(第 1 行)将多萝西的《绿野仙踪》、全美堪萨斯州血统与 W 所说的名字和外表之间的不一致种族化。此外,该小组的成员认为,M 试图通过不屑一顾、过于熟悉(和荒谬)的策略来维护面子,即用"但我有朋友就像……"的话术来开脱这个"笑话",由此可见,M 做的不仅仅是调情。

在课堂上,数据会话参与者就应该如何分析交流的两个明显无法衡量的版本争论不休。交流中的个人种族和性别政治,与我坚持密切关注数据相冲突,可能会增加一种选择的风险。数据会话参与者们争论着事情是怎样的,就好像他们的生命依赖于它一样(他们将自己置身于阈限文本中)。参与者提高了音量,加快了讲话速度,使用了重点词(通过诸如"非常"和"绝对"之类的助推器),通过支持自己的立场以不同的方式逐字重复他们所说的话(这里我们会看到锁定的话语和参与讲话的合作重叠),以及,相反地,通过重叠的谈话争夺发言权。

为了化解冲突,我提请注意第 4 行转录的(2.0)停顿。因为大多数四个音节的单词需要 1 秒钟才能说出,每个音节相当于 1/4 秒的停顿(Levinson,1983:320),(2.0)秒的停顿因此对分析师和演讲者都有意义。事实上,尼维可以选择用自己的方式对它转录。请注意莱文森(Levinson,1983:320)在下面的摘录 2 中是如何做到这一点的。

摘录 2:客户和治疗师的对话(除第 3 行外,所有符号均已删除)

1	C:	所以我想知道你周　会在小公室吗
2		有可能吗?
3		(2.0)
4	C:	可能不会

根据对话的进展(Sacks et al.,1974 年首次提出),说话者以顺序的方式理解话语。每个发言人的发言为下一个发言人创造了一个机会,让下一个发言人可以(或不)发言。因此,治疗师在第 3 行的沉默说明了一切。(2.0)停顿不仅是拒绝回答,而且是回答本身,客户解释(正确)并在第 4 行做出响应。

M 和尤提之间的交流不像客户和治疗师之间的交流那样受到相同的专业期望的约束(例如,Bartesaghi,2009);尽管如此,它依然涉及几个不对称性。在经验分析和对话转录之外,不对称的概念很少被理解(参见 Marková and Foppa,1991),因为它的含义很简单,我们一个人说,另一个人应该保持沉默。回到我们摘录 1 中的范例,我们可以从记录中看到,当尤提回答 M 时,她(2.0)要求 M 等待她说话。在话语分析中,停顿是用于保留回应、考虑下一个话语并花时间思考表述的策略。在这种情况下,我在数据会议期间建议,尤提的"那不是一回事"(第 4 行)是一个合理的回应,并支持她可能实际上提供了她对话者版本的替代方案的说法,并且,如果你愿意,抵制第 1 行中笑话的种族化。

我一提出这个建议,就发生了两件事。尽管有些人被说服了,但并非所有的参会者都认为我的提议令人满意(并且对他们有好处)。第二件事是,我终于意识到,一直以来,我们都没有——从字面上看——进行转录!因此,我们没有按照尼维创建的转录文本进行,而是花时间真正地听了录音。一旦我们听了录音,一切就都变了。尼维没有以合理的理由转录的内容,即她的"抵制种族化"论点没有必要,结果证明是我们需要转录的交互特征。最重要的是,一旦我们通过一起聆听来生成"发生了什么"的共享版本,我们就有可能提出有效的分析。我们从转录文本中提出的论点变得更有说服力。

修正后的转录文本如下:

摘录 3:开玩笑:重新转录

1	M:	((假印度口音))>我叫多萝西,住在堪萨斯州<
2	W:	我是尤提↑=
3	M:	=>哦,嘿,我最好的朋友是斯鲁蒂<
4	W:	(.)>那不是(一样)的↑<
5	M:	[斯鲁蒂](.)>我不知道,但听起来很像<

请注意诸如谈话的快节奏(第 1、3、4、5 行),提高声调[即第 2、4 行中的音调变化,闭锁话语(第 2 行和第 3 行)和重叠语音(第 4 行和第 5 行);两者都表明高度参与/合作(Tannen,2000)]给互动带来了与参与者正在做什么非常不同的感觉。最重要的是,请注意我们如何重新转录第 4 行中的停顿,我们现在听到尤提正在呼吸。这告诉我们,她对 M(在第 5 行)的反应很快就接近了。表明"玩笑"实际上可能是对交流的恰当描述。

5.2.2　重新进行分析

　　与许多其他质性研究人员一样，话语分析师认识到社会活动的分层特征，或那些参与持续互动的人就"正在发生的事情"的方向就地协商(Goffman，1983)。话语分析法与其他研究方法的区别在于，我们通过实证研究的方法进行研究，并与数据保持密切联系。我们的转录文本使我们能够研究说话者如何在每次说话时调用大 D 话语(例如，种族化、性别)在社会秩序的语境中进进出出(例如，我们如何开玩笑)，以及他们在这些背景下所占据的偶然的和不断变化的位置。例如，尤提既是印度裔女性，母语是英语，擅长"开玩笑"，又是拉斯韦加斯的旅行者，正在与 M 交谈，熟悉《绿野仙踪》(我们鼓励你想出更多要添加到此列表中的内容)。对身份和背景之间关系的动态理解使我们能够对更多的互动或社会秩序方案进行理论化。这个方案包括权限和权力的处理方式。话语分析师(那些与批判方法有关的除外)避免建构意图的认知概念，而是通过说话者使用的话语策略和资源，寻找所有参与其中的人是如何构成一个情境的。

　　摘录 3 中的转录文本使我们能够检查 M 和 W 在通过情境定义工作时所调用的不断变化的上下文，但"也将自己定义为某些类型的人……他们有资格参与社会实践被索引"(Jones，2006：94)。请记住，"玩笑"是由"把妹达人"(M)分配的情况来定义的，他也是为了消费而制造它，使用尤提作为他不知情的参与者(诱饵?)。M 的定义的有用之处在于，它允许我们检查制作戏谑、挑逗策略所涉及的复杂性(以及制作批准，因为 M 有自己的 YouTube 频道，而且还有更多类似的频道)，以及在可能发生的上下文/身份之间的转换。提高转录细节程度的关键在于它告诉我们尤提的演讲与"把妹达人"的相符。同样，从交流的角度来看，他们每个人都轮流并保持合作(在第 4 行和第 5 行中)，尽管尤提可以，但她从来没有脱离接触。这种小 d 分析为大 D 批评社会不对称以及我们如何共同产生这些不对称打开了大门。

5.2.3 对数据会议的总结性思考

佩拉基拉(Peräkylä，2004)指出,转录员的耳朵是通过经验累积成长起来的。我们自学倾听最初听不出来的声音,学习如何将停顿时间控制在几分之一秒,并注意说话的速度或语调或说话者如何重叠(如第4行和第5行中的 M 和 W 简要说明)数次。这就是为什么话语分析转录文本需要经过多次修订,结果会添加或减去符号(包括对其他发言人的确认或对发言人贡献的重新分配)(Rapley，2018)。通过倾听,我们发现并实现了以前不存在的内容。转录可以作为一项单独的工作开展,但在可能的情况下,应该与他人一起完成并在数据会议中进行练习,以调整我们倾听的内容并检查我们自己遗漏的地方。在我讨论的数据会议中,我们学到了一些我(谢天谢地,只是短暂地)忘记的东西:听和倾听不是一回事。通常,我们会听到自己可能想听到的内容,因为我们已经对情况进行了理论化。

我们的耳朵从来都不是中立的,这就是为什么它们告诉我们的手指要产生的东西和我们的眼睛看到的东西需要讨论、反对和修改。但听觉和视觉并不是我们进行转录的唯一感官。关于人们如何实践社会生活的主张是对他们进行定位的主张,而这种主张包括我们自己在该生活中的活动和立场。

正如奥克斯和布霍尔茨所指出的,转录文本是许多关于我们的记录,而我们参与的数据会议使这一点变得显著而清晰。产生的争论表明了阶级对他们的主张的投入程度,即他们对情况、社会生活和身份的解释,以及对事物存在和不存在的可能性的解释。我们相信,这是一个接一个地发生的。

5.3 结论：论质性研究中的转录

正如本章作者所展示的那样,质性研究人员选择他们的研究方法并满怀热情地追求它。在我作为传统社会科学家的训练中：

> 我开始熟悉各自假设、不同类型的变量……SPSS，p 值的理想值被认为具有统计显著性、有效性和可靠性。简而言之，我学会了如何寻找和发现(从字面上看，就像移除封面一样)，如果我只能找到合适的工具来完成任务，那就是对数据之谜的答案——或者，在词源上，就像已经存在的属性一样。这并不像听起来那么容易……定量研究人员似乎受到了解释学怀疑的困扰——在真理和方法之间存在明显的空白。这意味着需要持续保持警觉、精确的测量、策划招募和获得受试者服从的方法，考虑受试者的语言可能无法揭示的内容以及如何找到隐藏内容的突破口。(Bartesaghi，2013:108)

诚然，转录文本是工具。但是制作准确的转录文本(准确性本身就是一个社会互动的过程)并在我们的分析中重新定位它们，确实让我们能够理解社会世界，并以一种我不想放弃的方式审视我们如何检查它的运作方式。虽然符号并非总是理想的(因为我们可能会继承完成的转录文本)，但仍然是我们可以做的最好的事情，以忠实地捕捉社交是如何作为一个互动网络构建的。因为我们用自己的身体来倾听、转录，并将之理论化，话语分析师承载着他们的转录。是的，这很困难、很累、很耗时，但它就是这样的工作。如果其他人替我们倾听并制作出转录文本来完成工作，那么我们得到的是另一个耳朵、另一个演绎，但我们错过的，是以一种深入的方式来理解我们可以用自己的数据做什么，以及反过来，我们的数据对我们和我们对质性研究的热情有什么反馈。

补充阅读

Jones，R.(2006). *Spoken Discourse*. Bloomsbury.

Muñoz，K. L.(2014). *Transcribing Silence: Culture, Relationships, and Communication*. Left Coast Press.

Stubbe，M.，Lane，C.，Hilder，J.，Vine，E.，Vine，B.，Marra，M.，Vine，B. Weatherall，A.(2003). "Multiple Discourse Analyses of a Workplace Interaction." *Discourse Studies*，5(3)，351—388. https://doi.org/10.1177/14614456030053004.

回顾与练习

1. 尝试观看 YouTube 视频《你的身材很棒》(You Have A GREAT Body)。这与我们分析的内容非常相似：https://www.youtube.com/watch?v5Cpr92IEIx78。你会选择转录视频的哪一部分，为什么？有多少内容（例如，该男子进行了交流，它充当了其他潜在"把妹达人"的"教程"，它被发布在 YouTube 上，因此假设对消费者的话语社区具有广泛的吸引力，它重构了对戏谑、调情和异性恋身份等的理解)？什么样的内容选择会阐明某些特征而不是其他特征？你会选择什么级别的转录细节？请注意视频下方也有评论这一事实：是否应该将这些评论作为赋予交互意义的一部分进行分析？

2. 两篇阅读材料对于你的练习和思考问题 1 是必不可少的。第一篇是埃马纽埃尔·谢格洛夫(Emmanuel Schegloff, 2000)的《论粒度》(On Granularity)，它可以让你考虑如何在转录文本中描绘你的分析重点，让你看到十分不同的方面的互动。第二个是罗德尼·琼斯(Rodney Jones, 2006)的《口语话语》(Spoken Discourse)，它告诉我们如何关注内容（话语、说话者、性别、YouTube 作为中介和技术、流派、社会实践等）的内外焦点，这意味着推进关于身份、关系、权力和中介的非常不同的理论论证。

鸣谢

感谢尼维蒂莎慷慨地为本章提供了转录文本，并感谢她提供的有关她的转录过程和数据会议的宝贵见解。我还要感谢 SPC 6934 2018 年秋季用话语分析进行研究的学生，如果没有他们，本章就不可能完成。

参考文献

Ashcraft, K., Kuhn, T. and Cooren, F. (2017). *The Work of Communication: Relational Perspectives on Working and Organizing in Contemporary Capitalism*. Routledge.

Aston, G. (1988) (Ed.), *Negotiating Service. Studies in the Discourse of Bookshop of Encounters*. CLUEB.

Bartesaghi, M. (2009). "How the Therapist Does Authority: Six Strategies for Substituting Accounts in the Session." *Communication & Medicine*, 6(1), 15—25. https://doi.10.1558.cam.v5i2.15.

Bartesaghi, M. (2013). "Qualitative Research: Mapping an Ongoing Journey." *Journal of Medicine and the Person*, 11(3), 108—112. https://doi.10.1007/s12682-013-0160-3.

Bateson, G. (1972/2000). *Steps to an Ecology of Mind: Collected Essays in Anthropology, Psychiatry, Evolution, and Epistemology*. Chandler.

Bucholtz，M.（2000）. "The Politics of Transcription." *Journal of Prag-matics*，*32*，1439—1465. https://doi.org/10.1016/S0378-2166(99)00094-6.

Bucholtz，M. (2007). "Variation in Transcription." *Discourse Studies*，*9*(6)，784—808. https://doi.org/10.1177/1461445607082580.

Edwards，J. (2006). "The Transcription of Discourse." In D. Schiffrin，D. Tannen and H. E. Hamilton(Eds.)，*The Handbook of Discourse Analysis* (pp.321—348). Blackwell.

Gee，J. P. (1999). *An Introduction to Discourse Analysis：Theory and Method*(4th ed.，2014). Routledge.

Goffman，E.(1964). "The Neglected Situation." *American Anthropologist*，*66*，133—136. https://doi.org/10.1525/aa.1964.66.suppl_3.02a00090.

Goffman，E.(1983). "The Interaction Order：American Sociological Asso-ciation，1982 Presidential Address." *American Sociological Review*，*48*(1)，1—17. https://www.jstor.org/stable/2095141.

Jones，R.(2006). *Spoken Discourse*. Bloomsbury.

Ketheeswaran，N.(2018). *A Discourse Analysis of a Pickup Artist Inter-action：Techniques to Resist Imposed Racial Identities*. [Unpublished Manu-script]. The University of South Florida.

Levinson，S. C.(1983). *Pragmatics*. Cambridge University Press.

Marková，I. and Foppa，K. (1991). *Asymmetries in Dialogue*. Harvester Wheatsheaf.

Nordquist，R. (2019). *Cooperative Overlap in Conversation*. ThoughtCo. https://www.thoughtco.com/cooperative-overlap-conversation-1689927.

Ochs，E.(1979). "Transcription as Theory." In E. Ochs &. B. Schieffelin，(Eds.)，*Developmental Pragmatics*(pp.43—72). Academic Press.

Peräkylä，A.(2004). "Conversation Analysis." In C. Seale，D. Silverman，J. Gubrium and G. Gobo(Eds.)，*Qualitative Research Practice* (pp.165—179). SAGE.

Rapley，T. (2018). *Doing Conversation，Discourse and Document Analysis*. SAGE.

Sacks，H.(1984). "Notes on Methodology." In J. Heritage and J. Maxwell Atkinson(Eds.)，*Structures of Social Action：Studies in Conversation Analysis* (pp.2—27). Cambridge University Press.

Sacks，H.(1992). *Lectures on Conversation*，Vols.1—2. G. Jefferson，Ed. Cambridge，USA：Blackwell.

Sacks，H.，Schegloff，E. A. and Jefferson，G.(1974). "A Simplest System-atics for Turn-taking for Conversation." *Language Learning*，*50*(4)，696—735. https://doi.org/10.1016/B978-0-12623550-0.50008-2.

Schegloff，E.(2000). "On Granularity." *Annual Review of Sociology*，26，715—720. https://doi.org/10.1146/annurev.soc.26.1.715.

Sidnell，J.(2016). "Interactional Trouble and the Ecology of Meaning." *Psychology of Language and Communication*，20(2)，98—111. https://doi.org/10.1515/plc-2016-0006.

Stubbe，M.，Lane，C.，Hilder，J.，Vine，E.，Vine，B.，Marra，M. and Weatherall，A.(2003). "Multiple Discourse Analyses of a Workplace Interaction." *Discourse Studies*，5(3)，351—388. https://doi.org/10.1177/14614456030053004.

Tannen，D.(2000). "Language and Culture." In R. W. Fasold and J. Connor-Linton(Eds.)，*An Introduction to Language and Linguistics*(pp.353—382). Cambridge University Press.

Tracy，K.(2006). "Discourse Analysis in Communication." In D. Schiffrin，D. Tannen and H. E. Hamilton(Eds.)，*The Handbook of Discourse Analysis*(pp.725—749). Blackwell.

Tracy，K. and Mirivel，J.(2009). "Discourse Analysis：The Practice and Practical Value of Taping，Transcribing，and Analyzing Talk." In L. R. Frey & K. N. Cissna(Eds.)，*Routledge Handbook of Applied Communication Research*(pp.153—177). Routledge.

Turner，V.(1967). "Betwixt and Between：The Liminal Period in Rites of Passage." In *The Forest of Symbols：Aspects of Ndembu Ritual*(pp.93—111). Cornell University Press.

附录：杰斐逊式转录符号

(.)	括号内的句号表示微停顿,这是一个显著的停顿,但没有明显的长度。
(0.2)	括号内的数字表示定时暂停。这是一个足够长的暂停时间,并随后显示在转录中。
[ ]	方括号表示重复说话的点。
><	像这样围绕谈话的箭头表明谈话的节奏加快了。
<>	像这样围绕谈话的箭头表明谈话的节奏放慢了。

（ ）	括号之间有空格表示此处所说的单词不清楚而无法转录。
（（ ））	出现双括号并插入描述的地方表示一些上下文信息，其中没有可用的表示符号。
<u>下划线</u>	当一个词或词的一部分出现下划线时，表示音量或者强调程度的提高。
↑	当一个向上的箭头出现时，意味着语调上升。
↓	当一个向下的箭头出现时，表示语调下降。
→	像这样的箭头表示分析师感兴趣的特定句子。
大写字母	出现大写字母的地方表示某事被大声说甚至喊叫。
Hum(h)our	当括号中的"h"出现时，表示谈话中有笑声。
＝	等号表示锁定的语音，谈话的继续。
：：	冒号代表拉长的语音和声音。

6

从声音到文本：自动化转录

西尔瓦娜·蒂·格雷戈里奥

摘要：本章首先对收集和分析基于语音的数据的技术发展进行简短的回顾，并重点关注了社会科学研究中的访谈。我们探讨了转录文本的问题性质。本章的重点是自动化转录将如何留出更多时间进行反思和解释从而提升质性数据分析。作者将其在 2008 年处理基于访谈的研究项目中遇到的转录问题的经验，与她最近使用自动转录服务重新访问该项目的经历进行了比较。本章最后介绍了使用自动转录服务的指南，以及研究人员需要重新思考数据收集、转录和分析之间的工作流程。

关键词：转录；自动语音识别；技术；分析过程；NVivo

与自然科学相比，社会科学有关使用工具或技术的文献很少（Lee，2004；Platt，2002）。雷·李（Ray Lee，2004）引用了实验室在自然科学中的重要性作为一种解释，但他也引用了拉维茨（Ravetz，1971）的话，"研究工具具有'低地位'，因为它们与社会科学的工艺方面有关"。转录工具的研发与录音设备的发展有关。李指出，在质性研究中，"录音设备并不是被视为记录声音的设备，而是用于产生文本的工具"（Lee，2004：880）。

6.1 转录工具发展简史

埃弗斯（Evers，2011）列出了转录工具的发展历程。当使用模拟

设备制作录音时，转录员将使用打字机、碳纸（用于多份副本）、Tipp-Ex
进行更正，并使用耳机收听录音。转录机是一种更有效的转录方式，是
种进步。有了电子文件，我们就可以在输入文字处理器的同时，在电脑
的媒体播放器上播放该录音。在 20 世纪 90 年代，F4、Express Scribe
和 Tran scribe 等转录软件出现，将文字处理器和媒体播放器结合在一
个窗口中。该软件还允许将音频和单词结合时间进行同步。口语和文
本之间的这种同步允许研究人员进行更细微的解释——因为声音中的
语气、犹豫和情绪可以与文本相关联。

　　埃弗斯还指出，ATLAS.ti、MAXqda、NVivo 和 Transana 等计算
机辅助质性数据分析（CAQ DAS）软件允许操作人员直接对音频或视
频文件进行转录，而无须转录。然而，在埃弗斯与自己的学生一起处理
音频/视频文件的练习中，她发现虽然他们最初热衷于取消转录文本，
但他们会因为错过未转录的部分音频而感到沮丧，并且他们对受访者
的话语的改写也很草率。此外，转录文本的可视化特性使其更易于扫
描和跟踪分析过程。因此，能够在脚本中搜索文本被认为是对音频文
件进行转录的一个关键优势。

　　自动语音识别的发展使研究人员开始通过 Dragon 和 MacSpeech
等程序将听写软件应用到他们的录音中。这些程序包只能用一种声音
进行训练，因此研究人员必须通过阅读葛底斯堡演讲等固定演讲来训
练应用程序。然后，研究人员对他们的音频文件进行重新调整从而产
生转录。马西森（Matheson，2007）描述了这个"听和重复"的过程：听
录音，然后为语音识别软件重复。她详细描述了自己使用的技术设
备——数字录音机、语音识别软件（Dragon Naturally Speaking）、转录
软件（录音机附带）和耳机麦克风组。弗莱彻和肖（Fletcher and Shaw，
2011）描述了一种类似的技术，区别只是他们将语音识别软件（Mac-
Speech）与 NVivo 8 结合使用。但是，重新调整音频文件之后，研究人
员会失去受访者的原始语调和犹豫的语气，而这种细微意义的丧失可
能会对分析造成影响。

6.2 自动转录服务

自动转录服务是最近的新发展，因此在撰写本文时没有太多关于它们对研究过程的价值的文献。摩尔（Moore，2015）讨论了自动转录对话语分析员的价值。摩尔使用了 IBM 内部的自动转录服务器，该服务器由 IBM 的"Attila"语音识别引擎提供支持，该引擎用于为视频制作字幕。原始数据作为转录文本是不可读的，必须通过 Python 对其进行转换才可以。该自动转录服务器的错误率高达 36%（摩尔的第二组录音的错误率略高，分别为 29%、19% 和 2%），并且转录中的其他问题还包括必须手动转录说话人的轮次，这导致谈话重叠和错误，而且转录文本没有注音。尽管如此，摩尔仍然在第一次录音时认为自动转录是"足够好"的，自动转录减少了转录员捕捉单词和计时静音的时间。此外，摩尔发现带有时间戳的转录文本使分析师能够以迭代的方式工作——在自动转录文本、自动索引（时间戳）和记录之间移动。此转录过程支持"集合"，这是一种对话分析方法，可以识别出对话中的重复模式，而且分析人员在语料库中可以搜索更多范例。此外，摩尔认为自动转录可以增加大数据时代话语分析的规模。

博尔登（Bolden，2015）在她对摩尔文章的回复中，发出了三个在对话分析中使用自动转录的问题的警告。转录是话语分析师的一项重要研究活动，而不是分析的第一步。博尔登认为，采用自动转录可能会取代良好的研究实践，并对新手研究人员的培训产生负面影响。她还指出，自动转录依赖于高质量的录音，这要求其中的对话没有重叠，且每个人都用标准口音说话。博尔登担心研究人员可能会因此而远离研究（1）普通对话、（2）具有各种方言和鲜为人知的语言的人之间的互动，以及（3）复杂的互动情境；此外，她还认为这可能会鼓励分析师使用一组有限的分析技术——主要集中在词法搜索上。博尔登的最后一点是，自动转录似乎是在鼓励研究人员处理大量不熟悉的数据。她不确定是否应该鼓励这种趋势。

博霍夫和唐尼（Bokhove and Downey，2018）使用 YouTube 的自动字幕功能对自动匹配转录进行了概念验证探索，以转录三种类型的音频文件——访谈、公开听证会和课堂环境为例。他们使用抄袭检测软件程序 Turnitin 与手动转录进行准确性比较并得出结论，转录涉及时间或手段与转录质量之间的权衡。他们认为自动转录需要一个足够好的初稿，这样才可以为连续几轮与音频打交道以从原始文件中捕获所有元素奠定基础。

自博霍夫和唐尼（Bokhove and Downey，2018）、博尔登（Bolden，2015）以及摩尔（Moore，2015）撰写他们的文章以来，创建自动转录文本所涉及的技术已经飞速发展。许多公司已经开发了自动转录软件，可以识别多种声音并为不同的说话者生成带有标点符号和指示的转录文本。有些软件包含一个编辑器，这个编辑器将音频链接到文本上以实现轻松更正（di Gregorio，2019；Duca，2019）。NVivo 就是这样一种软件，它的应用是本章其余部分的主题，其他应用程序包括 Happy Scribe、Trint、Temi、Zoom 和 Descript。为这些应用程序开发算法最前沿的公司包括 Amazon Transcription、Google Cloud Speech to Text 和 Speechmatics。通过在大型语音数据集（Saon，Kurata，Sercu，Audhkhasi，Thomas，Dimitriadis，Cui，Ramabhadran，Picheny，Lim，Roomi and Hall，2017）中训练算法，这些软件的准确性将不断地提高，它们支持的语言数量日益增加。此外，在其中一些软件中，英语语言识别还包括理解各种英语方言。

6.2.1 为什么自动化是有价值的

正如上文对转录历史的讨论所表明的那样，研究人员一直在寻找一种方法，通过这种方法可以访问自己的录音，以便他们花更多的时间进行分析。如果没有任何自动化的帮助，转录将是一个费力且耗时的过程（Vanover，Chapter 4）。虽然转录是分析过程的一部分，还提供了反思数据和获得洞察力的机会，但实际情况是，专注于记下所有单词可能会成为一件苦差事，并使大脑无法进行分析思考。

6.2.2　定位声明和研究描述

我是一名社会学家,曾担任过使用质性数据分析软件分析质性数据的顾问。自 2013 年以来,我一直在开发此类软件的公司之一——NVivo 的开发商 QSR International 工作。

2008 年,QSR 推出了 NVivo 8,这是第一个支持音频和视频文件的软件。我在 NVivo 8 中开发了自己的培训项目,以说明研究人员如何在软件中转录和分析媒体文件。为此,我进行了一小部分研究,目的是了解准备上大学的 11 年级学生(这是在英国,他们在美国将是高中三年级学生)如何回应大学网站上为潜在申请者准备的材料。每个学生(4 名男孩和 3 名女孩)最初按照使用屏幕录制软件 Camtasia 录制的 Talk-Aloud 协议浏览了两所大学的网站,在所有学生浏览完网站后,我组织了两个焦点小组,男生一组,女生一组,然后记录他们对这两所大学的看法。

由于这是一个用于培训新 NVivo 用户的项目,我保留了有关数据收集、转录和分析过程的详细备忘录。在这个范例中,我将 2008 年在 NVivo 8 进行转录的经历与使用自动转录服务"NVivo Transcription"转录相同的音频和视频文件的经历进行了对比。

6.2.3　在质性数据分析软件中进行转录——NVivo

在我的研究日志中,我在进行焦点小组访谈之后和转录之前立即开始反思它们。

　　　　关于这两个网站的配色方案以及给人的印象,有一个非常有趣的讨论。这是由(我认为)以艺术和人文学科为导向的齐达内(Zidane)和拉塞尔(Russell)领导的。对于曼彻斯特网站上被雪覆盖的树的照片有很多讨论:认为是多么的荒谬,认为这与大学及其给人的印象毫无关系。

　　　　他们都喜欢学生们的照片和陈述,他们更喜欢那些带有说明的标题,这些说明为学生提供了一些背景信息,例如,他们来自哪里,他们正在学习什么科目。说明还包括具体信息——例如在谈论城市时——他们经常光顾哪些俱乐部,而不是一个普通的说明。这些细节让你觉得这些陈述是真实的,而不是编造的。

重要的是要记住,在数据收集过程中和收集完成之后要立即进行反思和分析。上面的备忘录突出了我在焦点小组访谈之后的直接印象。学生们详细讨论了配色方案,不同颜色对他们意味着什么,以及照片的重要性,如果照片有相关性的话。这些是他们在内容之外热情地谈论的问题,只要有足够的语境,它们也可以与学生的陈述相关联。这些讨论让我开始认为大学的视觉形象是这些高中生的重要考虑因素。以上这些反思启发了我对网站外观的初始编码。

我的日记还记录了我没有预料到在 NVivo 中,转录焦点小组访谈的内容需要多长时间。但我也注意到,当我在使用 NVivo 转录时,我可以评论并使用他们正在谈论的网站各部分的链接。

　　今天一大早,我刚刚在 NVivo 中完成了焦点小组访谈的转录。它花费的时间比我想象的要长。我通常不转录,所以我没有踏板编码播放器,我认为您可以将其与 NVivo 一起使用,这样会更快一些。但我习惯使用 F7 开始/暂停,F9 后退 5 秒,F8 指示转弯。我一直在注释和添加参见(See-Also)链接。这进行得很顺利——很容易做到。他们大量引用了主页的不同部分,因此我可以使用参见链接来识别他们所指的网页部分。更好的是,当您双击参见链接时,照片会打开,其中包含他们所指的照片部分,在本例中是网页主页(参见图 6.1)。

　　我做的另一件事是建立了一个说话者专栏,它运行良好,会在我转录时指出说话者。完成转录后,我添加了第二个名为"主题"的栏目,并放入了广泛的主题领域,现在我可以很快做到这一点。

但是,我仍然必须逐字逐句地聆听和转录。转录所花费的时间让我重新考虑了该项目的设计。我在日记中指出:

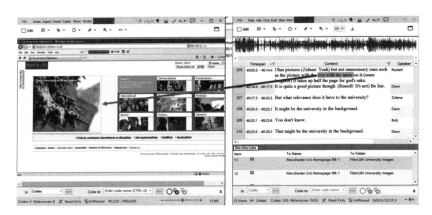

图 6.1　另请参阅 NVivo 中的链接，引用焦点小组
访谈转录文本中提到的网页上的图像

　　鉴于转录所需的时间，我将不得不改变我的研究计划，而不是在这个阶段做选择性语法学校的学生。我认为这对 NVivo 培训项目来说很好，因为有足够的数据可以琢磨。

以及：

　　我想完成对齐达内的布里斯托尔"大声讲"（Talk Aloud）视频的转录，然后再编码一个霍利（Holly）的"大声讲"（Talk Aloud）视频，但我认为我目前没有时间。因为我将不得不继续对课程手册进行转录和写作。

结果是我只对两个焦点小组访谈进行了转录。我只转录了一个"大声讲"视频，所以我从未分析过 Camtasia 视频数据。

6.3　11 年后

　　QSR International 于 2018 年推出了在线自动转录服务 NVivo 转录编辑器。我决定再次访问那个大学网站项目，因为我从来没有时间转录 14 个"大声讲"（Talk-Aloud）视频。

我上传了拉塞尔在布里斯托大学网站上制作的关于他的经历的"大声讲"视频。在撰写本文时，NVivo 转码服务仅支持直接导入音频文件。①要转录视频，我必须将视频导入 NVivo 并从中访问转录服务。然后，我将视频的音频部分作为.mp3 文件上传到转录服务中。这段视频只有 17 分钟多一点。NVivo 转录编辑器需要 8 分钟才能提供草稿。图 6.2 显示了 NVivo 转录编辑器中转录的开头部分，然后我对其进行了审查并做了更正。

自动转录是研究人员的新工具。与任何新工具一样，研究人员需要考虑其可供性以及如何利用它们来实现其目的。实现文本草稿的快速周转(是音频/视频文件时长的一半)是一个真正的优化。这意味着研究人员可以在他们进行访谈的同一天获得转录文本的草稿。转录和分析可以在访谈后不久便开始，而访谈者仍然记忆犹新。这是自动转录的一种可供性。

我们可以期望转录是完美的。如果音频文件是高标准的，它几乎可以做到完美无缺。作为第一步，通过草稿使其中的单词完美无缺是一种诱惑。然而，这忽视了转录文本的目的。转录文本是支持分析的辅助工具。这些词本身只是访谈、小组讨论、观察或记录的任何事件的一部分而已。除了单词，还有说出单词的环境或上下文、肢体语言、语气、犹豫，等等。审阅草稿以使其字面完美，会延迟分析过程。对文本的更正可在此之后进行。

我们最好考虑转录文本是如何支持研究人员想要进行的分析的。瓦诺弗(Vanover，Chapter 4)讨论了他的一位受访者在第一次访谈中如何说出 2.6 万个单词。长长的文本难以阅读，无法进行反思或分析思考。因此，他设计了一种对文本进行叙述的转录策略。巴特萨吉(Bartesaghi，Chapter 5)讨论了话语分析的转录约定。就我而言，"大声讲"协议与学生正在探索的网页中的区域相关联。所以我有一个额外的因素要考虑——视频。

---

① NVivo Transcription 支持以下音频文件格式：MP3、M4A、WAV、AAC、AIFF、AMR、ASF、AU、CAF、FLAC、RA。

图 6.2　拉塞尔"大声讲"视频——更正前的转录

　　自动转录的第二个功能是将草稿中的单词链接到音频文件中。这种可供性不仅可以使研究人员有机会轻松地进行更正，还可以根据其目的构建转录文本的形状。我想在将记录导入 NVivo 之前对其进行结构化和更正。所以我继续在 NVivo 转录编辑器中工作。

　　在转录编辑器中，我关注如何构建转录文本的形状。如图 6.2 所示，自动草稿已经添加了标点符号并拆分了文本。它无法按名称识别扬声器（仅扬声器 1、扬声器 2 等），但有一个我可以添加它们的列。由于这个"大声讲"协议，大多数时候演讲者是学生（拉塞尔），偶尔会有我自己的提示。转录文本还包括每个段落的时间戳。在最初浏览草稿的过程中，我在听到音频停顿的地方写了新的段落。较短的停顿用破折号表示。当我试图理解文本的含义以及识别说话者时，我还做了一些关键的更正。

　　在第二遍中，我重放了音频。当浏览转录文本时，我在几秒钟内创建了新的空白段落以保持沉默，并将演讲者的名字标记为"探索"——

就像学生正在浏览网站时一样(图6.3)。NVivo转码仅支持(在撰写本文时)视频的音频部分。我在编辑器中留下了空白区域,稍后我可以在其中写下关于视频中发生的事情的评论。当我将转录文本重新导入NVivo分析软件时,编码表、音频和视频重新组合在一起。

我在NVivo中导入了转录文本,并使用同步的视频对其进行了审查——在必要时调整了无声位的时间跨度。我还查看了无声片段的视频,并用粗斜体字描述了视频中我留空的单元格和拉塞尔正在讲话的单元格中发生的事情(图6.4)。

视频中对发生的事情的描述为有声视频的评论提供了更充分的意义。由于视频是自动同步的,因此很容易查看。当我重新查看时,我开始在备忘录中发表评论和反思。当我在布里斯托大学网站上反思拉塞尔的评论时,我回忆并回顾了他在我之前分析过的焦点小组中的评论。

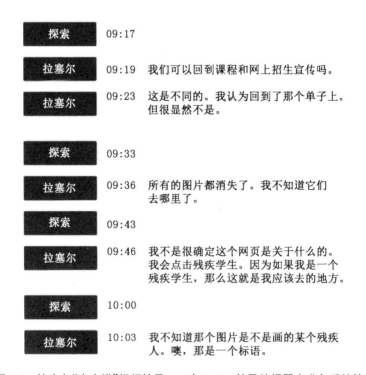

图6.3　拉塞尔"大声讲"视频转录——在NVivo转录编辑器中准备后的转录

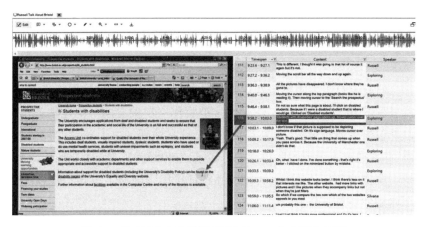

图 6.4　拉塞尔"大声讲"视频转录——包含同步视频
和 NVivo 中截屏视频的描述

　　拉塞尔的"大声讲"视频为他在焦点小组中表达的观点以及他为何强烈主张布里斯托大学网站的优越性提供了更多背景信息。我可以将此和他对配色方案、图片使用、布局类型和可导航性的评论链接起来。当我还在曼彻斯特大学网站上转录并查看拉塞尔的另一个"大声讲"视频时，我可以清楚地看到拉塞尔对主页上的一张图片的最初（负面）反应设定了他对该网站的看法，并将他随后的注意力集中在图片上。

　　最初从自动草稿开始工作为分析过程节省了许多时间。虽然在早期版本的 NVivo 中可以使用同步音频或视频进行转录，但它没有自动化功能。我必须逐字逐句地播放、聆听和打字。这个转录过程不仅耗时，而且分析起来也很迟钝。从同步的自动草稿开始工作是不同的——只要研究人员认识到它的可供性。如果早在 2008 年我进行这个项目时就可以使用自动转录，我就有时间分析"大声讲"网站的截屏视频，并将它们的分析与我所做的焦点小组访谈分析相结合。这种更广泛的分析将产生更丰富的研究，我将能够向允许我进行调查的两所大学提供有用的反馈。相反，我不得不将我的研究限制在我的主要目的上，即作为一个关于如何使用 NVivo 软件的培训项目。

6.3.1　语音识别转录服务使用指南

研究人员需要了解语音识别软件的功能，并使其与数据收集和分析过程的方法保持一致。转录通常被看作一项独立的一次性任务，可以外包给专业转录员（如果有资金）或研究助理。由于转录的耗时性质，即使研究人员或团队自己进行转录，它也经常独立于数据收集或分析。典型的非自动化工作计划线性特征可能很明显。图 6.5 描述了一个典型的简单工作流程。

图 6.5　质性数据管理的简单线性流程

如前所述，语音识别技术是最近的一项创新，关于如何在实践中使用它的文章不多（Bokhove and Downey，2018；di Gregorio，2019；Duca，2019；Moore，2015）。其发展的重点是提高单词识别的准确性（Juang and Rabiner，2004）。因此，当这些系统生成的转录文本不是 100％匹配时，人们会感到失望。显然，准确性对于质性分析很重要，因此我们需要对转录文本进行审查并深思熟虑。转录不是一次性的任务，电子文件需要多次播放和审查才能获得意义。与音频、视频的同步增强了分析的过程。从足够好的自动化初稿开始工作可以加快进行反思和分析的过程。

使用语音识别软件，音频或视频的初稿可以在访谈或录制事件的同一天做出来。这允许研究人员在数据收集、转录和分析之间采用更加迭代的方法。研究团队的工作计划可以用新的方式重新安排。如果团队正在使用扎根理论的方法（Charmaz，2014；Corbin and Strauss，2015；Glaser and Strauss，1967），表 6.1 说明了潜在的工作流程。

根据最初访谈大纲和初始样本，研究人员可以进行第一次访谈并立即将音频文件上传到在线自动转录服务软件。在审查转录文本草稿时，他们可以反思转录文本本身，也可以在备忘录中写下反思。这些反

表 6.1　基础理论研究的工作流程范例

设计	xxxxxxxxxx	xxxxxx		xxxxxxxxxxx	
	访谈大纲	修订指南		修订范例	
抽样	xxxxxxxxxx			xxxxxxxx	
	初始样本			新标准	
数据收集	xxxxxxxxxx	xxxxxxx		xxxxxxxx	
	访谈 1	访谈 2		访谈 3	
转录	xxxxxxx	xxxxxxxx		xxxxxxxx	
	访谈 1	访谈 2		访谈 3	
回顾反思	xxxxxxxxx	xxxxxxxxxx		xxxxxxxxxx	
	访谈 1	访谈 2		访谈 3	
编码					xxxxxx
					初始编码
备忘	xxxxxxxxx	xxxxxxxxxxxx	xxxxxxxxxxxx		xxxxxxx
	访谈 1	访谈 2	审查备忘录		访谈 3
写作					

思可能导致第二次访谈的访谈大纲被修改。访谈将遵循相同的周期。然而，在一份备忘录中回顾了两次访谈后，研究人员可能会决定他们需要改变样本的标准以获得不同的视角。关键是转录不应该是研究工作流程中的瓶颈，它可以很容易地被整合到分析过程中。

即使研究人员没有使用扎根理论方法，也可以调整研究计划，以便将转录与分析相结合。如果在团队中工作，则可以在整个团队中调整工作计划。访谈者可能会在收集数据时将分析移交给团队的其他成员——因此数据收集和分析是同时进行的，团队成员最初分为"收集者"和"初始分析师"。另一种方法是让每个团队成员都使用自动转录来负责他们自己的访谈、分析、访谈、分析等迭代周期。无论团队使用自动转录以何种方式调整其工作流程，都会对团队成员之间的沟通流程产生影响。团队成员需要更频繁地分享他们正在学习的内容。这可以通过使用 Zoom、Microsoft Teams 或 Skype 的常规在线会话来完成。这些系统支持屏幕共享，研究人员可以讨论文本、编码结构和解释文本段落。分析通常需要一个人专注于自己的工作，但在一天中的固定时间与团队成员在线联系可以确保大家互相学习。

工作计划中的调整与语音识别软件的第二个功能相关——使用链接到原始媒体文件的单词来查看初稿。这种可供性允许将多媒体重点放在草稿上。研究人员可以听到语调、犹豫等变化。研究人员开发了杰斐逊式转录系统来获取这些内容。该系统是在将文本链接到媒体之前开发的。现在，文本可以链接到音频和视频，使用该系统进行转录更加容易，并且如果将转录与保持这种关系的计算机辅助执行数据分析软件相结合，现代科技将大大简化分析过程。在我的例子中，话语分析不是我分析方法的重点。即便如此，我可以指示语调的变化，例如，在提高语调时使用大写字母。对于录音中的长时间沉默，我确实创建了空白单元格，以便稍后在 NVivo 中查看拉塞尔在网站上探索的同步视频时添加描述。

表 6.2 总结了语音识别转录的可供性以及它们如何增强和发展质性研究实践。随着语音识别转录服务的不断发展，新的选择可能会出现。对于研究人员来说，批判性地思考如何利用这些新的可供性很重要。一个诱惑是保持他们目前的做法，例如，外包转录并坚持数据收集的线性工作流程＞转录＞编码/备忘录＞写作。语音识别转录提供了如此之多。

表 6.2　语音识别软件的可行性及其对质性研究实践的启示

功能可见性	影响	实践
写作		
云上传和初稿的时间是数字文件的一半。	可以在录音访谈/活动的当天开始分析。	重新思考过程——数据收集可以与数据分析相结合。
草稿和媒体之间的联系——逐字逐句。	关注的不仅仅是文字。	在转录编辑器中开始分析语调、犹豫等——如果这与你的方法有关。
从转录编辑器导出时链接到媒体的自动时间标记。	可以导入到具有媒体链接的质性数据分析软件中。	如果相关，可以对转录文本和媒体文件进行编码，以便进行更深入的分析。

6.4 结论

　　自动转录是研究人员的一种新工具，并将继续发展。与任何新工具一样，研究人员需要考虑的是如何最好地将其纳入他们的工作实践中。转录是分析过程的一部分，不应被视为初步分析前的技术。事实上，在转录和分析的初始阶段，在原始媒体和转录文本之间保持链接，可能很重要，如果没有指向其音频/视频上下文的链接，单个的单词可能没有意义。此外，研究人员需要了解他们使用的任何平台或转录服务如何保护隐私和安全。转录也有成本——无论是研究人员的时间（如果他们决定自己做这一切），还是将其外包给专业的转录员或自动化平台。

　　本章最后对工作流问题的讨论要求研究人员为质性研究设想新的策略和实践，从而不受过去技术的限制。如果使用自动转录系统几乎第一时间就能收到第一稿，我们可以进行什么类型的研究？我们将如何管理解释和分析工作？我相信还有很多工作要做，以确保即使是最准确的自动转录文本也能反映学习目标，但是新技术提供的灵活性可能会对质性研究有巨大的好处。第二天可能会询问受访者，以澄清他们在访谈中的任何疑虑。由于对转录数据的快速但严格的分析，研究设计可能会灵活而有机地改变。高质量的转录总是需要仔细和深思熟虑的工作，同时自动转录的简便性和速度可能会支持新的问题、研究目标和研究设计。

补充阅读

Bokhove，C. and Downey，C.（2018）."Automated Generation of 'Good Enough' Transcripts as a First Step to Transcription of Audio-recorded Data." *Methodological Innovations*，11（2）. https://doi.org/10.1177/2059799118790743.

　　di Gregorio，S.（2019）. *Transcription：More than Just Words*. https://www. qsrinternational. com/nvivo-qualitative-data-analysis-software/esources/blog/transcription-more-than-justwords.

　　Evers，J. C.（2011）."From the Past into the Future. How Technological

Developments Change Our Ways of Data Collection，Transcription and Analysis." *Forum Qualitative Sozialforschung/Forum：Qualitative Social Research*，*12*(1). http://dx.doi.org/10.17169/fqs-12.1.1636.

回顾与练习

1. 思考当前转录实践的类型，以及当采用语音识别转录服务时，它们的工作流程可能会如何变化。

2. 当使用任何基于云的服务时，检查它们的安全和隐私政策以及它们服务器的地理位置很重要。存在国家、地区和主题领域的法规遵从性问题，如 GDPR、HIPAA、FEDRAMP 和 FERPA。查找这些合规性问题，然后检查一些自动转录服务，以了解它们是否合规。自动转录服务的例子包括 https://trint. com；https://www.temi.com；https://www.happyscribe.co；https://www.qsrinternational.com/nvivo-qualitative-data-analysis-software/about/nvivo/modules/ transcription。由于这是一项发展迅猛的新技术，扩大搜索范围，看看能否找到其他人。

3. 选择或创建 15 分钟的访谈或活动录音。让班上一半的学生听录音并键入单词来抄写。另一半会上传到 NVivo 转录——https://www.qsrinternational.com/ nvivo-qualitative-data-analysis-software/try-nvivo。(新用户使用本服务的前 15 分钟是免费的。)两个小组都要审查转录，并决定如何最好地在转录编辑器或 Word 中构建它。尝试关注如何在转录编辑器或 Word 中分解单词。注意沉默、犹豫和语调。要求全班写下对新出现的代码的想法。只给两个小组 30 分钟的时间来做这个练习，当 30 分钟结束时，让他们停下来。让两个小组就他们的经验进行讨论。如果你没有音频文件，你可以从国会图书馆下载。一个有趣的收藏是职业民间生活项目——https://www.loc.gov/collections/occupationalfolklife-project/about-this-collection/。

参考文献

Bartesaghi，M.(2022). "Theories and Practices of Transcription from Discourse Analysis." In C. Vanover，P. Mihas and J. Saldaña(Eds.)，*Analyzing and Interpreting Qualitative Data：After the Interview*. SAGE.

Bokhove，C. and Downey，C. (2018). "Automated Generation of 'Good Enough' Transcripts as a First Step to Transcription of Audio-recorded Data." *Methodological Innovations*，*11*(2). http://dx.doi.org/10.1177/2059799118790743.

Bolden，G. B.(2015). Transcribing as Research："'Manual' Transcription and Conversation Analysis." *Research on Language and Social Interaction*，*48*(3)，276—280. http://dx.doi.org/10.1080/08351813.2015.1058603.

Charmaz, K. (2014). *Constructing Grounded Theory* (2nd ed.). SAGE.

Corbin, J. M. and Strauss, A. L. (2015). *Basics of Qualitative Research: Techniques and Procedures for Developing Grounded Theory* (4th ed.). SAGE.

di Gregorio, S. (2019). *Transcription: More than Just Words.* https://www. qsrinternational. com/nvivo-qualitative-data-analysis-software/resources/blog/transcription-more-than-just-words.

Duca, D. (2019). *Who's Disrupting Transcription in Academia?* https://ocean.sagepub.com/blog/whos-disrupting-transcription-in-academia.

Evers, J. C. (2011). "From the Past into the Future. How Technological Developments Change Our Ways of Data Collection, Transcription and Analysis." *Forum Qualitative Sozialforschung/Forum: Qualitative Social Research*, *12* (1). http://dx.doi.org/10.17169/fqs-12.1.1636.

Fletcher, A. K. and Shaw, G. (2011). "How Voice-recognition Software Presents a Useful Transcription Tool for Qualitative and Mixed Methods Researchers." *International Journal of Multiple Research Approaches*, *5* (2), 200—206. http://dx.doi.org/10.5172/mra.2011.5.2.200.

Glaser, B. G. and Strauss, A. L. (1967). *The Discovery of Grounded Theory: Strategies for Qualitative Research.* Aldine Publishing Company.

Juang, B. H. and Rabiner, L. R. (2004). *Automatic Speech Recognition—A Brief History of the Technology Development.* https://www. ece. ucsb. edu/Faculty/Rabiner/ece259/Reprints/354_LALIASRHistory-final-10-8.pdf.

Lee, R. M. (2004). "Recording Technologies and the Interview in Sociology, 1920—2000." *Sociology*, *38* (5), 869—889. http://dx. doi. org/10. 1177/0038038504047177.

Matheson, J. L. (2007). "The Voice Transcription Technique: Use of Voice Recognition Software to Transcribe Digital Interview Data in Qualitative Research." *Qualitative Report*, *12* (4), 13. https://nsuworks. nova. edu/tqr/vol12/iss4/1/.

Moore, R. J. (2015). "Automated Transcription and Conversation Analysis." *Research on Language and Social Interaction*, *48* (3), 253—270. http://dx.doi.org/10.1080/08351813.2015.1058600.

Platt, J. (2002). "The History of the Interview." In J. F. Gubrium and J. A. Holstein (Eds.), *Handbook of Interview Research: Context and Method.* SAGE.

Ravetz, J. R. (1971). *Scientific Knowledge and Its Social Problems.* Oxford University Press.

Saon, G., Kurata, G., Sercu, T., Audhkhasi, K., Thomas, S., Dimitriadis, D., Cui, X., Ramabhadran, B., Picheny, M., Lim, L., Roomi, B. and

Hall，P.(2017). *English Conversational Telephone Speech Recognition by Humans and Machines.* https://arxiv.org/pdf/1703.02136.pdf.

Vanover，C.(2022). "Transcription as a Form of Qualitative Inquiry." In C. Vanover，P. Mihas and J. Saldaña(Eds.)，*Analyzing and Interpreting Qualitative Data：After the Interview.* SAGE.

第三部分 数据的编码与分类策略

保罗·米哈斯

引言

许多方法学家探讨过对文本数据进行编码的意义（Auerbach and Silverstein，2003；Blair，2015；Charmaz，2014；Miles，Huberman and Saldaña，2020；Saldaña，2016）。编码就是将我们的注意力集中在要点上的方式——偶发事件、情绪、认知、行为、反应、重大事件、现象和潜台词。作为一种需要专注的实践，编码是研究者持续地识别或建构意义的一部分——通读看似混乱且不一致的内容，从中发现重复的叙事符号，进而识别出通过故事、个体或背景而塑造连贯故事的模式。"人类是模式寻找者和故事讲述者，"迈克尔·舍默提醒我们，"我们非常善于讲关于有一定模式的故事，不管它们是否存在。"（Michael Shermer，2000：para.1）我们必须小心地做到严谨和系统，做到质疑新出现的观点，并且不以确定的态度，而是以怀疑的态度对待我们的访谈数据。编码的优势之一在于它保持了这段疑惑的时期。在此期间，我们反复进行检查与再检查、命名与重命名、"深入与后退工作"（Maietta，Hamilton，Swartout and Petruzzelli，2019）。编码在拥有大量数据的画布上创造了一个概念化的前景图。

小说作家罗伯特·奥伦·巴特勒（Robert Olen Butler，2005）将独立的句子视为意义的单位。在编码中，我们可以研究这种意义——单词、行、句子和其他单位，这是受访者体验世界的入口。只要我们能够"居住"在访谈数据中，就意味着我们在这段时间里"居住"在受访者生活的世界里。

海洋生物学家发现，我们可以从鲸鱼的歌声判断出它去过哪里。"鲸鱼分享的歌声是一种文化传播，它可以提供线索，让我们知道鲸鱼从哪里开始迁徙，又将去往哪里。"（Whyte，2019：para.2）更具体地说，"我们可以通过鲸鱼的歌声来确定它们可能的种群数量"（Whyte，2019：para.2）。生物学家编码他们的数据就像我们编码我们的一样。

质性研究人员也对文化传播感兴趣——是什么让受访者的故事看起来相似或不同。这些故事暗示了受访者怎样的生理和心理状态？访谈可以激活语言，并逐渐揭示受访者的人生历程与意义创造。与此同时，受访者也在努力讲明白他们自己所说的话。

无论我们的研究是应用型的（如阐释特定的健康干预是否可行），还是社会科学领域的（如建立关于谈判等现象的理论），编码要求我们每时每刻都关注数据——这令意义的单位更具深刻的启发性，让我们更加谨慎地为我们所看到的现象命名。

我们应该注意的是，本部分并没有专门讨论既定的质性研究传统，如扎根理论、叙事分析或民族志。这些传统研究有自己的编码方法，这不在本书的讨论范围之内（Charmaz，2014；Creswell and Poth，2018；Daiute，2014；Riessman，1993；Strauss and Corbin，2008）。本部分介绍了一系列描述性和解释性探究的方法，然而，这对研究者在传统研究方法指导下的工作也是有价值的。

更详细地说，本部分提供了数据编码以及管理编码的策略。在第7章，丹尼尔·特纳（Daniel Turner）将介绍接触数据初期的管理编码框架。编码系统为研究人员提供了命名他们已知事物的框架，并在此基础上识别出关键主题。管理编码也意味着对这些主题进行结构化，这可能是分层化也可能是主题化；管理编码也意味着决策，研究者必须对这些决策负责。在第8章，安德烈娅·宾厄姆和帕特里夏·维特科夫斯基将介绍演绎和归纳编码之间的区别，以及如何将它们结合起来。本章讨论了质性研究的优势——它的"偶发性"——和应用于已有的理论和知识社区之间的紧张关系。编码的实践使这种紧张关系浮现——我们什么时候会将文献综述带入编码策略中？在第9章，珍妮特·理查兹阐明了编码是如何成为意义的反身性探索的一部分，即编码是一个判断的过程，我们发现什么在某种程度上取决于我们是谁。理查兹强调，编码不能脱离研究者的认识论和本体论视角。研究者实践的反身性意味着我们将更加关注我们自己的视角。在第10章，詹姆斯·伯诺尔提出了将口语编码作为传统编码的替代方案，并希望我们在实践中发挥创造力，同时问问自己在知识生产方面，我们能做出什么不同的贡献。口语编码需要我们不断地重复听录音,以更贴近受访者说的话,而不仅仅是页面上转录的单词。在第 12 章,艾尔莎·M.冈萨雷斯和伊冯娜·S.林肯告诉我们,当跨越文化和语言时,编码将更具挑战性,例如对本土语言的数据进行英文编码。

　　每一章都是为了帮助读者解决如下问题:决定如何编码以及编码什么;如何对大量的分析进行集中编码;在我们"倾听"数据并使用有意的编码实践来跟踪我们正在产生的想法时,如何确定自己的位置。

回顾与练习

　　1. 在这一部分的每一章,讨论编码如何使我们时刻关注数据,且投入数据中有什么样的益处?

　　2. 对你(或同事)笔记本中的一段文字或者访谈摘录进行编码。你认为哪些编码最能代表受访者的观点或经历?你从这种编码分析的过程中学到了什么?

　　3. 文字编码和口语编码各有什么优缺点?

参考文献

Auerbach, C. and Silverstein, L. B.(2003). *Qualitative Data: An Introduction to Coding and Analysis*. New York University Press.

Bernauer, J. A.(2022). "Oral Coding: An Alternative Way to Make Sense of Interview Data." In C. Vanover, P. Mihas and J. Saldaña(Eds.), *Analyzing and Interpreting Qualitative Research: After the Interview*. SAGE.

Bingham, A. and Witkowsky, P.(2022). "Deductive and Inductive Approaches to Qualitative Data Analysis." In C. Vanover, P. Mihas and J. Saldaña (Eds.), *Analyzing and Interpreting Qualitative Research: After the Interview*. SAGE.

Blair, E.(2015). "A Reflexive Exploration of Two Qualitative Data Coding Techniques." *Journal of Methods and Measurement in the Social Sciences*, 6(1), 14—29. https://doi.org/10.2458/v6i1.18772.

Butler, R. O.(2005). *From Where You Dream*. Grove Press.

Charmaz, K.(2014). *Constructing Grounded Theory*(2nd ed.). SAGE.

Creswell, J. and Poth, C. (2018). *Qualitative Inquiry and Research Design: Choosing among Five Approaches* (3rd ed.). SAGE.

Daiute, C.(2014). *Narrative Inquiry: A Dynamic Approach*. SAGE.

Gonzalez, E. M. and Lincoln, Y. S.(2022). "Analyzing and Coding Interviews and Focus Groups Considering Cross-cultural and Cross-language Data." In C. Vanover, P. Mihas and J. Saldaña(Eds.), *Analyzing and Interpreting Qualitative Research: After the Interview*. SAGE.

Maietta, R., Hamilton, A., Swartout, K. and Petruzzelli, J. (2019). *ResearchTalk's Qualitative Data Analysis Camp*(Short course conducted by ResearchTalk, Inc.). ResearchTalk.

Miles, M. B., Huberman, A. M. and Saldaña, J.(2020). *Qualitative Data Analysis: A Methods Sourcebook*(4th ed.). SAGE.

Richards, J.(2022). "Coding, Categorizing, and Theming the Data: A Reflexive Search for Meaning." In C. Vanover, P. Mihas and J. Saldaña(Eds.), *Analyzing and Interpreting Qualitative Research: After the Interview*. SAGE.

Riessman, C. K.(1993). *Narrative Analysis*. Qualitative Research Methods Series, Vol. 30. SAGE.

Saldaña, J. (2016). *The Coding Manual for Qualitative Researchers* (3rd ed.). SAGE.

Shermer, M.(2000). "Chicken Soup for the Evolutionist's Soul." https://michaelshermer.com/articles/chicken-soup-for-the-evolutions-soul.

Strauss, A. and Corbin, J.(2008). *Basics of Qualitative Research: Techniques and Procedures for Developing Grounded Theory*. SAGE.

Turner, D. (2022). "Coding System Design and Management." In C. Vanover, P. Mihas and J. Saldaña(Eds.), *Analyzing and Interpreting Qualitative Research: After the Interview*. SAGE.

Whyte, C. (2019, September 4). "We Can Tell Where a Whale Has Travelled from the Themes in Its Song." *New Scientist*. https://www.newscientist.com/article/2215121-we-can-tell-where-awhale-has-travelled-from-the-themes-in-its-song/.

7 编码系统的设计与管理

丹尼尔·特纳

摘要:分析质性数据是一个复杂而耗时的过程,但编码有助于构建访谈数据,使解释更容易。然而,如果没有一个系统去跟踪分析阶段和所使用的编码,那么分析过程与编码本身都会变得十分艰难。本章概述了设计用于分析和探索质性数据系统时需要考虑的几个重要事项,并提供了在现实环境中应用系统的范例和实用性建议。质性数据分析软件是管理质性编码的有用但不是很重要的工具。此外,本章还将讨论与编码小组和团队协同质性分析的利弊,以及如何设置规则和程序来管理和探索不同解释上的差异。

关键词:质性数据管理;系统设计;质性数据分析软件

对质性数据进行编码是对非结构化数据进行管理、分类并使其结构化的一种有用且重要的方式(Miles et al.,2020;Chapter 4)。编码不仅可以帮助分类,还帮助研究人员找到新的、意想不到的类别以及阅读质性数据的不同方式。

但讽刺的是,编码本身可能成为一个庞大的非结构化系统,如果没有适当的结构和管理,糟糕的编码选择可能会阻碍质性分析。许多第一次尝试编码的学生在定义编码、编码过多或如何将编码组合在一起以找到更深层含义等方面遇到了困难。许多新研究者都在努力管理研究团队中多个成员之间的编码。他们通常希望一有数据就开始分析。访谈可以揭示和捕捉令人兴奋和细致入微的数据,因此吸引研究者立即开始分析。然而,尽管编码可以帮我们解决研究问题也可帮我们撰写研究结果，但它只是分析过程的一部分。

有必要退一步考虑，去规划编码和分析过程（参见第 1 章），以确保创建和使用编码的整个过程都被记录下来。绝不能因为关于为什么需要完成早期工作的资料不足而浪费宝贵的时间。

管理一个编码框架本质上是一个分析过程，当编码过程记录良好时，编码的效果最好。记录编码含义、创建原因以及关于数据为什么以某种方式编码的注释或分析备忘录（参见第 15 章）是管理有方的质性分析的基本要素（Savin-Baden and Major，2013：Chapter 27）。尽管与定量数据相比，质性访谈研究通常涉及的样本量较小，但每个受访者的数据深度，以及有时会使用的数十或数百个代码，都意味着质性分析总是一个认知深化的过程。

因此，质性研究人员必须开发一个系统，不仅用于处理数据，还用于跟踪编码本身的发展，以防止编码过程变得混乱。一个混乱的编码系统可能遮盖了研究者想要揭示的丰富见解。本章将通过一个例子，说明如何创建和管理编码框架，并分享一系列广泛适用的技术来管理分析部分。我们将首先讨论适用于个体研究人员的编码问题，然后描述如何领导和管理分析团队的工作。

7.1 数据管理工具及其使用方法

质性分析项目需要有系统来管理编码和提取文本部分。系统可以很简单，可以像使用彩色荧光笔一样来标注与主题匹配的文本部分，或者是在打印出来的访谈记录上贴便利贴。此类系统还可以利用文字处理器中的注释和字体颜色功能，或在电子表格中标出文本、编码和源数据的列。

但也有为分析质性数据专门设计的软件工具，如 ATLAS.ti、MAXQDA、NVivo 和 Quirkos，但它们本身并非本章所讨论的系统。这些工具都支持许多不同的方式来处理和构建数据，所以实际上，研究人员在使用软件时仍然需要选择一套管理编码的系统和方法。基本上,主要的质性研究软件,有时称为质性数据分析软件(qualitative data analysis software,QDAS)①,具有相同的基本功能,即允许用户编码、注释、检索和探索质性数据。从编码管理系统的角度来看,这些软件之间几乎没有显著的差异,并且每个软件都可以以多种方式使用,因此很少出现一个软件比另一个软件更适合编码的情况。选择哪个软件很大程度上取决于个人偏好,或者一个软件是否更好地支持了某种特定的数据处理方法。五层质性数据分析(qualitative data analysis,QDA)方法的设计者沃尔夫和西尔弗(Woolf and Silver,2018)强调,解释质性数据的方法策略应该独立于软件工具,而不是由特定工具的某个功能所驱动。萨里大学的计算机辅助质性数据分析软件网络项目对所有主要的软件都进行了独立的测试,本书第 2 章概述了它们的一些功能。

　　无论选择哪种工具,一旦数据集被编码,质性数据分析软件应该能让研究团队标注并找到他们提出的所有问题的数据和元数据。软件还应该使研究团队快速轻松地处理编码和数据部分。元数据是数据本身之外的"额外"信息,用于描述数据及其用途,元数据也应该易于输入和分析。本章稍后将讨论元数据的类型。

7.2　范例

　　在本章使用的范例中,我描述了我的团队利用 Quirkos 为一个难以构建的复杂项目所做的工作:试图了解苏格兰人民对不同政党忠诚程度的转变。研究背景是 2014 年苏格兰独立公投,这次公投跨越了传统党派的界限。与许多质性研究项目一样,导致人们行为的原因复杂多样,因此,对于编码的框架几乎没有预先的设想。

---

　　①　在文献中,当提到支持质性数据研究过程的软件时,"使用计算机辅助质性数据分析"(computer-assisted qualitative data analysis,CAQDAS)一词也很常见。

我们对 12 名居住在爱丁堡的选民进行了访谈,旨在获得年龄、性别和投票方式的代表性样本(Turner,2015)。

我们基于这些一对一的访谈创建了完整的逐字记录,并进行匿名化处理,以便在受访者同意的情况下进行教学研究。我们将这些文本导入质性研究软件 Quirkos 以进行结构化和编码管理。原始文本和编码的项目文件可以从以下网站下载:https://www.quirkos.com/work-shops/referendum/。

对于一个小型质性研究项目来说,这个数据集是相当典型的:12 个简短的半结构化访谈,转录成 5.8 万字的文本,与硕士研究生水平的论文差不多。虽然访谈的对象并不多,但编写此类文档所需的工作也应该精心规划和管理。我们使用基本的描述性编码框架,创建了 75 个编码类目,总共有 3 100 个突出显示或经过编码的文本单元。这种编码仅为主题分析提供了一个起点,描述性编码为研究更细致的问题提供了开端。

7.3 描述性和解释性编码

第一步是基本的描述性编码(Saldaña,2016)。对所有源文本进行编码,以识别访谈中最常见的元素,并对受访者进行初步比较。这样的操作也有助于研究人员熟悉数据。这部分的分析通过同步编码来完成(Saldaña,2016),即将一段文本编成几个单概念代码。任何编码技术(荧光笔、Excel、剪切和粘贴)都可以使用这种方法,也是很有用的数字化方法,它可以在单一文本中帮助管理许多不同的代码。这种方法将文本分解成基本的公共代码,研究者可以在日后评估它们之间的联系,并显示某些主题共现的频率。

下面的范例文本同时用几个重叠的代码进行了编码,包括:"苏格兰身份""情感""影响"和"爱丁堡":

　　我有一个朋友,我清楚他是一个坚定的"赞成"①的选民。所以在公投后第二天我不想跟他说话,因为我知道他会宿醉,并且会非常痛苦。我认为这是舒缓情绪的代价。所以,我去了教堂。教堂有像祈祷这种行为,它无关乎人们投的票是否相同,他们仍可以与朋友和邻居友好相处。有人说这没必要,但我宁愿这确实是没有必要的,而不是人们没想到它而已。事实上,我看到我的三个朋友在公投后的那个星期天穿着苏格兰短裙,即使他们投了反对票,他们仍然以自己是苏格兰人而自豪。他们希望别人知道他们的这种自豪,所以他们穿着民族服装,我认为这有点酷。我的意思是,爱丁堡就像它大部分时间那样,有 90% 的游客,依然有人聚集在荷里路德。感觉生活还是很正常。——琼(June)

　　此外,由于研究人员采用了同步编码,其中多个代码被附到大多数文本段中,我们用软件工具展示代码在文本中重叠的位置和频率。图 7.1

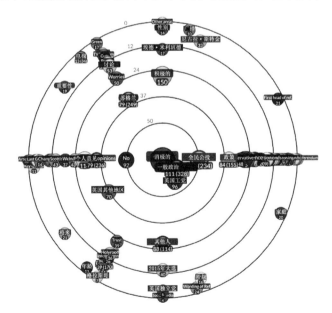

图 7.1　对编码的"负"分析

---

①　"赞成"即支持苏格兰从英国独立。2014 年 9 月 19 日,苏格兰独立公投计票结果公布,55.8% 的选民反对独立。

展示了对编码的"负"分析，即最靠近图中心的代码具有最大的共现数。图谱中的接近性显示，受访者对"一般政治"非常"消极"。同时，他们对"工党"的态度非常负面。

一般来说，我们会使用两种不同类型的编码。其中一类是提到的人、政党和主题领域的基本编码，例如"爱丁堡"。我们对这些文本片段进行编码，使日后的分析更容易识别受访者关于某一政治人物或城市的所有回答内容。这些简单的描述性代码相对来说不容易受主观性影响，可以让研究团队在没有复杂的代码描述的情况下构建数据。

第二步是使用解释性编码对数据进行完整的重新分析，从而识别对受访者来说重要的且更深层次的信息和主题。例如，这些解释性编码中有许多是与独立相关的政策方针、辩论或关于医疗保健和经济等主题的争论。此外，还包括更抽象的概念，如"苏格兰自豪感"和"苏格兰身份"。虽然将文本单元归于这些编码很容易，但有时也会产生歧义。文本有时会被编为看似矛盾的代码（例如，受访者的一些陈述被同时编码为关于独立性的"积极态度"和"消极态度"），或者为特定的概念创建了新代码，但这些概念在后期通常又会与其他代码合并。在上面的范例文本中，代码"爱丁堡"最终与其他被提及的地点（例如，格拉斯哥、伦敦、欧盟）合并，而这些原本是单独编码的。因为这些地理位置不能揭示特定的倾向性，因此我们团队决定将其合并成一个更宽泛的代码——"位置"。

7.4 编码的层次和组

在上面的范例中，出现了许多子代码的例子。例如，代码"位置"有"爱丁堡""格拉斯哥"等子代码。在分析中，这使研究者可以快速比较对一类特定媒体的观点，以及查看所有有关媒体的内容。只要编码系统能够容纳它，那么这种双重深度是使用子代码的一个优势。大多数质性分析软件都可以容纳这些层级结构。然而，纯人工系统和用

Word 或 Excel 编码会使创建子代码变得困难。但并不总是需要以这种方式构建编码框架，一些研究人员也可能更喜欢没有子代码的扁平化系统。一个扁平的编码系统可以更容易地看到所有代码，或者可以阻止研究人员在完成编码前过早地将代码分组成主题。

然而，代码一旦达到一定数量（甚至只有几十个），代码和子代码的层次结构就可以帮助研究者在一个共同的主题下管理和分组代码。从实用性角度来看，如果有一个子代码系统，检索代码会更容易。因为当不需要时，顶层主题可以将子代码折叠。子代码也可以帮助代码分组，从而识别出更高层次的概念主题。

在公投研究项目中，我们也创建了子代码，以标注受访者在何处讨论了年龄、性别和社会阶层因素对公投选择的影响。这些代码本可以分组在"人口统计学"这一总代码下，受访者将这些因素视作对他们观点的影响因素。然而，如果有一种明显的倾向性表明他们认为苏格兰独立会置特殊群体于不利地位，例如老年人、妇女和社会经济地位较低的人，那么这种子代码就可以被命名为"歧视"或"特权"。这种编码可能会引出一个重要的发现或解释。反之，如果没有对特殊群体的分组和适用的代码进行重新评估，那么这种重要发现可能就不会被发现。

这也说明了使用层次结构的风险：过早地将编码分组会强化概念隐含层次的联系。但这些层次结构并不一定会在所有的源数据中体现，它们也可能具有不太相同的结构。因此，研究人员在开始创建子代码时可能会犹豫不决，因为他们不确定代码和子代码之间是否有明确的排他性联系。然而，只要研究人员想到层次结构可以影响和简化思考分析的方式，就有可能提前对代码进行分组。所有软件包都可以在不丢失源数据的情况下对代码进行解组和重组。以这种方式检查和重组代码是编码迭代过程中的一个重要组成部分。

在有些情况下，创建层次结构或子代码不太可能出问题。例如，在我们的项目中，大量不同政党被归入"政党"这一代码。这种基本的编码对解释几乎没有影响，但也体现出了一个业已存在的分组状态。也有一些情况，代码可以分组但不分层。例如，在软件 Quirkos 中，"积极"和"消极"的代码在图谱上距离很近，因为虽然它们是相反的感情，但也可以同时被归类为"情绪"。

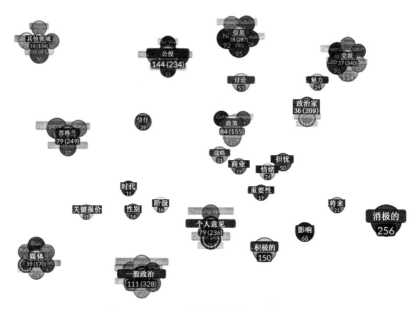

图 7.2　Quirkos 中的最终代码列表和结构

　　图 7.2 展示了 Quirkos 中最终的代码列表和结构。有些代码是没有子代码的主要主题；如果其他代码具有相似的主题意义，则它们会彼此靠近，节点大小表示每个代码从文本中提取出的次数。

　　代码本身的结构和内容可能会揭示一些问题。图 7.2 显示了主要主题，这些主题由代码大小和归属于它的代码数量决定。同时，该图也展示了系统是如何创建层次结构的。这些层次为编码框架提供了结构。

7.5　受访者和其他人的声音

　　对于深入的质性研究来说，数据中存在许多不同类型的声音。首先，受访者可以被认为是代表他们身份的许多不同方面来表达他们的意见。这些方面可能基于他们的年龄、性别、种族等。研究人员希望将代表一个方面的一组声音放在一起观察。

其次,受访者不仅经常讨论他们自己的选择,还经常讨论他们对他人的解释或陈述(例如,讨论他们的朋友或伴侣会如何思考或表达某事)。最后,研究者自己的声音也经常出现在访谈记录中,这不应该总是被忽视。如果研究者问了一个引导性问题,受访者就会重复其提出问题的术语。或者,如果受访者对一个问题回答的是"对",那么研究者的声音将是数据的重要部分。所有这些类型的声音都应该在编码管理系统中被标记和获取。

在公投研究项目中,我们收集了受访者的许多个人信息,但分析集中在三个特定特征上:职业、性别和受访者在公投中是怎么投票的。在Quirkos中,这些构成了每个源数据的特征(也称为属性)。要确保编码管理系统能从这些声音组中提取信息,这对以后的数据分层非常重要。

在本章的范例中,研究者的话用"Q:"表示,受访者用"A:"表示(即问题和答案)。这里也可以用访谈者/受访者表示。因为所有的来源都以相同的方式标记,所以当访谈者或受访者发言时,所有的来源总是清楚的。在有多种声音的焦点小组中,确定源文本中每个人的话显得尤为重要。

质性数据中另一个常见的管理问题是跟踪人们何时谈论自己的观点,或者何时解释或描述他人的观点。以下范例说明了这个问题:

> 我认为有很多人从一开始就有固定的观点,他们和我一样,从来没有改变过。我认为很多人可能有合理或不合理的理由,但是观点从未改变。我认为人们对变化总是恐惧的。人们的自然默认并不是真的……就像改变有点可怕,许多事情会不受控制,你知道的,这会让你失去工作。——西蒙

上面的部分可以用许多不同的方式编码。有些部分是受访者谈论自己的观点,有些是论及他人观点的,还有些是受访者认为人们的一般行为。我们的研究小组对文本的不同部分进行了编码。所有这些观点都为受访者的信念提供了有价值的见解,但我们并不总是希望从受访者的角度来看待他人。因此,通过对一段文本的编码来明确提取出第三人

称视角的内容，我们可以确保这部分内容总是以这种方式识别的。本范例是通过将文本部分赋予个人意见代码和其他人意见代码来实现的。

要查看一组受访者是如何回答的，系统必须能够识别具有特定特征的源数据，并能够将该数据分配给数据源。为了管理第一个步骤，即识别具有特定特征的源数据，研究者通常会建立一个受访者的数据库、表或电子表格。这项工作在招募之前就开始了，以跟踪受访者的真实姓名和假名、联系方式、人口统计数据、同意书和计划的受访日期。虽然这些变量通常被收集在单独的文件或文件夹中，但质性研究软件可以很容易地将其包含在属性或特征函数中（甚至在收集数据之前）。对于第二个步骤，变量与某个数据源相关联，例如一个特定的访谈。该系统使研究人员可以快速地从已收集到的数据中查看和抽取受访者的特定的性别身份、角色或任何其他特征等。如果数据在电子表格中进行分析，那么这种编码也很容易实现，但基于纸张的方法则难以管理。

图 7.3 展示了一个在 Quirkos 中生成的女性和男性受访者回答的编码的比较范例。这种分析让我们看到了数据中的人口统计学差异，例如，该图显示了与女性相比，男性更多地讨论苏格兰民族党（Scottish National Party，SNP）；也显示了观点上的差异：女性更持怀疑态度。因为不同类型的声音已被记录在管理系统中，因此进行这种分析是可能的。

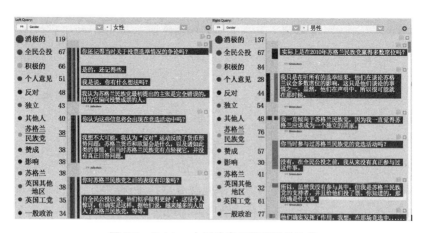

图 7.3　Quirkos 中受访者回答编码的比较

7.6　元编码

任何编码过程都可以不仅仅用于数据段,还可以用来识别专门用于编写和管理数据分析本身的元文本。

例如,在阅读数据时,可以标记其他有用的东西。在范例中,我们有一个名为"关键引文"的代码,用于识别数百条编码的引文中最具说明性的文本,即最有可能在报告中使用的或最能说明类别或趋势的。例如,以这种方式获得元编码的摘录使得我们在撰写这一部分时很容易找到所有关于电视辩论的最佳引文。

有效的元代码的其他例子包括识别相互矛盾的引文、研究者不理解的引文、想要返回查看的引文,甚至引文的排名系统。如果我们需要使用 4 星或 3 星级别的引文来说明一个特定的观点,那么一个星级评级可以用来对最有价值的引文进行排名。一个好的编码管理系统可以用来辅助数据的审查和编写。

7.7　领导和管理多阶段编码过程

数据并不总是以线性的过程进行编码的。分析质性数据通常会使用多级或循环分析过程,因为对数据的编码和倾向性分析很少在一次数据读取中就能很明确。管理编码框架的挑战之一是记录和识别哪些代码是在分析过程的哪个阶段创建的——例如,它们是不是描述性或主题性分析的一部分,又或者是不是开放性或主轴编码(Saldaña,2016)。这些记录很重要,因为在后期撰写过程中,研究人员往往希望从不同的分析阶段中提取数据。例如,一个介绍性研究可能想引用描述性编码来展示人们如何谈论一个简单的话题,比如他们如何描述自己的家乡。对于分析报告的后半部分,研究人员可能会从更抽象的代码中提取数据,如"身份"或"政治倾向的改变"。在这里,使用软件工具很有利,因为软件会记录研究者和每个代码以及代码片段的创建时间。元编码可以用来识别哪些代码属于不同的分析方法。

理解之前的努力很重要,因为分析并不总是有一个线性的进展。实际上,一种新的分析方法可能会不如之前迭代分析的结果,或者没能发现比之前更好的东西。因此,当开始一个新的分析过程时,重要的是要保留旧的编码系统,并确保有足够的信息来识别它。同样,使用软件可以很好地实现这个效果,因为旧文件可以用描述性名称来保存,如"描述性编码第二次尝试的完整数据-11-11-2021DT"。这个标签可以很容易识别进行了什么分析、使用了什么数据、系统上次修改的时间以及谁进行了编码。

任何新分析都应该在一个单独的文件夹中创建,并有一个描述性的名称,以确保旧分析不会被覆盖。新文件的创建通常是有用的,它可以在特定的时间间隔内记录分析过程,即便研究人员并不打算开始一个新的过程。这些备份意味着,如果研究团队发现他们过去几天的工作没有新价值,那么可以基于一个预先存在的基础性工作重新开始,而不是非得从头再来。

通常,具有描述性的文件名或子目录就足够了。然而,不同的研究版本也可以在研究日志中详细说明,给出更多的背景信息,如特定方法不起作用的原因和新方法的研究目标。如果使用基于纸张的方法进行研究,则迭代的方法更难管理。但是不同颜色的纸张,甚至不同颜色的字,都可以帮助区分不同的版本,尤其是如果它们被猫或孩子意外打乱的时候。

然而,我们也可以使用软件中的功能来管理非线性分析过程的不同版本。例如,随着代码的发展,它可以有更长的描述,这明晰了对它们的定义和其产生的历史。

备忘录也可以用于过程中的更改,而不需要在主要分析节点上创建新文件。

7.8　领导和管理分析团队

在公投研究项目中,有多人参与了创建代码、应用代码和解释文本工作。除了主要研究人员之外,还邀请了几位受访者来分析他们自己和其他人的数据。尽管让受访者参与分析不太常见(参见第 13 章),但许多研究项目都有多个编码员来分担工作或检查编码的有效性。在这些情况下,管理团队并汇聚他们的贡献就成为管理的一个主要难点。

在公投研究项目中,每个编码者都创建了单独的项目文件,在后期加以合并以比较他们对文本解释的差异。Quirkos 可以同时合并多个文件,协作者也可以处理存储在 Quirkos 云上的同一个项目,并在自己的计算机上实时查看项目的变化。后者极大地简化了数据管理,因为研究组长不必跟踪不同的文件版本,也没必要在研究的特定时间来合并它们。无论如何,创建和维护一个记录不同研究者工作的分析系统也很重要。软件工具可以使这一过程变得更容易,但纯人工系统也是可以的。

无论如何,为所有参与分析的人准备一套书面的指导方针非常重要。这些指导方针可以描述这个分析过程将是什么样的,研究期望是什么,以及如何促成关于研究的讨论,从而形成结论。例如,研究团队要么在编码开始之前就代码列表达成一致,要么在研究过程中决定创建的哪些代码将被保留或被合并。此外,研究团队还希望对每个使用的代码都有详细的定义。在公投项目中,研究组长对每个代码的名称进行了详细的描述。例如,给了"苏格兰身份"一个简短的描述,即"当人们是或者感觉自己是'苏格兰人'",这样其他编码者就会明白什么时候应用该代码。对文本的注释(使用 Quirkos 中的备忘录功能)也可以用来解释困难的数据分类背后的基本原理。

在公投研究项目中,我们没有使用统计工具来计算评分者之间的可靠性,如 Kappa 系数或者 Krippendorff's Alpha 检验。因为这些方法是定量的,它们无法说明不同解释之间的共识或分歧。在质性研究中,理解受访者之间的差异很重要,但理解为什么在编码应用和文本片段的解释上存在差异也很重要。比如,95％的一致性看起来很高,但它可能会掩盖一个真相,即研究者对一个重要代码并不赞同。因此,即使采用统计的方法,也需要手动检查编码一致性。

在实践层面上,管理研究计划还应该清楚地显示谁应该对哪些源数据进行编码、完成工作的截止日期,以及什么时候大家应该共同参与团队评审。研究团队的领导者也应该积极听取研究成员对数据的见解,并在研究成果撰写中考虑他们的意见和贡献。

一旦完成了对所有源数据的编码,并且对编码进行了多次迭代,研究人员不仅能够分析源数据,还能够分析所有源数据与观点的代码。在我们的项目中,数据和编码显示了对某个特定主题观点的共性与差异,使我们能够整合转录文本中的内容,并形成一致的叙事。

7.9　结论

没有一种最好的方法来管理和设计编码系统,但是上面的范例展示了各种可以采纳的选择。如同多数质性研究一样,灵活性是关键:构建系统的最佳方式是依据不同的研究问题、数据和研究者进行调整。然而,创建详细的标签、过程中注释、标记受访者和研究人员的话、为团队成员提供指导以及元编码等技术的基本原则可能会大大提高撰写过程的效率和严谨性。与面对令人兴奋的访谈数据相比,这些在当时看起来都是额外的工作,但管理分析过程与撰写解释同样重要。

与分析本身一样,操作和熟悉质性数据可以帮助研究人员理解管理这些数据面对的挑战和需要的步骤。本章中使用的例子(以及其他章节中的例子)都可以下载并用于练习。此外,也可以用质性研究的公开数据、从同事或者上司那里借的数据、自己收集来的数据进行实践(Silverman,2013)。

本章最重要的一条指导意见是,不仅要考虑编码,还要考虑研究团队需要什么其他辅助信息来将数据转化为有意义的叙述。这种细心与精确也关乎研究过程的严谨与信任。通过确认数据是如何编码的,并创建关于代码框架是如何构造的记录,我们对自己的研究解释会更加自信。在其他时候,这项工作是关于知道谁说了什么,以及理解为什么不同的参与者有不同的观点。对于单个研究人员来说,迷失在数据中或过程记录可能会浪费很多时间。在大型研究团队中,这种损失会成倍增加,可能会导致项目错过截止时间,或超过预算。

所有这些过程和步骤都是为了帮助研究人员发现他们数据的重要内容,并把观察变成故事(参见第 23 章),这使我们能够产出分析成果并与他人交流(参见第 24 章)。虽然有许多编码过程可以帮助我们到达研究的后期阶段,但在下一章中,宾厄姆和维特科夫斯基将阐述构建编码的两种主要方式:演绎法和归纳法。

补充阅读

Miles,M. B.,Huberman,A. M. and Saldaña,J.(2020). *Qualitative Data Analysis:A Methods Sourcebook*(4th ed.). SAGE.

Saldaña,J.(2016). *The Coding Manual for Qualitative Researchers*(3rd ed.). SAGE.

回顾与练习

1. 列出你想要分析的数据和编码过程,可以是关于受访者的信息,谁、何时以及为什么创建代码,编码引文的价值或相关性,以及章节中列出的所有其他元数据;然后考虑如何记录和使用这些元数据。

2. 从本章的范例编码项目中获取编码框架,并尝试重构代码。源数据和编码的项目文件可以从以下网站下载:https://www.quirkos.com/workshops/referendum/。

(1) 创建一组描述性和解释性代码。

(2) 先编写没有任何层次的代码,然后以有意义的方式重组代码。你需要重新标记代码吗? 这如何改变你对每个代码的理解?

(3) 有什么元代码可以支持你的分析吗?

(4) 为这个项目的编码管理计划创建一套书面的指导方案。作为个人或团队,你会如何创建一个成功的分析?

参考文献

CAQDAS Network.（2019）. *Choosing an Appropriate CAQDAS Package*. https://www.surrey.ac.uk/computer-assisted-qualitative-data-analysis/resources/choosing-appropriate-caqdaspackage.

Miles，M. B.，Huberman，A. M. and Saldaña，J.（2020）. *Qualitative Data Analysis：A Methods Sourcebook*（4th ed.）. SAGE.

Saldaña，J.（2016）. *The Coding Manual for Qualitative Researchers*（3rd ed.）. SAGE.

Savin-Baden，M. and Major，C. H.（2013）. *Qualitative Research：The Essential Guide to Theory and Practice*. Routledge.

Silverman，D.（2013）. *Doing Qualitative Research*. SAGE.

Turner，D.（2015）. *Overview of a Qualitative Study on the Impact of the 2014 Referendum for Scottish Independence in Edinburgh，and Views of the Political Process*. Quirkos. https://www.quirkos.com/workshops/referendum.

Woolf，N. and Silver，C.（2018）. *Qualitative Analysis Using ATLAS.ti*. Routledge.

8 质性数据分析的演绎法和归纳法

安德烈娅·宾厄姆　帕特里夏·维特科夫斯基

摘要:本章概述并展示案例以说明演绎法和归纳法如何强化质性分析。我们将讨论演绎法如何被用于以下几个方面:(1)将数据分类到编码类目中,如数据类型、受访者、时间段;(2)将数据分类,以保持与研究问题的一致性;(3)应用于理论或概念框架。我们也将讨论如何使用归纳法用于以下几个方面:(1)从数据中获得意义;(2)探究编码、主题、研究发现;(3)确定支持结果的代表性数据;(4)使用理论和文献解释结论。我们认为,演绎法和归纳法的使用为研究提供了演绎工具来组织数据和规范研究;也提供了归纳工具,使我们可以从数据中发现结论,并用现有理论解释发现。

关键词:数据分析;编码;归纳法;演绎法

8.1 引言

质性分析通常可以分为两类:演绎法和归纳法。演绎法或先验法是一种分析策略,研究者会将预先设计的编码应用于数据分析(Saldaña and Omasta,2018)。归纳法则是研究者通读数据再创建编码(Miles,Huberman and Saldaña,2020)。

许多质性研究人员在选择适当的分析方法时会遇到困难,因为这需要关注数据组织之间的平衡,关注研究目的、理论和概念,以及质性分析的突发性。正如迈尔斯和休伯曼指出的：

> 挑战在于要明确记住你的研究目的、你正在使用的概念，同时让自己敞开心扉，重新学习你不知道或未预见到的东西。（Miles and Huberman，1994:56）

质性研究人员必须接受质性研究的优势——它的突发性和创造理论的能力。同时，他们必须专注于组织实践，包括按数据类型编码、跟踪记录、对代表性数据摘要进行分类。此外，还要专注于他们的研究问题、编码方案以及新产生的理论和概念。

在本章中，我们将会说明演绎法和归纳法如何强化质性分析，并将讨论在以下几个方面如何使用演绎法：

1. 将数据分类至编码类目，如数据类型、受访者、时间段。

2. 将数据分类，以保持与研究问题的一致性。

3. 应用于理论或概念框架。

我们也将讨论在以下几个方面如何使用归纳法：

1. 从数据中获得意义。

2. 探究编码、主题、研究发现。

3. 确定支持结果的代表性数据。

4. 使用理论和文献解释结论。

我们认为，演绎法和归纳法的使用为研究提供了演绎工具来组织数据和规范研究；也提供了归纳工具，使我们可以从数据中发现主题或基于已有的主题去构建主题，以及运用现有知识和理论解释发现。利用演绎法和归纳法的数据分析过程将形成一个更有组织的、严格的、分析合理的质性研究。

8.2 演绎分析和归纳分析

演绎分析是一个"自上而下"的过程，即从理论到假设，再到数据，进而补充或反驳理论（Creswell and Plano Clark，2007:23）。演绎分析的应用维度各不相同,但可以包括数据编码、应用理论和为归纳分析奠定基础。编码是演绎分析的关键部分。在演绎分析的编码中,代码是在分析之前开发的,研究人员通过浏览数据以确定数据是否适合以及如何应用于这些代码。

　　演绎分析有助于数据分类、识别相关数据,并专注于研究问题。如迈尔斯、休伯曼和萨尔达尼亚(Miles,Huberman and Saldaña,2020)建议将"属性编码"作为按类型和来源分类数据的一种方式(例如访谈、观察)。演绎分析也可以应用理论,并为研究结果的解释和说明创造条件。克拉布特里和米勒(Crabtree and Miller,1999)推荐了一种演绎分析的模板,其中来自代码库的代码被用作第一轮编码,以对数据进行分类,并被用于随后的归纳分析,其中归纳代码作为演绎代码的子代码出现。例如,宾厄姆、潘恩、斯坦纳和汉密尔顿(Bingham,Pane,Steiner and Hamilton,2018)使用了一个迭代编码的分析过程。在这个过程中,演绎编码首先被用于将数据分类到大的类别中,然后在每个类别中进行归纳分析——称为归纳编码——以识别共同的观点和主题。同样,在护理学自我评估实践的研究中,法拉第和穆尔科克伦(Fereday and Muir-Cochrane,2006)基于他们的研究问题和理论框架,先验地创建了一个模板,然后将归纳代码分配给演绎编码的数据。演绎方法适用于存在结构、概念框架和理论来指导的分析(例如,Milkie and Warner,2011;Ravitch and Riggan,2017)。

　　归纳分析是在浏览数据的同时允许代码、类别、模式和主题产生的过程(Miles,Huberman and Saldaña,2020)。一些质性研究人员认为与其说"代码从数据中产生",不如说在阅读数据中确定代码和主题(例如,Sandelowski,Barroso and Voils,2007)。我使用"突发"代码和主题来描述归纳分析特征。归纳分析的步骤包括运用代码来描述数据,并寻找模型来确定类别、主题或理论,以证明数据的共性和差异。

　　与演绎分析一样,归纳分析也依赖于编码,而这种编码是随着研究者对数据的理解而创造的。归纳法在全新的课题研究中非常有用(Hsieh and Shannon,2005)。质性分析是归纳分析的基础,它包括开放编码、连续比较法、见实编码。开放编码是将代码附加到数据上以标记概念和现象的方法(Glaser and Strauss，1967)。连续比较法包括检查数据、分配编码、比较数据和编码，直到所有数据都符合一个更高层次的类别(Glaser，1965)。见实编码即为用数据中的单词作为代码(Saldaña，2016)。

演绎分析和归纳分析可以用来回答同样的研究问题。方法的综合使用可以对调查现象形成更完整的视角(Blackstone，2014；Hyde，2000)。在这一章中，我将采用演绎分析和归纳分析方法。我的数据分析过程包括将数据分类到与研究问题一致的演绎类别中，为全新的概念和想法进行开放编码，识别这些代码中的模式，将模式浓缩成主题，并解释这些主题所代表的发现结果。在最后一轮分析中，我将使用理论来解释这些发现。

8.3 研究描述

2012—2015 年，我(本章第一作者)对一所个性化学习学校进行了质性案例研究(参见 Bingham，2016；Bingham，2017；Bingham，2019；Bingham and Ogunbowo Dimandja，2017)。研究问题如下：

1. 一个高科技的个性化特许学校从成立到运营的头几年是如何快速发展起来的？

2. 为什么它会这样发展呢？

3. 这所学校的发展和演变对其他实施个性化模式的学校有什么启示？

这项研究和大多数质性研究一样，在三年内收集了大量数据。我使用了一种嵌入式的单案例研究方法，即对整个学校进行了案例内分析，并对嵌入案例——教师，进行了跨案例分析。数据包括 37 次访谈、4 个焦点小组、76 次观察和数百份文件。为了参与数据收集和迭代分析的过程，并记录这个过程，我使用了 NVivo 质性数据分析软件来整理数据、编码和编写备忘录。

我的理论框架——行为理论,在分析过程中发挥了关键作用。行为理论是关于个人和组织行为的复杂理论,它涉及许多媒介和相互作用的关系(Engeström,1999)。为了应用如此复杂的理论框架,我制订了一个分析计划,使研究发现得以产生,并指导该理论的应用,进而解释和定位这些发现。

萨尔达尼亚(Saldaña,2016)将编码分为两个主要阶段:第一周期编码和第二周期编码。第一周期编码是最初应用于数据的编码,第二周期编码则应用于第一周期编码内的数据。换句话说,研究人员可以归纳分析第一周期的编码文本,在最初的第一周期编码上增加第二层编码。我采用了类似的编码方法,将我的编码过程分为演绎和归纳两种方法,并将每种方法循环运行,总共经历了五个分析周期。这些循环包括首先使用演绎分析来组织和定位数据;其次使用归纳分析来生成代码、模式和主题,并从这些主题中形成研究发现;最后用演绎和归纳的方法来检验从理论框架发展而来的演绎代码,以便应用理论框架并解释研究发现。

综上所述,演绎和归纳方法支持对数据进行排序和分类,识别研究发现和代表性数据,并解释这些研究发现,以便提出建议。在编码的最后周期中使用理论框架,运用理论框架发展而来的先验代码,促使研究从演绎分析转向更精细的归纳分析。最后一个演绎编码周期帮助我用理论思考研究发现。

8.4 归纳法与演绎法的应用

在这部分,我用摘录的研究数据来介绍我的分析过程,并讨论我是如何决策的。我还将提供反思,详细说明关键的决策点和分析策略。分析过程中使用归纳法和演绎法使我能够管理大量数据,专注于我的研究问题,形成研究发现并应用理论。对于每个分析周期,我都提供了范例数据、数据对应的代码，以及关于编码周期的联系和结论的思考。我展示的两张图直观地说明了分析的过程。图 8.1 是对分析过程的概述，图 8.2 是编码周期如何应用于形成和解释发现的一个例子。

8.4.1 演绎编码过程（周期 1 和周期 2）

演绎或先验编码既包括在数据分析之前创建代码，也包括在读取数据时将这些代码应用于数据。研究人员应该基于什么创建？现有理论？假设还是感兴趣的话题？答案是都包括以及其他更多。

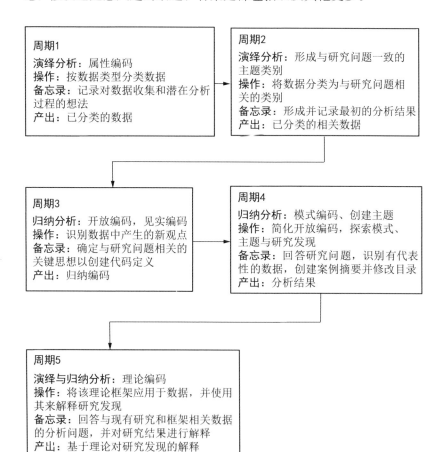

图 8.1　分析过程概况

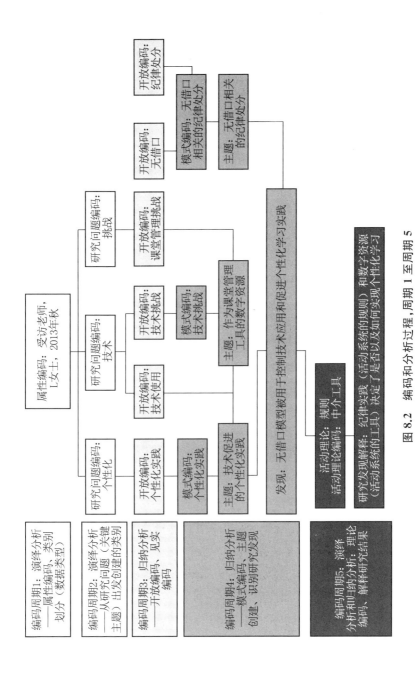

图 8.2 编码和分析过程，周期 1 至周期 5

有了大量数据，就必须有强有力的整理方法。因此，我的第一步是使用数据类型、受访者和时间段等类别对数据进行分类，这使得定位数据和确定证据来源变得更加容易。在编码的第一个周期，我浏览了访谈数据，然后是观察数据，并使用属性编码（Miles，Huberman and Saldaña，2020）将数据分为纯属性类别（例如，"访谈，L 女士，2013"），以便在 NVivo 中创建组织架构。

在第二个编码周期，我更仔细地浏览了数据，并根据研究问题（如"个性化""技术""变化"等）将数据整理成与主题相关的先验代码。我创建这些代码是为了保持对研究问题的关注，并识别相关数据和促进下一阶段的归纳分析。

以下是两个对研究数据的摘录：课堂观察的现场笔记和访谈摘录。对于每个摘录，我都在相关数据旁边的斜体括号中提供了先验分类代码和研究问题代码（RQ 代码）。此外，我还提供了关于这个编码周期如何促成研究分析、研究发现和书面研究报告的思考。

数据摘录：来自课堂观察的现场笔记

[组织属性代码：课堂观察，L 女士，2014 年秋]

刚开始上课时，L 女士播放了《铆工露斯》和其他第二次世界大战歌曲，而学生们正在自习。有超过 8 种不同的自习活动，每个活动旁边都列出了学生的名字。*[RQ 代码：个性化][RQ 代码：变化]*

在自习期间，L 女士表示："如果你还没有开始自习，那你将会因为浪费太长时间而被记过。我重写了姓名板……如果你的名字在上面，就意味着你缺勤了 2 小时的辅导。你得考虑什么时候补上。"*[RQ 代码：学校层面改变][RQ 代码：变化]*

学生们开始进行自己的活动。有些学生独自坐着，有些学生组成小组。有些学生用电脑默默工作，有些正在制作时间表。有些学生同时在做两件事。有些人戴着耳机，有些人正在小声地集体讨论。*[RQ 代码：个性化]* 教室很安静，学生们的动作似乎很快。L 女士把几个学生组织到其他桌子上，上了一节小组课。*[RQ 代码：个性化]*

　　L女士检查了记分板(学生进展的数字报告),并实时关注他们的进展。[RQ代码:技术]她告诉课桌边的学生:"我们在这里是因为我们都需要努力。"她给了他们一份新讲义,并带他们完成了自习活动。这个小组有6名学生。她帮助学生们理解其中一些单词,并大声朗读一些问题和段落。[RQ代码:个性化]

　　L女士随身携带有计分板的电脑,并和学生一起签到。[RQ代码:技术]她在学生不理解的时候帮助他们解决一些问题。她对自己带领自习的小组说:"我要离开1分钟,我想让你们回答5—7号问题。在下课时,你把它们交上来,并解释一下你如何想的。"

数据摘录:访谈

　　[组织编制代码:管理者访谈,O先生,2014年秋]

　　"我认为,未来几年我们将继续摆脱不允许完全个性化的学习结构,即时间结构和核心结构。[RQ代码:变化]这两个结构桎梏个性化学习,因为学生不得不在特定时间学习……明年,我们将取消很多时间段,并建立更开放、更灵活的学习时间。[RQ代码:变化][RQ代码:个性化]然后你就会看到我们的很多设计都更以学生为中心。"

　　这些编码周期存在许多优势。首先,我将这一轮的编码作为一个组织自我的机会,(重新)熟悉这些数据,并开始形成一些整体的印象。虽然应用属性代码有时会很乏味,但这个过程能帮助我明确最终数据的定位。

　　在这些周期中,使用NVivo非常有用,因为它可以使我在对概念交叉点感兴趣的时候,检查交叉编码的数据(例如,编码为"个性化"和"技术"的数据)。同样地,我也能够检查那些被交叉编码为"改变"和"个性化"的数据,在接下来的几轮分析中,这帮助我了解了实践是如何演变的。

　　虽然将归纳分析过程整合到这个循环中可能很吸引人,但同时做太多的事情可能会导致研究人员遗漏一些东西。如果有一些关于潜在主题或者整体模式的思考,那么有必要创建一份备忘录来记录这些想法。在第三轮的编码——归纳编码中,研究人员可以在编码过程中验证这些想法。

8.4.2　归纳编码(周期3和周期4)

归纳分析是——也应当是——出现在大多数质性研究中的分析方式。归纳分析可用于意义构建、研究发现构建和证据生成(提取有代表性的文字来支持研究发现)。归纳分析比演绎分析更繁杂,因为归纳分析不仅仅是分类,还要求研究人员找出数据中反映的事物。

在第三个和第四个编码周期,我进行了归纳分析。在前一轮编码中,我已经将数据分类到与研究问题一致的类别中,通过按类别归纳分析数据,我保持了对研究问题的关注。我以一个开放编码的过程开始了第三个编码周期,在这个过程中,我回顾了在第一个和第二个编码周期中分类过的数据。在第三个编码周期中,我浏览了每个类别中的数据,创建、应用代码,并在阅读时识别新出现的主题或概念。例如,见实代码"时间结构"和"以学生为中心"在这一分析过程中出现,代码"纪律处分""技术挑战""课堂管理问题"和"无借口"也在该过程出现。

在第四个编码周期中,我审查了编码数据,进而寻找跨数据源和数据源内部的模式。我使用了模式编码,这是一种将开放编码过程中创建的代码浓缩成精简的分析概念的过程(Miles, Huberman and Saldaña, 2020; Saldaña, 2016)。例如,代码"纪律处分"和"无借口"被浓缩成模式代码"无借口相关的纪律处分"。这个浓缩过程帮助总结在数据中看到的东西。在这个过程中,我一直从模式代码中识别主题。这些主题源于一系列关键概念,它是我在数据中确定的模式压缩成的。例如,开放代码"个性化实践"也变成了模式代码,因为它既是贯穿数据的模式,也是帮助将跨数据的事件联系在一起的概念黏合剂。当我查看编码为"个性化实践"和"技术使用"的数据时,我看到了"技术促进的个性化实践"这一主题。然后,我通过将主题浓缩并重新措辞成短语,清楚地回答了研究问题。从主题"技术促进的个性化实践""无借口相关的纪律处分"和"作为课堂管理工具的数字资源"中构建研究发现,即"无借口模型被用于控制技术应用和促进个性化学习实践"。这个分析周期使我将代码和模式提炼为主题,进而找到研究发现。在整个过程中,我始终记着要回答我的研究问题,要确定有代表性的文字引用和摘录,以支持我的研究发现。

下面的摘录包括前面描述的现场笔记和访谈摘录,以及在括号中从数据产生的归纳代码。

因为我已经将数据分类到相关的类别中,这些类别是根据与我的研究问题一致的先验代码开发的,所以我使用归纳分析来构建研究发现并识别有代表性的数据来支持这些发现。例如,我的一个研究发现是,学校在第三年重新调整了个性化的优先顺序。这个研究发现是我通过回顾归纳编码为"时间结构""设计变化"和"重新安排个性化学习的优先次序"的数据得出的。

第三个和第四个编码周期比前两个周期更复杂,因为它们要求我参与案例内分析(学校)、跨案例分析(老师)和跨时间分析(每年)。我要确定每个教室里发生的事情,并需要把每个教室总结成一个案例。然后,我必须弄清楚这些案例发生了什么,总结共性并找出相关证据,最后总结学校是如何随着时间的推移而调整变化的。我创建了一份备忘录,以记录与我的研究问题相关的不同类型的证据,其中包括受访者的话和现场记录的摘录。虽然编码构成了这个分析周期的关键,但备忘录帮助我将归纳分析的模式、主题和研究发现整理成一份书面的报告。

总之,在第三个和第四个编码周期,我做了以下事情。首先,我浏览了每个数据类别(那些与研究问题一致的代码),并从事了开放编码。然后,我将开放代码压缩为模式,并跨模式识别主题,进而从这些主题中发现研究结果。例如,我阅读了所有交叉编码为"个性化"和"改变"的数据,并以数据为证据,确定模式,即学校是如何演变的。然后,我将这些模式浓缩成主题。"重新优化个性化学习顺序"是这个过程中产生的一个主题。为了研究结果,我将主题转化为句子或短语,以直接回应我的研究问题。"重新安排个性化学习的优先级"变成了"学校在第三年重新安排了个性化学习的优先级"。这解释了我如何识别由研究问题形成的研究发现,我选择了重要的主题,并将其构建成一种数据中关键的、普遍的观点的陈述。

数据摘录：来自课堂观察的现场笔记

刚开始上课时，L女士播放了《铆工露斯》和其他第二次世界大战歌曲，而学生们正在自习。有超过8种不同的自习活动，每个活动旁边都列出了学生的名字。[开放代码：教学变化]

在自习期间，L女士表示："如果你还没有开始自习，那你将会因为浪费太长时间而被记过。我重写了姓名板……如果你的名字在上面，就意味着你缺勤了2小时的辅导。你得考虑什么时候补上。"[模式代码：无借口相关的纪律处分]

学生们开始进行自己的活动。有些学生独自坐着，有些学生组成小组。有些学生用电脑默默工作，有些正在制作时间表。有些学生同时在做两件事。有些人戴着耳机，有些人正在小声地集体讨论。教室很安静，学生们的动作似乎很快。L女士把几个学生组织到其他桌子上，上了一节小组课。

L女士检查了记分板（学生进展的数字报告），并实时关注他们的进展。[开放代码：技术使用][开放/模式代码：个性化实践][主题：技术促进的个性化实践][主题：作为课堂管理工具的数字资源]她告诉课桌边的学生："我们在这里是因为我们都需要努力。"[开放/模式代码：个性化实践]她给了他们一份新讲义，并带他们完成了自习活动。这个小组有6名学生。她帮助学生们理解其中一些单词，并大声朗读一些问题和段落。

L女士随身携带有计分板的电脑，并和学生一起签到。[开放代码：技术使用][开放/模式代码：个性化实践][主题：作为课堂管理工具的数字资源][开放代码：无借口]她在学生不理解的时候帮助他们解决一些问题。她对自己带领自习的小组说："我要离开1分钟，我想让你们回答5—7号问题。在下课时，你把它们交上来，并解释一下你如何想的。"

数据摘录：访谈

"我认为，未来几年我们将继续摆脱不允许完全个性化的学习结构，[开放代码/模式代码/主题：重新安排个性化学习][开放代码/模式代码：学校层面改变]即时间结构[见实代码：时间结构]和核心结构。这两个结构桎梏个性化学习，因为学生不得不在特定时间学习[开放代码：无借口][开放/模式代码：技术挑战]……明年，我们将取消很多时间段，并建立更开放、更灵活的学习时间。[开放代码：设计变化][开放/模式代码：学校层面改变][开放/模式编码：个性化实践]然后你就会看到我们的很多设计都更以学生为中心。[见实编码：以学生为中心]"

8.4.3　演绎和归纳方法的综合（周期5）

最后，我进行了编码的最后一个周期，在这一周期我将演绎和归纳分析相结合，重新分析了数据，因为它是从我的归纳分析中整理出来的。我将与理论框架、现有文献一致的代码应用到归纳编码的数据中，并按照研究发现排序。我使用了从理论框架和文献发展而来的代码，重新分析了所有与新发现相符的数据。然而，这一轮编码不是纯粹的演绎。当我浏览数据时，我也构建了一些短语，以将我的归纳发现与理论、现有文献联系起来。例如，代码/短语"纪律决定了是否以及如何实现个性化学习"作为研究发现的一个基于理论的解释："无借口模型被用于控制技术应用和促进个性化学习实践。"这个代码是通过将归纳分析得出的发现划分为与理论对齐的先验代码/类别（"活动理论：规则"和"活动理论：中介工具"）而创建的，进而通过理论的视角来理解这些发现。

将数据分类为与理论对齐的类别有助于识别可供分析的重复数据片段。然而，将发现纳入论文并使用理论框架分析需要进行更多的工作。为了促成这一点，我进行了分析性提问——这个过程涉及回应与现有研究和框架相关数据的更深层次的问题。我在这些备忘录中问自己的问题包括:关于学校的发展,老师的访谈是怎么说的? 这些发现在语境中意味着什么? 它们与现有文献基础之间有何关系? 我们可以从这些发现中了解到什么? 最后一个分析周期推动我思考我的发现在更广泛层面上的意义。

在下面呈现的数据摘录中,包括了从理论框架中开发先验代码,以及我如何在理论和发现之间建立联系以支持研究的讨论和含义。图 8.2 提供的例子说明我如何从代码到模式到主题再到发现,以及我如何应用理论来解释这些发现。

这个周期是分析过程中最困难的部分。它包括应用理论概念,以及解释我的发现如何证实或反驳这些概念。然而,这部分的分析有助于解释为什么事件会这样发生。让我能够回答我的第二个研究问题,并扩展我的研究发现,即讨论学校的发展对其他学校实施个性化学习模式的影响(我的第三个研究问题)。虽然研究人员肯定能证明在该过程的初期使用基于理论的演绎编码的合理性,但我发现这样的分析让我能够更好地参与分析的归纳过程,而不是将理论概念强加给数据。

数据摘录:来自课堂观察的现场笔记

刚开始上课时,L 女士播放了《铆工露斯》和其他第二次世界大战歌曲,而学生们正在自习。有超过 8 种不同的自习活动,每个活动旁边都列出了学生的名字。[活动理论:劳动分工]

在自习期间,L 女士表示:"如果你还没有开始自习,那你将会因为浪费太长时间而被记过。我重写了姓名板……如果你的名字在上面,就意味着你缺勤了 2 小时的辅导。你得考虑什么时候补上。"[活动理论:规则]

学生们开始进行自己的活动。有些学生独自坐着,有些学生组成小组。有些学生用电脑默默工作,有些正在制作时间表。有些学生同时在做两件事。有些人戴着耳机,有些人正在小声地集体讨论。教室很安静,学生们的动作似乎很快。L 女士把几个学生组织到其他桌子上,上了一节小组课。

L女士检查了记分板（学生进展的数字报告），并实时关注他们的进展。[活动理论:工具]她告诉课桌边的学生:"我们在这里是因为我们都需要努力。"她给了他们一份新讲义，并带他们完成了自习活动。这个小组有6名学生。她帮助学生们理解其中一些单词，并大声朗读一些问题和段落。

L女士随身携带有计分板的电脑，并和学生一起签到。[活动理论:工具]她在学生不理解的时候帮助他们解决一些问题。她对自己带领自习的小组说:"我要离开1分钟，我想让你们回答5—7号问题。在下课时，你把它们交上来，并解释一下你如何想的。"[活动理论:劳动分工]

数据摘录:参与者访谈

"我认为，未来几年我们将继续摆脱不允许完全个性化的学习结构，[活动理论:规则]即时间结构和核心结构。这两个结构桎梏个性化学习，因为学生不得不在特定时间学习……明年，我们将取消很多时间段，并建立更开放、更灵活的学习时间。然后你就会看到我们的很多设计都更以学生为中心。[活动理论:目标]"

虽然编码构成了这一轮分析的基础，但备忘录帮助我理解了它的全部含义以及为什么我们应该关注它。演绎、归纳编码和备忘录的结合支持了我的研究讨论。这个周期帮助我理解了我的发现与现有研究的关系，以及我的理论框架是如何解释我的研究发现的（或者在哪里没有能够解释），进而提供了可行的、有意义的研究启示与建议。例如，纪律处分是学校如何实施个性化学习的关键，这一想法来自这个编码的循环分析过程，并直接导致了关于高度结构化的学科模型对个性化影响的讨论，特别是传统意义上成绩不好的学生。

8.4.4 小结

上述五个周期的分析过程影响了该研究所产生的发现，以及我如何在研究问题和理论框架的背景下理解这些发现。这些分析过程让我能够探索研究结果来回答我的研究问题，并使用我的理论框架来解释这些研究发现。例如，一个主要发现是，教师使用"无借口"的纪律模式来控制技术应用和促进个性化学习。这是在归纳分析中产生的一个发现。通过在最后的分析周期中应用理论框架，我能够解释为什么会出现这个"无借口"模型。如果没有迭代归纳和演绎编码，我就无法完成有理论基础的工作。确定研究发现和理论之间以及研究发现和文献之间的明确联系也支持了我的研究讨论和所涉的问题。

8.5 结论

利用与平衡适当的分析方法对于进行严格的质性研究至关重要。综合演绎和归纳方法可以帮助研究人员专注于研究目的、范式、理论和概念视角。我们认为演绎分析有助于分类数据和强化专注。然而，质性研究的目的是在背景中了解对现象的经验和感知。如果研究人员不通过归纳的方法理解数据，他们就有可能将自己的经验和感知强加于数据和受访者，而不是让结论从受访者的言语和行动中产生。

我们建议研究人员采用演绎和归纳的分析方法，但也要确保自己清楚这些方法是如何以及为什么被使用的。清晰的分析基于使用明确定义的先验代码，在先验代码和类别之间使用一致的归纳分析，并进行一个系统性的记录过程。这些分析过程要求质性研究人员对数据进行分类，对研究问题保持专注，构建主题，参与理论分析，并保证研究可信度。最终，研究人员应该综合利用演绎分析的优势和归纳分析提供的机会进行研究。

补充阅读

Miles，M.，Huberman，M. and Saldana，J.(2020). *Qualitative Data Analysis: A Methods Sourcebook*(4th ed.). SAGE.

Saldana，J.(2016). *The Coding Manual for Qualitative Researchers*(3rd ed.). SAGE.

Saldaña, J. and Omasta, M.(2018). *Qualitative Research: Analyzing Life*. SAGE.

回顾与练习

1. 思考一个适用于你的研究的理论框架或一个你已知的理论框架。哪些演绎(先验)代码可用于分析数据?

2. 在哪些研究中,应用本章所述的演绎和归纳编码可能具有挑战性?

3. 演绎编码和归纳编码如何支持你正在进行或考虑的研究分析?

参考文献

Bingham, A. J.(2016). "Drowning Digitally? How Disequilibrium Shapes Practice in a Blended Learning Charter School." *Teachers College Record*, 118(1), 1—30.

Bingham, A. J.(2017). "Personalized Learning in High Technology Charter Schools." *Journal of Educational Change*, 18(4), 521—549. https://doi.org/10.1007/s10833-017-9305-0.

Bingham, A. J.(2019). "A Look at Personalized Learning: Lessons Learned." *Kappa Delta Pi Record*, 55(3), 124—129. https://doi.org/10.1080/00228958.2019.1622383.

Bingham, A. J. and Ogunbowo Dimandja, O.(2017). "Staying on Track: Examining Teachers' Experiences in a Personalized Learning Model." *Journal of Ethnographic and Qualitative Research*, 12(2), 75—96.

Bingham, A. J., Pane, J., Steiner, E. and Hamilton, L.(2018). "Ahead of the Curve: Implementation Challenges in the Personalized Learning Movement." *Educational Policy*, 32(3), 454—489. https://doi.org/10.1177/0895904816637688.

Blackstone, A.(2014). *Principles of Sociological Inquiry: Qualitative and Quantitative Methods*. The Saylor Foundation, https://resources.saylor.org/wwwresources/archived/site/textbooks/Principles%20of%20Sociological%20Inquiry.pdf.

Crabtree, B. F. and Miller, W. L.(1999). "Using Codes and Code Manuals: A Template Organizing Style of Interpretation." In B. F. Crabtree and W. L. Miller(Eds.), *Doing Qualitative Research*(2nd ed., pp. 163—177).

Creswell, J. W. and Plano Clark, V. L.(2007). *Designing and Conducting Mixed Methods Research*. SAGE.

Engeström，Y.(1999)．"Activity Theory and Individual and Social Trans-formation." In Engeström，Y.，Miettinen，R. and Punamäki，R.-L.(Eds.)．*Perspectives on Activity Theory*(pp.19—38)．Cambridge University Press.

Fereday，J. and Muir-Cochrane，E.(2006)．"Demonstrating Rigor Using Thematic Analysis：A Hybrid Approach of Inductive and Deductive Coding and Theme Development." *International Journal of Qualitative Methods*，5(1)，80—92. https：//doi.org/10.1177/160940690600500107.

Glaser，B. G.(1965)．"The Constant Comparative Method of Qualitative Analysis." *Social Problems*，12(4)，436—445. https：//doi.org/10.2307/798843.

Glaser，B. and Strauss，A.(1967)．*The Discovery of Grounded Theory.* Aldine.

Hsieh，H. F. and Shannon，S. E.(2005)．"Three Approaches to Qualitative Content Analysis." *Qualitative Health Research*，15(9)，1277—1288. https：//doi.org/10.1177/1049732305276687.

Hyde，K. F.(2000)．"Recognising Deductive Processes in Qualitative Research." *Qualitative Market Research：An International Journal*，3(2)，82—89. https：//doi.org//10.1108/13522750010322089.

Miles，M. B. and Huberman，M. A.(1994)．*Qualitative Data Analysis：An Expanded Sourcebook.* SAGE.

Miles，M.，Huberman，M. and Saldaña，J.(2020)．*Qualitative Data Analysis：A Methods Sourcebook*(4th ed.)．SAGE.

Milkie，M. A. and Warner，C. H.(2011)．"Classroom Learning Environments and the Mental Health of First Grade Children." *Journal of Health and Social Behavior*，52，4—22. https：//doi.org//10.1177/0022146510394952.

Ravitch，S. M. and Riggan，M.(2017)．*Reason & Rigor：How Conceptual Frameworks Guide Research*(2nd ed.)．SAGE.

Saldaña，J.(2016)．*The Coding Manual for Qualitative Researchers*(3rd ed.)．SAGE.

Saldaña，J. and Omasta，M.(2018)．*Qualitative Research：Analyzing Life.* SAGE.

Sandelowski，M.，Barroso，J. and Voils，C. I.(2007)．"Using Qualitative Metasummary to Synthesize Qualitative and Quantitative Descriptive Findings." *Research in Nursing & Health*，30(1)，99—111. https：//doi.org//10.1002/nur.20176.

9 数据的编码、分类和主题化：对意义的反思性探索

珍妮特·理查兹

摘要：本章将概述反思性主题分析并介绍质性数据中识别、分析和解释意义模式的阶段。我为每一步都提供了数据分析的范例，也提供了数据流程图的片段，来说明研究人员在减少数据的同时保持意义的递归模式。在这一章中，我提出了一些问题，以鼓励研究人员进行反思性探索，并进一步促成讨论。我列出了研究人员在开始和进行数据分析解释时可能会问自己的一些发人深省的问题，并在这些问题中附上建议的答案。在结论中，我强调了指导主题分析的反思性。

关键词：数据编码与分析；数据流程图；研究者的反思性；质性研究教学

根据研究类型、研究人员的目标以及认识论和本体论假设，有许多方法可以分析和解释质性数据（Adu，2019）。在本章中，我通过反思性主题分析来阐释我的想法，这种方法在理论上是灵活的、直接的、直观的，并且与许多，尽管不是所有类型的研究方法兼容。布劳恩和克拉克（Braun and Clarke，2006）与克拉克和布劳恩（Clarke and Braun，2013b）在他们广受欢迎的反思性主题分析概念中得出结论：主题并不是自动从编码和分类数据中产生的，而是研究人员积极参与决策过程来生成主题。

9.1 从课程的评估中学习

在开始这一章的工作时，我首先考虑了自己的立场。我是文学和质性研究的教授，持有解释主义的立场（即认识论），因此我设法探索和考量受访者的观点。然而，我也知道，我自己的偏见从头到尾都在影响着我的研究工作。此外，我的立场也影响了我在本章后面分享的对数据的解释。

我让我的质性研究方法 2 班的博士研究生以书面形式回答这个问题："质性研究人员在计划和进行数据分析与解释时应该考虑什么?"下面，我分享了三个学生的回答，其中，突出的想法用粗体显示：

回答 1

研究人员应该考虑如何以**最合适的方式整理**信息。一旦信息被**整理**好了，就可以阅读、重读，以确保它是**整理**好的。**围绕常见的重复出现的单词、概念、观点开始分析——找到方法解释这些常见的单词是如何联系在一起的。**

回答 2

重新浏览数据，以反思在数据整理中产生的想法——**保存一本研究者笔记，记录最初的印象，即想法、反应、初步解释、问题，等等。反思**收集到的数据，以考虑这些数据在多大程度上**有助于回答研究问题。阅读或重读有关该主题的文献，通过相关文献的视角，继续反思数据收集的过程。**

回答 3

回顾整个数据收集过程，**并在收集数据时写下你的想法、经历等。**以原始的文本形式查看数据。然后，转录数据，并在转录时查看/分析数据。然后**归纳性地回顾/分析转录后的数据**。随后，进行主题分析来发现主题。一旦你**创建了主题**，就再次分析数据以确保准确性。**主题应该与理论框架联系起来，也应该回答先验的问题。**

上述回答中的粗体字表明，我的学生已经将一些恰当的术语和概念吸收到他们的分析模式中，如整理数据、共同主题、相关文献、先验问题、回顾数据、常用词、持续比较分析、创建主题、反思。然而，我从他们的反馈中了解到，作为老师我还有很多工作要做，因为他们的回答很模糊，也没有直接回答我提出的问题。他们不明确的回答和遗漏表明，学生们并不知道在计划数据分析与解释时应该考虑什么。更重要的是，他们的回答表明，我没能很好地帮助我的学生理解主题分析中的基本步骤，并认识到研究人员反思的重要性。

我曾支持学生通过视觉和表演艺术来转换教科书的内容；批评已发表的传统质性研究；在"学生/教师的质性对话"中与我进行互动；根据给定场景设计的调查方案参与协作与小组模拟；与我一起参加周末讨论会议，重点讨论质性研究流程；期末提出一个独立的真实调查。但在他们学习适用于质性研究的反思性主题分析的系统步骤时，我忽视了对他们的帮助。因此，当他们准备并努力将原始数据转化为对主题的简明总结进而最终构建意义时，学生们不清楚该做什么。事实上，埃林松和布里西维奇（Erlingsson and Brysiewicz，2017）提到，研究新手经常难以理解如何进行质性数据分析。

9.1.1 教学主题和灵活性

为了阐明这些分析过程，我首先简要概述了反思性主题分析，然后解释了质性数据中识别、分析和解释意义（或主题）模式的阶段。我还提供了这些步骤的数据分析范例。此外，在分析的所有阶段，我提供了数据流程图（data flow diagrams，DFDs）（Woodman，1988），阐明了一个递归模式，即研究人员如何在减少数据的同时保持意义。

在本章的各个地方，我提出了一些问题来鼓励研究人员进行反思。此外，基于我对反思性主题分析的阐释，我进行了总结，列出了研究人员在开始和进行质性数据分析和解释时可能会问自己的九个问题。我会在这些问题后附上建议的回答。最后，我用需要记住的最后一点来结束这一章，并列出三个问题来促进课堂和学习小组的讨论。

9.2 反思性主题分析：艺术与挑战

分析数据是指将收集到的信息转化为相互关联的统一类别的过程（Adu，2019；也可参见 Hesse-Biber，2017）。最终，所有的数据分析都会在深思熟虑后经过合并类似模式和主题来实现数据缩减。主题将分析的各个部分合成一个更像样、更有意义的整体。模式则帮助研究人员识别或构建主题。

然而，重要的是，逐步简化的形式仍需表示原始/主要数据。不存在用难以处理的规则来转换或分组质性数据以实现特定目标，如研究发现、意义构建、新知识构建（Patton，2015）。但是，研究人员在分析数据时，会遵循一些推荐的准则以及必要的递归操作来检查、再检查他们的假设（参见 Miles，Huberman and Saldaña，2020）。

质性分析的过程是主观的，因此也是解释性的。故而，该过程的每一步，研究人员都需要检查并有意识地承认，影响他们决定、解释的假设、偏见，会给调查带来影响。为此，巴顿告诫研究人员在数据分析过程中要小心。通过巧妙的数据分析将代码分组为模式和主题，以便在不失去意义的情况下减少数据，"这是一个判断问题，这完全取决于谁用什么标准和出于什么目的进行判断"（Patton，2015：520）。巴顿还观察到，"数据分析最终取决于分析人员的技能、智力、训练和洞察力"（Patton，2015：522）。

9.3 基于数据流程图片段解释反思性主题分析

在接下来的部分中，地质学博士克里斯蒂·贝博（Christy Bebeau）提供了她创建的数据流程图，以说明研究人员对数据的迭代或重复循环分析是如何体现反思性主题分析的。数据流程图片段还有助于识别和跟踪研究人员在分析过程中的思维和行为。在分析过程中，他们将原始数据转换为代码、类别和主题(Bebeau，2020)。例如，每个数据流程图都展示了研究人员的反思性决策如何将他们转回到以前探索和记录的过程，或者将他们引导到数据分析的下一步。值得注意的是，数据流程图直接指出了研究人员的分析中心位置。数据流程图中的矩形代表研究人员，他们可以调用数据、反思、分析并决定是保持数据原样、扩充、还是编辑。椭圆形代表每个步骤。开放式的矩形表示研究人员存储数据的地方。带标记的箭头表示传输的数据类型以及如何通过流程转换数据(参见图 9.1)。

资料来源：Modified from DeMarco(1979). Graphic by Christy Bebeau, 2020。

图 9.1　数据流程图示

9.3.1　反思性主题分析的步骤

数据分析是一个循环、迭代的过程。以下反思性主题分析范式中描述的步骤"不应该被视为一个线性模型，如果不完成前一个阶段就不能进入下一个阶段(正确地)；相反，分析是一个递归过程"(Clarke and Braun，2013b；120)。

在下面的部分，我将展示如何对数据进行编码，如何使用研究人员笔记本上的数据创建类别和生成主题。

研究人员笔记本的摘录

当我走进教室迎接我质性研究的新学生时，我希望看到的是快乐的学生。但恰恰相反，我看到一些学生皱着眉头，一些人低头看着他们的桌子。当我坐下时，其中一个学生说："理查兹博士，我担心教学大纲太长。"另一名学生补充道："这让我们很紧张。"

我对我的教学大纲内容很有信心。我以前用过这个大纲,所以我说:"我看得出来你们很担心,但我会帮助你们完成教学大纲和课程。你们会喜欢上质性研究。一切都会好的。"

9.3.2 步骤1:了解数据

实际上,数据分析的开端是研究人员从以下几个方面开始收集数据:(1)观察;(2)面对面访谈;(3)研究受访者的每周日志条目;(4)焦点小组;(5)视觉和表演艺术表现等。换句话说,质性数据的收集和分析不是线性的,"他们通常同时进行"(Patton,2002:514)。当研究人员收集数据时,他们会浏览和检查自己收集的数据以发现问题,并在必要时修改数据收集方法(Patton,2015)。在转录数据后(如果需要转录),研究人员会继续回到他们的访谈中(参见第6章蒂·格雷戈里奥和第10章伯诺尔的讨论);这个初期步骤花费了大量的时间和精力,但是非常值得。

在这个初始阶段(图9.2),研究人员在他们的日志中做笔记,记录他们的假设和想法(即备忘录写作)。在数据收集期间以及在访谈和观

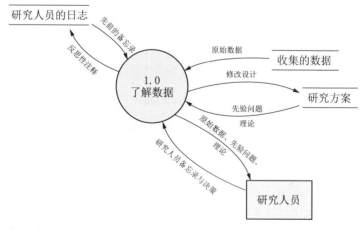

资料来源:Christy Bebeau 绘制,2020。

图 9.2 步骤 1 的数据流程图:了解数据

察之后立即做笔记,可以"促成新发现,帮助跟踪一个人的思维过程,帮助对代码进行分类,并记录对编码过程的详细描述"(Adu,2019:85、86)。当研究人员在他们的研究报告中适当地采用自己的笔记时,备忘录写作也被证明是有用的。在这些笔记中,研究人员回到他们的先验问题,他们在整个研究过程中持续思考这些问题,以确定数据是否回答了这些问题;如果没有,他们会编辑研究问题。此外,研究人员也会回顾他们选择的理论视角(即理论)以考虑这些框架是否仍然合适,或者是否应该改变、排除或添加一个或多个理论。

9.3.3　步骤 2:数据编码

在这一步中,研究人员将对数据进行编码(即分配标签)。研究人员浏览他们获得的文本,并寻找调查的内容。以下摘录显示了我使用表 9.1 所示的代码和类别标记的文本段:

已编码和分类的文本

当我走进教室迎接我质性研究的新学生时,**我希望看到的是快乐的学生**。但恰恰相反,我看到一些学生皱着眉头,一些人低头看着他们的桌子。当我坐下时,其中一个学生说:"理查兹博士,我担心教学大纲太长。"另一名学生补充道:"这让我们很紧张。"

我对我的教学大纲内容很有信心。我以前用过这个大纲,所以我说:"我看得出来你们很担心,但我会帮助你们完成教学大纲和课程。**你们会喜欢上质性研究。一切都会好的**。"

在这个文本片段中,我用了不同的字体标注了相关的文本,这对应于我分析中的重要观点。这包含了所有我认为相关的内容,因为我知道我可以随时删除一些想法和代码;如果我认为合适的话,我也可以添加更多的代码。

表 9.1 显示了我在摘录的文本中标记的文本段的代码。请注意我是如何在两个文本段中使用相同的代码"我对学生幸福感的期望"的。如果进行更长的分析,我可能会用这些代码来标记我笔记本中的其他部分以及我研究的其他数据。如图 9.3 所示,我可能会多次浏览同一段文本,以找出将其连接到我编码系统的最优方式。

表 9.1　数据编码和分类

文本片段	编码	类别
我希望看到的是快乐的学生	我对学生幸福感的期望	
学生皱着眉头	担心的学生	担忧的学生
低头看着他们的桌子	担忧的学生	担忧的学生
担心教学大纲太长	忧心忡忡的学生	担忧的学生
这让我们很紧张	紧张的学生	担忧的学生
我对我的教学大纲内容很有信心	我的信心	
看得出来你们很担心	我对学生问题的认知	
你们会喜欢上质性研究。一切都会好的。	我对学生幸福感的期望	

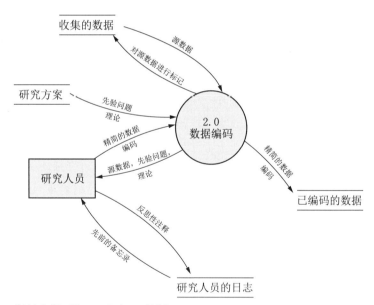

资料来源：Christy Bebeau 绘制，2020。

图 9.3　步骤 2 的数据流程图：数据编码

编码是数据分析的核心。"编码并不只是数据分析的准备工作。"（Miles，Huberman and Saldana，2020：86）。相反，正如安塞尔姆·斯特劳斯所说的，"研究的优秀在很大程度上取决于编码的优秀"

（Anselm Strauss，1987：27）。编码是指系统地识别研究人员认为相关的主题、问题和数据的异同。这种"相关"与研究的先验问题和选定的支持研究的理论框架有关（Spickard，2017；参见图9.3）。

用萨尔达尼亚的话说，

> 质性研究中的编码通常是一个单词或短语，它是一部分基于语言或视觉的数据的属性，这个属性是总结性的、突出的、本质的或唤起记忆的。（Saldaña，2016：4）

研究人员使用下划线、突出显示或圈出单词、短语、句子等符号来标记源数据。这一阶段有助于精简数据。这使研究人员能够充分理解数据，并考虑哪些主题可以合并（Patton，2015）。在研究人员进行编码时，他们持续在日志中记下反思性的评论或问题（即备忘录写作），他们谨记，"研究人员的视角或立场会影响所有研究"（Briggs，2019：2）。研究人员仍然专注于研究问题和需要分析的数据（Adu，2019）。他们不断检查之前的决策。然后，他们将所有数据整理成由其代码标识的组。这些精简的代码使研究人员"获得整个数据中的要点及对共同含义的简要概述"（Caulfield，2019：5）。

9.3.4　步骤3：数据分类

标记数据时，我也开始对代码进行合并分类。研究人员通过将已编码的数据分组来创建"类别"（Chenail，2008：72）。然后他们给这些类别打上标签。如表9.1所示，我认为我创建的这些关于学生的代码具有类似的含义，因此我将这些代码组合成一个类别，即"担忧的学生"。

正如我们所看到的，在分析的每一步，概念都变得更加抽象。步骤3的数据分类也是如此。然而，尽管需要抽象，研究人员保持意义的一致性也很重要。如图9.4所示，当我花时间检查我的备忘录、我分析的其他部分和我在编码系统中标记的文本时，大部分数据都会被精简。

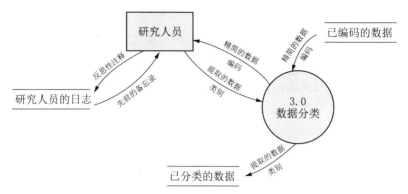

资料来源：Christy Bebeau 绘制，2020。

图 9.4　步骤 3 的数据流程图：数据分类

研究人员在编码和分类过程中可能会问自己的重要问题是：

1. 我的代码与标记的文本含义相关吗？

2. 当我把代码合并为类别时，尽管精简了数据，但我仍然保持了意义的一致性吗？

3. 特定代码或类别下的所有单位都属于该组吗？

4. 确定没有两个类别可以合并了吗？（改编自 Bernard and Ryan，2010）

5. 考虑到我的问题和假设，这个编码系统有意义吗，还是我需要探索一个新的方向？

9.3.5　步骤 4：创建主题

尽管主题很重要，但对于质性研究新手来说，创建主题往往是一项神秘的任务（Bernard and Ryan，2010）。"一个主题最初可能是从源数据中归纳产生的，也可能是从理论和先前的研究中演绎出来的。"（Nowell，Norris，White and Moules，2017；关于归纳或演绎地生成主题的补充说明，参见 Boyatsis，1998）一个主题包含了围绕一个中心概念或想法的无数辨别力（Braun and Clarke，2006），同时，"主题也是一个扩展的短语或句子，它标识一个数据单位是关于什么的，以及它有什么含义"(Saldaña，2016:199)。主题比类别更广泛,因为研究人员经常将几个类别组合成主题。如图 9.5 所示,主题可以通过参与分析的许多不同部分来创建。

为了创建主题,研究人员检查他们创建的代码和类别,并识别其中的模式(参见图 9.5)。不是每个代码都需要被纳入分析。研究人员必须自己判断保留什么、合并什么、删除什么。正如考尔菲尔德指出的,"编码本身可能会成为主题。但我始终牢记,我决定保留的东西必须与我试图发现的东西相联系"(Caulfield，2019:n.p.)。在表 9.2中,我确保谨记自己的研究目的,并且在精简数据时保持意义的一致性。

读者可能会发现代码、类别和主题之间的界限是模糊的。在表 9.2中,我认为"担忧的学生"这一类别足够广泛,我可以把它作为一个主题。尽管如此,主题应该仅包括数据中最重要的概念。在这一步,概念变得更加抽象,但意义不能被瓦解。正如我们在这些精简数据的阶段所看到的,研究人员必须使用他们的"技能、智力、练习和洞察力"(Patton，2015:522)。

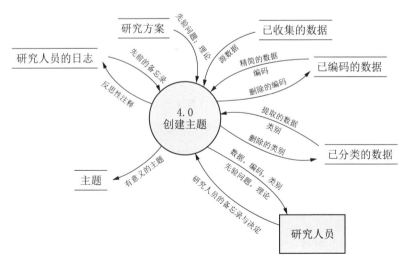

资料来源:Christy Bebeau 绘制,2020。

图 9.5　步骤 4 的数据流程图:创建主题

表 9.2　创建主题

编码和类别	主题
珍妮特(教授)	珍妮特(教授)
我对学生态度的期望 我对学生幸福感的期望 我知道学生的担忧 我对教学大纲的信心 我对学生的关心 我对学生幸福感的期望	对学生的态度和期望 教育关怀 对质性研究学习的信心
学生	学生
担忧的学生 担忧的学生 担忧的学生	担忧的学生

9.3.6　步骤 5:解释数据(即解释主题)

在再次检查研究假设后,研究人员的下一步工作是构建意义(即解释主题)。在这些过程中,研究人员的反思性工作对于主题解释的效果至关重要(参见图 9.6)。最终,质性研究的各个步骤(从数据分析到编码、分类、创建主题和解释数据)将使研究达到更高的抽象层次(参见 Erlingsson and Brysiewicz,2017)。在我们的范例中,当我编写不同的文本片段时,我对自己的立场和学生反应的反思性理解生成了我所做出的分析选择。这种理解指导我创建类别和主题。只有深思熟虑地通过反思性主题分析的各个阶段,研究人员才能解释和构建意义,从而创造知识。然而,正如数据流程图数据所指出的那样,这几个阶段并没有严格的顺序。当我在构建意义时,可能会在数据和分析之间来回切换。

对数据的解释取决于研究人员的理论立场。什么可能帮助研究人员解释主题? 一种方法是回顾文献,因为这会让研究人员产生更多的主题(Ryan and Bernard,2004)。另一种方法源于研究人员的价值观、

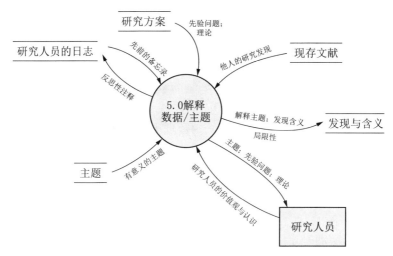

资料来源：Christy Bebeau 绘制，2020。

图 9.6　步骤 5 的数据流程图：解释数据

理论取向、个人对主题的体验以及对主题的了解（Maxwell，1996）。例如，对于对主题有经验和知识的研究人员，比如我通过担任美国国际开发署学者，进行缅甸和泰国之间丛林中的文化研究，会了解相当多的理论模式，这将有助于解释主题。此外，我还建议研究人员求助于词库来扩大他们的词汇量。

9.4　在决策过程中进行反思性活动

　　读完这一章，读者会很好地理解质性研究人员在思考和进行数据分析时反思的重要性。为了帮助质性研究新手和其他进行质性研究的人明确在数据分析和解释之前及其间应该考虑什么，我构建了包括九个问题的清单来激发他们的反思性活动。这个清单绝不是固定的。质性研究人员可以在这个清单中添加他们自己的问题，以激发他们数据分析的思考能力。

9.4.1　激发质性研究人员反思的问题

我的数据是什么形式的?［例如,视觉、诗歌和表演艺术;对问卷的回答;观察笔记;现场笔记;视频记录;民族志数据;叙事探究;对具体问题的回答,等等(Spickard,2017)］。数据类型影响研究人员的编码方式(参见 Miles,Huberman and Saldaña,2020:第 4 章,关于宽泛的列表与编码描述的可能性)。

如何对我的数据进行编码? 用代码标记/表示/指定具有相同意义的最小文本单位。当研究人员进行数据编码时,他们用符号标记源数据中感兴趣的部分,这样他们就返回代码,并合并相近想法的数据(Spickard,2017)。例如,研究人员可能会选择识别和编码如下内容:(1)重复出现的主题;(2)回答研究问题的数据;(3)对某个主题提供新见解的数据;(4)见实编码,使用受访者说出的单词或短语。研究人员可以直接在源数据的打印纸上手动编码数据,然后使用表格,通过为每个问题创建单独的表格来跟踪主题(Spickard,2017)。同时,研究人员也可以使用质性数据分析软件,如 NVivo、ATLAS.ti、MAXQDA、Quirkos、Dedoose、Provalis Research's QDA Miner、webQDA。

什么样的分析方式最适合我的数据编码? 考虑团队收集的数据类型。分析和编码数据的方法有很多(Saldaña,2016)。例如,反思性主题分析是从质性数据中识别模式和创建主题的方法。布劳恩和克拉克建议,主题分析是学生应该掌握的第一种质性方法,因为"它提供了关键的技能,这将有助于进行许多其他类型的分析"(Braun and Clarke,2006:78)。另请阅读迈尔斯、休伯曼和萨尔达尼亚 2020 年撰写的第4 章。

为什么我的理论框架/观点(理论)和支持我调查的先验研究问题很重要? 理论视角与研究人员希望在调查中发现的信息有关(即调查中将研究什么)(Miles,Huberman and Saldaña,2020)。理论观点是一种理论、一组假设或框架,它们为研究提供信息,并与研究人员的先验问题联系起来。例如,考虑以下研究问题:"在一个学期的课程中,四名实习教师会以什么方式将社会正义和公平问题纳入他们的课程?"设计出这个问题后,研究人员会在文献中搜索理论,为他们计划探索的内容提供信息。如果不了解社会正义和公平问题,这项研究是不可能进行的。研究人员也可以参与经验性数据收集,观察实习教师的课程和教案,对四名实习教师进行访谈,并通过在数据中寻找与社会正义和公平问题相关的词语、术语和短语来回答研究问题(Braun and Clarke,2006)。

我的认识论和本体论观点会在哪些方面影响我的数据分析和解释? 研究人员必须问自己这个问题:我的认识论和本体论假设是什么?作为研究人员,你相信有一个真相还是多个现实? (参见 Adu,2019：Chapter 1。)阿杜强调质性研究人员需要反思、承认和归类他们先入为主的观点[即"防止自己先入为主的观点影响质性分析过程"(Adu,2019：72)]。可以理解的是,质性研究人员对他们不认识或不承认的研究的性质会持有不同的哲学观点和假设。认识论涉及研究的有效性、范围和方法各个方面,例如(1)什么构成了研究;(2)如何获得或产生研究结果;(3)如何评估其可推论的程度。认识论之所以重要,是因为它影响了研究者在试图发现研究结果的过程中如何构建他们的研究(Moon and Blackman,2017),并且认识论指导了研究者如何获得研究结果(Ormston, Spencer, Barnard and Snape,2014)。一些研究人员倾向于一种后实证主义的观点(Lincoln and Guba,1985),另一些则持有后现代主义的立场(Merriam,2002),其他人也可能会坚持一种主流象征论。

我以什么方式保存数据分析和解释的记录? 优秀的质性研究人员总会花时间记录他们思维和行动。在日志中记录重大事件,并在数据分析和解释中坚持每天写作,这是记录想法和问题的有效方法,以便研究人员强化他们的记忆。另外一个好处是,研究人员对这个问题的回答可以纳入他们的研究报告中。

数据中缺失了哪些可能和数据中的东西一样重要的信息? 花点时间问一问"数据中缺少什么,我可能遗漏了什么?",而不仅仅从数据中寻找东西。"研究人员早就意识到,没有提到的东西,可以从质性数据中探索到。"(Ryan and Bernard，2004：n.p.)事实上，50多年前，波格丹和泰勒就提醒研究人员必须"注意研究受访者回避的话题"(Bogdan and Taylor，1975：82)。另外，也要考虑强调沉默、省略的意义的后结构原则(参见Jackson and Mazzei，2012)。

我如何构建数据分析程序可信度？ 构建数据分析程序可信度的一种方法是请一位优秀的质性研究人员作为"关键朋友"，对源数据进行编码、分类、主题化和解释。可以讨论一下彼此分析的异同。这个过程可能会让你对数据中的内容有新的认识，也可能会证实你的想法。

我可以从哪些方面提高研究报告的准确性？ 想想研究人员对受访者和职业的责任；获得受访者的知情同意；坚持对受访者的保密性和匿名性；不曲解数据；谨防抄袭，如果你正在使用别人的编码系统，请引用并承认他们的工作；忠于自己，忠于质性研究的原则；好好写(Richards，2019)。

9.5 结论

在本章中提供的反思性主题分析框架不应该被视为研究人员必须一步步遵循的刻板内容。在这一章中，由于篇幅的限制，我描述了一种使用反思性主题分析的方法。然而，正如布劳恩和克拉克(Braun and Clarke，2019)指出的，反思性主题分析在程序上是灵活的。我在下面列出了一些要点：

• 有一些推荐的步骤可以指导反思性质性研究人员从源数据发展至主题、研究发现和解释(即创造意义)，但并没有严格的规则。

• 研究人员生成主题。主题不会像魔法一样出现。

• 研究人员的反思性决策可能会使他们重回以前的探索过程，也可能会将他们推进到数据分析的下一步。

• 研究人员必须努力在数据分析的所有阶段保持数据意义的一致性。

● 考虑到反思性主题分析，研究人员不能写"主题自己出现"，就好像主题是独立的、神秘的自然发展的实体。相反，布劳恩和克拉克的工作(Braun and Clarke，2019)将研究人员的思维置于数据编码和分析过程的中心。

● 质性分析过程是主观的。因此，在分析的每一步，研究人员都需要检查并有意识地承认他们给研究带来的假设和偏见，并理解这些偏见如何影响他们的决定和解释。

● 研究人员在分析过程的中心位要求他们对自己的决策负责，并进行自省和反思(即采取行动将注意力导向自己，使自己的编码和分析透明化，正如本章中 DFD 所描述的那样)。"反思为我们提供了一种将研究中的主体性问题转化为机遇的方法。没有反思，研究的有效性可能会被破坏。"(Finley，1998)

● 反思性主题分析可以反映研究人员不同的哲学认识论假设和与其研究相关的立场。

● 克拉克和布劳恩(Clarke and Braun，2013a)认为，他们目前对反思性主题分析的观点可能会继续发展。我对这个问题的看法也在不断发展。

补充阅读

Boyatzis，R.(1998). *Transforming Qualitative Information*： *Thematic Analysis and Code Development*. SAGE.

Gibbs，G.(2007)."Thematic Coding and Categorizing." In *Analyzing Qualitative Data*(pp.38—55). SAGE.

Miles，M. B.，Huberman，A. M. and Saldaña，J.(2020). *Qualitative Data Analysis*： *A Methods Sourcebook*(4th ed.). SAGE.

回顾与练习

1. 为什么布劳恩和克拉克(Braun and Clarke，2012)认为反思性主题分析在理论上是灵活的?

2. 研究人员如何证明他们以严格和有条不紊的方式进行了数据分析?

3. 取一部分数据，然后按照本章中描述的方法对其进行编码和主题化。使用数据流程图来进行你的研究，并向一个"关键朋友"解释你分析的不同步骤。

如果你没有自己的数据，你可以使用当前这三个文本片段，以及我在本章中的范例——从课程的评估中学习。

参考文献

Adu，P.(2019). *A Step-by-step Guide to Qualitative Data Coding*. Routledge.

Bebeau，C.(January 2020). *Data Flow Diagrams as Audit of Qualitative Data Analysis Methods*. Presented at The Qualitative Report 11th Annual Conference "Contemporary Qualitative Research." Fort Lauderdale，FL.

Bernard，H. and Ryan，G.(2010). *Analyzing Qualitative Data：Systematic Approaches*. SAGE.

Bernauer，J. A.(2022). "Oral Coding：An Alternative Way to Make Sense of Interview Data." In C. Vanover，P. Mihas and J. Saldaña(Eds.)，*Analyzing and Interpreting Qualitative Research：After the Interview*. SAGE.

Bogdan，R. and Taylor，S.(1975). *Introduction to Qualitative Research Methods*. Wiley.

Boyatzis，R.(1998). *Transforming Qualitative Information：Thematic Analysis and Code Development*. SAGE.

Braun，V. and Clarke，V.(2006). "Using Thematic Analysis in Psychology." *Qualitative Research in Psychology*，3(2)，77—101. https://doi.org/10.1191/1478088706qp063oa.

Braun，V. and Clarke，V.(2012). Thematic Analysis. In H. Cooper，(Ed.)，*APA Handbook of Research Methods in Psychology. Vol.2：Research Designs* (pp.57—71). American Psychological Association. https://doi.org/10.1037/13620-004.

Braun，V. and Clarke，V.(2019). "Reflecting on Reflexive Thematic Analysis." *Qualitative Research in Sport，Exercise，and Health*，11(4)，589—597. https://doi.org/10.1080/2159676X.2019.1628806.

Briggs，K.(May 22, 2019). *Reflection and Reflexivity*[web log]. http://kathrynbriggs.weebly.com/blog/reflection-reflexivity.

Caulfield，J.(September 9, 2019). *How to Do Thematic Analysis*. Scribbr. https://www.scribbr.com/methodology/thematic-analysis/.

Chenail，R.(2008). Categorization. In L. M. Given(Ed.)，*The SAGE Encyclopedia of Qualitative Research Methods* (Vol.1，pp.72—73). SAGE. https://methods.sagepub.com/reference/sageencyc-qualitative-research-methods/n41.xml.

Clarke，V. and Braun，V.(2013a). *Successful Qualitative Research*. SAGE.

Clarke，V. and Braun，V.(2013b). "Teaching Thematic Analysis：Overcoming Challenges and Developing Strategies for Effective Learning." *The Psychologist*, *26* (2), 120—123. https://thepsychologist. bps. org. uk/volume-26/edition-2/methods-teaching-thematic-analysis.

DeMarco, T. (1979). "Structure Analysis and System Specification." In M. Broy and E. Denert(Eds.), *Pioneers and Their Contributions to Software Engineering* (pp.255—288). Springer. https://doi.org/10.1007/978-3-642-48354-7_9.

di Gregorio, S. (2022). "Voice to Text: Automating Transcription." In C. Vanover, P. Mihas and J. Saldaña(Eds.), *Analyzing and Interpreting Qualitative Research: After the Interview*. SAGE.

Erlingsson, C. and Brysiewicz, P. (2017). "A Hands-on Guide to Doing Content Analysis." *African Journal of Emergency Medicine*, *7* (3), 93—98. https://doi.org/10.1016/j.afjem.2017.08.001.

Finley, L.(1998). "Reflexivity: A Reflexive Component for All Research?" *British Journal of Occupational Therapy*, *61* (10), 453—456. https://journals.sagepub.com/doi/10.1177/030802269806 101005.

Hesse-Biber, S. (2017). *The Practice of Qualitative Research* (3rd ed.). SAGE.

Jackson, A. and Mazzei, L.(2012). *Thinking with Theory in Qualitative Research: Viewing Data across Multiple Perspectives*. Routledge.

Lincoln, Y. and Guba, E.(1985). *Naturalistic Inquiry*. SAGE.

Maxwell, J.(1996). *Qualitative Research Design: An Interactive Approach*. SAGE.

Merriam, S.(2002). *Qualitative Research in Practice: Examples for Discussion and Analysis*. JoseyBass.

Miles, M. B., Huberman, A. M. and Saldaña, J.(2020). *Qualitative Data Analysis: A Methods Sourcebook* (4th ed.). SAGE.

Moon, K. and Blackman, D.(2017). *A Guide to Ontology, Epistemology, and Philosophical Perspectives for Interdisciplinary Researchers*. Integration and Implementation Insights: Research Resources for Understanding and Acting on Complex Real-World Problems. https://i2insights.org/2017/05/02/philosophy-for-interdisciplinarity/.

Nowell, L., Norris, J., White, D. and Moules, N. (2017). "Thematic Analysis: Striving to Meet the Trustworthiness Criteria." *International Journal of Qualitative Methods*, *16*(1). https://doi.org/10.1177/1609406917733847.

Ormston, R., Spencer, L., Barnard, M. and Snape, D. (2014). "The Foundations of Qualitative Research." In J. Ritchie, J. Lewis, C. Nicholls and R. Ormston(Eds.), *Qualitative Research Practice: A Guide for Social Science Students and Researchers* (pp.1—25). SAGE.

Patton，M.(2002). *Qualitative Research and Evaluation Methods*(3rd ed.). SAGE.

Patton，M.(2015). *Qualitative Evaluation and Research Methods*(4th ed.). SAGE.

Richards，J. C.(2019). "Empowering Students of Qualitative Research to Take Charge of Their Academic Writing." In J. C. Richards and W.-M. Roth (Eds.)，*Empowering Students as Self-directed Learners of Qualitative Research Methods：Transformational Practices for Instructors and Students.* Brill.

Ryan，G. and Bernard，H.(2004). *Techniques to Identify Themes in Qualitative Data.* Analytic Technologies. http://www.analytictech.com/mb870/readings/ryan-bernard_techniques_to_identify_themes_in.htm.

Saldaña，J.(2016). *The Coding Manual for Qualitative Researchers*(3rd ed.). SAGE.

Spickard，J.(2017). *Research Basics：Design to Data Analysis in 6 Steps.* SAGE.

Strauss，A. L.(1987). *Qualitative Analysis for Social Scientists.* Cambridge University Press.

Woodman，M.(1988). "Yourdon Dataflow Diagrams：A Tool for Disciplined Requirements Analysis." *Information and Software Technology*，*30*(9)，515—533. https://doi.org/10.1016/0950-5849(88)90131-0.

10 口述编码：理解访谈数据的另一种方法

詹姆斯·伯诺尔

摘要：本章将介绍口语编码作为一种分析和解释访谈数据方法的发展过程。与传统的文字转录方法相比，口语编码被视为一种更充分地从访谈记录中获取听觉-口语数据的方法。我将通过一个实际应用的范例来解释说明口语编码的步骤。我也将介绍口语编码作为传统转录方法的替代存在的优点和缺点，因为我们需要认识到这种方法或许不能满足所有研究人员的要求与偏好。本章也指出，虽然没有直接衡量效度标准，但因为受访者长期沉浸在听觉-口语交流中，所以使用口语编码的描述被认为更加真实。

关键词：口语编码；计算机辅助质性数据分析软件；混合方法；效度

10.1 引言和简要的文献综述

虽然编码普遍被认为是理解质性数据的方式，但萨尔达尼亚有这样一种观点："编码只是分析质性数据的一种方式，而不是唯一的方式。要小心那些将这种方法彻底妖魔化的人。同样，也要小心那些对编码绝对推崇，或被称为'编码盲从者'的人。"（Saldaña，2016：3）正是考虑到这一点，我提出了一种混合方法，并将其命名为口语编码（Bernauer，2015a）。

我承认，虽然我开发口语编码的主要动机是以一种更真实和自然的方式获取访谈数据,但我也觉得自己在文本转录上花费了太多的时间和精力。我倾向于把这两个原因融合,但我也想知道我对文本转录的想法在多大程度上影响了我开发口语编码的决定。然而,我也可以坦率地说,我发现口语编码极大地加深了我对受访者和现象的理解。即使软件转录和自动编码技术不断改进,我仍倾向于选择口语编码,因为在记录中它提供了一个更真实的方式来代表受访者。

　　作为一名同时从事量化研究和质性研究的教师(参见 O'Dwyer and Bernauer,2014),我通常会让学生们做一个比较,比较使用统计程序来理解质性数据和使用编码来理解质性数据的差异。我还在 SPSS 和 NVivo 之间做了相应的联系,因为读大学期间我用的就是量化和质性数据分析的两个软件。虽然像 SPSS 这样的统计软件,即便使用者不完全理解统计的基本原理或假设,他们也可以分析和理解数据,但我不认为这种思想可以应用于计算机辅助质性数据分析软件(Computer Assisted Qualitative Data Analysis Software,CAQDAS)。这种软件,如 NVivo,没能产生任何与概率统计相媲美的东西。相反,人们经常说的是,研究者才是主要的工具。这一切表明,量化和质性数据的分析方法之间存在鸿沟,不能(也希望永远不会)弥合。作为主要的工具,研究人员的任务是将他们的经验和见解与计算机辅助质性数据分析软件或其他非计算机分析方法相结合,以便理解质性数据,并根据研究问题解释结果。

　　尽管质性软件相对于量化软件的功能似乎不那么强大,但计算机辅助质性数据分析软件确实提供了越来越多的创造性方法来理解数据。然而,当谈到访谈数据时,无论我们使用人工方法、通用软件(如微软 Word)还是专业软件(如 NVivo),它仍然基于识别和分析围绕重要概念、主题的文本片段,这些概念和主题提出了研究问题。我们在编码的帮助下完成了识别和分析的任务,以便"将我们看到和听到的东西转化为可理解的叙述"(Agar,1980:189)。

　　通过对比 NVivo 和 SPSS,说明解释质性数据与量化数据之间的差异,进而强调了我们正在使用的是两种完全不同的范式。正如古巴所说(Guba,1981:77—78),后来林肯和古巴(Lincoln and Guba,

1985：14—46)将其发展,有三个主要假设区分了质性和量化范式：(1)现实的本质,(2)调查人员-研究人员关系的本质,以及(3)"真理陈述"的本质。虽然古巴坚持认为量化和质性的调查方法可以互换使用,但我发现这一论点很难付诸实践。在今天的研究环境中,很流行将混合方法视为最佳的研究方法。我经常看到博士生很早就决定使用这样的方法,因为这会让博士培养委员会满意。然而,过于频繁地将方法混合会导致论文支离破碎,其中的片段并没有浑然一体地结合,而是看起来像两个不同的部分。

简而言之,我并不反对混合方法——事实上,当研究目的、研究问题和研究背景合适时,我支持使用混合方法。真正的挑战在于构建研究有效性和解释,其中量化数据使用统计程序进行分析,质性数据则使用某种类型的编码程序进行分析(参见 Creswell and Plano-Clark,2011；Onwuegbuzie and Johnson,2006；Poth,2018)。我不禁认为,为了使质性研究具有合理性,包括我们如何分析和解释发现,我们有时会走得太远,并试图复制科学的原则。

10.2 口语编码的发展

我于 2015 年始创了研究步骤,我两个已发表的研究就使用了这些步骤。而另一个研究正在进行中。在本部分,我将参考这两个已发表的研究,并将在下一部分讨论正在进行的研究。

这种方法的一个关键因素是听觉和写作的策略运用。对我个人来说(我想其他人也是如此),积极的听觉艺术很遗憾地成了更狂热的交流模式的牺牲品,比如电子邮件、短信、推特和一般的社交媒体。相反,苏格拉底式的提问会引发积极的倾听,虽然我肯定不会把自己放在柏拉图所描述的同一水平上,但这种提问的精神为我们提供了一种设计问题的模式,这种苏格拉底式的问题不仅仅是重复现有的概念和知识,而是随着对话访谈的展开动态地创造新的发现。这些问题和由此产生的新发现激励了受访者，因为这可能是他们第一次有机会在交谈时用新的视角重建自己的经历，这反过来也激励了研究人员倾听并同时构建他们对现象的新理解。口语编码利用了这种听觉，将其作为分析和解释访谈数据的主要方式。

写作也有助于反思和发现新的见解。正如托马斯·曼小说中的角色塞特布里尼(Settembrini)所说，"写得好与想得好一样，而想得好仅次于做得好"(Thomas Mann，1981：164)。沃尔科特(Wolcott，2009)通过论证"传统的观点是文字反映了思考，而我被一个更强的观点所吸引：文字就是思考"，使写作与思维之间的关系更清晰。这意味着，尽管写作是研究行为的最后一步，但它不仅仅是对研究知识的简单报告，而是分析和解释原始听觉/口语数据的持续创造性努力。

10.3 口语编码的步骤

依据口语编码的第一次系统概述，我总结了口语编码的七个步骤(改编自 Bernauer，2015a：7—8)。为了使用这种方法，研究人员应该进行如下操作：

1. 开展并记录访谈。

2. 记录完后，尽快仔细地听取这些数据，以便对数据的感觉或形式有一个感知。研究人员倾听时，应仔细地、批判地反思他听到的和没有听到的内容。不做书面笔记，而是对受访者的停顿和重点做"心理笔记"，同时，对数据中的提议和心照不宣的内容保持敏感。

3. 随后，再听一遍与研究问题相关的录音带，找出并记录那些出现的术语、代码、主题和概念。这一步构成了第一轮编码。

4. 根据步骤 1—3，再次听取原始录音，但用其他设备录制重要片段，以及与研究问题相关的反思和观察。也就是在播放最初的访谈时，打开第二个录音设备，然后谈论当时所说的话。这一步不仅有助于识别受访者的初始主题，而且有助于分析、解释和反思。这一步构成第二轮编码。

5. 根据步骤 1—4,写一个最初的文本摘要,描述研究的目的,研究人员试图发现什么,是如何尝试探究这些发现的,发现了什么,以及这些发现与研究问题的关系意味着什么。这一步可能有些困难,因为调查结果和解释都没有完成。然而,参与编码过程的研究人员知道的比他们想象的要多。即使进一步的分析可能会有变化,但是写一篇文本摘要也有助于研究人员在目的、程序、结果和解释方面进行协调。

6. 使用步骤 4 中完成的精简录音,结合语音识别软件(如 temi.com),通过沉浸于口语-听觉对受访者的回答进行转录。创建一个合并文件,找出重要的受访者回答和研究人员评论,将其列在研究问题、访谈问题、对话提示下。这一步构成了口语编码的第三轮也是最后一轮编码。

7. 最后,使用合并文件,通过比较、对比和批判性分析研究问题中的受访者数据和研究人员评论,开始撰写研究报告。这一过程表明,数据的综合分析是批判性的思维(参见 Bernauer, Lichtman, Jacobs and Robertson, 2013a)。还应该注意的是,将这些步骤延长到几天(或几周),可以使研究人员将撰写最终报告前、最终报告过程中出现的观点纳入其中。

在 2015 年编纂这些步骤前,我在一项研究中测试了口语编码,该研究调查了如何在一个博士课程中教授研究方法(Bernauer, Semich, Klentzin and Holdan, 2013b)。在这项研究中,由作者组建的焦点小组是主要的数据收集来源,该小组的三名成员[伯诺尔、霍尔丹(Holdan)、塞米奇(Semich)]是博士课程中教授不同研究方法的教师,而另一名成员[克伦津(Klentzin)]是该课程的学生。尽管这项研究的主要目的是调查最有效的、让博士生快速学习研究方法的方式,而第二个目的才是尝试和验证口语编码的过程。研究中我使用了口语编码来分析访谈数据,而克伦津使用并修改了穆斯塔卡斯(Moustakas, 1994)创建的数据分析程序来分析数据。虽然在这项研究中,上述提到的口语编码的七个步骤没有被明确地使用,但这些是我用来分析数据的基本步骤。在这项研究中,我被标注为"QUAL",因为我是教授质性方法的老师,而克伦津被标注为"PG"(研究生),因为她是该课程的学生:

> 作为分析过程的最后步骤之一,QUAL 和 PG 使用同行评审来比较、讨论和综合他们单独进行的分析。这最后一步不仅提高了数据的可信度,还为每个受访者-研究人员提供了机会来解释他们对数据的"看法"。研究发现,QUAL 和 PG 识别出非常相似的主题,在解释上几乎没有差异。这是令人激动的,不仅因为两个研究人员探索到了相同的发现(和最终的结论),而且这也提供了证据,即口语编码和文字转录的方法会产生相似的研究结果——一种同步验证。(Bernauer et al., 2013b:182)

这些发现让我非常满意,因为我不仅发现了相似的主题,而且与其他研究人员相比,我能够更好地沉浸在口语对话中,特别是使用口语编码的步骤 2—4。我断言,与现象学研究中使用的传统方法相比,不使用逐字逐句的文字转录并没有降低这项研究的可信度或解释能力。事实上,我发现口语编码给作者带来了更大的真实性,也给读者带来了更大的希望。

我又进行了一次口语编码研究(Bernauer,2015b),并在研究中将其分为七个步骤。在这项研究中,我访谈了十位几代天主教学校的毕业生,询问他们对上学经历的回忆和反思。这十名受访者于 1954—2000 年毕业于天主教高中。毕业时间的跨度导致了一些不同的观点,这并不奇怪。然而,也有一些令人心酸的主题,包括学术、信仰,以及为什么(或为什么不)他们把自己的孩子送到天主教学校,或者计划(或不计划)将来这样做。

我发现,由于长时间听这十名受访者的录音,我开始沉浸于他们对天主教教育的回忆和反思。由于我沉浸在上面七个步骤描述的访谈录音中,我能够体验到与受访者的对话的持续性,并且我越来越适应口语编码。我认为,这种编码方法的本质还是研究人员通过与受访者原始语音的持续接触,进而形成的与受访者的长期联系。

10.4 范例

我最近有机会使用口语编码来分析对教师的访谈数据，这些数据是关于他们对继续接受高等教育的主要动机的看法。因为这项研究是在写这一章之前完成的，我认为它对口语编码进行了"实时"检查。本研究中有四个研究问题，但首要的一个是："什么是他们继续担任大学教授的最重要的激励因素？"我访谈的八名教师是特意为这项研究挑选的，他们代表了不同的学科并拥有多年的教学经验。虽然有一些学科（如商学、传播学和社会科学中的其他领域）目前没有在本研究中出现，但我可能会在以后对这些学科的教授进行访谈，以扩大当前的数据库。

我使用口语编码分析的数据对两位教授（化名"ANTHRO""CHEM"）进行了访谈，这些数据帮助我理解了他们的动机，这些动机基于我回答研究问题时对提示的重叠和非重叠反应。同样重要的是，分析是与访谈同时开始的，因为质性调查的灵活性使我们能够避免传统定量范式下数据收集、分析和解释的僵化流程。也就是说，当我使用口语编码时，我已经开始根据我在实际访谈中所发现的东西来构建意义和解释。

同样重要的是要注意，虽然研究问题代表了我们想要发现的东西，但访谈提供了一种实现这一发现的方式。因此，我喜欢将研究问题转换或理解成我所说的"对话提示"，这成为我们的研究问题和受访者之间的桥梁。虽然我根据四个研究问题给出了对话提示，但我在下面只列出了与研究问题相关的一个列表：

1. 既然我们已经开始了这次谈话，并且你已经开始思考动机，那在激励你继续成长为教师和学者这一方面，你认为对你来说什么是影响最大的？

2. 回顾过去，从你开始教书到现在，在教学和学术研究方面的动机是如何变化的？你认为可能影响这些变化的主要因素是什么？

3. 如果你必须找出激励你继续成长和继续教书的三个最重要的

因素，它们是什么？

提示 1 和提示 2 旨在引出所需的数据类型，以便可以在最终报告中包括上下文和"详细描述"（Geertz，1973）。这些最初的提示也是为了给对话而不是正式访谈定下基调。尽管在实际操作中，我认为所有八个对话更像是一个使用口语编码七个步骤的形式，但为了清晰明了，我在这里把重点放在了人类学教师 ANTHRO 身上。

ANTHRO 教授是一位经验丰富的讲师，也有丰富的出版经验。当我开始这个访谈时，我再次提醒自己，分析与数据收集是同时进行的，因此口语编码过程的步骤 1 和步骤 2 应该被修改，以强调这种认知。

10.4.1　步骤 1

当我坐在我的笔记本电脑前，听着 ANTHRO 教授用 GarageBand 录下的他的回答时，我很明显地发现，他继续学习的动机儿乎完全来自参与个人和合作的学术研究。当他被问及什么最能激励人时，AN-THRO 教授最突出的回答之一是，"我发现的东西是最有趣的"。他接着说：

> 我发现，在我开始从事高等教育工作大约十年后，我有了一个研究议程。我不会为我最新的文章去寻找出版物，但就像你可能会说的，我已经做了很长时间的连续研究，当我去参加会议时，它仍然会延续。我发现任何一个人都是一个信息系统，因此与广义上的计算机相连。

10.4.2　步骤 2

在访谈后的第二天，当我听录音对话时，我加深了在步骤 1 中获得的初步理解。当我努力倾听受访者的回答时，我也发现，时间使洞察力的发酵，就像它使葡萄酒更加醇厚和精炼一样。再次听 ANTHRO 的声音时，我想到了马斯洛的需求层次理论，我在头脑中将他置于分类的最高层次（自我实现）（Maslow，1968），以及修改过的分类中的最高层次（创造）（Anderson and Krath-wohl，2001）。我也思考过，虽然我和 ANTHRO 教授一样，是终身教授，因此有更多的自由去追求我的学术和教学兴趣。但我们忘记了，我们的非终身教授同事仍然非常关心晋升。晋升需要完成一些人们看好的事情，如在教学、学术和服务方面（终身职位的三位一体），这些事情会让他们也到达学术天堂。"不发表就发臭"仍然是一句相当准确的口头禅。通过长时间的深入倾听，我发现自我反思与经验数据变得更加融合，就像看了几次最喜欢的电影一样。

10.4.3 步骤 3

大约在我完成访谈五天后，在完成步骤 1 和步骤 2 后，与四个研究问题相关的代码和概念开始出现。根据我对录音对话的沉浸感，我确定了包括"学者""终身职位""自由"在内的代码。这些代码更容易由归纳产生，而不是演绎，而且很可能是由经验、价值观和受访者自己的声音相融合产生的。虽然我们作为质性研究人员必须努力准确地描述共同研究人员（我发现随着研究的进展，"共同研究人员"一词比"参与者"或"受访者"更合适），我们必须承认，将客观数据与对这些数据的主观解释相结合是必要的，因为我们作为人类，无法承认这是一种"科学"的探究，即捕捉我们自己或我们正在调查的现象的本质。这些代码也很自然地引出了一些概念，并加深了 ANTHRO 对每个研究问题回答的理解。它们也为日后的访谈塑造了背景。

10.4.4 步骤 4

我又一次听了我笔记本电脑上所有访谈的最初记录。当我开始对 ANTHRO 的访谈时，我用我的手机录音机（QuickVoicePro）记录了那些让我印象深刻的片段，尤其是 ANTHRO 对对话提示的回应。我想我会从这段录音中识别实境代码，也会识别进一步阐明该受访者观点的引文。再一次听受访者说话在某种程度上就像第一次听到一样，因为，就像读同一部小说或看同一部电影几次一样，这种随后的口语-听觉接触似乎鼓励我去探索更多的细微差别。在这种情况下，我注意到受访者不仅继续用建议性的措辞描述他对学术研究的热情，而且他说话的语气和节奏也传达了同样的热情。因此，代码"学者"不仅向我传达了语言的意义，而且从声音和语言变化的感知中得到了更深刻的理解（参见 Polanyi，1958，1966）。我还直接在这些重新录制的片段后，用手机录音机记录了我自己的思考，以进一步促进解释，将经验数据与我对这些数据日益增长的理解相结合。例如，在回答对话提示 3 关于与职业成长相关的动机时，ANTHRO 回答说，他的主要动机是"我觉得有趣的事情"。录制完这个片段后，我注释道："他的回应与他对学习和学术的关注是一致的，不考虑晋升或其他回报——当然，获得终身职位后，这种'需求'激励因素明显减弱了，这与一些新教师的回答形成了鲜明对比。"在我对所有八名受访者完成这个过程后，我将进行第二轮编码。

10.4.5 步骤 5

按照步骤建议，我开始写一篇摘要，这是我迄今为止所写的内容：

本案例的研究目的是调查什么促使高等教育教师继续在美国大西洋中部地区的一所授予博士学位的中等大学从事他们所选择的职业。我对来自不同学科和不同经验的八名教师进行了深入访谈。调查发现，虽然外部激励因素，如工资和晋升确实很重要，但教师表达的主要激励因素是他们不断追求卓越教学和学术的内心愿望。

值得注意的是，关于外在激励因素的作用是一个新兴的发现，随着研究的进展，这可能会改变。然而，我确实相信研究人员知道的比他们认为自己知道的要多，而且我已经学会在努力理解一项研究的过程中相信自己的直觉。我还认为，在我写研究报告时，通过写摘要的初稿，它对我的解释性思维产生了相互的影响。也就是说，反复听受访者的回答有助于塑造和重塑摘要，而摘要反过来又会塑造和重塑我的写作。

10.4.6　步骤 6

我创建了一个合并文件，一个 Word 文档，其中将研究问题作为主要标题，每个研究问题下的文本都是从步骤 4 中生成的精简记录中获得的。提醒一下，步骤 4 中精简的口语文件保存在我的手机中，其中既包含受访者对每个对话提示的回答（这反过来又反映了一个具体的研究问题），也包含我对这些回答的思考。如果我们将整个研究过程视为一个漏斗，那么从步骤 1 到步骤 6 旨在对每个研究问题收集的数据简化和提炼为一个统一体，最终形成研究发现和研究解释，同时提炼摘要。这些步骤的设计也是为了保持口语-听觉的活跃性，以更真实地捕捉受访者说的话和他们是如何说这些话的。

口语编码的步骤 6 直接影响撰写最终报告，因为"合并文件"包含并反映了沉浸在受访者的声音中所培养的默契感。我用 Dragon Dictate"听"我手机录音机上的精简文件，并把它从语音转录成文本。虽然我发现语音识别软件很有帮助，但它不是没有错误，必须时刻检查和纠正转录的内容（使用的软件是可以选择的）。

除了强调 ANTHRO 的回答外，我还初步写了以下内容，作为他对一个主要研究问题的回答：

> ANTHRO 强烈表示，他希望"把我的教学与学术探究联系起来"。很明显，对他（可能还有其他一些人）来说，教学和研究是齐头并进的，他根本无法舍弃其一。在教学和学术探究方面似乎没有任何分歧，教学被视为与学生分享他的研究的机会，也是从他的学生那里发现新研究思路的机会。

我发现，就像一部伟大的电影或小说吸引我们一样，它们让我们觉得自己是故事的一部分，认同某个特定的角色。在这个研究阶段，深度重复的倾听有助于创造一种与受访者共享的"真实体验"。在 ANTHRO 的研究中，我发现自己理解他的这种方式是我用传统的转录和编码技术无法达到的。经过思考，我也明白了，当我听他讲话时，我能感觉到他也理解了自己，尽管他可能已经知道了，但他通过阐述自己最深刻的价值观和观点，对自己的理解变得更加清晰了。我计划利用他们的合并文件对每个研究问题和受访者继续相同的研究过程。

10.4.7　步骤 7

虽然遵循步骤 1 至步骤 6 不会直接产生最终研究报告，但我发现，随着我在步骤 6 中继续挖掘合并文件并修改摘要，我可以看到研究中出现的主题和重要发现。关于摘要，在写这篇文章的时候，这是我到目前为止所完成的：

> 本案例的研究目的是调查东北部一所授予博士学位的中等规模大学的老师如何描述他们继续教学和进行学术研究的动机，以及大学可以做些什么来保持这种动机。本研究案例基于对九个学科、不同教学经验的八名老师的深度访谈。最重要的研究发现是，由于内在而非外在的激励因素，在教学与学术上获得成功对老师来说具有巨大的激励作用，而且老师也有一种强烈的热情要在学术上有所作为。虽然工资和晋升也受到重视，但老师们提到的主要激励因素是他们希望继续在教学和学术上追求卓越。虽然所有的老师都重视学术研究，但也有人认为，在与教学和服务相关的职位晋升中，学术研究的分量太重了。一个相关的建议认为，要为老师提供成为终身教授的教学或研究路径，因为一些受访者认为，要同时做好这两项工作极具挑战性，大学应提供持续的机制来支持学院教学和研究。

我的这份摘要的初稿（步骤 5）包含了一些更新的内容（如研究目的、人口统计学、方法论甚至还有我的猜测，即内在动机将会超过外在动机），其中一个最重要的补充是"热情"，这是基于对 ANTHRO 回答的深入倾听而产生的。就像我现在想的那样，在研究工作的早期写一篇摘要类似于使用一种"演绎编码"，这种编码来自我们自己的经验和见解，而对摘要的修改来自"归纳编码"，这种编码由受访者分享的内容和我们在访谈中透露的内容共同构建。我还发现，随着口语编码数据分析的发展,它将与数据结合同步。当我们写作时,创作过程仍在继续,写作继续揭示着新的见解。

希望这个真实的范例很好演示了口语编码的过程。我并不认为这七个步骤是"浇筑在混凝土中的"或僵化的。相反,这是一种可延展的方法,需要对研究人员的想法和见解具有敏感度和反映性。

10.5　结论

使用口语编码既有潜在的好处也有挑战。让我们首先来看看潜在的好处。

我开发口语编码是因为我希望尽可能久地保持访谈的本质,即听觉-口语,同时减少逐字逐句转录的需求。我发现,在口语编码过程中,长时间接触受访者的真实声音比转录文本更能真切地向我传达受访者的变化、停顿、厌恶甚至幽默。它还在我的脑海中重现了一幅访谈发生时的画面,有点像访谈的音视频重播。我确信,依赖转录文本的研究人员也会经历这样的感受。但对我来说,口语编码更强大。整个分析过程帮助我以更紧密的方式将研究问题与研究发现、解释联系起来。最后,我发现这七个步骤也有助于我撰写一份更有生命力的研究报告,因为它更清晰、更真实地反映了受访者的声音。

与大多数编码方法一样,口语编码也存在一些缺点和挑战。我们认为口语编码是可以调整的,用户可以自己定制分析过程,以形成将他们的数据转换成书面的独特方式。我发现口语编码使得将数据转化为描述的行为更有活力。虽然我们这些从事质性研究的人并不依赖统计方法来评估效度,但我发现,口语编码会产生更真实的描述,因为深度倾听比任何统计方法都更令人满意。沃尔科特建议"少说、多听",这是他寻求效度的第一个标准(Wolcott,1990:126—128),我相信这抓住了口语编码的本质。

补充阅读

Bernauer, J. A., Bernauer, M. P. and Bernauer, P. J. (2017). "A Family Affair: Caring in Teaching and Implications for Teacher and Researcher Preparation." *Brock Education Journal*, 26(2), 4—15.

Paulus, T., Lester, J. N. and Dempster, P. (2014). *Digital Tools for Qualitative Research*. SAGE.

Wolcott, H. F. (1994). *Transforming Qualitative Data: Description, Analysis, Interpretation*. SAGE.

回顾与练习

1. 阅读本章后,你将如何比较口语编码和其他分析解释访谈数据的方法?它们在产生可信的研究发现方面有什么差异? 请阅读其他文献资料,以获得内容。可供选择的两个文献如下:

Kvale, S. and Brinkmann, S. (2014). *InterViews: Learning the Craft of Qualitative Research Interviewing* (3rd ed.). SAGE.

Saldaña, J. (2016). *The Coding Manual for Qualitative Researchers* (3rd ed.). SAGE.

2. 确定一个主题和相关的访谈,然后讨论如何使用口语编码将观察数据与访谈数据整合。

3. 组成包括3—4名成员的团队,找出一个共同感兴趣的现象和三个可能的研究问题。接下来,确定一个"了解"这一现象的受访者,同时确定他愿意进行20—30分钟的访谈。访谈结束后,让你的团队中的几个成员使用口语编码的七个步骤来分析数据,而其他成员用不同的方法来分析数据,使用约定的格式写一份简短的研究报告。最后,讨论并比较你的发现,指出口语编码所要求的深度听力有哪些好处。

参考文献

Agar, M. H. (1980). *The Professional Stranger: An Informal Introduction to Ethnography*. Academic Press.

Anderson, L. W. and Krathwohl, D. R. (Eds.). (2001). *A Taxonomy for Learning, Teaching, and Assessing: A Revision of Bloom's Taxonomy of Educational Objectives*. Longman.

Bernauer, J. A. (2015a). "Opening the Ears that Science Closed: Transforming Qualitative Data Using Oral Coding." *The Qualitative Report*, 20(4), 406—416. https://nsuworks.nova.edu/tqr/vol20/iss4/3.

Bernauer, J. A. (2015b). "Reflections on Catholic Education in the USA: A

Dialogue across Generations from the 1950s to the 2000s." *International Studies in Catholic Education*, 1—20. https://doi.org/10.1080/19422539.2014.998500.

Bernauer, J. A., Lichtman, M., Jacobs, C. and Robertson, S. (2013a). "Blending the Old and the New: Qualitative Data Analysis as Critical Thinking and Using NVivo with a Generic Approach." *The Qualitative Report*, 18, 1—10. http://www.nova.edu/ssss/QR/QR18/bernauer2.pdf.

Bernauer, J. A., Semich, G., Klentzin, J. C. and Holdan, E. G. (2013b). "Themes of Tension Surrounding Research Methodologies Education in an Accelerated, Cohort-based Doctoral Program." *International Journal of Doctoral Studies*, 8, 173—193. http://ijds.org/Volume8/IJDSv8p173-193Bernauer0397.pdf.

Creswell, J. W. and Plano-Clark, V. L. (2011). *Designing and Conducting Mixed Methods Research* (2nd ed.). SAGE.

Geertz, C. (1973). "Thick Description. Toward an Interpretive Theory of Culture." In C. Geertz (Ed.), *The Interpretation of Cultures* (pp. 3—30). Basic Books.

Guba, E. G. (1981). "Criteria for Assessing the Trustworthiness of Naturalistic Inquiries." *Eric/ECTJ Annual Review Paper*, 29 (2), 75—91.

Lincoln, Y. S. and Guba, E. G. (1985). *Naturalistic Inquiry*. SAGE.

Mann, T. (1924; 1981). *The Magic Mountain*. The Franklin Library.

Maslow, A. H. (1968). *Toward a Psychology of Being* (2nd ed.). Van Nostrand.

Moustakas, C. E. (1994). *Phenomenological Research Methods* (6th ed.). SAGE.

O'Dwyer, L. M. and Bernauer, J. A. (2014). *Quantitative Research for the Qualitative Researcher*. SAGE.

Onwuegbuzie, A. J. and Johnson, R. B. (2006). "The Validity Issue in Mixed Research." *Research in the Schools*, 13 (1), 48—63.

Polanyi, M. (1958). *Personal Knowledge: Towards a Post-critical Philosophy*. University of Chicago Press.

Polanyi, M. (1966). *The Tacit Dimension*. University of Chicago Press.

Poth, C. N. (2018). *Innovation in Mixed Methods Research*. SAGE.

Saldaña, J. (2016). *The Coding Manual for Qualitative Researchers* (3rd ed.). SAGE.

Wolcott, H. F. (1990). "On Seeking—and Rejecting—Validity in Qualitative Research." In E. W. Eisner and A. Peshkin (Eds.), *Qualitative Inquiry in Education: The Continuing Debate* (pp. 121—152). Teachers College Press.

Wolcott, H. F. (2009). *Writing up Qualitative Research* (3rd ed.). SAGE.

11 绘制轨迹：块茎式分析焦点小组数据

艾莉森·韦尔克 乔治·坎贝雷利斯

摘要：本章对焦点小组数据进行了块茎式分析，这个分析过程旨在探索内行动①及其之间的关系，进而捕捉复杂的研究问题的形成。利用"可回答性"结构，我们解释了为什么焦点小组对于理解个人所属的社会形态之间的关系特别有用。焦点小组作为数据收集工具的特性为我们简要介绍"后质性"研究提供了信息，在研究时我们将工作置于伦理-本体-认识论中。在这个理论-方法集合中，我们将介绍吉勒斯·德勒兹(Gilles Deleuze)、费利克斯·瓜塔里(Felix Guattari)和凯伦·芭拉德(Karen Barad)的新唯物主义哲学，以及对"绘图"的描述，这是我们研究中主要的理论依据。本章为希望使用"绘图"的方法来解释分析焦点小组数据与相关理论结构的读者提供了指导。

关键词：块茎网络；内行动；数据绘图；用理论思考；集合

在初期，"焦点小组只是访谈的延伸，旨在引出个人观点"(Kamberelis and Dimitriadis，2013：3)。随着焦点小组、访谈和质性探究概念推动本体论边界的扩展，对这种调查模式的密集解释工作也随之发展：

> 我们不能忘记，焦点小组可以并且已经包含了广泛的讨论方式——从对特定人的正式结构化访谈，到与大大小小的小组对话，这可以以无数种不可预测的方式展开。(Kamberelis and Dimitriadis，2013：4)

---

① "内行动"(intra-action)，指的是网络内各个纠缠在一起的行动者在物质-话语层面的"互相构建"。

事实上,由于其独特的启示性,焦点小组提供了令人兴奋的数据材料,用于将研究模式扩展到传统的质性探究或现在通常称为"后质性研究"的概念之外(例如 St. Pierre,2014)。在这些独特的启示性中,关键是"索引性"(或数据之间可能的联系),并因此指向潜在的研究发现(甚至是被人忘记的)。此外,焦点小组还会产生"中断"(或对典型人类活动中常见的无意识行为的有意识干扰),正如海德格尔告诉我们的那样,这对人类的理解和解释至关重要。焦点小组还在受访者之间激发了"记忆协同效应",揭示所研究现象的丰富性、复杂性和细微差别。当一群有着共同经历的人一起回忆,以便更全面地理解集体经历的本质时,记忆协同就产生了。焦点小组还能促进受访者之间的"政治"协同作用,从而成为宣传和社会变革的工具。

要理解焦点小组数据的启示性,需要绘制多种不同的向量。从隐喻的角度思考,我们在这里有意地使用了"矢量"这一数学概念(尽管不完全像数学家或物理学家定义的那样)。矢量具有方向和强度。想象一下,多维空间内充满着不断出现的不同强度的矢量,它们向不同的方向运动。随着这些不断出现的矢量穿越空间并相互作用,这些相互作用不断产生新的现实现象。在卡伦·芭拉德(Karen Barad,2007)的词典中,矢量或多或少与"内行动的行为"相同(见下文),它们相互影响的方式也十分相似。

11.1　插入说明：后质性研究

有很多书(例如,Jackson and Mazzei,2011；Thomas,Bellingham and Murphy,2020)和很多文章(例如,Lather and St. Pierre,2013)都致力于解释后质性研究,建议读者去研读其中一部分。但在这里介绍这种研究形式的关键元素仍然很重要,因为它为我们提供了关于分析和解释的信息。后质性研究是一种基于"形成"而不是"存在"的扩展研究模式。因此,它拒绝封闭；它鼓励我们在调查过程的每一刻都以不同的方式思考、感受和行动。后质性研究并不强调客观知识和真理,而是包含伦理学、本体论和认识论的不可分离性，或者芭拉德（Barad，2007：409）所说的"伦理-本体-认识论"。后质性调查拒绝预先定义或预先设定的方法，它也不同于基于特定编码和分析程序以确保发现可靠的方法。因为现实和人类的理解是不断变化的，后质性研究是不可分解、不可汇总的，因此，德勒兹和瓜塔里（Deleuze and Guattari，1987）将这种研究称为"反方法"，而拉瑟则称之为"一千种微小的方法论"（Lather，2013：635）。研究人员的任务是对现实产生新的理解，而不是简单地用语言或其他符号系统来表达它。这种扩展的研究模式包括抵制"习惯性阅读数据"（Lather and St. Pierre，2013：639），它要求从多个角度生成数据，同时用数据和理论进行思考，以产生新的见解，甚至新的现实。基于这些特点，后质性研究鼓励我们进行实验，寻找变革的潜力；它促使我们去想象和创造新的存在方式，产生新的话语和物质现实。

11.2　可回答性和焦点小组工作

本章的工作建立在以前的焦点小组工作的基础上（例如 Kamberelis and Dimitriadis，2013；Kamberelis，Dimitriadis and Welker，2017）。先前关于焦点小组的概念帮助我们介绍收集和分析数据的方式，以及展现这些工作与以前的时代、作者和项目之间所存在的历史经验和联系。例如，焦点小组体现了巴赫金（Bakhtin，1993）的可回答性概念，该概念指出了这样一个社会事实，即"存在"和"形成"对于理解我们共同生活的现实至关重要。换句话说，当我们相互交流，而不仅仅是自己思考时，我们的想法会发生变化。考虑集体而不是个人的风险和回报是焦点小组的一个重要方面，因为"只有在可回答性的关系中，人们才能接受或反对他们所处的历史或文化现实"（Kamberelis and Dimitriadis，2013：92—93）。这是任何研究项目以及任何教育事业的重要组成部分。焦点小组也有助于保持对整体而非部分的关注，因为它们基于这样一个社会事实，即正如布尔迪厄（Bourdieu，1977）教导我们的那样，个体深深扎根于他们所属的社会领域，并在这些领域的话语和实践中被构建出来：

> 自我是话语和物质实践的一种特殊形式，它不断地自我运作——在多种话语和社会实践的影响、相互作用、横向作用、互相挑战中构建、解构和重构自己。(Kamberelis and Scott，1992:5)

因为自我已经沉浸在社会及其话语和物质的实践中，所以关注群体至关重要。

概念框架

焦点小组的数据是索引式的；它们的全部含义取决于背景信息。因此，数据越多越好。根据芭拉德的观点，"（背景）假定有一个物体存在于环境或环境之外，那这种环境在某种程度上也很重要"（Barad，2007:459）。我们在本章中讨论的焦点小组不是孤立的，而是位于一个更大的数据集内，其中包括所涉及的个人的经历、所生产和消费的艺术/写作/创作的流派、地点的概念、研究进行的大学/城市/州，以及受访者对时间/时事/已知和未知历史的观念。图 11.1 可用于理解研究

概念框架

在后质性研究中，当研究人员"用理论思考"时，他们运用下面的概念来理解和解释数据。转向并回到这些概念有助于创建可信的解释，尽管无法确定。

- **"形成"**，与"存在"相反的，它重点关注数据之间的独特联系（特别是内行动），并使现实持续产生（例如，自我、社会形态、世界等）。
- 当块茎发展成新的可能的现实时，**逃逸线**就会出现在地图内，这些现实既与先前的事物脱节，但也总是与之相连。**块茎**的构造是一种连接，它包括紧密的、重叠的群体，也包括广泛的跳跃和界限。与根的结构不同，块茎可以在任何时候膨胀并扩散成新的形状或形式。块茎式思考是有成果的思考，而不是代表性的思考……思考联系如何产生新的现实，而不是代表过去和"存在"。
- **绘图**是以非线性和视觉（空间）方式理解数据的过程，地图可以有深度和峰值，也可以向各个方向展开。与连接遥远地方的道路类似，构成地图的各种线条可以跨越很远的距离，相互连接，创造出无限的具有新意义的新现实……例如，想想地理地图的制作是如何创造新的国家和现有国家之间的联系的。同时想想不同的国家如何基于基本地理空间而创造不同地图，从而产生具有不同社会、政治和经济影响的不同现实。
- **内行动**概念源于凯伦·芭拉德的**行为现实主义**的本体论概念，它假设物质的形成过程创造了无尽的、动态的主体，并允许对世界继续进行重组（Barad，2007:170）。因此，芭拉德的"内行动"就像德勒兹和瓜塔里的"块茎"一样。

图 11.1 概念框架

人员如何在整个绘图过程中构建和重新构建焦点组数据的含义和潜在含义，因此，这是其他研究人员参与类似过程的模型。

利用芭拉德、德勒兹和瓜塔里（或其他理论家）的理论工具，数据分析和解释就变成了一个绘图问题。对于这个研究项目，数据几乎是无限的，因此需要一个分层的方法来构建理解。尽管其他形式的数据可能会被线性放置或分类到清晰的框中，但焦点小组的数据通常是混乱的，没有边界——充满潜在的联系和意义，并索引所有其他类型的数据，而这些数据也必须被追踪和考虑。

11.3 绘图是／作为块茎式思考／理解

绘图法（或块茎式分析）是一种以社会学的、后质性的方法，用于产生理解，包括从焦点小组的转录数据和他们索引的现象中创建分级地图。这些地图显示了不同向量之间的相互作用。就像福柯所说的那样，互动以一种不可预测但是具体的方式构建社会现实，这些方式可能在事实之后（即历史上）被理解。像大多数后质性研究方法一样，绘制块茎图没有一套预先设定的解释和生产知识的程序。同样，我们不需要从头到尾线性地阅读这一章。相反，你可以从任何部分开始，以任何顺序阅读这些部分，然后在另一个时间以不同的顺序阅读。这一章确实是按照块茎法组织的。

这种绘图的总体目标是使尽可能多的内行动为我们可见，有助于理解社会现象是如何在历史上被组织起来的（并且通常是自然而然的）。因此，绘图是一种社会文化历史语言的"反方法"，鼓励研究人员"用理论思考"，去确定德勒兹和瓜塔里（Deleuze and Guattari, 1987）所说的摩尔线（刚性分段线，代表和支持被认为是理所当然的或被接受的观点，因此非常坚实）、分子线（柔和的分段线，大多数视角的元素不是完全不变的，当它们与其他线或向量相互作用时会移动或改变）、逃逸线（潜在变化线，那些打破预期假定，会以新的方式产生现实的东西），它们在谈话、社会互动中被揭示，也在由受访者话语和物质实践索引的相关文化成果中被揭示。

　　此外，作为一种分析策略，绘图要求研究人员在这些不同的"线"之间构建不可预测、永不停歇、不断变化的一系列联系，以提供对当前存在的社会现象和社会形式的描述或解读，以及随着时间的推移，它们是如何改变（或没有改变）的。最后，绘图方法鼓励研究人员用非线性的方式写下研究发现，以突出正在研究现象的偶然性、自我组织性。这种后质性方法的总体目标是想象、产生新的存在方式、新的社会形态和现实的新版本。

　　我们决定在这个项目中使用绘制法（或块茎分析）很大程度上是由我们研究样本的性质和它产生的数据所决定的。图 11.2 总结了我们在这种类型的分析中学到的最重要的东西。

行动计划

　　这个图描述了我们的研究过程。虽然无层次的解释表明这些过程是线性的，但其实并不是。这些"步骤"可以以任何顺序发生（有些是迭代的，有些是同时发生的，有些如果我们做了不同的选择可能就不会发生）；我们总是有多个切入点和多条路径。

进行数据分析

　　决定哪些数据作为最初的基础——开始向外工作。在案例中，我们使用了焦点小组数据作为我们的基础来源。

　　浏览该数据，并记录下识别出的内行动：

空　间	时　间
客观性	主观性
问　题	结　构
动　力	分散性
知悉的	主　体
意图性	切　线
表演性	道德约定

根据需要针对其他数据重复进行此过程。

构建地图基础

- 从数据中提取内行动，并将其放置到一个平面上，以创建"形成"地图。这些基础数据则作为地图的基础层级。

- 在奠定基础后，分层处理其他数据的内行动，这些数据包括相交、反对、质疑或显现，进而创造与基础层级相关的新意义

（再）绘制层级

- 离开再重新回到内行动。在地图上的内行动之间绘制或创建各种类型的线。

- 回到最初的完整数据，创建内行动层，以寻找更小、更明显的内行动。注意这里开始出现的块茎。

- 离开数据并再次返回。密集的内行动层在哪？内行动在哪里与连通性紧密相连？与已经出现的块茎建立关系。

- 要知道这个过程可以无限次地重复，但一旦洞察到新知识，合并就可以有机地进行。

对块茎的反思

- 反思数据的纠缠（在我们的范例中，包括作者、艺术家、学生、推动者、个人经历和记忆）。

- 通过解释产生的新知识、新意义以及数据的索引，创建一个连贯的（但没有终止的）发现与他人进行分享。

- 超越描述，确定主题和综合见解。

用理论思考

在整个研究过程中，需要注意的是，地图有多个切入口(Deleuze and Guattari, 1987)，没有一个正确的起点。

用理论方法进行思考时，想象一种植物可能会有帮助。"一个人会直接支撑自己选择一条逃逸线，使他能够分开地层，切断树根，建立新的联系。"（Deleuze and Guattari, 1987:15）

这种新兴或快速的发展是因为所有的数据都与焦点小组的基础数据有关。使用这种绘制方法，数据发展成一种全新的多重现象，它可以进行材料和非材料行为的活动，在可能的情况下，也包括所有与焦点小组数据有关的联系行为。

上图是我们范例中迅速发展的一个例子。我们地图的这一部分有助于说明这样一种观点："坐标不是由暗示共性的理论分析决定的，而是由构成多样性或强度的语用学决定的。"（Deleuze and Guattari, 1987:15）

只要地图继续被用于在数据中定位新的位置和空间，就可以有无限的组合方式，这样，研究就可以一次又一次地返回。想想这个过程可能会以不同的方式展开，并且/或者肯定会继续下去。注意，一旦洞察到新知识，合并就会有机地进行。

图 11.2 行动计划

在本章接下来的部分，我们将带领读者了解我们对焦点小组进行非线性分析的过程（以及事件索引的其他数据）。我们希望这种"解释"有助于激励研究人员，通过接受这种不寻常的范式，以新的和有洞察力的方式研究他们的数据（例如，新唯物主义、后质性调查）。因此，我们有意识地介绍了我们研究的过程和所做的决定。我们希望其他人可以产生类似的策略，用新的眼光和新的方式来理解他们的数据，从而产生新的知识，而对大多数（也许是全部）知识的理解都是需要置于具体环境中的，也是偶然的、部分的、前瞻性的和动态的。

11.4 范例

在本章接下来的部分，我们对焦点小组的数据进行了分析和解释，这项研究是基于博物馆进行的，是对大学生荣誉课程的研究。这项研究探索了艺术创造与消费之间的关系，探索了文化认同。我们有基于该课程的四次迭代的数据。然而，鉴于本章篇幅有限，为了展示通过块茎分析研究产生的深度和细节，我们从课程的一次迭代中的一个焦点小组选择了一个学生[马塞拉（Marcella）]。这个焦点小组是在学期末将近时进行的，包括一名主持人马塞拉（我们的焦点学生）和另外两名学生。

考虑到内行动层所提供的一系列机会，内行动层被嵌入不同的平台，而这些平台被嵌入或索引到焦点小组的对话，我们对这一特定研究的分析目标是理解身份转变或形成的过程。我们开始分析工作，浏览焦点小组的对话；这些数据要求我们查看其他数据，包括上课的博物馆中的艺术品、艺术讲座、学生对博物馆展品的书面思考、学生的艺术日志、学生制作的艺术品以及全班对他们艺术品的讨论。因为这门课程要求学生在艺术创作和艺术欣赏的背景下思考他们的文化身份，大多数（可能是所有）的学生以更复杂、更明显的方式来了解他们是谁以及他们正在成为谁。除此之外，我们发现焦点小组的数据对于理解下面的内容尤其有用，即"自我如何在与其他自我的关系中发展"（Kamberelis and Dimitriadis，2013：92），以及自我如何在与其他材料（文本、环境、艺术品等）的关系中发展。

11.5 连接理论/策略/实践

理论思考为我们提供了这样一个机会，即使数据在进入错误类别时仍可见。在《电影 II》(Cinema II）中，德勒兹描述了与"在我们现在不再知道如何描述的空间中，我们不再知道如何应对的情况"相关的挑战(Deleuze，1989：xi）。绘制焦点小组数据是一种允许不确质性甚至期望不确质性的方法。绘制焦点小组数据是一个复杂的过程，既要利用基于艺术的方法，也要利用基于写作的思维。地图是基于一种可以识别内行动的组织的需求而形成的（参见图 11.3 和图 11.5）；在我们的范例中，地图促进了对主体内行动的寻找，以及受访者如何选择在焦点小组、课程本身以及其他范围内的活动和内行动。

当绘制完焦点小组的内容时，我们发现似乎在跨越时间和空间相互交流的情感强度。例如，在焦点小组中回答问题时，当主持人问马塞拉这门课程在艺术和身份的知识方面教会了她什么时，她似乎对自己的立场很有信心。然而，回顾她的课程日志（她从近四个月前开始记录），马塞拉对身份和艺术有着非同寻常的想法，这与她的焦点小组陈述相矛盾。这促使我们进一步追踪指定的阅读材料，尽我们所能地收集艺术家/画廊的参观现场笔记以及课程笔记本，这种多样性的分层体验使马塞拉对艺术和身份的理解得以转变。

绘制焦点小组数据时，在做出最终（目前）解释之前，不能放弃任何数据。即使这些数据没有出现在最终报告中，研究人员也不能放弃这些数据和对这些数据的解释。在我们的范例中，我们很难舍弃马塞拉关于艺术力量的许多日记和绘画，尽管我们没有把这些数据包括在这里。研究人员头脑中的地图几乎无法完全共享或解释，因为它太大、太复杂，无法在页面上以线性（甚至分层）的文本形式表现。

块茎图示例

在这个项目中，我们将研究重点放在试验课程快要结束时开展的焦点小组访谈中收集的数据。焦点小组的转录文本作为我们创建地图的基础层或者基础。然后，我们研究了其他数据（尤其是艺术期刊和学生的期末作业）。在这个研究过程中，我们看到当学生努力在焦点小组中向他人展示自我时，学生个人及学生之间的什么行为包含了内行动。

这是我们绘图的开始，它只使用了焦点小组数据（我们称之为基础层）。当许多系列事件形成的时候，我们重新打印了文字片段，并在内行动出现时在不同的位置将其重叠。

将日志、焦点小组、课程活动、艺术相联系

地图随着其他数据（如学生日志、讲座和活动）将焦点小组数据以块茎状形式分层而扩展，进而创建摩尔线、分子线和逃逸线。

图中各层的加厚表明了块茎的内部作用。这加厚现象往往会产生对新知识的丰富见解。在我们的研究中，这些加厚的块茎为受访者的"形成"提供索引。

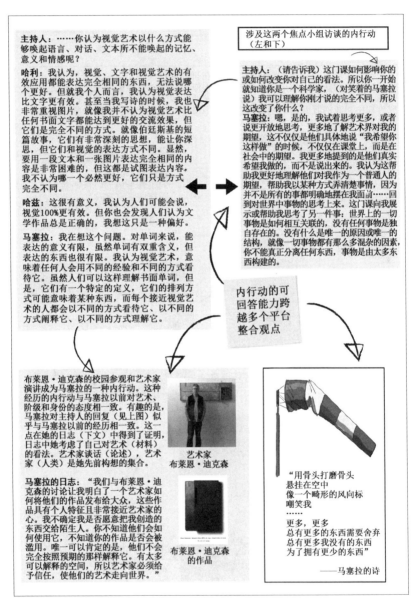

图 11.3　块茎图范例

地图本身变成了一件艺术品，一件拥有意义和潜在意义的艺术品。研究人员可以分享他们的材料，可以把它放在画廊里让其他人查看和理解，但是如果参观者自己不探索数据并创建他们自己的地图，他们就无法完全理解研究过程中揭示的意义（和剩余意义）。

11.5.1 参与数据和基于理论的决策

参与决策成为研究过程的一个重要部分。研究人员必须在每一个转折点做出决定，并在理解他们阐释的内容时重新浏览数据。对于我们的项目，我们首先必须决定使用焦点小组的成绩单作为理解课程效果的切入点。这一决定让我们理解了这些转录内容的索引性——它们所指向的其他数据也是我们需要研究的。换句话说，我们焦点小组数据为追踪和分析与研究目标相关的其他数据奠定了坚实的基础。

11.6 反方法和反策略

在做出第一个重要决定时，理论起了核心作用。因为我们研究的课程旨在帮助学生重新考虑他们通过艺术对自我的理解，并且因为焦点小组访谈使学生展示了自我的关键转变，所以我们决定再努力寻找在"身份形成"过程中发挥作用的"内行动"。此外，我们关注一个学生（马塞拉）相关的材料，并开始看到一个综合性的身份是如何由各种各样的内行动形成的。当我们继续分析和解释工作时，我们开始看到像地图一样的集合是如何进化成块茎的图表，这包含非等级的、社会的，并且看起来是无止境的内行动。这个过程让我们意识到，块茎分析是最适合我们项目的研究方法。

在这方面，芭拉德的研究与焦点小组的启示性有很多重叠。焦点小组本身类似模拟行为者（有时是非人类）之间的自然互动；然而，由于焦点小组研究倾向于认识论-本体论研究中的后质性研究，它考虑并整合了由焦点小组数据及其索引的其他数据提供的无限的活动潜力。由于焦点小组倾向于将研究的控制权从研究人员手中转移出去，研究不再由模式驱动，而是在未知的舒适或不适中的领域中展开：

> 没有解决办法，只有持续不断的实践，对每一次会议、每一次内行动保持开放的理解，这样我们就可以利用我们的反应能力、我们的责任来帮助理解，给新的可能性注入生命。（Barad，2007：x）

关于这些问题，如图 11.4 所示，我们发现绘制芭拉德创建的内行动列表很有帮助，可以作为查看和跨特定数据的指南。我们相信这种做法在任何焦点小组研究（以及一些其他类型的研究）中都是有用的。

虽然这些步骤和内行动列表看起来是线性的，但是当我们创建这个数据时，没有哪个比另一个更重要。此外，内行动之间的关系无法预测。当焦点小组数据只是数据收集的一部分时（这在大多数社会科学研究中几乎总是如此），当这些数据被索引并因此与其他数据产生联系时（这些数据是探索研究对象的深度和复杂性所必需的），这种"反方法"就很实用。当我们继续解释工作时，每一个内行动几乎都从未被分

内行动

　　芭拉德创制的内行动列表中的所有元素可能与任何给定的研究都不相关。因此，研究人员需要弄清楚在他们的数据中存在哪些内行动，以及这些内行动如何共同作用来创建一个具有独特启示和结构的块茎集合。

芭拉德的内行动清单
- 空间
- 时间
- 问题
- 动力
- 主体
- 结构
- 主观性
- 客观性
- 知悉
- 目的性
- 分散性
- 表演性
- 纠缠性

范例中使用的内行动列表
- 空间
- 时间
- 动力
- 主体
- 分散性
- 表演性
- 纠缠性

图 11.4　内行动

割,也没有与其他内行动划分开。内行动最终会合并到一起,这可能包括也可能不包括上面列出的所有 14 种。一些内行动可能影响更大,不同内行动的相对力量及其之间的关系是数据决定的,但也取决于研究人员。决策对于每个项目来说总是独一无二的,需要研究人员的洞察力和判断力;否则我们将回到程序化的方法(如扎根理论或会话分析)。

当我们探索数据时,我们开始研究马塞拉是如何在她的日志、与他人的对话、关于课堂的理解能力、艺术家的展示、艺术家的作品中成为/实践各种自我的。当她倾听和思考各种有关她内心自我的声音、想法、空间和材料时,她的回答、想法和感知发生了变化/衍射。例如,马塞拉在她最早的一篇日志中表达了她对"过度隐喻"的厌恶。具体而言,当马塞拉在一篇指定阅读中看到将神经系统称作"精神器官"时,她说:"呃,你是说大脑? ……感觉系统不需要培养就能发挥作用。你怎么敢把形而上学的理论强加于科学定律呢!"然而,后来马塞拉写了另一篇日志,其中她欣然接受了使用隐喻来帮助理解:

> 在非常抽象的意义上,我把艺术看作一种俄罗斯玩偶。从最基本的意义上来说,这个物体,或者说艺术所描绘的东西,就像是它所代表的思想上的一个面具或者外壳。虽然这个物体掩盖了它下面的东西,但你可以把它拿走,并看到它的想法。

最后,在焦点小组讨论中,马塞拉强化了这种认知,她说道:

> ……对单词来说,能表达的意义有限,就像虽然单词有双重含义,但表达的东西也很有限。我想到视觉艺术,它对任何人来说意味着任何东西,任何人会用不同的经验和不同的方式看待它。虽然人们可以这样理解书面单词,但是,它们有一个特定的定义,它们的排列方式可能意味着某种东西……

这个焦点小组的回答结合马塞拉在学期初的挫败感和她对单词及其潜在意义的新理解,成为身份认同的一个突出例子。她纠结于这个想法,并似乎在回顾以前的日志,这聚集了来回变动的逃逸线,使她在日志中、在成绩单的页面上,并在她课堂上的各种经历中相互交谈。

有趣的是,焦点小组中的三名学生在他们的日志中写的想法都与他们在焦点小组中彼此表达的想法非常不同。随着这些学生(尤其是马塞拉)在观点和想法上的差异在数据中的显示,人们可以很容易地得出一些结论,即受访者的回答和主持人的问题/语气可能影响了对话中视角和理解的转变,这些转变原本是通过对话来实现的。例如,作为一名主修科学的学生,马塞拉有时似乎对这门"艺术"课程的性质感到受挫。马塞拉的语气在她最初的一些日志中透露出烦恼,因为她问了作者和艺术家一些问题,并希望他们的想法能被更具体、更简单地表达出来。然而,在马塞拉看到另一个学生对主持人的提问感到沮丧后,她似乎改变了自己的态度,开始看到复杂的,甚至是模棱两可的表述的好处。或许这些转变在整个学期都影响着马塞拉的意识,但是焦点小组似乎给她提供了机会,让她能够运用这些新的理解,并以进一步影响其他成员的观点以及焦点小组访谈的方式,为自己和他人巩固其中的一些观点。

11.6.1 后质性/块茎式分析的策略

像更传统的分析工作一样(如扎根理论、会话分析),记备忘录是一项有用的活动。更具体地说,备忘录成为地图绘制的关键要素。从第一次浏览数据开始就要记备忘录。此外,以绘制数据的顺序读取和创建备忘录也是很重要的。在我们的范例中,我们先浏览了一遍焦点小组的数据,没有做任何注释。在第二遍浏览中,我们使用了 Word 中的"审阅"功能。

接下来,我们将文本打印下来,并把它们作为我们地图的基础层或基础(回想一下图 11.3;参见图 11.5)。我们发现将这个基础层想象为海平面上的陆地很有用。在这个水平上,我们可以在海平面以下和海平面以上添加或绘制其他的数据(即发生在焦点小组之前或之后的数据)。

当摘录和相关备忘录的复印材料在一个物理空间上分层时,荧光笔、便利贴、绳子、回形针成为联系有趣的见解、问题、相似性、矛盾的陈述/瞬间等的方式。随着这项分析和解释工作的开展,随着研究中的其他数据与摘录上下或垂直分层的联系越来越多,地图也越来越大——

块茎图的修订版

正如该理论所展示的，"块茎属于一张被生产构建出的地图，这张地图总是可拆卸、可连接、可逆、可修改的，它有多个入口和出口及其自己的逃逸线"(Deleuze and Guattari，1987：21)。这意味着绘图过程可以在任何地方开始，并且可以在构建阶段的任何时候进行修改、返回或更新。

当分析块茎数据时，对如下问题进行思考是很有意义的：

- "块茎不是由单位组成，而是由维度组成，或者说是由运动方向组成。"在这个阶段，尽量不要将部分或段落分开，而是捕捉这种理论思维所提供的意识流。
- "块茎既没有开始也没有结束，总是在中间(它可以生长也可以溢出)。"首先要用持续的意识流来解释数据，不中断、不下定义、不确定意义模式或边界。
- 一旦解释在意识流后被确定，就要发展、形成解释。然后可以重复这个步骤，直到达到(无法实现的)"饱和"，或者研究人员进行必要的中断，以提供额外的环境数据。
- "块茎把所有点连接起来。"这意味着研究人员可以利用解释结构，以看到内行动之间的其他联系。
- 块茎是："各种各样的'形成'。"

(Deleuze and Guattari，1987：21)

当研究人员注意到这些发生时，我们对焦点小组数据的理解通常会发生根本性的变化。例如：

马塞拉会在工作室里创作摄影作品、绘画作品，会进行写作、写诗歌，这将她的想法、问题和当前的理解塑造成物质产品，并从中产生新的理解、新的知识。艺术品变成了物质，给了马塞拉主动性。她的物质实践是她不断成长的一部分。

上课的空间也是分析过程的一部分。工作室、教室、画廊、演讲/校园演讲、焦点小组房间等都是可见的空间，它们成为个人在课堂中和在变化中的社会结构中活动的基础。

学生和研究人员所使用的物质材料包括日志、期末作业、艺术作品/艺术家的图片、讲座和讨论。在焦点小组访谈中实现或索引的有形的内行动，涉及画廊中的艺术、学生艺术作品、对课程的理解、学生日志等。

学生们分享了许多故事，关于他们的祖先、他们的历史、他们的经历、他们对自己的身份的理解，等等，每个故事都有助于学生构建和形成新的主体性。

此外，涉及作者和理解的分散的内行动揭示了个人洞察的重要性，这有助于他们转变作品创作方式以及对自我的思考。这些内行动是主体性的，因为它们形成并改变了学生对艺术的信仰和态度、关于自我的问题、关于此课程的目的。

人类主体(教师、研究人员、作者、艺术家和其他学生)都包括内行动，这作为一种动态的社会结构，对学生的思维和行为产生了已知和未知的影响。所有的个人目标、个人兴趣、时间限制、艺术创作、日志写作、假设的重新思考、生活经历(共享的和不共享的)，以及许多其他属性和实践，都涉及内行动，促成了各方主体性的不断增长。

此外，马塞拉自己的内行动在持续改变，她以定义自己的方式来塑造自己的身份。她在日志中写道："我喜欢沉浸在思想中和自己进行对话。我也会抓住任何机会，以一种新的方式，从一个新的角度去探索世界。"

> 我们利用块茎的这些特征,绘制了一幅"通过艺术的生产和消费来探索身份"的地图。
>
> 为了创建这张地图,我们从焦点小组的文字数据开始,并将所有其他数据与它们连接起来。我们有意而流畅地创建了一个块茎组合,以捕捉在焦点小组中建立索引的关键信息,并使其在其他数据中可见。重要的是,我们必须努力,不以分类限制数据中的潜力。考虑到这一点,这个块茎组合的每个部分以及连接都不是永久不变的;我们可以突出数据中的不同部分,并以不同的方式组织它们,因为任何组织都是动态的、可变化的。

图 11.5　块茎图的修订版

这一过程促使我们多次重新审视和重新考虑焦点小组的摘录。我们反复进行这种浏览和绘制/再绘制的过程——经常添加备忘录,经常打印收集、扫描的其他数据,这些数据被存储在两个 128 GB 的闪存驱动器上。这些数据包括有关马塞拉艺术日志的手写笔记、手工艺品、她最终的项目、重要的艺术家和艺术作品、重要的阅读材料和报告以及概念性的想法,包括来自芭拉德和德勒兹、瓜塔里作品里的想法。换句话说,这个分析和解释的过程是迭代的,当我们不断地修改我们的地图和重构我们的书面记录时,前一轮分析为后一轮分析提供信息,前一轮解释继续为后一轮解释提供信息。只有当我们觉得研究已经到达了一个令人信服的饱和点时,我们才停止这个分析过程:令人信服指的是研究已经合理地、完美地观察了研究对象;饱和,就像所有的解构性研究一样,研究需要确定在某个时候停止分析,尽管"饱和"最终是无法完成的。

文字线条可以用画笔工具、颜色协调的便利贴,甚至侦探风格的纱线或绳索来制作。有时候这些线条是不可见的,但口头上或视觉上的数据构建了两个相关的突出平台。当绘图中出现图层时,就会形成平台;这些图层可以薄也可以厚,更厚的图层不一定意味着更重要的平台。有时候,仅仅三层沉积物就可以形成一个重要的挖掘平台。关于构建焦点小组地图基础的第一步,需要注意的是,焦点小组数据并非最底层,而是应在数据下面构建一个修改的空白层,或者以另一种方式将层悬挂或放置在数据基础层之前或之后。这有助于可视化"海平面"的情况(数据的基础层:焦点小组数据),也允许可视化下面的事情（之前：在本研究中焦点小组之前发生的活动）、旁边的事情（旁边的或同时发生的）或上面的事情（焦点组之后发生的活动）。层数越多，平台的密度就越大，因为备忘录或其他数据都随着时间推移而沉积下来。

用其他绘图工具（便利贴、回形针、胶带、胶水等）绘制图片、文本或者视觉数据的过程，是这项研究的一个重要活动——提供了新的意义和对逃逸线的详细处理，这是线性研究过程难以达到的。（例如，计算机上分层文档无法出现块茎图。）

一旦地图被初步构建（它永远无法"完成"），研究人员通常会查看他们的数据，寻找观察研究对象的新方法。因为地图有多个入口，"人们会在一条逃逸线上支撑自己，使他能够分开地层，切断根，建立新的连接……树枝或树根可能开始侵入块茎"（Deleuze and Guattari，1987：15）。这种情况发生在所有数据被聚集在一起，并与焦点小组数据建立关系时。使用绘图技术，被研究的物体通常会转变为一些新的形态，因为它包括了未发现的看不见的物质和非物质主体的活动。（如果可能的话，焦点小组中记录的所有主体以及所有索引数据都应包括在内。）重要的是，分析和解释的过程包括多次重新研读数据。

因为研究人员可以通过解释数据来产生意义，因此通过绘制各种内行动来分析焦点小组的数据可以形成轨迹、断裂和附属物。在本章中，我们将主要关注轨迹。

11.7 轨迹：焦点小组对话中的内行动

轨迹是进一步分析和解释所绘制数据的工具。焦点小组的数据轨迹从其访谈记录开始，并向外延伸到记录中索引的其他数据。当这种情况发生时，转录意义通常会改变，因为额外的数据要求研究人员从不同的角度看待它们的初始意义。在我们的案例中，我们遵循的路径为理解学生身份和文化观念如何在焦点小组的相互作用中产生转变。然而，当我们向组合中添加额外的数据时，我们不得不考虑额外的路径和替代性含义。例如，马塞拉与另外两名学生以及一名辅导员参加了一个焦点小组。持续的活动（以及这些活动的伴随力量/影响）涉及焦点小组的设置，包括主持人提出的开放式问题。通过研究者、受访者进行这些活动，我们可以看到研究目的和受访者的意志是如何以及在哪里相互交叉的。

马塞拉的个人转变是焦点小组记录中可见的一个轨迹。此外，我们注意到更大的数据集索引了相关的内行动。例如，主持人玛丽（Mary）问道："这门课如何影响你或改变你对自己的看法。所以你一开始就知道你是一个科学家，（对笑着的马塞拉说）我可以理解你刚才说的完全不同，所以这改变了你什么？"马塞拉回应道：

> 这门课向我展示或帮助我思考了另一件事：世界上的一切事物是如何相互关联的，没有任何事物是独自存在的。没有什么是唯一的原因或唯一的结果，就像一切事物都有那么多混杂的因素，你不能真正分离任何东西，事物是由太多东西构建的。

她的回应显示了课程对其心理活动的影响，需要在整个解释过程中加以绘制和考虑。此外，马塞拉的回答强调了这样一个事实：焦点小组的数据不能单独查看，而必须结合他们延伸的其他数据来考虑。

11.8　尊重不同的观点和理解

研究人员对任何数据集的先前经验都是无限的，并且经常有意识和无意识地指导他们关于数据分析和解释的思想和行动。在这方面，不同的生活经历可能会引导研究人员朝着不同的方向发展，在研究、解释和构建研究发现时需要考虑这些经验性问题。换句话说，研究人员需要承认他们的"经验性智力"以及它对他们的分析和解释产生的推动和约束。在这方面，芭拉德主张研究人员透明性的重要性——既承认他们的工作是纠结的实践，又承认"纠结的实践很重要：不同的内行动产生不同的现象"（Barad，2007：58）。

11.8.1 总结：分类指南

正如我们多次说过的，焦点小组数据不能单独地被研究（除非没有收集到其他数据，通常情况下不会这样），必须结合相关数据存在的各种内行动来分析和解释它。此外，"用理论思考"增加了可能包含在地图中的内容。关注随着块茎的发展而得以看见的内行动，有助于将解释推向新的可能性领域。

在我们的案例中有一个焦点小组，是在一个学期的课程快结束时进行的。虽然焦点小组数据是我们的研究起点和我们分析工作的重点，但我们也必须承认并探索内行动涉及的其他数据，包括学生的经历、艺术材料、艺术日志、艺术作品、艺术家、教师、其他个人属性、家庭经历，等等。绘制这些类型的内行动使研究人员得以考虑更多（尽管不是全部）要素。同样，分析和解释过程可以一直进行下去。

在这方面，马塞拉在她的艺术日志中写道："我一直持有这样的想法，当我到达那里时，我会知道我属于哪里。"我们在本章中描述的绘制焦点小组活动的过程要求我们重复查看数据，并且每次返回我们的地图时，它们看起来都会有些不同。这种返回以及它们所揭示的差异，往往会为研究人员提供线索，让他们知道哪些数据更重要，哪些数据是在构建有争议但无法论证的内容，并且与他人共享时不那么重要。几乎没有一条明确的路线，但研究人员知道他们什么时候会到达，即使他们也知道结束永远都不是真正的结束（即饱和）。

对于社会科学研究新手和不精通理论的研究人员而言，"用理论思考"可能是一项具有挑战性的活动。我们希望我们对后质性的分析和解释呈现了用理论思考的过程，可以为我们的读者提供灵感，进而开展一些令人兴奋的和启发性的研究。我们的最后一条建议是：

忘记研究应该是怎样的。

如果你正在走向封闭（饱和），那你就走错了方向。

转过头去，

但不是在假设之前；

把它们作为道路拥挤的警告。

花时间探索更多的道路。

跟着兔子进入它最深的洞。

这次旅程将带你去你没有去过的地方，

去那些以前根本不存在的地方。

补充阅读

Kamberelis，G.，Dimitriadis，G. and Welker，A.(2018)."Focus Group Research and/in Figured Worlds." In N. K. Denzin and Y. S. Lincoln(Eds.)，*The SAGE Handbook of Qualitative Research*(5th ed.，pp.692—716). SAGE.

Hordvik，M.，MacPhail，A. and Ronglan，L. T.(2019)."Negotiating the Complexity of Teaching：A Rhizomatic Consideration of Preservice Teachers' School Placement Experiences." *Physical Education and Sport Pedagogy*，24(5)，447—462. https://doi.org/10.1080/17408989.2019.1623189.

St. Pierre，E. A.(2019)."Post Qualitative Inquiry in an Ontology of Immanence." *Qualitative Inquiry*，25(1)，3—16. https://doi. org/10. 1177/1077800418772634.

回顾与练习

1. 打印出一小部分转录后的数据，并与多个学生分享。要求他们创建自己的初步数据地图(学生可能需要剪刀、胶带和马克笔)。完成后与他人分享地图，并注意学生的地图如何相互连接，以创建新的块茎网络。你可能会看到地图没有好坏之分，任何地图都可以重叠另一个地图，在意义变形后，可以提供新的和深刻的启示。

2. 阅读杰克逊和马泽(Jackson and Mazzei，2011)《质性研究中的理论思考》(*Thinking with Theory in Qualitative Research*)的第 7 章，从另一个角度考虑芭拉德的内行动概念。探索数据集的内行动。

参考文献

Bakhtin，M. M.(1993). *Toward a Philosophy of the Act*(M. Holquist，Ed.，V. Liapunov，Trans.). University of Texas Press.

Barad，K.(2007). *Meeting the Universe Halfway：Quantum Physics and the Entanglement of Matter and Meaning*. Duke University Press.

Bourdieu, P.(1977). *Outline of a Theory of Practice*. Cambridge University Press.

Deleuze, G.(1989). *Cinema II* (H. Tomlinson and R. Galeta, Trans.). University of Minnesota Press.

Deleuze, G. and Guattari, F.(1987). *A Thousand Plateaus: Capitalism and Schizophrenia* (B. Massumi, Trans.). University of Minnesota Press.

Jackson, A. Y. and Mazzei, L. (2011). "Barad: Thinking with Intra-action." In *Thinking with Theory in Qualitative Research: Viewing Data Across Multiple Perspectives* (pp.118—136). Routledge.

Kamberelis, G. and Dimitriadis, G.(2013). *Focus Groups: From Structured Interviews to Collective Conversations*. Routledge.

Kamberelis, G., Dimitriadis, G. and Welker, A.(2017). "Focus Group Research and/in Figured Worlds." In N. Denzin and Y. Lincon(Eds.), *The SAGE Handbook of Qualitative Research* (5th ed., pp.692—716). SAGE.

Kamberelis, G. and Scott, K. D.(1992). "Other People's Voices: The Coarticulation of Texts and Subjectivities." *Linguistics and Education*, 4, 359—402. https://doi.org/10.1016/0898-5898(92)90008-K.

Lather, P. and St. Pierre, E. A.(2013). "Post-qualitative Research." *International Journal of Qualitative Studies in Education*, 26 (6), 629—633. https://doi.org/10.1080/09518398.2013.788752.

St. Pierre, E. A.(2014). "A Brief and Personal History of Post Qualitative Research: Toward 'Post Inquiry'." *Journal of Curriculum Theorizing*, 30 (2), 2—19.

Thomas, M., Bellingham, R. and Murphy, M.(Eds.). (2020). *Post-qualitative Research and Innovative Methodologies*. Bloomsbury Academic.

12 跨文化、跨语言环境下访谈与焦点小组数据的分析与编码

艾尔莎·M.冈萨雷斯　伊冯娜·S.林肯

摘要: 鉴于没有翻译文化的公式——用母语收集数据,然后用第二语言(主要是英语)进行分析,这个跨文化的分析工作成为一个重要的、复杂的问题。对于研究人员来说,分析数据和呈现研究发现是一项需要做出巨大努力的工作,因为他们希望本土读者理解来自当地受访者和外国研究人员的数据。这个研究过程需要通过深刻理解语境对语言进行翻译,这将有助于研究人员和读者更好地理解研究。本章着眼于提出策略,使用内容分析和持续比较分析研究方法,以解决跨文化和跨语言的数据分析问题。

关键词: 跨语言数据;跨文化数据;去殖民化方法

12.1　引言和简要的文献综述

过去,质性研究人员一直认为跨文化工作需要对所研究的文化有深刻的理解。早些时候,跨文化工作的重点是"接收环境"和"最终用户",他们主要是西方人和讲英语的人。然而,在全球化的世界里,这种研究的用途会受到严重限制,现在所进行的研究不仅必须符合西方人和英语学者的要求,也必须符合当地民众(或土著人民)的需要。随着美国以外的学者创作的报告(例如论文)数量的增加,以不同语言、非西方背景和不同文化进行的研究变得越来

越多,理解内在问题也变得更加紧迫,这使得学术去殖民化更具可能性。(González y González and Lincoln,2006:193)

鉴于没有翻译文化的公式——用母语收集数据,然后用第二语言(主要是英语)进行分析,这个跨文化的分析工作成为一个重要的、复杂的问题。对于研究人员来说,分析数据和呈现研究发现是一项需要做出巨大努力的工作,因为他们希望本土读者理解来自当地受访者和外国研究人员的数据(以及他们共同创造的现实)。这个研究过程需要通过深刻理解语境对语言进行翻译,这将有助于研究人员和读者更好地理解研究,确保在整个过程中没有丢失有价值的数据,没有对其产生误解(Temple,1997)。

对访谈和焦点小组数据进行编码始终是一项系统而直观的任务,不仅依赖于受访者和研究人员共同创造的现实,还依赖于研究人员/编码人员头脑中关于早期工作的问题和隐含知识。然而,跨文化和跨语言的工作带来了四个额外的特殊问题。第一,有一个"翻译"现场记录的问题,通常是将本土语言翻译成另一种语言(通常是英语)。这会创建两组需要编码的文本。如果研究人员用本土语言进行研究,又必须对英语能力强的读者负责,那这项研究就特别具有挑战性。第二,跨文化和跨语言研究意味着要跨文化和语言来建构现实。简单地说,这意味着习语、方言、俗语和特殊语言并不能"很好地传播",因此需要对非本地读者进行解释。尽管这些语言可能平滑地、无缝地融入它们的本土文化,但却需要在英语版本中寻找或创造某种类似的说法。这些意义翻译无一例外,将要求部分研究的双语文本(González y González and Lincoln,2006)。第三,要在本土谚语、口语、习语和接近的英语翻译(如果能找到的话)之间寻找共鸣,可能需要一个精通两种文化的人作为合作者(Lincoln and González y González,2008)。第四,编码人员的身份,编码人员对所说的、所理解的及所想的语言的考虑,编码人员的定位及其文化背景(González y González and Lincoln,2007)都对理解叙述是如何表现事物至关重要,且这种表现要得到受访者认可,是他们自己和背景的确切"写照"。这种研究被认为是质性建构主义研究中内部有效性或合理性的合理近似(Lincoln and Guba,1985,2013)。

这对编码的影响是巨大的,因为这些问题意味着编码既不是直接明了的,也不是一对一地从数据创建文本单元(统一过程)。英语到英语的编码可能是一对一的,但跨文化语言编码可能会要求对同一短语或数据单元的多个索引卡(来自文本单位或有意义的单位)进行编码(索引卡的使用过程参见 González y González, 2004)。由于文化和语言障碍,研究任务不仅变得更加复杂,而且往往变得更加广泛,需要在叙事结构中融入多种现实结构,并在两种或多种语言中找到"契合"。本章将举例说明作者的一项研究是如何做到这一点的,并对类似情况下如何帮助文化翻译提出建议。赖恩解释了他不仅支持使用双语文本,而且支持分析跨语言和跨文化文本的原因:

> 社会现实和我们如何表述现实是交织在一起的。现实因其表达的语境而异,这就对跨文化研究提出了挑战。例如,在低语境语言中,互动语境对所说的意思几乎没有影响;也就是说,信息就在文字中。相反,在高语境的拉丁语言中,信息不能从字面上理解,而必须与行为联系起来。从低语境语言转向高语境语言可能会变得更复杂。(Ryen,2002:342)

我们早期的工作(González y González and Lincoln, 2006)支持了这种类型的跨文化和跨语言数据分析,概述了西方学者通过分析跨文化和跨语言数据来帮助去殖民化方法论研究的五种方式:

1. 处理双语数据并将翻译与翻译人员考虑在内;

2. 考虑非西方的文化传统;

3. 考虑从当地人到读者的多角度文本;

4. 容纳多义和多语言文本;

5. 对技术问题进行讨论,以确保出版物的易读性(Lincoln and Gonzalez, 2008)。

此时此刻,我们将向去殖民化又迈进一步,那就是坦率而全面地讨论在这种跨文化或跨语言工作中遇到的伦理问题,这包括与出版机构谈判的问题,其中一些机构可能会认为这些文本令人望而生畏,甚至无法出版。

在这一章中,我们将呈现用过去实践过的数据分析、内容分析和持续比较分析的方法解决跨文化和跨语言来源的数据分析问题的其他策略(González y González，2004)。

12.2　范例

　　一篇我们作为主要研究人员和顾问的论文是本章的范例。20 年前,我们这些作者坐在一起讨论当研究人员用另一种语言(不是英语,而是西班牙语)收集数据时,他们会怎么做。我们在墨西哥的 20 所不同的高等教育机构进行了访谈,探究这些机构的领导者带领他们的大学走向成功所需要的能力。数据丰富且深刻,但作为研究人员,我们面临着翻译和理解受访者表述的挑战以便我们与读者分享。挑战是巨大的,因为数据是以不同于最初呈现数据的语言和文化收集的。通过这一过程,我们得出了几个方法上的策略,这些策略使我们可以更真实地向研究的多种受众展示研究结果:如学术和政策受众、本地受众以及数据收集地的受众。特别值得一提的是,这些受众包括国内 20 个最有声望的机构的一批高级行政人员,这些行政人员也非常关心这些问题,目的在于确保其机构的光明未来。

　　数据分析与数据收集的持续互动:在第一次访谈数据被收集和分析后,初步的研究发现被用来指导对下一个受访者进行数据收集。在这项研究的过程中,每个受访者的感知和经验对于发现和构建未来情景至关重要,这使得研究人员能根据不同的标准评判其职业能力。因此,使用内容分析和持续比较分析是必要的(Holsti，1969)。

　　第一,将西班牙语的访谈数据从录音带转录到计算机文件中。第二,转录文本被分解成数据"单元",或者分解为可以从中获得意义的最小数据片段。统一数据是将访谈数据"转化为最小的信息片段的关键一步,在缺乏对语境的理解与其他信息的情况下,这些信息片段可能作为独立的思想独立存在"(Erlandson，Harris，Skipper and Allen，1993:117)。第三,根据信息来源、地点、受访者、日期和性别确定文本

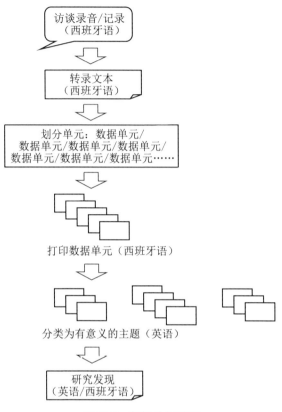

图 12.1　数据分析过程

单元。然后，将文本打印到卡片上，卡片上有两种不同的颜色，分别代表机构的类型，即私立和公立(参见图 12.1)。

　　文本单元用西班牙语保存，以保持受访者叙述的原始语言和连续性。此外，进行该操作的目的是保持西班牙语数据的丰富性。为了表达数据，在一些情况下，文本单元用两种语言表示。这个方法使说西班牙语的读者得以理解该单元及其上下文的确切含义。

　　安扎尔杜阿(Anzaldua，1987)在她关于墨西哥和美国边境的社会研究中，坚持用西班牙语、英语以及在多数情况下两种语言的混合来表述其研究分析。这传达了两种文化相互毗邻的社会现象，并促使读者理解双语文本(及其所代表的社会结构)展现出巨大力量的"边界语言"。必须考虑语言在数据分析中可能产生的影响，因为"人类语言的主要功能是在文化、社会群体和机构中支撑人类的从属关系"(Gee，1999：1)。在这项研究中，研究人员必须考虑有不同数据需求的多个受众的存在。这种情况使得研究人员需要对语言进行特殊考虑，以确保受众能够对数据做出正确的理解，进而对研究结果做出正确的理解。

编码的目的是"将那些显然与相同内容相关的卡片归入临时类别"(Lincoln and Guba，1985：347)。编码和构建模式的过程包括以下步骤：研究人员分析第一张索引卡，并将其放入某一堆卡片中，把具有相似数据的卡片放在一起，从而形成类别。然后，研究人员分析第二张卡，如果它包含类似的相关信息，则将其与第一张卡放在一起；如果不包含，则重新创建类别。最终，每张卡片都会被分析，从而在不同的类别下归入大量相似的信息。每个代码都有一个英文名称，以标识其类别中卡片的属性"本质"；这些属性进而构成一个决策规则（Lincoln and Guba，1985）。在这种情况下，所有代码名称都是英语，因为这个研究的第一批受众是只讲英语的博士委员会；代码使用的语言基于接收的第一受众。

基于对数据的分析和合作者(一个双语同事)的工作，研究人员确定了在合并过程中发现的相关主题和模式。从这时开始，对数据的分析开始用英语呈现。此时，代码的名称和随后确定的主题是用英语定义的，而包括用英语呈现的解释、发现、结论的研究备忘录以及用西班牙语呈现的数据单元的研究备忘录都支撑这些发现。这些单元以英语和西班牙语收入文本，因为我们更进一步考虑了受众，他们是来自收集数据的当地国家的其他关键利益相关者。

以下是本章中以英语和西班牙语展现研究结果的部分数据范例。文化熟悉度、文化敏感度和文化理解力是分析跨语言和跨文化数据的框架；每个范例将展示这些数据的解释和研究的发现。这五个例子包括非字面翻译。但它们都必须首先有一个解释(即字里行间的意思)，然后翻译成英语，从西班牙语的原始数据单元中获取意义。

12.3 五个跨文化和跨语言的数据单元

12.3.1 例 1:"你和他们"

"几年前,对颁布州或国家大学的许可证没有限制……学术水平不够好……在某些方面导致了更多的失业。"(Hace unos años se dieron licencias para abrir universidades a "ton y son." Donde el nivel académico deja mucho que desear... generando de una forma mas desempleo)(González y González,2004:101)这段话支持了代码"墨西哥高等教育现状"下的调查结果。受访者解释了过去一些小型私立大学的开设情况,以及它对当前机构的影响:"大学开办了一个'ton y son'。"在墨西哥,这些小型私营机构不受国家或认证准则的约束,因此它们的机构决策是不同的。对"a ton y son"的解释是:机构在没有任何约束的情况下出现。这种解释是直译不出来的。简而言之,在墨西哥,私人机构与国家的关系与美国的情况差异很大,它们获得批准的过程也不同。

12.3.2 例 2:"艰难的学校"

"从某些方面来说,墨西哥的教育市场并没有给教育带来应有的价值。"(De alguna forma el mercado de educación en México,no está valorando una educación sólida,todo lo que debería)。"在美国,从被认可的学校毕业的人会拥有更高的社会价值和认可。劳动力市场也承认这一点。"(En Estados Unidos,sedá un valor social muy fuerte en sueldo y reconocimiento de alguien que es egresado de una escuela dura,el mercado de trabajo lo reconoce suficientemente)(González y González,2004:107)在初始分析过程中,这些单元是"社会背景"代码的一部分,该代码是"墨西哥高等教育背景"主题的一部分。

12.3.3　例3："技术革命"

高级管理人员确信,技术革命会一直影响高等教育机构及其职责的履行,但这些变化的影响对他们而言仍然不是很清晰。"技术革命仍有未知的影响在继续……"(Toda la revolución tecnológica tieneimpactos todavía desconocidos…)"我们尚不清楚它的意义是什么,这是一种新的学习方式,我们只能等待……"(todavía no sabemos bien que implicaciones va a tener,es una nueva forma deaprender y estamos un tanto a la expectativa…)"这些都是研究的动机。"(todo esto es motivo de estudio)(González y González,2004:112)这些例子说明了墨西哥高等教育的技术背景,以及大学领导人是如何理解它的。

12.3.4　例4:多样性能力

对私营机构的高级管理人员,意识到多样性的能力取决于他的立场。他说"这就是一项与多样性合作的工作"(El trabajo es así,es un trabajo de trabajarcon la diversidad)。这可以在私立大学的背景下进行解释理解,特别是在墨西哥。墨西哥的私立大学在他们的学生、工作人员的能力、性别、年龄和社会经济地位方面与公共机构有更多的不同(González y González,2004:119)。

12.3.5　例5:"他们在家里认识他们"

公共机构的高级管理人员认识到,墨西哥知名私立高等教育机构正在成长,但与此同时,他们也表达了对这些私立机构教学质量的关注:"但看那些没有名气的机构。他们有很好的市场,但是学术质量却令人非常怀疑。"(Pero "hechale una mirada" a las instituciones que "en su casa las conocen" y si las sumas,te "vas para atrás" del crecimiento de mercado que están atendiendo con una dudosa,muy dudosa calidad académica)注册私营机构的高级管理人员都这么想(González y González，2004：141)。这段话被组织在"现在的看法"代码下，其中对术语"hechale una mirada"没有进行直译，直译会失去其本身的意义。

这些例子显示了公立大学和私立大学的管理人员是如何在国家背景下看待自己的及其可预见的未来。这五个例子也说明了这一特定国家的两种机构之间非常明显的差异，这种差异是墨西哥高等教育机构生态下各种文化、社会甚至历史发展的结果。虽然这五个例子中的一些差异是细微的，但通过翻译和受访者的原话，这些细微差别变得更加清晰。受访者回答的最初框架清楚地表明了为什么双语文本对于理解研究的深层背景至关重要。

12.4 方法/操作及其应用

在之前的工作中(Lincoln and Gonzalez，2008)，我们探讨了各种跨语言和跨文化研究的操作方法，提出了这种自由民主调查的未来战略，并像前文一样进行了举例说明。这些策略是我们通过探索本书几位作者的研究演变而来的。这些策略包括：

1. 进行有关何时、如何、为何选择双语研究报告、论文、期刊文章的思考决策。

2. 开发有价值的双语文本，并通过文本提供丰富的背景翻译。

3. 将研究人员视作研究中灵活的一部分，确定研究人员和受访者的互动如何影响双语文本的形式以及随着研究的进展而做出的决定。

4. 当研究人员不是本地人时，与本地研究人员进行合作，并评估该决策产生的价值和效果。

5. 对数据收集中非英语语言的间接影响进行研究。

6. 当最终读者是用英语浏览研究项目时，不选择双语研究人员经由非英语数据而编写的双语文本。

这些是跨文化和跨语言研究人员在接近他们的读者、听众、合作者、当地合作伙伴、翻译和其他利益相关者时使用的策略。

从事跨语言跨文化研究的不同领域的英语学者越来越多。我们明确了他们想要提出的问题,例如与没有经验的翻译合作还是使用专业的翻译,表达自己时是以作者的身份还是以翻译的身份。为了解决用英语呈现数据分析问题,我们的研究表明,作为反思的一部分,需要考虑策略,并且考虑反思性研究人员的后续行动。

12.4.1 转录和数据集创建

研究人员使用了三个数据来源:访谈的录音带、文字版和分析的内容。统一数据被转移到索引卡,以便于创建分类和代码。回想起来,新创建的全英数据集都提供了同样有用的数据。我们注意到,当高级管理人员回答他们对机构变化的预测时,他们偶尔会在陈述中产生矛盾。如果一个数据集是英文的,这些会更容易被注意到。因此,我们的建议是,无论多么耗时,也要创建语言数据集,以作为主要的接收背景。这种策略比完全用当地语言做要复杂得多,但它可以对意义进行交叉检验,也是试图从原始语言中抓住细微差别的一种方法。如果研究人员精通双语(在本范例中是这样),这被证明是耗时的,但可以完成。然而,如果研究人员和翻译一起工作,这可能会更困难,根据翻译的技巧和能力,这些细微差别可能会丢失。

多种语言的数据集也能促进研究人员与同行的工作,尤其在同行并不使用本土语言的情况下。翻译成接收语言(通常是英语)的数据单元可以帮助同行理解数据出现在哪里,以及为什么从这些数据中做出推断。

12.4.2 本土/全球意义的创造

当考虑不同的含义时,我们必须平衡那些对非本地受众几乎没有用处的、但对本地或本地读者具有巨大意义的数据。也就是说,受访者的回答对当地读者来说可能是有意义的,因为这些话可能与更大的事件、环境、习俗、问题、难题或关系相关联。因此,我们意识到,研究人员必须深入研究与地方、区域、国家事件相关联的数据，因为其可能或者将来在当地是有用或有意义的，并可能为积极的社会变革提供素材。也就是说，研究人员不能仅仅依靠文字。正如克里彭多夫（Krippendorf，1980）所指出的，数据不仅具有明显的意义，还可能具有潜在的意义，尤其是对受访者而言。因为这些数据可能涉及研究人员不知道的、受访者的潜在知识，也可能具有强大的地方历史性和意义。

12.4.3　同行报告撰写者还是同行顾问？

在这个研究中，我们没有选择同行报告撰写者，主要是因为缺乏既能理解输出又能理解输入背景数据的人。相反，我们决定选择一个我们称为顾问的人。这个人在墨西哥长大，是传教士的儿子，因此不仅熟练使用双语，而且很容易接受两种文化。他经常回到墨西哥的家，并在那里度过许多假期。在我们机构工作时，他经常被要求代表机构书写或检查拨款、合同、备忘录、出国留学协议、学术访问、研究合作社等文字，因为他的西班牙语很流利。例如，他在理解成语、墨西哥特有的当地用法（不与任何其他西班牙语国家共享）和总体学术环境方面都很出色。因此，当双语研究叙事被创建时，偶尔可能不进行直译，而是用英语中含义相似的成语代替西班牙语。这种流利的双文化、双语言使得我们能够构建出对受访者和英语使用者都有意义的文本。

并不总是能有这种偶然又恰当的翻译，但有一名熟悉两种文化的合作者很有用。我们很高兴他愿意与我们合作，并为几个不同的受众编写了一份具有分层含义的文本。如果没有像我们这样的顾问，与社会科学家称为"关键信息提供者"的人合作也是很有用的，特别是如果这位参与者能够为研究人员解释当地俗语、成语或修辞背后的意图、类比或智慧。

12.4.4　构建文本

在数据分析中，编码人员经常将代码的规模（即编码到代码中的文本量）作为显著性的标志，这是一种有用的方法。然而，当研究人员探索高级学术管理者管理 21 世纪的墨西哥机构的能力时,她正在寻找更深层次的意义。这意味着要进行更深入的和进一步的分析,将这些管理者预测之外的发现组织起来,此外还包括他们表达的和以其他方式传达的焦虑,特别是关于具有下一代所需能力的个人是否正在为这些任务做好准备。因此,最大数量的文本单元可能不是最突出的代码。研究人员必须问自己,是否有其他问题、担忧、焦虑等影响访谈回答(在访谈中并不容易识别的见解)。关键的信息提供者和顾问(比如我们有幸与之共事的那位同事),以及同行报告撰写者,可以帮助我们发现这类经常处于"字里行间"的问题。反思日志也能提供战略帮助,因为研究人员有时搞不清楚他们听到了什么、访谈意味着什么。

12.4.5 本地读者的重要性

非本地读者不知道本土语言会引发什么样的行为,也不知道这会导致什么社会活动。只有本地读者才能理解这些词,特别是无法翻译的习惯术语,它们可能意味着什么,或者可能产生什么积极的力量,将本地读者作为这些研究的"真正读者"转移到不同的层面。

通过认可和允许这些学者、受访者表达对这一过程的看法,我们总结了他们的希望,即消除他们在不同读者眼中发现的一些隐藏的文化假设,表达对背景的全面和深刻的理解,并展示每种文化的丰富性和这种研究的丰富性。

我们跨越时间、空间和语言进行本地和非本地的研究,旨在将人们转移到一个道德维度,使他们更有能力提出批判,推动读者和旁观者走向社会正义(González y González and Lincoln,2010)。

12.5 结论

在不断寻找新兴的去殖民化方法的过程中,我们反复产生一种共鸣,那就是在跨文化和跨语言的背景下使用双语文本进行研究

（González y González and Lincoln，2006）。研究人员表示，需要为这类研究的展示和出版开辟学术空间。然而，我们不清楚这些双语文本作者的意图和期望，不清楚读者的预期角色是什么，也不了解他们对此类文本的反应。考虑到语言的本质，理解语言是一种思维方式和一种生活方式，单语读者和双语读者的回答可能会有所不同（Fish，1980）。由于文本是"去殖民化的"，我们建议进行配套的案例研究来记录和探索其刺激因素和策略效果（Guba and Lincoln，1989）——对作者和读者——以及这些文本的用途。

　　跨文化研究的学者，主要是国际博士研究生，越来越倾向于使用双语文本。对社会科学中伦理学的兴趣表明，国际上所做的研究应该服务于进行研究的社会，也应该服务于西方学术知识团体和大学（González y González and Lincoln，2006，2007，2010）。意识到这些情况的老师和研究人员对这些文本和研究分析提出了不同的可能性（Robinson-Pant，2005）以及语言和文化等值的可能性（Peña，2007）。精通本土语言的研究人员表示，使用本土语言不是一个问题，而是一个本能的决策过程（Lincoln，Gonzalez and Aroztegui，2016）。另一方面，跨语言研究的英语作者表示，他们决定进行这些研究是为了提供丰富和深入的数据，也是为了让他们的受访者有一定程度的舒适体验，并更有效地表达他们的想法。其中一位作者说："我们必须采取双语方法进行研究和分析；若不这样，我们的解释将会很肤浅。"（Diego Garcia，personal communication，2016）

补充阅读

González y González，E. M. and Lincoln，Y. S.（2006）. "Decolonizing Qualitative Research：Non-traditional Reporting Forms in the Academy." In N. K. Denzin and M. Gardina（Eds.），*Qualitative Inquiry and the Conservative Challenge*. Left Coast Press.

Lincoln，Y. S.，Gonzalez，E. and Aroztegui，C.（2016）. "'Spanish Is a Loving Tongue...'：Performing Qualitative Research Across Languages—A Performance Piece for Two Readers." *Qualitative Inquiry*，22（7），531—540. https://doi.org/10.1177/1077800416636148.

Lincoln，Y. S. and González y González，E. M.（2008）. "The Search for

Emerging Decolonizing Methodologies in Qualitative Research: Further Strategies for Liberatory and Democratic Inquiry." *Qualitative Inquiry*, 14 (5), 784—805. https://doi.org/10.1177/1077800408318304.

回顾与练习

1. 目前需要考虑的问题,按顺序排列包括"表述危机"和"权威性危机":

(1) 当英语研究人员与处理当地问题的国际研究人员合作时,他们有什么特殊责任?

(2) 他们如何让自己的发现在当地社区以及不同受众间被接受?

(3) 当我们试图将边缘化人群带入研究背景的中心时,我们如何考虑全球化世界的学术责任?

2. 制订一个计划来访谈、分析英语与非英语发言人对同一问题的看法。本章讨论的想法和战略如何影响后续行动?

(1) 研究问题和访谈指南;

(2) 抽样方法以及访谈者和研究小组其他成员的选择;

(3) 转录和编码策略;

(4) 解释和写作策略。

参考文献

Anzaldúa, G.(1987). *Borderlands/la Frontera: The New Mestiza*. Aunt Lute Book Company.

Erlandson, D., Harris, E., Skipper, B. and Allen, S.(1993). *Doing Naturalistic Inquiry: A Guide to Methods*. SAGE.

Fish, S.(1980). *Is There a Text in This Class? The Authority of Interpretive Communities*. Harvard University Press.

Gee, J. P. (1999). *An Introduction to Discourse Analysis: Theory and Method*. Routledge.

González y González, E. M.(2004). *Perceptions of Selected Senior Administrators of Higher Education Institutions in Mexico Regarding Needed Administrative Competencies* (Doctoral dissertation). ProQuest Dissertations Publishing. (Order No.3157028).

González y González, E. M. and Lincoln, Y. S.(2006). "Decolonizing Qualitative Research: Nontraditional Reporting Forms in the Academy [41 paragraphs]." *Forum Qualitative Sozialforschung/Forum: Qualitative Social Research*, 7(4), Article 1. http://www.qualitativeresearch.net/fqs-texte/4-06/06-4-1-e.htm.

González y González，E. M. and Lincoln，Y. S.（May 2007）. *Decolonizing Methodologies Further*：*Authorial Intentions*，*Reader Response*，*and the Uses of Qualitative Research*. Paper presented at the 2007 Third International Congress of Qualitative Inquiry，Urbana-Champaign，IL.

González y González，E. M. and Lincoln，Y. S.（May 2010）. *Voices on Voice*：*Decisions to Engage Cross-cultural and Cross-language Research*. 2010 Fifth International Congress of Qualitative Inquiry，Urbana-Champaign，IL.

Guba，E. G. and Lincoln，Y. S.（1989）. *Fourth Generation Evaluation*. SAGE.

Holsti，O. R.（1969）. *Content Analysis for the Social Sciences and Humanities*. Addison-Wesley.

Krippendorf，K.（1980）. *Content Analysis*：*An Introduction to Its Methodology*. SAGE.

Lincoln，Y. S.，Gonzalez，E. and Aroztegui，C.（2016）. "'Spanish Is a Loving Tongue...'：Performing Qualitative Research across Languages—A Performance Piece for Two Readers." *Qualitative Inquiry*，*22*（7），531—540. https：//doi.org/10.1177/1077800416636148.

Lincoln，Y. S. and González y González，E. M.（2008）. "The Search for Emerging Decolonizing Methodologies in Qualitative Research：Further Strategies for Liberatory and Democratic Inquiry." *Qualitative Inquiry*，*14*（5），784—805. https：//doi.org/10.1177/1077800408318304.

Lincoln，Y. S. and Guba，E. G.（1985）. *Naturalistic Inquiry*. SAGE.

Lincoln，Y. S. and Guba，E. G.（2013）. *The Constructivists' Credo*. Left Coast Press.

Peña，E. D.（2007）. Lost in translation："Methodological Considerations in Cross-cultural Research." *Child Development*，*78*（4），1255—1264. https：//doi.org/10.1111/j.1467-8624.2007.01064.x.

Robinson-Pant，A.（2005）. *Cross-cultural Perspective on Educational Research*. Open University Press.

Ryen，A.（2002）. "Cross-cultural Interviewing." In J. F. Gubrium and J. A. Holstein（Eds.），*Handbook of Interview Research*：*Context and Method*（pp.335—354）. SAGE.

Temple，B.（1997）. "Watch Your Tongue：Issues in Translation and Cross-cultural Research." *Sociology*，*31*（3），607—618. https：//doi. org/10. 1177/0038038597031003016.

Temple，B. and Edwards，R.（2002）. "Interpreters/translators and Cross-language Research：Reflexivity and Border Crossing." *International Journal of Qualitative Methods*，*1*（2），Article 1. http：//www.ualberta.ca/~ijqm.

第四部分　反思与分析备忘录策略

保罗·米哈斯

引言

在质性研究中，备忘录的写作以及备忘录所要实现的反思，往往是一种神秘的、被误解的或不断被推迟的工具。对于已经承受着大量数据负担的研究人员来说，生成另一层文本数据实际上可能显得笨拙或费力。一些研究人员直到确定引文或访谈的意思时才会开始写备忘录，但如果我们从未知和无形的东西开始写备忘录，效果会好得多。我们书写那些带有悬念的问题，通过这些问题我们可以更接近受访者的世界框架，也更接近我们自己的智慧。

在这里，我们要为备忘录写作的许多优点喝彩（Birks，Chapman and Francis，2008；Corbin and Strauss，2015；Richardson，2000；Saldaña，2016）。我们不是基于已经知道的东西编码，而是通过写备忘录提高我们的解释灵敏度，同时可能带来一种新的编码语言。因为写作是对思考的记录，所以写备忘录也让我们看到自己头脑中不清楚的东西，并努力去理解和洞察。

写备忘录是一种实践，它记录了我们的理解——我们逐渐增加的意识以及在质性研究全过程中的"顿悟"时刻。在研究设计的早期阶段，写备忘录可以帮助我们确定和更改研究问题，决定访谈谁，并制订有针对性的文献综述计划。当我们即将进入这个领域时，我们也可以写一份备忘录，来记录我们的工作与什么有关、与什么无关（Vagle，2019）。也就是说，在进入受访者的世界并聆听他们之前，我们可以写下我们如何看待作为听众的自己。

访谈结束后，写备忘录让我们更接近受访者的故事。"我们阅读时，我们会更努力地倾听，我们觉得自己可以反驳。"（Hickey，1993：2）也就是说，我们开始与数据进行秘密对话。反思变成了倾听和回应。在我们的备忘录中加入受访者的语录，我们重新激活了受访者的说话个性，并展示了这种声音是如何推动我们思考的。备忘录的写作打开了数据的大门，并邀请我们与一个可能不熟悉或完全混乱的世界进行有记录的对话。备忘录的读者之一就是未来的自己。当我们在几周或几个月后重新审视这份备忘录时，我们将会发现那些被播下的种子以及那些已经发展成真知灼见的新见解。这样，我们就成了自己最好的合作伙伴。我们收集的备忘录可以作为审核的线索，了解"我们迄今所知的情况"（Maietta，Hamilton，Swartout and Petruzzelli，2019）。

在写备忘录的练习中，我们会为特定的研究而培养写作能力。每个项目都有自己的词汇和难以处理的想法——矛盾和神秘——需要我们在写作中处理。在备忘录写作的练习中，当有独特的感知时，我们准备以书面形式记录它们，而不是等到最后一刻才"写下"结果。帕特里夏·古德森称之为"写作习惯"（Goodson，2013:15）。如果我们不把自己的思想写下来，我们的智慧就会像雾一样消失。

写备忘录的功能与编码（对一些研究人员来说，还可以代替编码）一起阐明数据，并在代码和数据之间建立联系。在与数据的对话中，我们可以通过备忘录展示"为什么这些数据很重要"，以及为什么受访者独特的话语对研究来说很与众不同。编码有时会变得很费力，而浓缩的代码名称似乎太过简短。备忘录写作，作为编码的分析搭档，是一种扩展编码想要捕捉什么的方式。它帮助我们认识到我们的过程为我们做了什么，代码为我们做了什么，或者受访者的语言如何打开了一个理解的新世界。正如编码是一种压缩的方式，写备忘录是一种扩展的方式。

写作可以是一种描述数据的方式，可以让我们的假设降低一个等级，就像我们对数据的世界进行盘点一样。反之亦然；就像我们在扎根理论中所做的那样，当我们想要将自己的工作提升到类别的水平时，我们可能会使用备忘录来提升概念层次。因此，写备忘录是一种既能处理具体问题又能处理抽象问题的方法。在这一部分，伊莱恩·基恩在第15章阐述了这个主题——我们如何在研究过程的不同时刻使用不同类型的备忘录，从使用备忘录作为一种从"某处"开始的方式，到使用它们作为一种批判性分析的形式。她提出了从故事到概念化和对我们的数据提出分析性问题的转变。正如凯西·查马兹（Kathy Charmaz）提醒的那样，备忘录是一个持续探究的地方（Charmaz，

2014)，就像一个书架，我们可以放置自己的思想，然后诉诸它们。最终，我们有了一个完整的图书馆，或者用阿黛尔·克拉克（Adele Clarke)的话说，一个"项目银行"，我们的备忘录就像"智力资本"（Clarke，2005:107)。

　　在关于部分与整体写作的第 14 章中，我提醒研究人员运用广泛的研究视角后退一步处理采访的连续性，放大某段引文，并撰写片段是如何在连续的整体中发挥作用的。在第 13 章中，克雷格·麦吉尔、德鲁·普罗维和马克·杜斯拉克向我们介绍了他们在合作自传式民族志的过程中使用备忘录写作的方法。这些研究实践提供了对"内部心理事件"和协作备忘录写作层次的独特了解方式。首先，麦吉尔等人单独反思；其次，在其他团队成员之间分享他们的书面回答，然后回到他们的个人回答，扩展共同点。通过这种方式，备忘录一旦被共享，就会激活另一轮的细化和更深层次的共享理解和集体智慧。当研究人员也是受访者时，复杂的分析特别适合通过备忘录来记录。

回顾与练习

　　1. 头脑风暴，列出分析备忘录的主题可能包括的内容，例如，正在进行的分类、相关理论、伦理问题。

　　2. 获得一份 30—60 分钟的逐字采访记录文档。多看几遍，熟悉一下转录文本。

　　(1) 读完关于备忘录写作策略的第 14 章后，写一份关于转录文本的"第一印象"文件反思备忘录。

　　(2) 在阅读了关于批判性分析备忘录写作的第 15 章之后，写一份分析备忘录，说明你认为研究者相对于记录内容的地位和立场。

　　(3) 在阅读了关于自传式民族志的第 13 章后，想象你可以和接受访谈的受访者对话。从转录文本中选择一段让你做出回应的话，写一篇第一人称的、自传式民族志的话/备忘录给受访者。

　　3. 讨论这一部分的每一章如何处理以下问题：如何使用备忘录来支持调查。

参考文献

Birks，M.，Chapman，Y. and Francis，K.(2008). "Memoing in Qualitative

Research: Probing Data and Processes." *Journal of Nursing Research*, 13(1), 68—75.

Charmaz, K.(2014). *Constructing Grounded Theory*(2nd ed.). SAGE.

Clarke, A.(2005). *Situational Analysis: Grounded Theory after the Postmodern Turn*. SAGE.

Corbin, J. and Strauss, A.(2015). *Basics of Qualitative Research: Techniques and Procedures for Developing Grounded Theory*(4th ed.). SAGE.

Goodson, P. (2013). *Becoming an Academic Writer: 50 Exercises for Paced, Productive, and Powerful Writing*. SAGE.

Hickey, D.(1993). *Developing a Written Voice*. Mayfield.

Keane, E.(2022). "Critical Analytic Memoing." In C. Vanover, P. Mihas and J. Saldaña(Eds.), *Analyzing and Interpreting Qualitative Research: After the Interview*. SAGE.

Maietta, R., Hamilton, A., Swartout, K. and Petruzzelli, J.(2019). *Qualitative Data Analysis Camp*. ResearchTalk, Inc.

McGill, C. M., Puroway, D. and Duslak, M.(2022). "On Being a Researcher-participant: Challenges with the Iterative Process of Data Production, Analysis, and (re)Production." In C. Vanover, P. Mihas and J. Saldaña(Eds.), *Analyzing and Interpreting Qualitative Research: After the Interview*. SAGE.

Mihas, P.(2022). "Memo Writing Strategies: Analyzing the Parts and the Whole." In C. Vanover, P. Mihas and J. Saldaña(Eds.), *Analyzing and Interpreting Qualitative Research: After the Interview*. SAGE.

Richardson, L.(2000). "Writing: A Method of Inquiry." In N. K. Denzin and Y. S. Lincoln(Eds.), *Handbook of Qualitative Research*(2nd ed., pp.923—948). SAGE.

Saldaña, J. (2016). *The Coding Manual for Qualitative Researchers*(3rd ed.). SAGE.

Vagle, M.(2019). *Learning from Lived Experience: How We Can Study the World as It Is Lived*. Course at the Qualitative Research Summer Intensive. ResearchTalk, Inc.

13 作为研究参与者：数据生产、分析和（再）生产的迭代过程的挑战

克雷格·M.麦吉尔　　德鲁·普罗维　　马克·杜斯拉克

摘要：在过去的四年里，我们的研究团队一直在探索通过合作自传式民族志(collaborative autoethnography，CAE)将我们的专业社会化到新兴的学术咨询行业。利用合作自传式民族志，一群人利用他们自己的生活和经历来探索一个问题。因此，研究人员也是参与者。合作自传式民族志类似于其他涉及自我探索的质性研究形式，可以独特的方式了解内部心理事件，并增加了协作式批判性提问和支持的层次。这种方法改变了传统社会科学研究中研究人员和参与者之间的关系。我们的过程包括六个重叠的阶段：设计和团队建设、初始写作、对话和笔记、编码和分析、理论构建和研究写作、提交出版和回应反馈。在本章中，我们探讨了写作、分析、解释之间的交叉以及在使用自传方法时所面临的内在挑战。

关键词：合作自传式民族志；批判性反思；高等教育；研究人员-参与者；职业社会化

在本章中，我们将探讨写作、分析、解释之间的交叉以及使用自传方法时所面临的内在挑战。在过去的四年里，我们的研究团队一直在探索通过合作自传式民族志将我们的专业社会化到新兴的学术咨询行业。合作自传式民族志是一种研究人员"使用在社会文化背景下自己的生活故事作为数据，通过自我的独特视角来了解社会"(Chang, Hernandez and Ngunjiri, 2012:18)的研究方法。换句话说，使用合作自传式民族志，一群人利用他们自己的生活和经历来探索一个问题。因此，

研究人员也是参与者。

在进一步讨论之前,重要的是要将合作自传式民族志与其他类似的方法区分开来:民族志、自传式民族志和双民族志。合作自传式民族志建立在自传式民族志的基础上,即一个人在自己的环境背景下探索自己的独特经历(Ellis,2007)。自传式民族志起源于民族志,即对人或文化群体的研究。"人种学研究的核心和指导假设是,任何人类群体在一段时间内相互作用,就会形成一种文化。"(Patton,2015:100)民族志学者试图理解"他者",而自传式民族志承认自我在环境背景中的作用。对自我的关注显然是传记的一个特征,但自我民族志不同于自传,因为对自我的研究通常与社会科学文献有关。

第三种相关的方法是双民族志(duoethnography)。在这种方法中,两个或更多的研究人员对比他们的生活经历。当使用双民族志时,研究人员努力"协同工作,对我们赋予社会问题和认识论建构的意义进行对话批判和质疑"(Sawyer and Norris,2013:2)。我们的工作满足双民族志的某些目标:这是一种合作的质性方法论,我们作为研究参与者的经验是多元的和对话式的。然而,我们的目标并不是将差异并列在一起(事实上,我们并没有刻意地探究我们每个人之间的差异),我们也没有要质疑我们所持有的信念。因此,我们谈到了合作自传式民族志,这是本章的重点。

合作自传式民族志类似于其他涉及自我探索的质性研究形式,可以独特的方式了解内部心理事件,并增加了协作性批判性提问和支持的层次。作为一种接近社会科学和人文探究的方法,合作自传式民族志允许研究团队思考特定话题上的关键问题和挑战。合作自传式民族志还提供了一种扩展自传式民族志的方法,以更广泛地将广大读者,如研究生、社区成员、专业人士和组织领导人包括在内,从而解决范围限制问题(Lapadat,2017)。这种方法改变了传统社会科学研究中研究人员和被研究者之间的关系:合作自传式民族志"展平了团队中的权力变化,因为所有的合作研究者在分享他们的故事时都很脆弱。这种方式有助于团队的建设和信任的发展"(Lapadat,2017:599)。由于实践者的经验几乎完全不存在于文献中(McGill,2019),我们发现合作自传式民族志是一个有用的起点,它通过探索我们自己经验的趋同和分歧来理解专业学术顾问的专业化和社会化。我们讨论在进行合作自传式民族志项目中所遇到的挑战和学到的知识。

13.1 范例

我们的研究包括对 25 个问题的个人反思和从 2014 年起至今的每周电话(其中大部分都被记录下来)。我们分六个重叠阶段讨论我们的流程。2014 年:设计和团队建设;2015 年:初步写作;2015 年至今:交谈和记笔记;2016—2018 年:编码和分析;2017—2019 年:理论构建;2018 年至今:撰写研究报告、提交发表和回应反馈。为了强调我们过程的协作性质,我们以个人思考结束每个阶段,尽管为了简洁,一些部分只描述了我们两个人。

13.1.1 2014 年:设计和团队建设

2014 年,这篇文章的第一作者克雷格与他之前所在机构的其他三位顾问同事聊天,谈论如何通过有关职业身份的文献来探索他们的职业角色。该小组在当地的咨询会议上介绍了文献中的概念。在观众反应的推动下,他们开始设计一项合作研究,通过 25 个反思问题进一步探讨这些问题(McGill et al., 2020b)。此时,马克被邀请参加这个项目。五名与会者讨论了这些问题,并重新措辞,直到达成共识。在最后确定问题之前,三名参与者意识到该项目将是一项重大的历时多年的工作,由于时间紧迫而退出了研究。克雷格和马克准备作为一对搭档携手并进。但当克雷格看到德鲁(Drew)在一次会议上提出批判性反思的建议时,他想邀请德鲁。马克同意了,并发出了邀请。接受邀请后,德鲁研究了下问题,并对问题和研究设计进行了细微的修改。25 个问题围绕四个广泛的领域组织:建议历史/理论/哲学的知识,进入该领域前的专业经验和学术准备,对建议/组织文化的看法,以及个人特征和对实践的反思。尽管我们最初努力阐明我们要确切研究的问题,但我们广泛的研究目标是探索专业顾问在学术建议领域的专业社会化经验。我们尝试了几种,并在下面展示了两种:

1. 三个中西部白人如何描述他们在咨询领域的职业化和社会化经历?

2. 三个白人男性经历了职业社会化的哪些特征?

从一开始,研究团队就在努力解决人类受试者研究的伦理问题,以及我们是否需要获得每个机构审查委员会的许可。我们咨询了一位关于反思性写作实践的专家,他告诉我们,对于我们希望做的工作来说,不需要提交审查委员会:"构成研究数据的是你的叙述,而不是其他人的观点或看法……"(个人交流,2015年11月2日)我们认同了他的建议。我们重读了协作式自传式民族志(Chang,Hernandez and Ngunjiri,2012),并决定遵循美国教育研究协会的一套伦理标准:自由同意、避免伤害、尊重合作者及我们所写的人的保密性(AERA,2011)。我们达成了一项协议,规定了所有参与者之间的道德和保密承诺,并概述了成员离开研究团队和从数据中心撤回该成员数据的过程。

> 马克:克雷格和我刚刚发表了一篇文章,所以我很高兴被邀请参加另一个项目。作为一名新的顾问,我渴望参与其中,尽管我不知道什么是合作自传式民族志。到目前为止,我只进行了量化研究。当其他三名参与者退出时,我依靠克雷格的判断作为他们离开的理由。对克雷格的信任延伸到他推荐德鲁加入我们的团队。我太天真了,对这些变化都不感到忧虑,因为我知道的很少,所以这些挑战并没有让我太担心。回想起来,我明白这些决定有多重要,我很高兴这些问题都解决了。

> 克雷格:在失去了三名参与者(其中两人是有色人种女性)后,邀请另一名白人男性的前景令人不安。但是德鲁非常适合这个项目,他非常有自知之明,并且意识到了他作为白人男性的特权(就像我们一样)。我们谈得越多就越意识到,如果我们不断反思特权,我们可以作为三个白人前进。

德鲁：我被克雷格的认真和马克的善良所吸引。我对我们都具备的特权身份有些担心，但我们试图探索的领域足够开放，我想我会看到合作的方向。

13.1.2　2015 年：初步写作

我们的初始数据包括对 25 个问题的书面回答。经过几轮反思和修订生成我们的初始数据集。在第一轮中，我们在六周的时间里对问题进行了单独思考和回答。在个人回复完成之前，我们不会互相分享书面回复。当每个成员对他最初的回答感到满意时，我们会阅读彼此的回答。然后，我们重新审视了我们自己的回应，指出了相似之处，并扩展了共同点或可以激发合作者思考以进一步回应的地方。我们每个人都使用微软 Word 中的跟踪变化功能来记录别人的修改，这也是第二阶段的谈话要点。这与开放编码的过程没有什么区别，在开放编码过程中，分析师会发表一般性的评论。尽管如此，它还是有所不同，因为我们提出问题是为了澄清意义或进一步发展最初思考中的想法/事件。因此，我们没有在第一次阅读时进行正式编码，而是做了笔记，以进一步发展数据并开始初步分析。

马克：问题直接明了，任务也很明确。但它使我批判性地思考我建议的角色；回想起来，我对这些信念如何随着时间的推移而坚持或改变感到震惊。

德鲁：我需要发掘一些真实的东西，检查自己是否诚实。人们有一种冲动，想对我们这个新兴行业的好与坏夸夸其谈，这并没有超出范围，但我觉得需要缓和一下。这一切都是在让自己相信自己有值得说的话之后发生的。

13.1.3　2015 年至今：交谈和记笔记

我们持续每周进行一次长达 1 小时的电话交谈，大部分是非结构化的（有时是半结构化的）。在互相更新我们的生活之后，我们开始着手手头的工作，通常是手稿或会议陈述。在项目开始时，我们讨论了每一份书面回复。这包括对别人的写作表示惊讶，对对方的思考进行验证的评论，提出需要弄清楚的问题及存在悬念的问题。我们讨论了各自书面回复的共同点和不同点，并批判性地参与了彼此的故事。基于这些对话，我们在最初的回复文档中添加了注释，从而捕捉到我们的对话反应，将其作为可用的数据。这些笔记成了代码的来源，但不一定是以直接或系统的方式使用。我们列出了对顾问职业情况的预感和偏见（也就是说，我们都来自其他专业经验的不同分支），因此这是解开预感/直觉/逻辑观察的好数据。例如，关于马克的两个硕士学位对其给出学术建议时的不同方式的讨论导致了一场关于学术建议实践中什么样的可转移技能是有价值的对话。这一点引发了关于我们的背景如何提供可转移技能的更大讨论，这个概念随着进一步的分析而变得更加完整，并最终被纳入我们顾问职业社会化的最终模式。

马克：我们谈话的非结构化本质与我的量化项目是非常不同的体验。随着我们关系的发展，朋友/同事/研究人员/参与者之间的角色转换变得更加流畅。让别人分析我的作品既有趣又可怕。这让我对自己作为顾问的经历有了深刻的认识，并帮助我在专业上成长。

德鲁：我喜欢我的同事，对我们正在做的工作充满激情，但我通常不喜欢打电话来交流。即使在这个项目上工作了几年，保持我的注意力和专注度对我来说仍然是一个挑战。对话发生了各种有趣的转折，我喜欢一些启示或智慧被催化的时刻。有时这被正式记录在备忘录中，有时这是一个延续到另一周的对话线索，成为我们分析的一部分。

13.1.4　2016—2018 年：编码和分析

由于合作自传式民族志的迭代性质和研究人员-参与者的双重角色，我们的电话交谈不仅分析了我们正在探索的问题，而且生成了更多的数据。我们每周的录音生成了一个不断扩大的数据语料库，几年后，它变得有点过于庞大。我们将如何管理所有数据？当数据持续增多时，我们将如何继续专注于特定的数据片段进行分析？

从最初的编写阶段开始，我们就参与了多轮协作编码。我们的编码实践不是预先确定的，而是在这个过程中不断发展的。我们阅读了关于自传式民族志的书籍和文章（Chang，2008；Chang，Hernandez and Ngunjiri，2012；Pace，2012）以及更一般的质性编码（Saldañ，2015），但是分析我们的工作——用各种分析选项——是严峻的且仍然不清楚。虽然我们明白是什么推动我们进行这项研究，但我们的研究目的是什么？我们想要回答哪些研究问题？我们希望做出什么贡献？即使在我们开始之后，我们也会质疑自己做得是否正确。我们认为最好的前进方式就是坚持到底，边做边学。

我们开始使用开放和实境编码的方式逐段进行编码反思，其中参与者的确切单词被用来形成代码（Saldaña，2015）。每个段落都被粘贴到谷歌表单单元格中，相邻的行和列中有我们所有人输入的潜在代码，对每个代码的位置和频率进行分类和基本描述性分析。我们开发了一个编码命名系统来追踪给定代码到它的母段落。我们每个人都查看了对方的代码，并添加了自己的代码。我们讨论了每一个代码，通过几周的讨论，开始形成共同的模式时，我们确定了重点代码，说明了我们在这个领域的社会化经验的关键特征。通过这些讨论，我们开始将初始代码提炼成更集中的代码，这一过程与扎根理论中使用的持续比较分析法没有什么不同。例子包括最终成为"模糊"概念的一部分"误解"，以及"工作条件"给我们的"机会"概念增加了细微差别。这些集中的代码随后成为有一种事实上的、先验的编码结构。

然后我们考虑了数据中这些重点代码的时间顺序："机会"出现在我们故事的哪一部分？在我们的社会化经历中，什么时候事情变得"模棱两可"了？"实践社区"什么时候是重要的？通过这些讨论，我们进一步完善了这些重点代码，在这一点上，我们开始将它们称为"概念"。在提炼这些概念时，我们开始在书面思考和备忘录库中寻找支持证据。当对代码的应用有分歧时，我们返回到原始数据。重要的是，我们没有将自己局限于数据。例如，我们中的一个人说："还记得你谈到经验 A

的时候吗？它与代码 B 和代码 C 是相关的。你同意吗？"这些对话产生了概念的细微差别和更清晰的定义，并创建了更多的数据。我们没有根据这些讨论系统地重新访问所有以前编码的数据并重新编码。不像其他定性方法，参与者和研究人员是不同的人，都有各自明确的角色，我们可以成立一个概念细化的即时焦点小组，并有权限管理他们。

开始编码时，有一种不确定性，部分是因为这种实践的关键是需要合作者，而这是用更传统的匿名方法无法实现的。作为参与者-研究人员，我们必须给我们合作者的反思性写作分配一个代码。他们要阅读它，团队将进行讨论。这增加了一层复杂性，但是一旦我们开始合作，该方法带来了近乎绝对的可靠性。

马克：这很难。我想量化代码，并从这个练习中学到了很多关于编码过程的知识。我想起了关于编码语义的漫长讨论，现在我很欣赏找到正确的描述性单词的能力。

德鲁：在最好的情况下，在一个合作自传式民族志团队中，编码是一个深入探索数据的迷人工作；开放编码的谨慎和不确定性导致了聚焦编码的棘手问题。最糟糕的时候，感觉像是世界级的过度思考。深刻和合作的编码经验让我以合作自传式民族志独有的方式参与到这个项目中。

13.1.5　2017—2019 年：理论构建

通过持续的对话和对原始数据的重新审视，我们提炼并确定了九个相互关联的概念：

1.生活事件；2.机会；3.可转移技能；4.理想主义；5.能力；6.含糊；7. 挣扎；8.实践社区；9.实践习惯。

我们为研究新理论元素而探究数据，但也回顾了先前对话的记录，以获得更高的清晰度。这与理论抽样并无区别(Glaser and Strauss，1967)。在这种情况下，我们在这些对话中增加了即时反映的维度，从而为分析提供数据。我们开始轴线式思考我们提出的概念和正在出现的关系(Charmaz，2014)。我们制作了几个视觉图表，提出了九个概念之间的各种关系。这几个被推荐的和废弃的图表概述了在向外传达我们社会化的故事/过程中九个概念之间的关系（如，使我们提出建议的条件），我们暂时确定了一个模型（参见图13.1）。经过一年的时间和几次会议演示，我们收到了关于该模型的反馈，尽管没有进行重大调整。

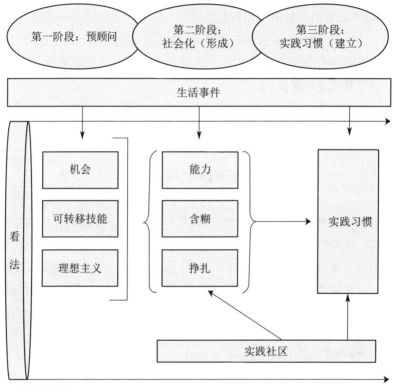

资料来源：McGill et al.，2020a。

图 13.1　顾问社会化过程模型

如今的模型（McGill et al.，2020a）是目前我们社会化的最佳概念化。在我们的经历中寻找联系/非联系是该项目一个引人入胜的部分。虽然这个模型是通过我们的三个故事出现的，但是在揭示联系/非联系的过程中，我们想知道：这个内容是否会引起共鸣？作为参与者-研究人员，这是我们故事的哪一部分？这其中有哪一部分是我们自己的？该理论的哪一部分可能与我们新兴行业中人们的总体情况有所不同？这个模型会为我们同事之间的职业社会化的其他研究提供信息吗？

作为三个享有特权的白人，我们欣然接受；如果从更广泛、更多样化的顾问群体中收集数据，这个模型可能看起来会有所不同。尽管如此，它仍然是我们研究的结果：首先在会议上评估它如何与他人产生共鸣，最终在我们领域的新期刊上发表。

马克：这个过程是最模糊的，需要最批判性的思考和创造力。与我自己开发的模型相比，团队合作使理论构建更加复杂，并产生了更精确的模型。

克雷格：检验这些概念是如何相互关联的——也许更重要的是，确保它们准确地捕捉到我们的共同经历——是非常有益的。

13.1.6　2018 年至今：撰写研究报告、提交发表和回应反馈

在对分析进行编码和组织之后，我们进行了长时间的合作性学术写作。在某些方面，这是分析的延伸，因为写作的过程使我们的思想更加敏锐。然而，像任何写作项目一样，协作写作的写作者确实存在障碍。一些障碍源于我们对分析的改进，因为我们会进行长时间的讨论，在讨论中我们会对最初的分析进行再次分析。与此同时，我们将目光放在关注我们的工作并对自传式民族志方法持开放态度的出版机构。

我们第一次出版的尝试并不顺利。我们将文章提交给一家咨询期刊，该文章未经专家小组审查就被直接拒绝。我们收到的反馈是，我们的研究可以作为一项试点研究，但单个研究不足以为该领域做出有效贡献。我们经常遇到对我们研究的性质和目的的误解。当我们在全国会议上演讲时，我们回答了几个关于样本大小及有关我们的发现的普遍性问题。另一份提交的评论写道：

我对自传式民族志论文不太确定。我在民族志方面没有任何专业知识(原文如此)，所以我不知道它的认识论是什么，即需要提出什么样的论证/证据来证实主张……使用"数据"本身不足以说明这项工作是科学的。(匿名编辑/审稿人反馈)

这种类型的反馈有助于推动我们更加清晰地进行描述,特别是对于拥有后实证主义视角的读者。但不可否认的是,当评审者或会议与会者就方法范式提出他们的批评时,这是令人沮丧的（例如,暗示这项工作是无效的,因为它缺少研究团队之外的其他参与者）。

尽管如此,我们相信自己的工作将扩展与该领域的交流对话。这些拒绝使我们确信,鉴于数据量（例如,几个原始数据和几年的后续电话尚未分析）,我们可以发表不止一篇论文。在第一次被拒绝后的重聚中,我们向一位方法论专家寻求对自传式民族志工作开放的出版机构的建议。这位专家建议需要进行几次重新校准会议。在会议上,我们审查和讨论了各个出版机构的优点,然后才推翻并重建了我们的第一份手稿。

到目前为止,我们编码、讨论和撰写的大部分数据阐明了我们职业社会化的经历。在我们的第一篇论文中（McGill et al., 2020a）,我们删除了对模型中九个概念的丰富经验描述,以满足期刊字数限制的要求。我们认为应该首先将我们的模型放入知识库,说明我们生活经历中令人回味和激动的段落可以在另一篇文章（还在写作中）中更好地探索,围绕我们个人职业身份和机构（组织）身份之间的紧张关系展开。

克雷格:回顾我们五年前的过程很有趣。我记得我非常热衷于进行这种看起来奇怪甚至有些危险的不同类型的研究。我们早期面临的许多变化与使用这种方法关系不大,更多的是因为我们是研究新手。

德鲁:让我们的模型面世是一个激动人心且极其脆弱的行为。

13.2 方法/实践及其使用

由于迭代过程提供的灵活性,合作自传式民族志对于实践者-学者来说是一种有吸引力的方法（Chang, Hernandez and Ngunjiri, 2012）。我们的研究过程从高度结构化的、个人的和顺序的数据收集发展到自由流动的、集体的、并发的和迭代的过程。

与任何其他研究一样，合作自传式民族志研究的基本过程包括数据收集、数据分析和解释以及报告撰写。主要区别在于数据收集、分析和解释之间的循环关系。合作自传式民族志允许多种数据类型：个人备忘录/回忆、档案材料（如我们的录音）、自我观察（如德鲁的备忘录）、自我反思（如最初的问题集）、自我分析（如我们在讨论和反思后对最初问题的答案的第二稿和第三稿）和访谈（如每周电话交谈）（Chang，Hernandez and Ngunjiri，2012）。有几种数据策略需要团队在超前思维和灵活性之间取得平衡。这些包括个人数据和集体数据的收集以及顺序、并发和/或迭代编码。由于数据收集、分析和解释之间独特的共生关系，合作自传式民族志既是过程也是成果（Chang，2008）。

实施合作自传式民族志项目包括组建研究团队、确定研究重点、选择协作模型以及定义小组成员角色和边界。组建一个协作小组有时会提出一个先有鸡还是先有蛋的问题（Chang，Hernandez and Ngunjiri，2012:62）：是小组走到一起然后决定一起探索什么东西，还是研究问题决定了谁应该或可能被邀请到团队中？合作自传式民族志参与者的数量可以变化，可能与主题、项目类型、便利性和团队动态有关。任何承担合作自传式民族志项目的团队都应该深思熟虑地设定前端时间投资的预期。因此，那些参与合作的自传式民族志研究项目的人通常会找到方法，让工作适应无数其他个人和职业需求。推进项目的压力和动力可能来自合作者的期望、提交手稿或学术报告的截止日期，以及学术生活中典型的出版压力。根据我们的经验，一致的每周会议时间是推动项目的有效方法。参与者-研究人员应该在完成项目工作的时间上对合作者诚实。有时，合作者需要相互承担完成工作的责任，当工作和生活的需求阻碍了项目的进展时，需要游刃有余。

进行合作自传式民族志项目可能需要一个学习曲线，因为参与者开始理解和驾驭研究人员和参与者的双重角色。有些人过去可能做过研究人员，但有些人可能没有。无论是哪种情况，都需要研究人员适应这种新的角色，这种角色参与有助于自传体数据的生成和分析。研究人员-参与者的角色提供了从两个不同的视角研究我们主观经验的机会。作为参与者，我们了解自己经历的一手信息。作为研究人员，我们把自己的经历放在另外两个参与者的经验和相关文献的背景下。这项解释性工作说明了合作自传式民族志工作和更传统的质性研究形式之间的一个重要区别：在更传统的环境中，重点是参与者的舒适性，研究人员应该意识到他们所扮演角色的权力变化，并警惕对生活中世俗活动的公开程度。我们都是参与者-研究人员，所以关系和角色界限是可渗透的。我们大多数的会议都是从讨论我们生活中正在发生的事情开始的，局外人可能会认为这是浪费时间。然而，对我们三个来说，这是进入我们内心世界的一个重要关卡，让我们的团队能够互相提供同情和支持。

做得好的时候，合作自传式民族志应该会带来不和谐和不适。这是由于推进自传式民族志工作所必需的披露水平和关系。关系伦理开始发挥作用，尽管许可看起来没有疑问，但它是一个严重的问题（Ellis，2007）：一定程度的脆弱性和自我暴露会带来风险。有时，我们会考虑是否在引用中加上一个特定的名字，还是通过深思熟虑地省略一个属性来保持匿名。例如，有一次，我们中有人不想把他的名字附在对我们专业协会的批评上。然而，其他成员认为批判对于解释一个概念来说是必不可少的，用名字更有效和真实。在这种情况下，我们通过一个有机的讨论过程来达成一致。

合作自传式民族志工作要求参与者-研究人员树立谦卑、真诚和脆弱的深刻意图。同理心和相互之间的支持是建立信任的基础，是在研究中发扬光大彼此的故事和经历所必需的。当我们使用自传式的方法时，有在社会建构的身份中过度概括我们自己的经历和我们自己的背景的风险。在我们的项目中，我们的专业角色身份和对进一步探索这一身份的兴趣使我们走到了一起。然而，我们不得不面临其他挑战，这些挑战是以认识到我们的经历和对它们的看法并不是孤立于我们的社会身份而出现的（有些是共有的，有些不是；有些是特权，有些不是）。同时，研究目的是揭示深层意义，包括积极意义和消极意义。没有诚实，数据就没有真实性。如果没有脆弱感，数据就会难以触摸。

这种方法最有益的结果之一是我们彼此建立了关系。就像质性访谈者寻求与参与者发展融洽关系一样，合作自传式民族志学家通过有组织地和有意识地建立仪式来发展彼此之间的融洽关系。在一个典型的质性项目中，研究人员可能会反复回到他们的参与者/受试者身边，研究人员和参与者之间的关系可能会加深。这是一个进入他人世界并对数据进行内在深度思考的过程，然后由专家和成员对数据进行检查。作为用更传统的方法开展工作的质性研究人员，我们经常觉得自己与参与者的故事很接近。但这种联系不一定像在推进自传式民族志工作中那样是往复的。在整个项目中，我们处理了生活中的所有事情（例如，痛苦的分手、孩子的出生、父母的死亡），这些都成了方法的迭代意义构建的一部分。坦率地讲，在有些会议中，我们其中某人生活中的一件事优先于项目工作。在这些会议中，对其他团队成员来说，倾听和支持他比我们完成特定的分析或写作任务更重要。尽管我们一直坚持这一原则，但我们同样致力于确保项目向前发展。

13.3 结论

利用推进自传式民族志工作，我们通过自己的经验来探索职业社会化以成为一个新兴的职业。我们的过程包括六个重叠的阶段：设计和团队建设、初始写作、对话和做笔记、编码和分析、理论构建和研究写作、提交出版和回应反馈。考虑到推进自传式民族志工作研究中涉及的写作、分析和解释的交叉，我们经历了许多自传方法特有的挑战。然而，对我们来说，推进自传式民族志工作是一种深度个人化和有专业回报的方法。我们作为质性研究新手开始了这个项目。这些年来，我们所有人都追求或正在追求终极学位。我们都积极与家人和朋友在一起，职业抱负很高。每周进行一次谈话是雄心勃勃的，值得注意的是，我们能够像以前一样经常见面。我们的过程是耗时的、令人沮丧的，前进的道路（仍然，五年后）不明朗。我们带着对彼此的信任、体贴和同情来应对这些挑战。很幸运的是，这三个人组成的团队有着相似的职业

道德、质量标准、期望和愿景，推进自传式民族志工作在协作方面不容
小觑，我们在工作中结下了友谊、形成了良好的同事关系并进行了深入
的专业学习。

补充阅读

Chang, H., Ngunjiri, F. and Hernandez, K. A. C. (2016). *Collaborative Autoethnography*. Routledge.

Jones, S. H., Adams, T. E. and Ellis, C. (Eds.). (2016). *Handbook of Autoethnography*. Routledge.

Bochner, A. P. and Ellis, C. (Eds.). (2002). *Ethnographically Speaking: Autoethnography, Literature, and Aesthetics*. Rowman/Altamira.

回顾与练习

在决定推进自传式民族志工作是不是一种可行的研究方法时，我们建议考
虑以下问题：

1. 参与者-研究人员的自传体视角是否对主题或问题以及文献现状有益？
（例如，研究的某些方面将拓宽对文化、过程、现象等的理解。）

2. 该研究的目标是否适合采用协作、质性的方法？

3. 你和你的研究伙伴是否愿意深入挖掘，变得脆弱，并相互挑战？你愿意
在世界上拥有多少你生命中的东西？

4. 你有多少时间？

参考文献

"AERA Code of Ethics: American Educational Research Association Approved by the AERA Council February 2011." (2011). *Educational Researcher*, *40*(3), 145—156. https://doi.org/10.3102/0013189X11410403.

Chang, H. (2008). *Autoethnography as Method*. Left Coast Press.

Chang, H., Hernandez, K.-A. C. and Ngunjiri, F. W. (2012). *Collaborative Autoethnography*. Routledge.

Charmaz, K. (2014). *Constructing Grounded Theory*. SAGE.

Ellis, C. (2007). "Telling Secrets, Revealing Lives: Relational Ethics in Research with Intimate Others." *Qualitative Inquiry*, *13*, 3—29. https://doi.org/10.1177/1077800406294947.

Glaser, B. and Strauss, A. (1967). *The Discovery of Grounded Theory: Strategies for Qualitative Research*. Sociology Press.

Lapadat，J. C.(2017). "Ethics in Autoethnography and Collaborative Auto-ethnography." *Qualitative Inquiry*，*23*（8），589—603. https：// doi. org/10. 1177/1077800417704462.

McGill，C. M.(2019). "The Professionalization of Academic Advising: A Structured Literature Review." *NACADA Journal*，*39*（1），89—100. https：// doi.org/10.12930/NACADA-18-015.

McGill，C. M.，Duslak，M. and Puroway，A.(2020a). "Entering Academic Advising: Theorizing Professional Socialization." *Journal of Academic Advising*，*2*，3—10. Semantic Scholar. https：//pdfs. semanticscholar. org/22ff/ 65cfa829dd7bae207aed860ec2b367d8e22e.pdf.

McGill，C. M.，Puroway，A. and Duslak，M.(2020b). *Primary-role Academic Advising Professional Socialization/Identity Autoethnographic Reflection Protocol*. K-State Research Exchange. Handle System. https：//hdl. handle.net/2097/40864.

Pace，S.(2012). "Writing the Self into Research Using Grounded Theory Analytic Strategies in Autoethnography." *TEXT*：*Journal of Writing and Writing Courses*，*13*（4）. https：//www. text-journal. com. au/speciss/issue13/ Pace.pdf.

Patton，M. Q.(2015). *Qualitative Evaluation and Research Methods.*（4th ed.）. SAGE.

Saldaña，J. (2015). *The Coding Manual for Qualitative Researchers*. SAGE.

Sawyer，R. D. and Norris，J.(2013). *Duoethnography*. Oxford University Press.

14

备忘录写作策略：分析部分和整体

保罗·米哈斯

摘要：备忘录写作是质性分析中不可或缺的工具，它要求研究人员对访谈进行全面思考，并深入特定文本片段中，以理解部分与整体的关系。文件反思备忘录可以用来提炼转录文本的叙事轨迹。相比之下，关键引文备忘录可以激活参与者在特定文本中的洞察力。备忘录是仔细阅读的结果，可以是编码的前期基础，也可以和编码一起用于比较和综合分析。比较来自同一转录文本或不同转录文本的引文的备忘录是另一种获得研究发现的方法，为研究人员提供了一种整体和细节相结合处理数据的系统方式。

关键词：备忘录写作；关键引文；整体备忘录；持续比较

本章的目的是描述备忘录写作如何在质性数据分析中发挥关键作用。分析文本数据需要密切关注语言，关注参与者如何揭示对他们最重要的东西。备忘录是这种关注的载体，因此，它们是编码的补充。备忘录是扎根理论和民族志等既定传统方法和理论的重要组成部分，但可以用于所有类型的质性研究。

14.1 综述

备忘录写作包含了各种各样的调查角度，包括探索性和更具战略分析性的。备忘录推动了研究人员与数据的对话，可以作为编码的前期基础、同时进行或后续工作（Birks，Chapman and Francis，2008；Charmaz，2014；Corbin and Strauss，2008；Lofland and Lofland，1999）。作为一种调查方法，备忘录写作使我们更接近可报告的知识生产。一个指导备忘录写作的问题是："关于我的研究问题，这段引文或转录文本教会了我什么？"（Maietta，Hamilton，Swartout and Petruzzelli，2019）最初，我们的想法可能是推测性的，疑问让我们落笔。作为编码的前期基础，关于关键引文的备忘录——那些特别有意义的片段——促成了我们对文本的细读。"细读"意味着"经验性亲密"——停留在数据中，更接近研究问题和参与者的语言结构（Truzzi，1974）。

备忘录写作不是从编码开始，也不是从基于我们的先验假设在容易触及的范围内应用主题开始，而是要求我们首先注意到微妙话语本身的复杂性。古道尔建议我们"在评估或分析之前先描述"（Goodall，2008：30）。通过写一篇引言——而不仅仅是阅读——我们记录了自己的想法，并观察参与者的叙述如何激活价值观、信仰、行为和情感的交集；这些有时是相互矛盾的话语，揭示了参与者生活世界的复杂层次（Richardson，2000）。写备忘录可以帮助我们通过这些复杂的东西来更深入地理解参与者的声音。然后，可以从早期的备忘录中挖掘出最初的代码主题，这些代码主题是基于我们对参与者产生了更大的"认知同理心"，即对参与者如何产生意义的理解（Small，2018）。萨尔达尼亚提醒我们，代码、类别和概念可以"嵌入分析性备忘录中"（Saldaña，2016：54）。通过这种方式，备忘录可以作为更浓缩主题的渠道。早期的备忘录也可以成为在质性分析全过程后期撰写备忘录的材料，该备忘录记录了研究人员对数据的理解如何随时间变化，从而捕获分析的数据驱动性质。查马兹（Charmaz，2014）在扎根理论方面的研究同样也将备忘录写作作为比较数据与数据、数据与代码、代码与代码、代码与更高级别类别的工具。

尽管备忘录写作经常与扎根理论和民族志联系在一起，但这一章的重点是将备忘录有效地用于任何类型的质性研究。特别是，我研究了从不同的角度来观察连续的整体，包括文本、引文以及各部分之间的相似性。作为一种语用实践，备忘录写作可以让我们逐渐发现参与者的声音和我们自己作为研究人员的声音。经验丰富的质性研究人员强调作为一名作家，找到自己以及参与者的声音的重要性(Sandelowski，1998；Thorne，2008)。我们的目标是与参与者交流，而不是代他们说话。出于这个原因，备忘录通常包含引用，这样研究人员就不会超出数据进行解释；相反，他们的思考是基于访谈的结构性语言。

研究人员写备忘录的策略可以在项目的整个过程中有组织地进行，也可以提前制订计划。脚踏实地的理论家使他们的备忘录"越来越具有分析性"(Charmaz，2014：165)，并将它们称为银行中的"智力资本"(Clarke，2005)。查马兹鼓励研究人员为他们的备忘录命名，以便更有效地检索和组织。(关于如何写早期和高级备忘录的建议，参见Charmaz，2014：169—170。)

不同类型的备忘录针对特定的研究目标。例如，文档反映备忘录是一份全面的备忘录，旨在突出贯穿单次访谈的线索。它捕捉文档的叙述轨迹——转折点、模式和情节流。在这一点上，我们的分析是"垂直的"——我们从头到尾回顾一份转录文本(Maietta，Hamilton，Swartout and Petruzzelli，2019)。我们首先评估一份单独的转录文本，而不是浏览数据，这样我们就可以从对引文的零散审查中后退一步。相比之下，关键引文备忘录是文本片段级别的备忘录，是"你的数据中最能说明问题的引文"(Hesse-Biber and Levy，2011：305)。这份备忘录允许研究人员在微观层面考虑含义和意义。即使是一句简短的引语，也能解开解决研究问题的思路。

作为与编码同时开展的工作，备忘录写作使得我们能够详细阐述为什么我们将特定主题应用于文本片段，帮助我们"忠实于数据和数据上下文"(Naghmeh，Mahboobeh and Mahvash，2015)。也就是说，这是一种不断进行比较的方式(Corbin and Strauss，2008：73—74)。与其等到对数据进行编码后才开始更具分析性的思考，我们不如在编码过程中写备忘录。这为我们提供了一个持续探究的地方，我们也可在此过程中获得意义。研究人员可能会关注到越来越多编码到代码中的内容，并开始写一份备忘录来比较引文(下面将进一步讨论)，或者他们可能会完善代码定义，因为呈现出来的数据对他们对主题的初步理解提出了质疑。作为编码的后续，备忘录写作允许我们比较代码，评估主题之间的概念重叠，并提供一个追踪转录文本模式的地方。当需要写论文或论文章节时，备忘录的智力资本是无价的。

14.2 研究描述

本章中的备忘录例子来自一项研究，该研究使用了北卡罗来纳大学教堂山分校南方口述历史项目收集的口述历史数据和东卡罗来纳大学学生的书面陈述。这项研究于 2018 年进行，目的是了解幸存者如何理解他们在自然灾害期间和之后的情况（Mihas，2019a，2019b，2019c）。

为了调查我们的研究问题，我采用了有意写备忘录的策略，并使用了几种形式的备忘录。我下面描述的第　套备忘录说明了根据个人记录写备忘录的实践。然后，我的范围扩大，论述了比较转录文本的备忘录，然后论述了通过对不同转录文本的引文进行编码和审阅而记录综合见解的备忘录。

14.3 在单个转录文本写备忘录的实践

要想创造意义，就需要在质性研究全过程中有意识地使用研究实践——比如转录和编码。本部分讨论的备忘录写作策略提供了实践，以保持研究人员对数据的洞察力，并在收集和编码数据的同时进一步发展这些想法。

14.3.1　文档反思备忘录

文档反思备忘录特别实用，它记录了研究人员对转录文本的初步理解，在项目后期回顾所有参与者时可能会对其进行检查。在文档反思备忘录中，我们更有可能注意到关于参与者在转录文本中的假设，或在整个访谈过程中的说话或思考方式。这里，我们试图记住访谈的背景，不断重复和规范的模式引导我们获得意义，以及基于文档上下文语境获得的解释性见解。换句话说，文档反思备忘录捕捉到了"连续性是一致性的来源"(Maxwell，2012：67)。连续性不是将数据马上分割成文本段，而是赋予单个文本的整体视图。即使是在半结构式访谈中，当参与者在主题中推进并揭示一个视角时，也有一个展开的逻辑，麦克斯韦尔称之为"局部联系"，而不是一般的联系(Maxwell，2012：67)。在这里，我们不是总结所有的叙述，而是围绕一个特定的文本撒网，把它看作对一个单一生活世界的整体描述。这样，我们就专注于转录文本中明显的"逻辑之流"(Thorne，2008：182)，而不是由于使用引用片段而"打断"故事。

下面是一份基于珍妮(Jenny)1.5万字转录文本的文档摘要备忘录的例子。珍妮是一名白人女性，在北卡罗来纳州遭遇了弗洛伊德飓风。请注意备忘录是如何浓缩了一份长文本，同时解决了研究问题：个人如何经受住了飓风？研究中的每一次访谈都写了一份类似的备忘录。

写作提示：关于研究问题，这份文本教会了我什么？

"思维比你的手更快"

关于飓风幸存者珍妮的文件反思备忘录

基于转录文本 K-0281

"洪水后的声音"，南方口述历史项目，1999年

在访谈珍妮和她的丈夫亚伦(Aaron)时，这对夫妇描述了他们对洪水及其后果的最初反应。珍妮和亚伦经营着一个火鸡农场和一项古董生意。在弗洛伊德飓风之前，珍妮靠一些提示来预测洪水，但弗洛伊德飓风"打破了规则"，打乱了她常规的决策过程。

她穿着睡衣坐在救援卡车上离开家,感觉自己像个"难民"。这种身份认知让她将回家的那一刻视为转折点。

洪水的余波给珍妮和亚伦留下了似乎永无止境的任务——他们最终扔掉了价值 10 万美元的被损坏的家具。珍妮故事的核心是,当她开始新的一天时,"你计划做或想做的和你正在做的完全是两回事"。在机构有限的作用下,珍妮专注于她的农场和房子的现实状态,尽她所能让房子适合居住,让它感觉像家一样。在发现底层地板下有霉菌后,她和亚伦拆除墙壁,抽掉保温材料。这是减少不确定性的一部分。珍妮没有接受联邦应急管理局(Federal Energy Emergency Management Agency,FEMA)对墙壁的评估,而是自己去发现。联邦应急管理局表示,他们不必拆除墙壁,但他们自己的发现表明并非如此。她经常使用"我们"这个词,因为她的目标与亚伦的目标紧密相连。"混乱"是共同的。朋友、邻居和家人都自愿帮助他们,但他们的帮助主要是基于任务,而不是资源。"手一直是任何人最大的财富,如果你曾经被洪水淹没过,手就是一个人所最需要的一切,当然他们也需要经济援助。但是在最开始的时候,那些手……"志愿者体力劳动——他们的"手"——在早期,这对珍妮来说甚至比经济援助更重要,经济援助仍然是一个抽象概念。

当珍妮说她的"思维比手还快"时,这让她不知所措。她意识到需要做什么,但身体跟不上大大小小的任务。亚伦花了四天时间试图清理出 6 万只死火鸡,而珍妮则用高乐氏(清洁用品)清理冰箱的每个缝隙。"当时我当然紧张得连自己是谁都不知道,我无法思考。但是如果没有他们的帮助,我们永远也做不到,永远也做不到。"珍妮说她不知道自己是谁,这让人回想起她说的感觉像个难民。不仅她的处境不同了,她的身份似乎也不同了。

在适应这个新身份的过程中,珍妮突然感到与那些情况相似的人们产生了联结,但这些人却没有时间进行简单的谈话。受害者过着平行的生活,而不是交叉的生活。珍妮和亚伦经历了一个持续的困境——他们必须等待得到补偿,他们不知道什么时候才能再次开始古董生意。他们有一个"双重问题"，如果他们去经营古董生意，就没有一个可以信任的人来照顾农场。此外，他们从联邦应急管理局收到的钱与他们的损失差距较大。

在洪水过后的整个过程中，珍妮和亚伦以他们自己的方式行事，比如质疑联邦应急管理局推行的安全措施。"我想我必须扔掉我的鞋子。但我没有。"他们没有听从当局，而是做他们两人认为正确的事情，但他们的控制能力有限。接下来的几周，珍妮靠退休金生活。"你还能做什么，你知道吗？"这个反问句概括了珍妮有限的能力。"洪水也冲毁了道路，这是一些我们无法解决的问题，我们无能为力。"珍妮不仅要面对这些环境限制，这段时间她还缺少一部工作电话，她也没有重要的法律影响力向当权者提出要求或赔偿，比如在她农场饲养火鸡的公司。她与政府当局进行交涉，比如联邦应急管理局，该机构借给她和亚伦一辆拖车，但没有给他们足够的资金用于恢复生产，珍妮表现出对该系统的难以接受和缺乏信心。"除了保持理智，我没有时间上诉或做任何事情。"

关于研究问题，个人如何度过自然灾害？这份转录文本表明，幸存者被物质补给消耗殆尽：他们要寻找可靠的交通工具，找到舒适的住所或使他们的家适合居住。还有那些心理需求，比如寻找邻居和朋友，尤其难以满足。尽管珍妮觉得自己与那些处境相似的人有联系，但她没有时间与他们接触交流。相反，她要依靠别人提供的物质帮助，每天工作，直到她的家和农场适合居住。一个人住房的稳定性变得重要，而且十分重要。尽管珍妮感受到了社区的集体压力，但面对自己的压力，她没有多余的资源提供帮助。

在每份转录文本上写一份文件反思备忘录，是一种从整体视角纵向观察每个参与者经历的方法。这样的备忘录对每次访谈的叙述轨迹提供了一个简明而全面的描述——关键时刻、要点和主导视角，这些构成了整个记录。在分析中，这些备忘录和代码一起帮助研究人员避免迷失在大量的数据中。作为一种更微观的分析实践，当我们参与编码更小的文本片段时，文档反思备忘录强化了数据收集的整体性——叙事的情感和形成心理状况的背景。

14.3.2 关键引文备忘录

与文件反思备忘录相比,关键引文备忘录也被称为"脉冲"或"权力引用"备忘录,重点是在内容或语气上特别具有说明性的引用(Maietta,Hamilton,Swartout and Petruzzelli,2019；Walsh,2019)。通过关注参与者的语言,研究人员有了一个了解理性的窗口——个体讲述自己的故事,更接近参与者眼中的世界。关键引文备忘录可以描述引语,也可以超越描述而思考,对新生意义提供概念性的思考。

下面是珍妮转录文本的节选,我把它挑出来是因为它说明了洪水过后她与邻居之间关系的转变。

节选:珍妮对邻居的反应

当我在附近的中心遇到某人的时候,或者如果一些人聚在一起聊天时,就会发生一些事。今早我有个邻居过来跟我聊了聊,就好像有一种亲密感,你们可以分享同样的东西。我们现在的生活差不多,因为大家都面临同样的问题。她没有收入方面的问题,我有收入方面的问题,但我们都有自己的房子,这是我们为之努力的目标。我想可能会有更多的亲密感。其他人可能有更多的时间去社交,但我不这么认为。我不这样认为……你知道,有些人可以去上班,然后回家,就解决了。但我们一直没有结束,我们仍然没结束。但我们——我们直到上周末一周工作七天。我说真的,一周七天。(转录文本 K-0281,"洪水后的声音",南方口述历史节目,1999 年,第 33 页)

关键引文备忘录的作用如下所示,引用并试图理解参与者自己的见解。下面一段文字提示旨在帮助激活这种类型的备忘录。

写作提示:为什么这个特定的文本片段会吸引我的注意力? 这句话如何帮助我更好地理解参与者的生活世界?

认识到新的亲密关系

关于飓风幸存者珍妮的关键引文备忘录

珍妮试图解释一种新发现的"亲密感",她突然感觉到自己和那些她认识的人正在经历类似的情况,尽管很少有机会进行长时间的交谈。这种亲密关系是基于感觉到一些以前可能不存在的东西("当我在他们身边的时候有一些东西"),一种她现在和别人过着平行生活的感觉。珍妮不仅知道他们之间的相同之处,还知道他们之间的不同之处。她的邻居"没有收入问题"。她似乎忍不住要把自己的情况和别人进行比较。她猜测其他人的情况,像她一样,可能也没有时间社交。与他人的突然亲密似乎是显而易见的,尽管她的精力成天都集中在工作上,每天都在工作。但它成为她对周边观察的一部分,她注意到其他人也在反映着她的生活。

关键引文备忘录可以聚焦一个过程、行为、或隐式或显式的行为——参与者如何行动、反应或互动。稍后可以将此备忘录开发为关于跨数据可识别流程的更广泛的备忘录。当幸存者能够清晰地意识到,他们与其他可能会被视为不同的人有越来越多的相似之处时,一份关于认识到一种新的亲密关系的备忘录捕捉到了他们认知上的转变。在写这个过程的时候,我后来分析了是什么激活了它,是什么使它不稳定,又是什么使它保持不变。当我查看了其他的转录文本后,这份最初的备忘录成为正式写作的种子。

在写一篇关键引文备忘录时,研究人员发现了一段特别能引起共鸣的摘录,它本身不是简单的引用;这句话也被用作故事的"保险丝盒",阐明了访谈的不同部分和概念层次,它是一个窗口,让我们了解自己可能会如何阅读访谈的其他部分。强有力的引文可以作为采访中间的"铰链",用来展望未来和回顾过去(Walsh,2019)。同样,强有力的引用也可以帮助研究人员重新审视整个转录文本。另一个关键引文备忘录的例子,被称为"早期备忘录",参见查马兹的研究(Charmaz,2014:163)。

14.3.3　比较同一转录文本中不同引文的备忘录

回看同一转录文本中的两个或多个引文,并写下它们是如何相互呼应、矛盾或复杂化的,这是评估文本片段之间题记意义的一种方式。

题记意义指的是转录文本各部分之间出现的意义连接。我们不是孤立地阅读引文；我们根据早期的引文来阅读它，好像有一条潜在的弧线把它们连接起来。题记意义是将我们脑海中的引语联系在一起的结缔组织，每一个引语都释放出对另一个引语的未知探索。例如，在下面的第一段引文中，珍妮讨论了时间作为一种资源是如何减少的。

节选：珍妮对时间的思考

珍妮：没时间了，我们已经很努力了。我们没有时间和邻居交谈，以了解每个人到底发生了什么。我想知道那栋房子里发生了什么，我们一起发生了什么，那会很有趣，因为我们没有时间。我们夜以继日地工作。（转录文本 K-0281 摘自"洪水后的声音"，南方口述历史节目，1999 年，第 8 页）

后来在访谈中，当珍妮提到一名联邦应急管理局工作人员很傲慢时，访谈者寻求详细信息。

节选：珍妮对联邦应急管理局的反思

记者：（联邦应急管理局工作人员）有多傲慢？

珍妮：只是没时间。他走过去又走回来，在一台小型掌上电脑上输入了一些数字。我记得我问了几个问题。现在我记不起问题是什么了，比如："这和你有什么关系？"……我想我甚至问了他来自哪里，他说他来自加利福尼亚。他直接去了我们的一个邻居家，他在那里也那样。（转录文本 K-0281 摘自"洪水后的声音"，南方口述历史项目，1999 年，第 41 页）

第一段引语把时间作为一个障碍，而第二段引语把时间放在权威的范围内。在同时分析这些引文时——把它们放在暂停的询问中——我看到，由于压力，珍妮把时间作为一种耗尽的资源，找时间和邻居交谈现在是一种奢侈，她必须推迟计划。在第二段引语中，她评论联邦应急管理局员工傲慢自大，因为他没有为她腾出时间。作为研究人员，我们可以使用以下提示来协调这两个引用。

写作提示：这些单独的引语是如何相互渗透的？它们共同揭示了哪些在其他方面可能不明显的东西？

基于这个提示，关于这两个引文的备忘录可能会集中在一个关于时间的明显矛盾上。评估引文之间的相似性（和差异）是连贯性的另一个来源，连续性也是如此。珍妮理解自己缺乏时间，但似乎认为联邦应急管理局的代表，一个局外人，可以控制时间。这些引文之间的题记意义吸引我们去研究这两个假设之间的矛盾关系。这里的联系带来了一种容易被忽视的意义，那就是自然灾害后时间是一种资本。虽然珍妮受时间支配，但她把权威人物描绘成能控制时间的人。例如，他们可以决定珍妮有多少天可以使用租借的拖车。因此，当他们没有充分利用时间时，他们看起来就很傲慢，而珍妮认为她自己没有时间这一点是无法克服的。时间成为一种区分富人和穷人的商品。

14.3.4　构成性椭圆：连接转录文本的部分和整体

研究人员可以利用关键引文备忘录与部分-整体备忘录中的整体文档之间的联系。在艺术创作中，部分和整体之间的关系有时被称为"构成性椭圆"。绘画中的形状，如椭圆形，可以由相似的隐含形状来描述，或反之。"省略号……将特定的元素连接在一起，创造出一种统一的感觉。"（Cowman，2019）在这种类型的备忘录中，研究人员阐述了关键备忘录对更大的上下文单元的建议——整体的"DNA"如何包含在部分中。一个幸存者的陈述，"这是一个诅咒，也是一个祝福"，可能会从整体上阐明转录文本中明显的矛盾。同样，关键引文备忘录可以揭示转录文本中更大的叙述范围。下面是生成这种备忘录的提示。

写作提示：这个特殊的引文是如何反映或反驳转录文本本身的整体信息的？

为了抓住这个提示——用一句话作为手电筒照亮整个世界——我回顾了对飓风幸存者库尔特（Kurt）的采访。其中，我找到了一个脉冲引语，说明了库尔特和他的世界之间的几层互动——与媒体、与环境、与其他演员以及与他自己。在一个简短的段落中，库尔特描述了他越来越意识到自己正在经历一场飓风。首先，他注意到水，然后是电视上的天气预报，接着是他的直觉，再注意到水在他眼前升起，最后看到他的邻居试图引起他的注意。在这一段的最后，库尔特总结道："我知道我们的情况很糟糕。"这不是对某一瞬间的瞬间反应。这是一个基于逐渐增强的意识的结论，在他确信之前，通过多种渠道获得了层层证据。

接下来，我思考了我为库尔特所写的反思备忘录，讲述了他是如何救17个人的。在他这样做的时候，并没有把自己视为英雄。这个标签是在他了解了几层信息之后，才在后来的访谈中出现的。尽管人们在他挨家挨户提醒大家被洪水淹没时称赞了他的勇敢，"但直到后来才逐渐深入人心"（转录文本 K-0604，"洪水后的声音"，南方口述历史项目，2002年，第9页）。

在写"部分-整体"备忘录时，我尝试更好地理解过程或结构。在此案例中，即累积意识的过程。在这份备忘录中，我能够描述库尔特如何理解他在风暴中的英雄主义。我描述了库尔特如何需要多个信息来源来承认他实际上正在经历一场飓风，他如何需要多次救援和累积的意识来承认（在整个采访中）他超乎寻常的英雄行为，以及事实上英雄的新身份。这些就是小说作家查尔斯·巴克斯特（Charles Baxter，1997）可能称为"押韵"的动作，这些动作不完全相同，但"听起来"一样，它们的核心都有相似的特征。换句话说，累积意识不仅仅是一个用于引用的代码，它描述了访谈本身的结构特征，在这个结构中，参与者呈现出一种新的身份。部分-整体备忘录可以突出参与者的意义构建过程，并记录两个层次的证据，即零散的引用和在连续访谈中形成的更大的内容和结构。

14.4　使用备忘录综合数据模式

质性分析的主要挑战之一是综合——使可能表现出不同态度、经验和结果的参与者的数据有意义。除了对这些事件进行编码，系统的备忘录写作可以帮助研究人员进行分析整合。在引用和单一文档的层面上，备忘录最初是独立的分析作品，但当我们审视数据时，我们将它们用作综合工具。这意味着研究人员通过回顾备忘录的共同点和悖论来评估备忘录的意义。写备忘录使得研究人员能够撰写最后一章、报告或结果部分。特别是比较备忘录，是这种综合报告的基础。这种备忘录特别与扎根理论相关（参见 Charmaz，2014：176—177）。

14.4.1 比较转录文本备忘录

在对每份转录文本完成文档反思备忘录后，下一步将是比较这些备忘录，并可能归纳为一种类型——例如，识别不同类型的生活故事。通过整体文档反思备忘录比较参与者的记录，可以让研究人员寻找参与者经历的模式和差异。使用整体备忘录作为文本本身的替代品，研究人员在备忘录中思考布局，在更大的数据集中寻找可识别的集群。在飓风研究中，一个可识别的模式是，扮演积极角色的英雄或救援人员对飓风持有的冲突情绪更少。那些认为自己是不幸的受难者的人对飓风的层面有更多的反思和更多的矛盾情绪，包括焦虑、运气、内疚和感激（Mihas，2019a，2019b，2019c）。

写作提示：跨文档反映备忘录是否有可识别的模式？某些参与者是否基于相似的叙述和观点聚集在一起？

在飓风研究中，我所写的有关库尔特的备忘录强调了他帮助他人的身体技能，而写的另一个幸存者布鲁斯（Bruce）的备忘录强调了他的咨询技能。尽管有这些差异，但备忘录的评估结论是相似的。"我们认识每一个人，我们真的为我们的街坊邻里感到骄傲，洪水摧毁了那个社区，再也没有恢复过来。"（转录文本 K-0604，"洪水后的声音"，南方口述历史节目，2002 年，第 8 页）

这句话可能来自库尔特或布鲁斯的转录文本。它表明，尽管个人动机和技能有所不同，但"帮手"们将飓风描述为一个引发骄傲和集体毁灭的事件。

另一位帮助者是位护士。该护士放大了这种情绪，提到飓风如何平等地袭击社区中的每个人："它使我们的社区结下了更牢固的纽带，黑人、白人、低收入、中等收入、上层阶级，因为不管你拥有什么，你都很容易失去它。"（转录文本 K-0606，"洪水后的声音"，南方口述历史项目，2002年，第12页）与这种集体框架形成鲜明对比的是那些认为自己是受害者的参与者，就像珍妮一样，他们更关注恢复的压倒性困难。

通过这种方式，比较文档反思备忘录可以用于在研究中发展类型学——根据参与者的行为、观点或价值观构建可识别的参与者类型：不情愿的救援者、震惊的观察者、被击倒的幸存者，等等。我们可能会进一步发现，没有遭受重大负面后果的目击者，往往会从怀疑转向利他主义，而那些直接受到风暴影响的人则是如此不堪重负，以至于他们要花费更长的时间才能走出悲伤并逐步恢复。

14.4.2　比较不同转录文本中的引文备忘录

备忘录也可以用于在质性研究全过程的其他阶段促进发现。本部分讨论比较备忘录。这种形式的写作让我们用代码作为镜头来观察数据。

在对数据进行编码后，研究人员审查引文，以评估编码为特定代码的引文的变化。他们可以辨别各种声音的模式，并理解可能不符合这种模式的引文。对比备忘录的目的不是把所有的引文都简单地当作编码的说明来呈现，而是为了展示一个主题在不同的情况下或针对不同类型的人如何呈现出不同的形状。换句话说，研究人员可以辨别编码的各个方面或维度，比如不同的强度。在飓风研究中，三个叙事者——米切尔（Mitchell）、汉娜（Hannah）和卢克（Luke）——的文本为运气编码，向我们展示了运气被激活的环境范围。

米切尔：知道我能够帮助那些不如我和我家人幸运的人，我感觉真的很棒。

汉娜：幸运的是，我有最棒的朋友，他们保护我。尽管我在这个生日得到的很少，但我从未感到如此幸运。

卢克：这让我非常感激我的遭遇，也非常谦卑地面对对我的伤害，相比之下这是微不足道的。（East Carolina University, 1999）

写作提示：除了代码，这些引文有什么相似之处？这些关于运气的片段如何暗示了运气可能呈现的不同形式？也就是说，尽管它们相似，但它们之间有什么不同？

　　鉴于这个提示，我写了一份关于这些数据的备忘录来编写代码，对运气进行维度化，而不是简单地记录它的激活场景。我浏览了更多的叙述，发现了更多关于人们将自己与他人进行比较或者将自己与可能发生的事情进行比较的描述，这表明体验运气是基于真实和想象的"证据"。这种比较帮助我理解了米切尔关于运气的想法是建立在他给别人的东西上的，而汉娜的想法是建立在她实际得到的东西上的。卢克用一种更理智的语气表达了对感到幸运的同样的情感。尽管运气是贯穿引文的主线，但它们的特征是不同的。参与者声称运气取决于确定一个较小的比较状态，这可能从真实或想象中显而易见。比较备忘录是一个研究"证据"的地方，证明运气不仅仅是一个静态的"单音符"代码；它根据一个人在自然灾害中的角色以不同的方式被激活。

14.5　结论

　　编码文本数据制造了一个战略焦点。作为分析时的同伴，在分析过程中写备忘录可以加强研究人员对他们所使用的代码的理解，使有分量的内容更加有形。通过与数据进行有记录的对话，研究人员可以更容易地识别出正在浮现的主题，使编码更吸引人，从而注意到引文是如何支持先验代码或概念框架的，并与数据建立亲密关系。

　　写备忘录是一种严谨的形式，从数据回顾开始，备忘录写作就使得研究人员从数据中提出主张，并了解参与者如何看待和构建他们的经验，而不是将编码和写作视为人为分离的分析阶段。备忘录提供了一个系统的空间来跟踪累积的说明性"证据"到参与者的决策、行动和特定价值的前景。

　　研究人员将发展自己的写作风格，备忘录将随着一个人的研究进展变得更加复杂。回顾备忘录或在备忘录中添加新内容可以跟踪研究人员不断增长的知识和伴随的证据。之后的备忘录可能澄清或质疑先前的备忘录。这是检查追踪的一部分，显示了研究人员如何调查数据，并提出基于证据的主张。

补充阅读

Birks，M.，Chapman，Y. and Francis，K.(2008)."Memos in Qualitative Research: Probing Data and Process." *Journal of Research in Nursing*，*13*(10)，68—75. https://doi.org/10.1177/1744987107081254.

Charmaz，K.(2014). "Memo-writing." *In Constructing Grounded Theory*(2nd ed.，pp.162—191). SAGE.

Corbin，J. and Strauss，A.(2008). *Basics of Qualitative Research*(3rd ed.). SAGE.

回顾与练习

1. 选择一份访谈记录，写一份反思备忘录。考虑这份文件的整体结构和它所暗示的叙事轨迹。

2. 从访谈中选择一段引文，并写出它对过程、参与者或结构的建议。

3. 按下来，选择3—5条特别有趣的引文，写出它们之间在叙述和概念上的联系。这些引文可能来自一份单一的转录文本，如果研究进行得足够深入，也可能来自一组转录文本或编码数据。

参考文献

Baxter，C.(1997). *Burning Down the House: Essays on Fiction*. Graywolf Press.

Birks，M.，Chapman，Y. and Francis，K.(2008)."Memos in Qualitative Research: Probing Data and Process." *Journal of Research in Nursing*，*13*(10)，68—75. https://doi.org/10.1177/1744987107081254.

Charmaz，K.(2014). *Constructing Grounded Theory*(2nd ed.). SAGE.

Clarke，A.(2005). *Situational Analysis: Grounded Theory after the Postmodern Turn*. SAGE.

Corbin，J. and Strauss，A.(2008). *Basics of Qualitative Research*(3rd ed.). SAGE.

Cowman，J. W.(2019). *Dynamic Symmetry Art*. https://www.dynamic-symmetryart.com/ellipses.html.

East Carolina University. (1999). *Listening to History: Telling Our*

Stories about the Flooding of 1999. History 5135 special collections.

Goodall，H. L.（2008）. *Writing Qualitative Inquiry：Self，Stories，and Academic Life*. Left Coast Press.

Hesse-Biber，S. N. and Leavy，P.（2011）. *The Practice of Qualitative Research*. SAGE.

Lofland，J. and Lofland，L. H.（1999）. "Data Logging in Observation：Fieldnotes." In A. Bryman and R. G. Burgess（Eds.），*Qualitative Research*（Vol.3）. SAGE.

Maietta，R.，Hamilton，A.，Swartout，K. and Petruzzelli，J.（2019）. *ResearchTalk's Qualitative Data Analysis Camp*（*Short Course Conducted by ResearchTalk，Inc.*）. ResearchTalk.

Maxwell，J.（2012）. *A Realist Approach to Qualitative Research*. SAGE.

Mihas，P.（2019a）. *Learn to Build a Codebook for a Generic Qualitative Study*. SAGE Research Methods Datasets. http：//methods. sagepub. com/Datasets.

Mihas，P.（2019b）. *Learn to Analyze Written Text Using Discourse Analysis*. SAGE Research Methods Datasets. http：//methods.sagepub.com/Datasets.

Mihas，P.（2019c）. *Learn to Use Narrative Analysis to Analyze Written Narratives*. SAGE Research Methods Datasets. http：//methods. sagepub. com/ Datasets.

Naghmeh，R.，Mahboobeh，A. and Mahvash，S.（2015）. "Memo and Memoing in Qualitative Research." *Journal of Qualitative Health Science*，4（2），206—217.

Richardson，L.（2000）. "Writing：A Method of Inquiry." In N. K. Denzin and Y. S. Lincoln（Eds.），*The SAGE Handbook of Qualitative Research*（2nd ed.，pp.923—948）. SAGE.

Saldaña，J.（2016）. *The Coding Manual for Qualitative Researchers*（3rd ed.）. SAGE.

Sandelowski，M.（1998）. "Writing a Good Read：Strategies for Representing Qualitative Data." *Research in Nursing & Health*，23，334—340. https：//doi.org/10.1002/（SICI）1098-240X（199808）21：4〈375：：AID-NUR9〉3.0.CO；2-C.

Small，M.（March 1，2018）. "Rhetoric and Evidence in a Polarized Society." In *Harvard University Public Lecture，Coming to Terms with a Polarized Society Lecture Series，ISERP，Columbia University*.

Southern Oral History Program.（1999—2002）. *Collection ♯4007，Voices after the Deluge*. Southern Historical Collection，Wilson Library，University of North Carolina at Chapel Hill.

Thorne，S.(2008). *Interpretive Description*. Left Coast Press.

Truzzi，M.(1974). *Verstehen：Subjective Understanding in the Social Sciences*. Addison-Wesley.

Walsh，C.（June 17，2019）. *The Power Paragraph*. *Fiction Writers Review*. https：//fiction-writersreview.com/essay/the-power-paragraph/.

15

批判性分析备忘录[*]

伊莱恩·基恩

　　摘要:本章探讨作为所有质性研究人员核心生成工具的批判性分析备忘录。首先探讨了备忘录是如何定义和使用的,以及在研究过程中产生的不同类型的备忘录,特别是(但不只是)从建构主义扎根理论(constructivist grounded theory, CGT)的视角。在概述了关于爱尔兰高等教育中社会阶层的建构主义扎根理论研究的具体环境之后,本章展示了预备性和更高级的概念性备忘录的摘要,展示了如何利用备忘录从"叙述"代码、概念或类别到更抽象的概念化。在最后一部分,本章进一步讨论了与备忘录相关的实践,包括图表,这有助于更概念化的思考,并使用日志和备忘录来帮助研究人员批判性地反思他们作为研究过程参与者的地位。

　　关键词:备忘录;分析备忘录;批判自反性;研究人员立场;建构主义扎根理论

　　备忘录是建构主义扎根理论研究的重要组成部分,但正如米哈斯在第14章所示,备忘录写作可以用于所有质性研究。在前一章所研究的策略的基础上,本章重点讨论如何利用备忘录来提高分析水平,并将研究人员地位的批判性注入发展中的质性分析中。我分享了一组备忘录,这些备忘录阐明了我分析中的概念发展以及对我的职位所经历的批判意识。

---

　　* 这一章是为了纪念凯西·查马兹(Kathy Charmaz),一位杰出的学者、导师和朋友,她于 2020 年 7 月 26 日去世。

15.1　概述和文献综述

　　备忘录写作是扎根理论研究的核心特征。虽然备忘录是在整个研究过程中编写的,但核心功能是弥合编码、概念开发和写作之间的差距。备忘录使研究人员能够提问"现在是什么情况?"和"我如何理解它?"(Thornberg and Charmaz, 2014:163)。写备忘录的过程中,每当想到代码时,我们就停下来把关于代码的想法写下来(Charmaz, 2014; Glaser, 1978, 1998)。事实上,格莱泽指出:"首要规则是停下来并记录——不管他(分析者)打断了什么。"(Glaser, 1978:83)格莱泽(Glaser, 1978, 1998)和其他基础理论家,如查马兹(Charmaz, 2006, 2014)强调备忘录写作中的自由,不考虑"正确"写作的自由,以及以自己希望的任何方式与自己私下对话写作的自由。正如格莱泽所强调的,"备忘录是在捕捉到一个想法时碰巧写的任何东西,这样它就不会丢失"(Glaser, 1998:180)。除了自由,莱姆伯特还强调了备忘录写作的私人对话性质,他评论道,"备忘录中任何有用的东西都是好的:备忘录只需要研究人员与他/她自己交谈的记录"(Lempert, 2007:249)。同样,查马兹强调备忘录是"互动的","用于与自己谈论你的数据、代码、想法和预感"(Charmaz, 2014:162)。

　　从本质上来说,备忘录写作是一项生成性的工作。正如格莱泽所指出的:"写备忘录是概念和想法涌出、保存和发展的工具。"(Glaser, 1998:178)因此,备忘录在记录的同时,也产出新的成果;写作的过程鼓励我们弄清楚并帮助我们在创造性的理论化过程中阐明我们的思想。备忘录是一个很好的聚焦工具,它鼓励我们在研究过程早期就把想法写在纸上(或屏幕上的文本)。事实上,在民族志的背景下,哈默斯利和阿特金森指出,构建"分析备忘录"迫使研究人员参与"一个解释的过程",通过这个过程,一个人必须确定"他知道什么,这些知识是如何获得的,这些知识的确定性的程度,以及暗示了进一步的调查线索"(Hammersley and Atkinson, 2007:151)。

一般的质性研究人员,特别是扎根理论家,在整个研究过程中撰写不同类型的备忘录。而在扎根理论中,我们旨在发展理论分析,因此我们的备忘录旨在提高我们写作的分析水平,我们最初可能会在不断比较的过程中"为类别编写故事"(Glaser,1998:181)(Glaser,1965)。讲述一个类别可以包括对某个特定问题的数据进行一些描述——按参与者或以其他方式——来总结数据。查马兹(Charmaz,2014:163)给出了一个早期备忘录的例子,它执行了这个故事功能,描述了她的一个参与者["特蕾莎"(Teresa)]是如何描绘失去声音的。查马兹将特蕾莎的话直接带入备忘录,并探究她与特蕾莎的陈述相关的代码和想法。同样,索恩贝里(Thornberg)2015年关于学校欺凌的研究的早期备忘录(参见 Charmaz et al.,2017:430)提供了关于他的参与者对欺凌解释的总结信息、思考和问题,他还将参与者的引用纳入了备忘录。

在后来的备忘录中,我们专注于提高写作的分析水平,从"故事化"走向概念化。虽然我们仍然可以将基于数据的例子,包括引文,纳入分析备忘录,但我们需要在更抽象、更概念的层面上思考和写作。采用恒定比较法有助于概念化(Glaser,1998),因此,分析备忘录的一个重要部分是进行比较,将数据与数据、数据与代码、代码与代码以及代码与类别进行比较(Charmaz,1995,2014)。在分析备忘录中,我们定义了代码、概念和类别的核心方面,并阐明了其中的关系。做这项概念性工作的一个关键工具是对我们的数据提出分析性问题,这是一句斯特劳斯咒语(Charmaz,2014)。这里非常有用的是格莱泽(Glaser,1978)的理论编码家族,特别是 6C(causes,contexts,contingencies,consequences,covariances and conditions)(原因、背景、偶然事件、结果、协方差和条件)。研究人员倾向于非常自然地(有意识或无意识地)使用理论代码来询问关于他们的数据的问题,以便联系、组织和整合他们的类别(Charmaz et al.,2017)。考察特定类别的各个方面时,我们可能会问:

- 这是怎么回事?
- 是什么导致了这种情况的发生?
- 发生这种情况的条件是什么?

● 这似乎导致了什么？

当然，对我们的数据提出问题意味着提供——甚至是试探性的——答案。这个过程的一个关键特征是它的迭代性质；使用溯因推理，在备忘录和我们的数据以及编码之间来回穿梭，以跟踪直觉，解决我们的问题，并确定联系。溯因推理包括考虑我们的分析中令人困惑的发现的所有可能的理论解释，进而形成一个关于这个发现的问题，并用数据探索（或"检验"）这个问题（Charmaz et al.，2017）。通过这种方式，备忘录写作还使我们能够看到我们的分析和数据中的差距，从而有助于设计一个进入该领域的理论抽样中心，以填补类别中或类别之间的概念差距。我们可能会在备忘录中进行推测，但我们会回到实地进行检查（Charmaz，2014）。

索恩贝里关于"身份挣扎"的备忘录是研究过程后期备忘录的一个例子（参见 Charmaz et al.，2017：428），该研究过程完成了重要的概念工作；它定义了要检查的主要类别，并探索了这个类别和其他类别之间的关系。在查马兹（Charmaz，2014：176—177）的分析备忘录范例中，她将"苦难定义为一种道德地位"，考虑了这一类别包含的代码，并考察了"道德地位"上升或下降的条件。索恩贝里和查马兹都在他们的分析备忘录中加入了例子和参与者的引语，但都是以说明性而非描述性的方式进行的。在这个说明性的方式中，引用提供了基于一个人分析中更抽象元素数据的例子。

图表是一个相关且有用的工具，与结构主义扎根理论及质性研究相联系，可以在备忘录撰写之前、之中和之后使用（Charmaz，2014）。在分析备忘录中，我们也关注来自实质性领域的"敏感"概念的潜在适用性。在相关的情况下，我们可以将新兴分析的一个方面与现存的概念进行比较，具体说明它如何应用，而不是将其叠加在我们的分析上（Charmaz，2014）。备忘录在询问研究人员的职位和与研究过程的关系时也可以进行批判性分析（Charmaz et al.，2017；Keane，2009，2015）。这些工具和焦点——图解、敏感概念的使用和研究人员的定位——将在本章后面的部分进行讨论。

15.2 研究

本章备忘录的例子来自一项关于扩大爱尔兰高等教育参与和社会阶层的研究。研究的目的是探索和比较不同社会阶层背景的学生在大学本科阶段的学术和社会经历(参见 Keane,2009,2011a,2011b,2012,2015)。这项研究采用了结构主义扎根理论,在三年的时间里对45 名学生进行了一两次深入的半结构化访谈。有两组学生参与者:(1)离校生入学资格(School-leaver Access,SLA)学生,他们通过入学前的入学课程升入大学,符合与社会经济劣势相关的标准,并且在"传统"的入学考试(爱尔兰的期末学校考试)中没能取得离校证书所需的成绩;以及(2)传统入学(Traditional-Entry,TE)学生,他们有较好的社会经济背景,并在毕业证书中取得了通过传统途径升入大学所需的成绩。

根据(建构主义)扎根理论程序,编码在数据收集过程的早期就开始了,包括逐行的初始编码、集中编码和分类(Charmaz,2006,2014)。在整个研究过程中,各种类型的备忘录都被用来探索、总结、综合和概念化数据,以及解释和质疑研究人员的地位。本部分包含的材料是在研究的中后期开发的,并且是在进行了初始编码和重点编码之后。

15.3 备忘录练习及其使用

在这一部分,我们探讨了我在研究过程的不同阶段写的不同类型的备忘录,从预备备忘录开始,如前所述,我用它来"讲述"数据,然后转向更概念性的备忘录,从而提高了分析的概念水平。

15.3.1 预备备忘录：讲述数据

如前所述，与米哈斯(Mihas，2022)相似，我们在研究过程的不同阶段使用不同类型的备忘录。尽管扎根理论强调概念发展，但它可能有助于最初"讲述"新兴的范畴。在我关于扩大高等教育参与度的研究中，我首先写了关于关键代码、概念或临时类别的预备备忘录，这些备忘录在某种程度上是描述性的。这些预备备忘录给了我信心，让我可以从某个地方开始写作，它们通过使用常量比较法，用在特定代码、概念或类别方面以总结的形式记录了参与者的经验。通过这种方式，我汇总了与特定方面所有相关的参与者数据。重要的是，在这个过程中，联系、概念上的可能性和问题在我想到的时候就被提出来了，并且进行了准备性的概念工作，我通过这些工作探索了代码、概念或类别的属性或维度。这包括对备忘录要素的回顾和关于新兴类别的自由写作(参见 Charmaz，2014)，以确定其属性并提高这份预备备忘录中的分析水平。这一早期的分析工作可以在下面预备备忘录的后半部分看到。

15.4 预备备忘录摘录

在这份备忘录中，我总结了参与者对高等教育进展的不同看法，通过逐行初始和集中编码，已经将其确定为一个重要的潜在类别。在这个例子中，由于篇幅的原因，我只列出了 45 名参与者中的 6 名的备忘录条目。

编写预备备忘录是开发更具有分析性的备忘录重要和有益的第一步。如下例所示，有意识与无意识进步的概念就是在预备备忘录过程中首先提出的，我们首先需要"叙述"相关数据。

预备备忘录：高等教育进展是"已完成的事情"还是重要的一步

　　格伦达(Glenda)是离校生入学资格类别一年级学生。她谈到，学生一般都在上大学，因为他们不知道还能做什么。她认为这是一个道德和伦理问题。她评论说，这些浪费时间、什么都不做的学生正在取代"那些真正应该得到却得不到这一位置的学生"。格伦达建议学生们再考虑一下他们是否真的想去那里——再说一次，是真的想去——并讲述了她的朋友是如何在大学遇到很多问题后最终退学的，还强调了她都不确定自己是否想去那里。她把这位朋友和自己做了比较，并最终完全确定自己想去那里。

　　杰米(Jamie)是离校生入学资格类别一年级学生。他15岁就离开了学校，代表了这两组人之间的明显差异。杰米认为大学是一种不同的生活方式和职业选择，因为他提前离开了学校(15岁)。在学校的时候，他就想"现在就离开，像家里的其他人一样找份工作"——像他的家人一样。他声称，"我根本没想过"上大学，他的家人也没想过上大学。他把上大学的想法和家庭中的这种想法紧密联系在一起。他说，这样做更明智，"去工作更正常或更被接受"。就像传统入学生谈论大学的发展一样，好像这是完全正常、可以接受的，而且确实是预期要做的事情，但对杰米来说，则恰恰相反。

　　卡罗琳(Carolyn)是离校生入学资格类别三年级学生。她和格伦达一样，也将自己与其他学生进行了对比，她认为这些学生之所以上大学，是因为父母的压力，以及他们必须在毕业后升入高等教育。她强调自己与他们的不同之处，指出她想要在那里，她一直想要这样做，她没有被任何人强迫。

　　阿尔瓦(Alva)是传统入学类别一年级学生。她说，她一直知道自己会去。所以这里我们有"一直想要"和"一直知道"两种说法，她提到她一直都知道父母对教育的重视。她还指出，现在你需要一个学位才能找到一份好工作，而且每个人都有学位。

　　伊丽莎白(Elizabeth)是传统入学类别一年级学生。她说："在我的家乡,这是理所当然的事情……从来没有人不这样做。"她指出她所有的家人和同学都已升入高等教育。她父母总是说她要去,她从不质疑。她记得她的父母说,上大学就是你在毕业后应该做的事,然后再去找工作,而上大学从来没有被列在议事日程上,它是绝对的……

戴维(David)是传统入学类别二年级学生。他认为大学是他必须遵循的一种传统路线,是一种期待,是一种逻辑结论,是一种你会继续下去的假设。他觉得如果你不上大学,你会对自己不太有把握。戴维还指出,他周围的人都走这条路,而他的父母也走了这条路——我们又有了这种家庭关系,所以这条路对他来说似乎是正确的。

这是一个重要的潜在过程。一旦他们进入大学,它决定了或者至少强烈地影响着两个群体在学术和社会方面的经历路径,尤其是后者。原始问题涉及他们最初是如何决定上大学的,离校生入学资格类别和传统入学类别有明显的区别。

绝大多数传统入学类别学生报告说,进入大学只是已经完成的事情、合乎逻辑的下一步、自然的进步、从未考虑过不去、想知道自己还会做什么,等等。他们自然而然地就进入大学了。相比之下,对于离校生入学资格类别学生来说,进入大学并不是理所当然的。许多人谈到总是想去,并希望能去,因为他们对特定的领域/一般的学习感兴趣,但由于各种原因,他们没有预料到这种情况发生。有意识……

无意识与有意识进入……

无意识进入是因为:

- 感觉必须要做/父母的压力/让别人开心,不一定自己想要。
- 不知道还能做什么/想做什么。
- 工作需要它——为了得到一份"好"工作。
- 只是为了拿到学位。
- 现在每个人都有学位,其他人都有(家人/朋友)。

不是假设,而是想去:

- 总是想去。
- 在学校时认为自己做不到,缺乏分数和/或讨厌学校。
- 不是通常/正常的事情。
- 对某个主题感兴趣(真的不是为了地位)。

类别:有/无意识地进入(有意识地或无意识地进入到高等教育)。

性质:1.有意识地进入;2.在不知不觉中进入。

15.4.1　概念备忘录

在每一份预备备忘录的编制过程中,还形成了一份更高级的概念备忘录,其中总结了前一份备忘录的要点,并将其提升到一个更概念化的水平。对一个类别的性质之间以及类别之间的潜在关系进行了探讨并提出问题。在这些更倾向于分析的备忘录中,关于数据的典型问题是"什么因素可能导致了这种情况的发生?"以及"结果是什么?"。这样的问题最初集中在可能的因果类型概念化上,包括格莱泽(Glaser,1978)"6C"(原因、背景、偶然事件、结果、协方差和条件)理论编码家族。在这个过程中,为了解决这些问题,我以迭代的方式重新审视了原始数据和我的编码,以检查回答这些问题的可能性。重要的是,在概念备忘录中,我经常使用图表来阐明我在数据中看到的关系(例如,参见图 15.1)。图表为更概念性的思考提供了宝贵的帮助。

在以下概念备忘录的例子中,我关注的是通过描述无意识/无意识进入的属性来定义它的类别,识别这种进入发生的条件,并考虑它的起源(或前因)和含义(或后果)。我的想法包括对数据的起源、本质和这种方法对高等教育发展的影响提出问题。根据溯源性推理(Bryant and Charmaz,2007;Charmaz,2014),当问题提出某些可能性时,我回到数据和之前的编码阶段,以确定联系和解释。

当我探索这一类别的各个方面时,我注意到数据中解释和概念化的东西与以前的研究和学术之间的相似性。例如,"普通传记"(Du

Bois-Remond，1998)的敏感概念和我的实际领域相关的工作,似乎符合我在概念层面上的解释。然而,在这份备忘录中,我并没有仅仅指出它的适用性,而是开始具体说明它是如何应用的。例如,根据我的数据,这样的"传记"可能会带来什么。在备忘录的最后,我还给自己提了一个醒,在我对某些高等教育方法的概念化中,不要武断或"妖魔化"。在我的备忘录中,我开始意识到,由于我的职位和过去的经验,我与离校生入学资格类别学生们的方法一致,这使我意识到过度批评"其他"方法的可能性。

我的概念备忘录在准备出版的写作草稿时被大量使用。它们在语气和风格上被进一步发展、形式化,参与者引用被纳入以阐明分析。

15.5　进一步的备忘录练习

我在使用备忘录方法的过程中也进行了其他方法的练习,比如图表有助于让我们从概念上思考,进一步提高写作的分析水平。在备忘录中包括对研究人员地位的关注,推动批判性分析方法。

15.5.1　图表

图表使研究人员能够以视觉形式探索和绘制特定代码、概念或类别的各个方面。图表在创建和提炼更抽象的概念分析方面是一个很好的辅助工具,因为它能够帮助研究人员在工作中可视化核心概念及其关系。查马兹指出,图表帮助我们"梳理关系",让我们看到"你的分析中类别的相对力量、范围和方向,以及它们之间的联系"(Charmaz,2014:218)。在扩大参与范围的研究中,我经常用图表来探索概念关系及其方向性。在与查马兹(Charmaz,2006,2014)的共识中,我发现这非常有助于从概念上思考和写作。备忘录和图表本质上弥合了编码和概念开发之间的鸿沟。关于上一部分讨论的概念和类别,我编制了许

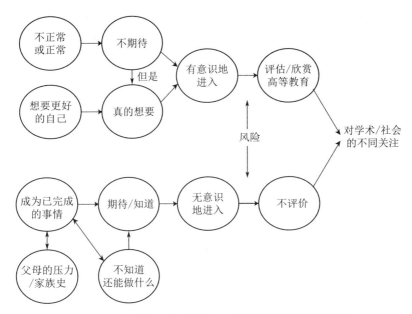

图 15.1　高等教育有意识与无意识进入的前因和影响

多图表,包括图 15.1 中的例子,其中我专注于勾画数据中概念之间的关系,积极考虑"有意识的"/"无意识的"进入高等教育的前因,以及对学生方法的影响(在其他地方详细考虑)。

　　允许自己有同样的自由来绘制一个代码、概念或类别——特别是在早期的草图中——是关于记忆本身的建议;换句话说,跟随你的直觉,然后检查并优化。分析备忘录过程和图解有着内在的联系;事实上,它们是一种共生的关系,相互促进,相互受益。这些不是线性过程中的元素;相反,正如伦珀特(Lempert,2007:258)所证实的那样,这些实践是"相连的,两者都是必要的、同时发生的"。有时,从图解我们分析的一个方面开始是正确的,因为它可以很快地捕捉到"我们头脑中"的东西,随后我们以视觉形式详细阐述我们已经呈现的东西,重点是用文字说明代码、概念或类别的属性或它们之间的关系。在其他时候,当我们试图以视觉形式捕捉我们用语言表达的内容时,书面备忘录后面会有一个图表。这在很大程度上是一个迭代过程,类似于在早期备忘录中提出问题,并在返回备忘录以完善我们的表达之前,重新访问我们的原始数据和代码以检查某些东西的来回过程。当然，图表本身经历了不同的发展阶段；随着时间的推移，它们会随着我们的思考和写作的发展而演变，因为我们会重新使用它们来提炼早期版本和/或创建新版本。虽然在我们早期的图表（和备忘录）中自由和自发是关键，但要确保它们尽可能容易理解，并标明日期和标题。

概念备忘录摘录

无意识/有意识地升入高等教育

类别：无意识地升入高等教育（有意识与无意识地升入高等教育）

离校生入学资格类别学生和传统入学类别学生上大学的原因是不同的。对于前者来说，这是一个有意识的、有计划的、谨慎采取的措施。对于后者来说，在很大程度上，是一种无意识的行动，就像被波浪带着一样，是一种未经思考、没有决定的进展。

性质：

1. 有意识地进入

有意识的发展包括对迄今为止在个人背景方面不寻常的行为所进行的积极的、有意识的、有计划的思考。我们考虑了利弊和影响，认为这是向前迈出的积极和重要的一步。这是一个基于真正想去而不是随波逐流的实际决定；它被赋予很高的价值。这是一种有意识的决策，因为缺乏家庭参与高等教育的历史，使得进入高等教育变得不同，它是不寻常的、非预期的、非假设的，因为它是在常规之外的，所以必须积极和有意识地考虑它。虽然没有期望，但有一种真正的愿望，一种积极的、总是想要这样做的愿望，这在那些有意识地进入的人身上很明显。真正想要进入高等教育是有意识进入的核心特征。

然而，一个人可以有意识地进入，而没有这样做的真正愿望。"总是想要"与有意识地进入有什么关系呢？真正的进入欲望提供了一种动力，一种自觉进入的动力。进入，当它不是一个人"正常轨迹"的一部分（Du BoisReymond, 1998, 也可参见 Ball et al., 2002）……可能会导致焦虑——它在一个人的舒适区之外。因此，为了实现这一目标,需要有一种强烈的愿望——摆脱贫困,创造更好的生活,成就"更好"的自己。

因为他在常规之外,不被期望,所以他更被重视/欣赏,因此进入被视为一种特权,由此产生的幸运和感恩的感觉导致了对高等教育更加专注和努力的态度。这条道路风险很高,因此需要关注最终结果。

2. 无意识地进入

无意识地进入高等教育是被动的。当它发生在你身上,你在浪尖上漂着,只能随波逐流。无意识地进入包括对它的发生的期望/假设,它只是你放学后做的事,下一个合乎逻辑的步骤,一个自然的进展,一个已经完成的事情,一个给定的、理所当然的、确定的结果。这是一个不需要做决定的过程,它只是正常发生,甚至可能是一个没有选择的过程。

毋庸置疑,作为无意识进入的一部分,一个人总是知道(而不是/但不排除总是渴望)进入。它处于事物的循环中。无意识进入的发生是由于有家族史,像别人那样做是很自然的事情、毕业后做的平常的事情、不可避免的行动,从不考虑因为家庭期望、假设或压力而不去。他们的进入是程序化的,他们被灌输一种假设,即正常的、不可避免的生活方式是在学校毕业后接受高等教育。高水平的期望可能意味着高等教育不那么受重视,只是被视为一种进步(而不是一种特权)(例如,传统方式入学的学生不会谈论幸运或感激的感觉),导致这种进入高等教育的方法不太关注学术,而更多地关注整体的"体验"。无意识进入的出现也是由于不知道还能做什么,在某种程度上,他被视为一个安全的赌注,特别是在文凭越来越多的社会背景下(参见 Collins and Dore,1970s),"现在每个人都有学位",晋升被视为获得一份"体面"工作的必要条件,是一种必须跟上别人的感觉。需要注意的是,不要因为没有(明显的)特殊原因就妖魔化高等教育,需要从更广泛的社会和经济背景来看待这一似乎毫无意义和不负责任的行动,为了不处于劣势,做其他人都在做的事情是一件合乎逻辑的事情。

15.5.2　对研究人员地位进行批判性反思

对社会的分析是由研究人员的历史性和自传性构成的，并且不可避免地受到它们的影响（Lather，1991）；事实上，对雷伊来说，"所有的研究在某种程度上都是自传性的，否则就是对自传的回避"（Reay，1998：2）。知晓者的社会位置/地位（阶级、种族、性别和性取向、历史、社会地位和文化背景）对我们的研究产生了影响（Rhoads，1997）。从结构主义植根理论的角度来看，研究人员的地位以及对数据和理论构建的影响是至关重要的考虑因素（Charmaz et al.，2017；Keane，2009，2015；Lempert，2007），要求深度反身性和"方法论自我意识"（Charmaz，2017：35）。这种反身性包括批判性地询问我们的个人历史、传记和社会人口状况，以确定我们的先入之见（尤其是那些"理所当然的"，Charmaz，2017）、与我们的研究相关的观点和立场，并将这些信息"摆到台面上"（Clarke，2005：12）。

坚持撰写一份反思日志有助于记录研究人员的想法和经历，包括与我们地位的关系。在这方面，分析性备忘录写作促进和生成了反身性，促使我们去询问自己是谁、我们认为自己是谁，以及这些身份和位置如何关联和影响研究过程、关系和结果。对于这些经验、观点和定位，我们追踪它们的可能来源，也追踪它们对我们如何接近和参与研究过程的影响或后果（Charmaz，2017；Keane，2009，2015）。这包括我们与参与者的互动和关系，特别是考虑到研究人员和"被研究者"经常拥有不平等的权力和特权地位（Charmaz et al.，2017；Lempert，2007）。在撰写关键分析备忘录时，我们会询问我们的立场是否以及以何种方式影响我们收集的数据，以及我们在数据中"看到"和解读了什么。

在我的研究中，包括了一个批判性的自传体反思（参见 Keane，2009：5—10，2015），它基于在整个研究过程中撰写的大量备忘录——处于不断发展的状态，这起到了"摊牌"的作用，它定位了我自己、我的背景、我的动机、我之前从事的领域以及我在研究中的观点。备忘录检

批判性分析备忘录摘录

　　然而,最近几个月,我的大脑开始反复回想一些具体的事件、短暂的时刻和强烈的感觉,我清楚地记得,我拒绝参与任何我觉得可能会被"发现"并因此被拒绝的过程。虽然这一点现在对我来说确实很明显,但我真的很惊讶,我开始看到我在这项研究中发现的一些东西与我作为一个本科生的个人经历之间的相似性。我意识到我对社会阶层、学生经历、同伴关系和社会融合感兴趣的来源。在个人层面上,我认为这项研究有点宣泄:它让我更好地了解自己,作为一个人、一个学生、一个讲师、一个社会行动者,陷入并表现出一种有点困惑的阶级身份。因此,我同意雷伊教授的观点:我的研究有点像自传。我觉得,我个人对"世界"的独特感受,使我在学术工作中倾向于对平等、劣势和特权问题的关注。此外,我作为一名初小后教育教师(在"指定弱势"学校和"中产阶级"学校)的专业经历,我在全国范围内设计和实施准入项目的工作,以及我之前作为高等教育学生多样性的大学研究人员的角色,都构成了通往这次博士研究的路径。

　　资料来源:基恩在一项关于扩大爱尔兰高等教育参与的研究中,考虑了建构主义扎根理论的实际实施。*International Journal of Social Research Methodology*,2015,18(4),415—431。经 Informa UK Limited 授权转载,Taylor & Francis Group,www.tandfonline.com。

查了我的社会阶层身份、成长经历和教育经历,以及我的职业经历。虽然早期的备忘录有些描述性,侧重于回忆,但后来的备忘录变得更具批判性和分析性,帮助我理解我以前的经历和我的研究重点之间的联系,以及我对研究过程的参与。从建构主义的角度来看,我开始将自己视为研究过程中的参与者,并阐明自己的观点。正是通过对我过去的批判性分析备忘录,我意识到我对社会阶层的兴趣的来源,以及我的个人历史如何引导我去解决不平等和特权的问题(Keane,2009,2015)。这也帮助我认识到并质疑我的新发现和我过去经历之间的相似之处。

　　写个人职位经历很有挑战性。作为学者,我们通常不习惯这样的关注,阐述论文观点和备忘录,这在以前可能只存在于我们的思想背景中,将它们与我们的学术工作联系起来,要求很高,会导致一种脆弱感(Keane,2009,2015)。然而,重要的分析备忘录促进了作为个人的我和作为研究人员的我之间的私人对话,因为我们从个人的领域到理论领域,然后再返回。当然,当一个人考虑公开(例如,通过出版物)自己的作品时,这种脆弱性又会出现,特别是在学术工作中,这种工作仍然带有"抽象的、被认为是万能的演讲者"的外衣(Grumet,2001:171)。然而,正如我之前所说的(参见 Keane,2015),作为建构主义研究努力的参与者,以这种方式展示自己为研究增加了一层真实性和互惠性,尤其是当研究参与者把自己的大部分奉献给研究人员时。

15.6 结论

批判性分析备忘录是所有质性研究人员的核心工具,而不仅仅是那些从事扎根理论的人员。备忘录(和图表)不仅能帮助我们记录想法,还能生成我们的思维。不同类型的备忘录鼓励我们在写作中"从某个地方开始",便于不断比较和总结大型数据集,并有助于概念化工作。图表和备忘录相互作用,批判性分析备忘录承认并支持我们作为研究过程参与者的角色,使我们能够反思我们的立场和它对研究过程的相关影响。

补充阅读

Charmaz，K.(2014). *Constructing Grounded Theory*(2nd ed.). SAGE.

Keane，E.(2015). "Considering the Practical Implementation of Constructivist Grounded Theory in a Study of Widening Participation in Irish Higher Education." *International Journal of Social Research Methodology*, 18(4), 415—431.

Lempert，L.(2007). "Asking Questions of the Data: Memo Writing in the Grounded Theory Tradition." In A. Bryant and K. Charmaz(Eds.), *The SAGE Handbook of Grounded Theory*(pp.245—264). SAGE.

回顾与练习

1. 在数据中加入代码,写一份预备备忘录。将焦点中的特定元素"故事化",通过使用不断比较的方法来总结数据中发生的事情。开始识别相关的属性和相互关系,并将它们绘制成图表。

2. 根据上面的备忘录,必要时重新查看原始数据和编码。然后写一份更有分析性的备忘录,更充分地解释概念或类别的属性以及其中的关系,使用格莱泽的"6C"(原因、背景、偶然事件、结果、协方差和条件)方法图解工作。

3. 写一份批判性分析的备忘录,说明你在研究中的立场。

考虑:

(1) 社会人口定位(种族/民族、阶级、性别、残疾、性取向等);

(2) 个人历史和传记;

(3) 在该领域的个人、专业兴趣和经验;

(4) 动机和信念;

(5) 立场和观点;

(6) 想当然的先入之见;

(7) 以上如何影响你的研究过程。

参考文献

Ball, S. J., Davies, J., David, M. and Reay, D. (2002) "'Classification' and 'Judgement': Social Class and the 'Cognitive Structures' of Choice of Higher Education", *British Journal of Sociology of Education*, 23(1), 51—72. https:///doi.org/10.1080/01425690120102854.

Bryant, A. and Charmaz, K. (2007). "Grounded Theory Research: Methods and Practices." In A. Bryant and K. Charmaz(Eds.), *The SAGE Handbook of Grounded Theory*(pp.1—28). SAGE.

Charmaz, K. (1995). Grounded theory. In J. A. Smith, R. Harre, and L. Van Langenhove (Eds.), *Rethinking Methods in Psychology* (pp.27—49). SAGE.

Charmaz, K. (2006). *Constructing Grounded Theory: A Practical Guide through Qualitative Analysis*. SAGE.

Charmaz, K. (2014). *Constructing Grounded Theory*(2nd ed.). SAGE.

Charmaz, K. (2017). "The Power of Constructivist Grounded Theory for Critical Inquiry." *Qualitative Inquiry*, 23 (1), 34—45. https:// doi. org/10. 1177/1077800416657105.

Charmaz, K., Thornberg, R. and Keane, E. (2017) "Grounded Theory in the 21st Century: A Qualitative Method for Advancing Social Justice Research."

In N. Denzin and Y. Lincoln(Eds.)，*Handbook of Qualitative Research*(5th ed.，pp.411—443). SAGE.

Clarke，A.(2005). *Situational Analysis*：*Grounded Theory after the Postmodern Turn*. SAGE.

Du Bois-Reymond，M.(1998). "'I Don't Want to Commit Myself yet'：Young People's Life Concepts." *Journal of Youth Studies*，1，63—79. https://doi.org/10.1080/13676261.1998.10592995.

Glaser，B.(1965). "The Constant Comparative Method of Qualitative Analysis." *Social Problems*，12，436—445. https://doi.org/10.2307/798843.

Glaser，B.(1978). *Theoretical Sensitivity*. Sociology Press.

Glaser，B.(1998). *Doing Grounded Theory*：*Issues and Discussions*. Sociology Press.

Grumet，M.(2001). "Autobiography：The Mixed Genre of Public and Private." In D. Holdstein and D. Bleich(Eds.)，*Personal Effects*：*The Social Character of Scholarly Writing*(pp.165—177). Utah State University Press.

Hammersley，M. and Atkinson，P.(2007). *Ethnography*：*Principles in Practice*(3rd ed.). Routledge.

Keane，E.(2009). *"Widening Participation" and "Traditional-entry" Students at an Irish University*：*Strategising to "Make the Most" of Higher Education*[Unpublished doctoral dissertation]. NUI Galway.

Keane，E.(2011a). "Distancing to Self-protect：The Perpetuation of Inequality in Higher Education through Socio-relational Dis/engagement." *British Journal of Sociology of Education*，32(3)，449—466. https://doi.org/10.1080/01425692.2011.559343.

Keane，E.(2011b). "Dependence-deconstruction：Widening Participation and Traditional-entry Students Transitioning from School to Higher Education in Ireland." *Teaching in Higher Education*，16(6)，707—718. https://doi.org/10.1080/13562517.2011.570437.

Keane，E.(2012). "Differential Prioritising：Orientations to Higher Education and Widening Participation." *International Journal of Educational Research*，53，150—159. https://doi.org/10.1016/j.ijer.2012.03.005.

Keane，E.(2015). "Considering the Practical Implementation of Constructivist Grounded Theory in a Study of Widening Participation in Irish Higher Education." *International Journal of Social Research Methodology*，18(4)，415—431. https://doi.org/10.1080/13645579.2014.923622.

Lather，P.(1991). *Getting Smart*：*Feminist Research and Pedagogy with/in the Postmodern*. Routledge.

Lempert，L.(2007). "Asking Questions of the Data：Memo Writing in the

Grounded Theory Tradition." In A. Bryant and K. Charmaz(Eds.), *The SAGE Handbook of Grounded Theory*(pp.245—264). SAGE.

Mihas, P.(2022). "Memo Writing Strategies: Analyzing the Parts and the Whole." In C. Vanover, P. Mihas and J. Saldaña(Eds.), *Analyzing and Interpreting Qualitative Research: After the Interview*. SAGE.

Reay, D.(1998). "'Always Knowing' and 'Never Being Sure': Familial and Institutional Habit Uses and Higher Education Choice." *Journal of Education Policy*, *13*(4), 519—529. https://doi.org/10.1080/0268093980130405.

Rhoads, R. (1997). "Crossing Sexual Orientation Borders: Collaborative Strategies for Dealing with Issues of Positionality and Representation." *International Journal of Qualitative Studies in Education*, *10*(1), 7—23. https://doi.org/10.1080/095183997237368.

Thornberg, R. and Charmaz, K.(2014). "Grounded Theory and Theoretical Coding." In U. Flick(Ed.), *The SAGE Handbook of Qualitative Data Analysis* (pp.153—169). SAGE.

第五部分　解释策略

保罗·米哈斯

引言

　　当我们进行质性研究全过程研究时,我们面临着解释文本数据和代码的任务以及识别隐藏在叙述中的更大的意义。调查可能主要集中在描述上,比如一项公共卫生研究,描述获得卫生保健的障碍和促进因素,但即使是描述也需要低层次的解释。这意味着,从开始与数据接触的那一刻起,我们就需要磨炼自己的解读技能。换句话说,解释可以被认为是一个阶段,但它也是一个持续的感知过程,我们要注意和提炼。

　　解读需要将数据概念化,有时会提升概念层次,或合成代码,以构建一个更能唤起共鸣的主题,一个可以讲述更大故事的解释。我们可能会说主题是解决"公共代码"的对策。如果我们发现自己的代码不尽人意,我们可以一起评估它们,看看它们是如何共享意义的,它们是如何组合在一起的意义比单独的意义更大的。在一项关于难民的研究中,身份编码和群体备忘录可能会激发集体身份这一主题,表明参与者如何将自己的身份视为一种公共身份。换句话说,我们不是简单地命名星星,而是识别星座,这是一个讲述元故事的模式。

　　解读解决了"那又如何?"这个问题。它给出了一个结论,这是我们无法通过封闭式调查或严格的定量数据获得的。在一项横向分析(Maietta, Hamilton, Swartout and Petruzzelli, 2019)中,我们在数据中寻找将故事凝聚在一起的因素,以及在多个经历和现实中显示有意义一致性的配置。

　　人类学家克利福德·格尔茨(Clifford Geertz, 1973)提醒我们,需要考虑参与者如何看待他们的世界,但这本身不足以进行分析。研究人员在参与者的故事之上构建了一种解释。挑战在于没有确切证据时,不要超越数据,不要强加一个与个人情况不一致的框架,不要构建没有条理的抽象。这是我们使用编码周期的一个原因(Saldana, 2016)。第一周期编码让我们关注数据中包含的主题——分类清单,而

第二周期编码让我们能够更进一步地解决这些主题在数据中的意义。

在解释中，我们进入了与思想的对话；我们用代码思考，而不仅仅是用数据。在对一种现象进行概念化时，我们"向上延伸以构建抽象，同时向下延伸以将这些抽象与数据联系起来"（Charmaz，2014：323）。解释的张力在于这种双重过程。在寻求尽可能尊重参与者的观点的同时，也构建了将他们的故事与他人的个人主义叙述联系起来的概念。解释是一种特权行为，我们不应掉以轻心。成员核查，即回到现场与参与者核查我们的解释，并不总是可行的，参与者也不会总是理解学术知识的产生。

解释总是与局部理解的偶然性联系在一起。即使我们没有使用扎根理论方法，我们的解释工作也必须始终基于那些过着独特生活的参与者的细致入微的描述。我们必须向读者展示我们如何合理地合成多个解释，我们如何形成一个元故事，或者我们如何基于页面上的单词构建一个主题。这就是为什么我们可以用引语和引人注目的故事来解释。解释性逻辑也与我们的本体论和认识论定位有内在联系。如果我们认为知识是情境的和建构的，那么我们的解释就是协同建构的，我们的知识是局部的。

在这一部分的第 16 章，杰米·L.费德勒分享了一种创造性的解释方法。她使用的练习包括听音频数据和制作笔记卡，转录可以在之后无序使用的关键文本片段，并将这些内容分享给参与者，以便从概念上更好地思考联系。在第 17 章中，阿德里安·拉尔比-谢里夫、科里·伊根和约书亚·L.格莱泽谈到了突现性分析，他们从一项大型混合方法研究中进行的 100 多次访谈中捕捉到了一个正在进行的分析，从而赋予了它意义。他们使用初始代码来提取引文，然后在新兴领域内重新编码，使用一种被称为"模式编码"的解释设备，该设备将第一周期编码的知识组合成一种元代码（Saldaña，2016）。在第 18 章中，蒂姆·赫夫曼讨论了帮助我们进行解释工作的推理形式：演绎推理侧重于通过将一般主张应用于数据来得出结论，而归纳推理包括根据数据中有多少证据提出主张，溯因推理包括提出可能的解释，说明为什么会出现这种情况。所有这三种逻辑都可以成为质性思维的一部分。

本部分的所有章节都鼓励我们扩展自己的理解,即以一种凝练、清晰和呼吁解释的方式来解释访谈意味着什么。

回顾与练习

1. 用你在学习中使用的几个代码制作一个图表。绘制代码之间的链接,并对链接进行标注,以表明代码之间的关系。给这个图表起一个名字,这个名字可以表明解释性概念,通过这个概念,我们可以了解代码和被命名的关系之间的联系。

2. 听一段录音访谈,最好是在一个小组中进行,然后把重要的信息写在笔记卡片上,就像杰米·L.费德勒在第16章中描述的那样。在你听完访谈并写下你的代码之后,和你的组员讨论你的理解,并记录下你的谈话——尽量不要说得太久。请把你的笔记卡随身携带几天,在课间、商店和咖啡馆以及下班回家的时候都要翻阅一下。当下次与你的研究小组见面时,讨论你从翻阅笔记卡中学到的东西,然后播放关于小组第一印象的录音。你的解读是如何随着时间的推移而成长和发展的?是的,你可能会记录下这个结论性的讨论,编辑或添加到你的笔记卡中,并像麦吉尔等人所讨论的那样再次参与这个过程(第13章)。

3. 使用蒂姆·赫夫曼在第18章中描述的技巧,讨论本部分的每位作者,以及书中其他部分的一两个或以上作者是如何使用质性证据的,作者可能会提出什么主张,他们的主张有哪些不同的证明。

参考文献

Charmaz, K.(2014). *Constructing Grounded Theory*(2nd ed.). SAGE.

Fiddler, J. L.(2022). "Listening Deeply: Indexing Research Conversations in a Narrative Inquiry." In C. Vanover, P. Mihas and J. Saldaña(Eds.), *Analyzing and Interpreting Qualitative Research: After the Interview*. SAGE.

Geertz, C.(1973). *The Interpretation of Cultures*. Basic Books.

Huffman, T.(2022). "Making Claims Using Qualitative Data." In C. Vanover, P. Mihas and J. Saldaña(Eds.), *Analyzing and Interpreting Qualitative Research: After the Interview*. SAGE.

Larbi-Cherif, A., Egan, C. and Glazer, J.(2022). "Emergent Analysis: Strategies for Making Sense of an Evolving Longitudinal Study." In C. Vanover, P. Mihas and J. Saldaña(Eds.), *Analyzing and Interpreting Qualitative Research: After the Interview*. SAGE.

Maietta, R., Hamilton, A., Swartout, K. and Petruzzelli, J.(2019). *Qualitative Data Analysis Camp*. ResearchTalk, Inc.

Saldaña, J.(2016). *The Coding Manual for Qualitative Researchers*(3rd ed.). SAGE.

16 深度倾听：叙事探究中的研究对话索引

杰米·L.费德勒

摘要：在本章中，读者将学习一种在叙事探究中分析小组对话的方法，该方法以深度倾听和"索引"为中心。许多数据分析方法要求研究人员在分析过程的早期步骤中进行转录，但这里介绍的方法描述了一个过程。在此过程中，更深入的分析和解释方法先于转录，这是部分的和更有针对性的。本章还提供了一个基于本体论的研究选择的例子，因此从讨论杜威的经验哲学以及本体论如何将叙事探究塑造为一种关系方法论开始，然后为那些对使用或适应这种策略感兴趣的人详细地解构这种分析方法。

关键词：叙事探究；本体；深度倾听；索引研究对话

在本章中，读者将学习一种小组研究对话的方法。这种方法受到我的想法的启发，是传统的转录、编码和解释策略的替代。我想确保我的研究项目的每个部分都明确地与研究的本体论基础一致，这些基础从伦理到方法影响研究的所有方面。对于那些开始他们的研究经历的人来说，"本体论"的想法可能看起来不太熟悉，对用它来塑造研究的想法更是如此。然而，这其实是一个合适的起点，因为本体论与要研究的事物有关。在社会科学研究中，当我们阐明一个特定的本体论时，我们表达了一种信念：什么让我们想要了解更多的人类经验。在这个特殊的案例中，我使用了叙事探究（Clandinin and Connelly，2000），这是一种基于关系伦理和杜威经验本体论的方法论（Dewey，1934/2005，1938/1997），我将在本章更多地讨论它的意义。

以这种方式整合研究的各个方面并非没有挑战。尽管质性研究范式现在已经确立,但后实证主义传统在许多方面仍然是规范。例如,制度伦理形式深入后实证主义研究的语言中。作为一名初级研究员,我发现自己已经内化了许多与这种主导范式相关的研究规范。为了成为我理想中的研究人员,为了在研究过程中保持完整性,为了创造反映我工作的特定本体论知识,我不得不面对我自己对研究和研究人员的隐性假设。

目前,当我支持研究生设计他们自己的研究时,我看到他们中的许多人重复了我以前的问题。例如,我看到研究人员希望以叙事方式工作,但倾向于将大规模调查作为数据收集的工具,因为这将使他们更加客观。我理解这种冲动及其来源。除了提供处理质性数据的实用方法之外,本章还邀请其他学者做出与他们的研究所基于的哲学假设相一致的方法选择。

由于本章给出了一个基于本体论的研究选择的例子,我将首先分享我对杜威经验哲学的理解,以及这一本体论作为一种关系方法论塑造叙事探究的方式。然后,我将分享我在实践中使用这种方法的经验,并描述引导我使用质性数据的"索引"方法的旅程。然后,我将为那些有兴趣使用或修改这个策略的人详细解构这个方法。许多数据分析方法要求研究人员在分析过程的早期阶段进行转录(例如,参见第4—6章)。本章将描述一个研究过程,在这个过程中,更深层次的分析和解释方法先于转录,转录是部分的,目标更要明确得多。

16.1 杜威的经验本体论与叙事探究

克兰迪宁和康纳利将杜威经验哲学描述为叙事探究的一个持续的"概念的、想象的背景"(Clandinin and Connelly,2000:2),一种认为经验是可以像故事一样讲出来的也可以用来讲其他故事的方法论。杜威(Dewey,1934/2005)将经验描述为连续的、互相影响的或在互动中发生的，并且具有内在的情感品质。叙事探究始于对经验的这种理解，这种理解完全塑造了研究过程。

为了描述体验的连续性，杜威以河流为隐喻，描述了河流的"流动给它连续的部分带来了确定性和兴趣。在体验中，流动是指从一件事到另一件事，其中一部分继续之前发生的事情"(Dewey，1934/2005：38)。我们可以以瀑布为例——如果有湍急的水流从上游高处落下，那么接下来就是一个汹涌的深水池。的确，这是唯一的可能。经历就像这样——早期的经历成为后来经历的部分前提，为未来可能发生的事情设定参数。因此，为了通过研究来了解经验，我们需要超越时间中的单个时刻，必须回顾和理解一个人的过往，也需要展望未来，一个想象的未来(Clandinin and Connelly，2000)。

杜威的本体论也将经验描述为"能够互相影响"，即发生在互动中。在特定的情况下："生活在环境中继续；不仅仅是在其中，而是因与其相互作用而发生。"(Dewey，1934/2005：12)因此，叙事探究者明白，体验不是在真空中发生的，而是直接由环境塑造的。杜威的哲学直接塑造了构成叙事探究作品的"三维探究空间"。当研究经验时，叙事探究者着眼于"个人和社会(互动)，过去、现在和未来(连续性)，结合地点(情境)的概念"(Clandinin and Connelly，2000：50)。经历是故事性的、连续性的，并通过"对一个人的内心生活的社会影响、对其环境的社会影响以及其独特的个人历史的融合"(Clandinin and Rosiek，2007：41)来构建的。

杜威的经验影响本体论对教育研究有多种启示。首先，如果经验总是在与环境的相互作用中发生，那么我们必须观察环境或背景以及个人从而了解更多的经验。那么，探究的方法必须包括对背景的探究。其次，如果经验总是交互的，那么成为经验的客观"观察员"是不可能的："叙事探究者总是在一个调查的关系……他们不能抹去自己的关系……他们也不能假装自己不受语境的影响。"(Clandinin and Rosiek，2007：69—70)对于叙事探究者来说，有一个必须考虑的关系伦理："……叙事探究者对那些故事被呈现和被讲述的人负有责任和义务。"(Caine，Estefan and Clandinin，2013：576)。

杜威(Dewey，1934/2005)也认为经验具有内在的情感品质。他将情感或美学成分描述为将单一体验从整体体验中分离出来的部分。他谨慎地指出,我们不能将情绪与经历分开,因为情绪不像我们用来命名它们的词语那样"简单而紧凑,比如快乐、悲伤、希望、恐惧这些词"(Dewey，1934/2005：43)。相反,情绪是复杂且不断发展的；它们也需要被理解为连续的。从本质上来说,经验是充满情感的,因为它总是"人们在环境和时间上的关系"(Clandinin and Connelly，2000：189)。如果我们将经验理解为由情感品质所定义的,那么我们的研究方法就必须将理解情感视为理解经验的关键。

由克兰迪宁和康纳利(Clandinin and Connelly，2000)以及其他从事他们工作的人(参见,例如：Huber，Caine，Huber and Steeves，2013；Josselson，2007；Lessard，Caine and Clandinin，2015；Swanson，2014)定义的叙事探究语言反映了这些基本假设。例如,叙事探究者不会假设"研究问题"或收集"数据"来呈现"发现"。相反,他们会思考"研究难题",并与"在经历中"的人一起"撰写或共同撰写研究文本"。他们不"访谈"人们,但他们本质上参与关于关系的"研究对话"。这些语言的选择反映了研究人员在进行叙事探究时所承担的本体论承诺(Caine，Estefan and Clandinin，2013)。在下一部分,我将回顾自己实现这些承诺的经历。

16.2　留下来的人的故事：对留下来的教师的叙事探究

这种叙事探究始于对教师在入职后的经历如何继续影响教师身份和实践的好奇。我强调研究难题中的"连续性",以提醒我这个词在意义中可能存在的细微差别。对我来说,把经验看作连续的,对于理解教师的经验必不可少。离开教室,或留在学校,或任何其他单一事件,不是"在那一刻发生的事情,而是随着时间的推移发生的事情的表达"(Clandinin and Connelly，2000：29)。我想知道,如果新入职不久的教师经历就如此具有挑战性，导致有些教师就离开了，就像我在早期的项目中探索的那样（Beck，2010），那么新入职时的经历如何塑造那些留下来的人的身份和实践呢？

为了研究杜威定义的经验，我的方法论把经验描述为连续的、可交互的和互动的。探索一个持续的现象需要长期参与，而不是"快照"方法。因此，在一年的时间里，我让三位老师参与了研究对话，而不是对老师进行调查或单独采访。最初，我们同意每月会面一次，但我们一年的节奏使我们能够会面 6 次，每次会面至少 2 小时。了解他们一段时间的经历意味着我们可以更深入地钻研：我们可以回顾过去，展望未来，或随着时间的推移谈论现在的经历。为了理解能够相互影响的经验，生活的任何部分都不能被忽视。当时我们的研究对话虽然集中在教学经验上，但也包括对我们生活其他部分的讨论。我从一开始就承认，每个研究项目"同时是对人类经验的描述和干预"（Clandinin and Rosiek，2007：45）。没有什么叙事探究者或叙事探究会不影响那些参与者的生活。

最后，为了理解经验的美学本质，叙事探究者必须愿意在研究对话中深入倾听情感体验。为了概括这种体验，我进行了一些美学导向的活动[例如我们第一次见面时的拼贴画，以及后来一次会议上的"编年史和编年史"活动（Clandinin and Connelly，2000：112）]，以帮助我们解开我们分享的传奇经历的情感色彩，我也准备好为对话中可能出现的情绪留出空间。

虽然所有这些决定都反映了杜威的本体论和叙事探究的关系伦理，但我仍然质疑一切。例如，我因称参与探究的老师为"我的参与者"而对基于关系伦理的研究感到不舒服，所以我选择使用"合作者"这个词。这种语言旨在提醒我，基于影响本体论的探究永远是"研究人员和参与者之间的合作"（Clandinin and Connelly，2000：20），并与那些可能与我一起进行这种探究的人交流，这不是一种将他们定位为我的参与者或"受试者……而是合作者"的研究方法（Finley，2005：682）。"协作"一词来自拉丁语 *collaborare*：一起工作的意思，即在一个共同的项目上或为了一个共同的目标一起工作或与他人合作（"Collaborate"，2000）。

随着研究的进行,尽管我在谈论我的研究时对这个术语背后的含义感到满意,无论是在我的"关系反应社区"(Clandinin,2013)中,还是在我的家人看着我为自己的研究会议准备饭菜时,我的"合作者"都觉得不太对劲。我最终决定避开由"参与者"引发的科学范式,于是采用了"研究朋友"。这样,不仅匿名得到了保证,而且我努力创造的那种关系在每次讨论的时候都会给我反馈。这也方便更容易地称呼对方,无论是对对方还是对外人。例如,有一天在公共场合偶然相遇时,瑟琳娜(Serena)(我的一个合作者的化名)很自然地把我介绍为她的"研究朋友",我也可以这样做。

16.2.1　进入探究

当进入叙事探究关系时,我们开始正在进行的谈判,这是参与叙事探究的一部分。我们协商关系、研究目的、过渡,以及如何在这些关系中发挥作用。这些谈判每时每刻都在进行,在每一次相遇中,有时以我们没有意识到的方式进行。在整个探究过程中,当我们与参与者一起工作时,谈判也以有意的、完全清醒的方式进行。(Clandinin,2006:47)

在叙事探究的第一次会议时,我希望创造一个轻松宜人的空间。我准备了一顿简单又健康的饭菜。这是我希望对我的研究朋友"有用"的方式之一:我希望我们的饭菜和对话能够有营养、健康和有活力,而不是沉重和难以消化。不管我的计划、想法或意图如何,我都担心这个目的地太远,人们会迷路;我担心自己占用了大家周日太多的时间,因为老师们通常会在周日晚上为下一周制订计划;我担心我们难以成为一个群体,整个过程会成为一个负担;我担心什么时候打开录音机,决定等到晚饭后再打开,但几乎立刻就对这个决定表示怀疑,因为我们的谈话很快就转向了教学。在谈话中我保持相对安静,有时我想要加入讨论,但我记得我的意图是让讨论本身引导。

随着时间流逝,我还发现,并更明确地注意到,在我身上仍然保留着一个"客观的"社会科学家的形象,这是我试图保持"隔离"的一部分,以免我"影响"谈话。在第一次谈话之后,同样的声音告诉我,我们的谈话太肤浅了,我们没有得到任何"重要"的东西。如果我们只是坐在一起聊天,我怎么能称之为研究呢? 这些担心是没有根据的,但我不会说它们是不必要的。忧虑驱动着一个不断反馈的反思和行动的循环,这也是这个相关研究有意义的一部分。后来,在反思中,我摆脱了"客观的"研究人员,选择成为关系的研究人员。在我的研究文本中,我在第三次研究会议上标记了发生的转变。在那次会议上,我真正接受了自己作为一个叙事探究者的角色。

我去参加我们研究会议的车程很长,那段高速公路成了探究中的一个重要空间。在我开车去参加我们第三次的研究会议时,当我听三角乐队(2012)表演《间奏曲 1》时,这种深思熟虑的寂静被设定为音乐使我想到了我的研究朋友,他们的学年是如何结束的,以及他们是如何展望下一年的。他们每个人面前都有选择和挑战,就像我一样……就像我一样。对自己故事的思考促使我考虑这样一个想法,即我们前两次会议中缺少的不是一个更"客观"或"专注"的研究人员,而是我自己。我反思自己是如何尽可能少地参与对话的:我忍住了,我保持距离,而不是完全在场和参与。这个认识让我很惊讶,因为我知道,至少在理论上,我不能假装我不在那里,我是这个关系研究的一部分。尽管我都以各种正式的方式承认并声称接受前面描述的交互性、事务性的本体论,但我也知道,在那一刻,我紧紧把握住了客观研究人员的形象。我让这种印象消失了,当它消失的时候,我感到兴奋的是那天晚上能真正和我的研究朋友在一起,拥抱而不是回避我们丰富的互动。那次会议发生的变化标志着调查进入了一个非常丰富的阶段。我甚至在会后收到一封来自一位研究朋友的电子邮件,他指出这是"我们迄今为止最好的一次!"。

16.2.2 进入分析

一旦发现更简单的方法,我就可以把更多的注意力集中在分析上。在这项调查中,有几个地方进行了中期分析。在详细介绍索引方法之前,我将介绍其中的几个。

谈话中的中期分析。 在这个小组的叙事探究背景中,分析从对话开始。这种反反复复的对话,将个人的经历与他人的经历放在一起,这本身就是一个分析的过程。有时我们真的想要一起分享一段经历。例如,在第三次会议期间,"繁重的工作时间"一词被创造出来,并发展成为教学生活的定义和误解特征。这成了本次探究中发表的作品之一的焦点(Beck,2017)。有时,一个话题或一串问题会因为我们中的一个人的明确陈述而显得重要。有时候,我们的讨论中有一种能量,房间里有一种充满活力的感觉,每个人的兴趣都被激发,我们提问、打转、大笑。当我在会议间隙听我们的谈话时,我被这些兴奋的时刻所吸引。

倾听的中期分析。 会议间隙是进行中期分析的第二个空间。我对每次会议的思考和计划的节奏都在继续,这意味着有时我会提前分享一个提示或话题;有时我只是出现而已,好让整个晚上的谈论自然而然地展开;有时,我把问题抛在脑后,以防某些话题再次出现。例如,我突然想到了我们的一个关于"选择不中断"话题的早期对话。之所以能想到这个对话,一方面是因为讨论过程中激发的灵感,另一方面是因为我之前有写过类似的话题(在叙事探究中,这就是我自己探究的主题的初稿)。当谈话再次展开时,我努力地考虑我在会议间隙听我们谈话时想到的事情。在我开车往返于不同对话地点的过程中,我进行了诸多类似的反思。当时,我并没有意识到长途驾驶的重要性,但在探究结束时,我明确地意识到了它们的价值。

随着我越来越明确听录音研究对话的价值,我越来越不认为转录对话是我下一步的工作。我转录了我们的第一次会面。与录音相比,它们似乎就是一叠毫无生气的纸。我想知道是否还有另一种方法可以处理录音,我可以利用倾听的流动并进行更深入分析。我寻找一种有用的方式来组织音频对话成为另一个分析空间。在下一部分,我将探讨我创建的索引。

16.3　倾听研究对话：解构索引方法

　　我们的研究对话是在周日晚餐期间进行的，通常是关于天气、电视节目，或者在开始时，就是人们在相互了解时分享的那种对话。我知道我不需要逐字逐句地记下所有这些，但我确实想在以后的谈话中想起我们所谈论的所有话题，我想尽可能完整地保留这些故事。对我来说，把我们谈话的某些部分记录下来就意味着把当时的背景记录下来，杜威认为这是体验的一个关键部分。例如，在5月，我们谈话的部分背景是美好的一天。温暖、阳光明媚的天气以及学年即将结束，似乎与这一经历有着某种联系。我想记住我们谈话的那部分。我也想保持我在车里或者在会议间隙在家里闲逛时的那种倾听。听的时候，我在场，我在对话，我在思考和反思。我想找到一种方法来保持这种状态，并在以后引导自己回到整个对话中。

　　当我进行这些思考时，我想起了一种索引大量数据的方法，这是我在硕士项目的方法论课程中学习到的（Loutzenheiser，2007，个人交流）。我记不清或找不到方法的细节，但使用了我所做的笔记，并根据我边走边听的练习调整了这个策略。材料方面，我有两件东西一直带在身边：我的那包彩笔，还有我的笔记本，本上有穿孔的书页，可以撕下来用作索引卡。

　　下次我听我们谈话的录音时，我会记下正在说的话，其中包括了正在讨论的话题和谁在（非常笼统地）说什么。当我给对话编索引时，我会定期写下一个时间戳，这样我就可以很容易地回到对话特定的部分。我给每张卡片标上对话的月份、录音的长度（因为这是我的录音机给对话标上的方式），还给卡片编号，以便以后可以无序地使用它们。便条卡片是彩色编码的，包括我在内的每个人都有一种颜色。为了在最坏的情况发生和卡片放错地方时保持匿名，我在名字和地点上都使用了假名或假名的首字母。图16.1和图16.2展示了索引卡的外观范例。我没有在其中包含真实数据，但对细节进行了模糊或虚构，以便在这里分享它们的结构。

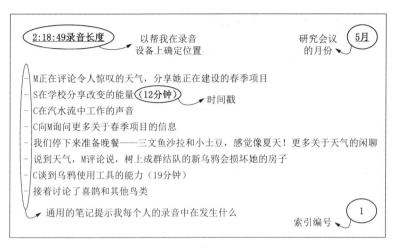

图 16.1　虚构索引卡范例

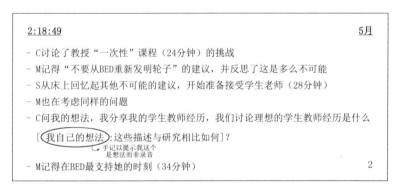

图 16.2　虚构的索引卡范例，突出研究人员笔记或"MOT"（我自己的想法）

　　这种索引方式让我可以做很多事情。我可以写下小小的"MOT"（我很久以前就开始用这个缩写来代表"我自己的想法"），在不打断聆听的情况下，提醒自己我的想法。在创建索引时，我差不多能跟上谈话的节奏，只是偶尔会暂停录音，以跟上那些特别密集的信息。我也意识到我正在创造一个视觉工具，可以用很多方式来工作。例如，我可以看一眼橙色的部分，让我想起瑟琳娜的故事，因为它在我们探究期间一直在展开，或者读我留给自己的"我自己的想法"的棕色部分。我也可以选择那些表示长时间工作的卡片，并在我写的时候把它们全部放在我面前（参见图 16.3）。

图 16.3　准备好转录（左）和工作的索引卡

我随身带着这些卡片，随时准备写作。这些卡片用小夹子夹在一起，藏在笔记本里。我经常把它们抽出来阅读；有他们在身边让我专注于分析是件好事。当我开始构建研究文本时，我把索引卡上的线索收集起来，然后回到音频（在那些亮绿色的时间戳的指引下）进行有针对性的重听，或者将我关注的片段转录下来。

因为没有遗漏任何东西，所以我可以继续在我的分析和后来的写作中包含相关的片段。当我开始起草临时文本时，我当然被那些丰富对话的灵感时刻所吸引，但我也发现自己被我们讨论中强烈的意象、符号和隐喻所吸引。例如，拔牙挥之不去的感觉是我觉得具有象征意义的一件事，尽管我的研究伙伴卡洛斯（Carlos）在去看牙医时遭遇了一次不幸，但他当时并没有预料到。这种"拔牙对话"进入了我的研究文本，也许是因为，当我听的时候，我感受到这个故事还有更多内容。卡洛斯不仅在讲述他拔牙的经历，而且我还能清晰地听到他在踱步、寻找桌布、煮咖啡、打开和关上橱柜与门，说话的速度甚至比平时更快。我知道我是在晚餐期间读到这些暗示的，因为在录音中我听到自己在询问他的感受。在重听时，这些线索再次提醒我，这里有一些重要的事情需要注意。在重新听的时候，我的注意力不再被现在的其他事情所分散，比如关注时间，或者想知道每个人是否都有他们需要的东西。索引卡可以让我一眼看到这些图像，如果需要的话，还可以引导我找到它们。它们让我在从事分析的同时活在我的本体论中。

16.3.1 分享探究：转向研究文本

下一层分析是将我发现的能引起共鸣的文献和我挑选的晚餐期间的对话片段编织在一起。换句话说，这是写作文本的开始，我们研究小组之外的其他人会阅读这些文本。我认为，写作是我们创造一个有意义的学习空间的另一个机会。我想邀请读者参与我们的谈话。我试图呈现一个足够开放的对话，代表我们的经验，分享我们的理解，让读者找到一个可以进入的空间。我意识到自己是在为读者创造一种体验，一种我希望他们能够了解这种叙事探究所创造的教学空间的体验（Huber，Caine，Huber and Steeves，2013）。

虽然我心里有其他读者作为最终论文的主要读者，但我还是总想着我的研究伙伴。我坚持叙事探究的原则："我们首先应该关心研究参与者。"（Clandinin，2013：205）即使"没有'把它做好'"（Richardson，1997：91），我也希望我正在创作的东西的大概会让他们感到熟悉。所有这些目标加起来形成了巨大的压力。因此，在写作过程中，我感到非常紧张。

尽管我在紧张中坚持所有的目标，但写作过程的最后阶段也是一个重要的分析空间。例如，当我探索繁重时光的概念时，我用韵文写作，我画思维导图，我尝试解释什么是繁重时光，直到我找到深入研究文本的方法。在这个过程中，我对将这些其他形式的写作纳入学术论文持开放态度，但最终我发现它们只是写作探索的其中一步，加深了我的理解，并为最终的研究文本塑造了方向。

一旦探索性写作有了明确的方向，我就把从索引中调出的对话片段转录出来，并开始起草研究对话。在写这些的时候，我尽可能地让对话保持一字不差，尤其是试图捕捉每个人的说话节奏和风格。然而，因为我是在为那些不在我们对话现场的读者、那些没有从我和我的研究伙伴们分享的所有相互了解的对话中获益的读者撰写对话，我逐字编辑文本，以使他们更容易理解。我希望让它们以书面形式体现。我修改了我们讨论中使用的内部笑话或讽刺，修改了那些让我们对话之外的人可能不理解的简写。我省略了对话中常见的"嗯"和"喜欢"，有时我会添加一个连接话语，将不同会议中关于同一主题的对话片段联系起来。为了确保每个研究伙伴的匿名性，或者为了模糊我们交谈过的调查之外的任何人的身份细节，我改变或省略了一些细节。通过在分析时添加这些转录策略，我倾听我的研究伙伴并与他们交流，获得对我们对话的深刻了解，然后完成这些任务。我的转录文本对我朋友的声音比我们第一次谈话时的录音更敏感。

当我与我的研究朋友分享手稿草稿时，我这样解释我的选择：

> 我们的目标是让论文最终以一种对你来说真实的方式反映你的经历，邀请读者参与这种关于教学的更深入讨论，并以一种清晰的方式分享我们在探究过程中获得的经验和理解。这些目标比单个单词或短语的选择要重要得多，尽管它们大部分是逐字逐句的，但它们是在考虑到其他目标的情况下编辑的。

我鼓励每个研究伙伴提醒我错过的任何关键点，改变他们认为不准确的任何细节，或者补充他们想要解释得更清楚的任何内容。这一步帮助我确认了我对他们的经历和我们共同对话的理解。

尽管有与研究伙伴和我的关系连接社区一起反思研究文本的机会，我仍然发现写作过程充满挑战。我觉得重要的是让写作研究的困难清晰可见，以免有人认为自己在独自奋斗。正如克兰迪尼所申明的：

> 持有叙事探究的概念承诺意味着我们创作的中期和最终研究文本至少在两个方面是困难的。从撰写继续履行这些承诺的文本的意义上来说，它们是困难的；它们向我们提出了从多个方向、面向多个受众的挑战，这也是困难的。(Clandinin, 2013:205)

作为研究人员，我们为如此众多的读者写作，这很容易让我们去思考这些想象中的评论者会在我们的作品中发现的错误，甚至在我们真正写出一个字之前。对我自己来说，为了让文字面世，我不得不暂时远离这些读者，甚至远离我的研究目标。我不得不相信这个过程：我写了一些我和我的朋友认为最重要的事情，我发现其他读者对我们的对话感兴趣。

16.4　结论

这一章用叙事探究总结了一位研究人员的研究历程。它描述了我参与的研究,这些研究反映了杜威的本体论,建构了我的研究框架。在我的经历中,我找到了一种与研究对话合作并对其进行反思的方式,这种方式与研究的哲学方法相一致,实际上帮助我组织并轻松访问我的文本。索引卡是我在听的时候创造性参与的一种方式,它们帮助我索引了一大套录音,还鼓励我持续倾听,无论是泛泛地听还是认真地听,因为我试图理解我的研究伙伴的经历。我了解并分享了许多仍然从事教育行业的老师的身份和经历。

对于刚开始阅读这篇文章的研究人员,我鼓励你们深刻反思自己对研究的信念。我要求所有和我一起工作的学生,通过揭露和面对任何未经检验的关于研究人员应该做什么和研究是什么的信念,来开始理解研究。如果我们能够深入思考并阐明我们为研究带来的基本信念,那么我们就可以做出反映我们工作范式的方法选择。然后,我们可以避免方法上的混乱,尊重那些传统上主导学术的知识之外的知识。对于有经验的研究人员,我希望我的分析将提供一套有用的解释策略。我相信通过听我们的对话和使用索引卡,我能够对教学工作进行深入的分析。

补充阅读

Beck, J. L. (2017). "The Weight of a Heavy Hour: Understanding Teacher Experiences of Work Intensification." *McGill Journal of Education*, 52(3), 617—638. https://mje.mcgill.ca/article/view/9352.

Clandinin, D. J. (2013). *Engaging in Narrative Inquiry*. Left Coast Press.

Lincoln, Y., Lynham, S. and Guba, E. (2011). "Paradigmatic Controversies, Contradictions, and Emerging Confluences, Revisited." In N. K. Denzin and Y. S. Lincoln(Eds.), *The Sage Handbook of Qualitative Research*(4th ed., pp.97—128). SAGE.

回顾与练习

1. 你对研究或研究人员的最初记忆是什么？当你参与第一个研究项目时，你可能会惊讶于你是多么青涩。详细地写下你早期的经历，与朋友分享这些经历，并一起思考支撑这些早期经历的哲学假设，考虑一下这些早期的经历如何塑造了你关于什么是研究、什么是知识、知识在哪里的想法。

2. 开始并努力写研究日志。通过你研究的每一个步骤，从想法到发表的论文，反思在你的研究中和研究周边发生的一切，不要忽视个人因素或背景。无论你使用的是哪种方法或数据分析方法，明确地反思你的研究经验将帮助你确定你作为研究人员是知识创造的一部分的方式。上面的练习可能会在研究过程中留下很好的记录，可以包含如下内容：

（1）详细说明你研究的时间、空间和地点。

（2）你在参加实地培训之前、期间和之后的感受或想法。

（3）什么事让你在工作中感到惊讶，或启发，或困惑？（这些紧张/丰富的时刻是路标，它们的意义是什么？）

（4）你需要更多考虑的是什么？

（5）什么事情进展顺利，或者，发生了什么事让你以后回想起来会发笑？（总是给自己一些鼓励！）

这些只是例子，你会找到自己的反思方式，但一定要记录你的思考。在你进行分析和写作时，它们将对你很有用，将帮助你忠实于自己的研究方法和目标。

3. 练习对日常对话进行索引。找一个愿意合作的伙伴或小组（可能是研究方法论课程的人），就一个商定的话题录下 20 分钟的对话。你们每个人都应该自己把对话从头到尾听一遍，然后在索引对话时再听一遍。与你的伙伴重新组合并反思——当你编索引时，知道要写什么容易吗？你能跟上谈话的节奏吗？你对对话的理解是否在多次倾听后发生了变化？

参考文献

Alt-J.(2012). *Interlude 1*. Atlantic Records.

Beck, J. L.(2010). *Breaking the Silence: Beginning Teachers Share Pathways out of the Profession*(Unpublished masters thesis, University of British Columbia, Vancouver, BC). https://circle.ubc.ca/handle/2429/27689.

Beck, J. L.(2017). "The Weight of a Heavy Hour: Understanding Teacher Experiences of Work Intensification." *McGill Journal of Education*, 52(3), 617—638. https://mje.mcgill.ca/article/view/9352.

Caine, V., Estefan, A. and Clandinin, D. J.(2013). "A Return to Methodological Commitment: Reflections on Narrative Inquiry." *Scandinavian Journal of*

Educational Research, *57*（6），574—586. https://doi. org/10. 1080/00313831. 2013.798833.

Clandinin, D. J.（2006）. "Narrative Inquiry: A Methodology for Studying Lived Experience." *Research Studies in Music Education*, *27*（1），44—54. https://doi.org/10.1177/1321103X060270010301.

Clandinin, D. J.（2013）. *Engaging in Narrative Inquiry*. Left Coast Press.

Clandinin, D. J. and Connelly, F. M.（2000）. *Narrative Inquiry: Experience and Story in Qualitative Research*. Jossey-Bass.

Clandinin, D. J. and Rosiek, J.（2007）. "Mapping a Landscape of Narrative Inquiry." In D. J. Clandinin（Ed.），*Handbook of Narrative Inquiry*（pp. 35—41）. SAGE.

Collaborate.（2000）. In R. Allen（Ed.），*New Penguin English Dictionary*. Penguin Books.

Dewey, J.（1934/2005）. *Art as Experience*. Perigee Trade.

Dewey, J.（1938/1997）. *Experience and Education*. Simon and Schuster.

Finley, S.（2005）. "Arts-based Inquiry: Performing Revolutionary Pedagogy." In N. K. Denzin and Y. S. Lincoln（Eds.），*The Sage Handbook of Qualitative Research*（3rd ed.，pp.681—694）. SAGE.

Huber, J., Caine, V., Huber, M. and Steeves, P.（2013）. "Narrative Inquiry as Pedagogy in Education: The Extraordinary Potential of Living, Telling, Retelling, and Reliving Stories of Experience." *Review of Research in Education*, *37*（1），212—242. https://doi.org/10.3102/0091732X12458885.

Josselson, R.（2007）. "The Ethical Attitude in Narrative Research: Principles and Practicalities." In D. J. Clandinin（Ed.），*Handbook of Narrative Inquiry: Mapping a Methodology*（pp. 537—563）. SAGE. http://srmo. sagepub.com/view/handbook-of-narrative-inquiry/n21.xml.

Lessard, S., Caine, V. and Clandinin, D. J.（2015）. "A Narrative Inquiry into Familial and School Curriculum Making: Attending to Multiple Worlds of Aboriginal Youth and Families." *Journal of Youth Studies*, *18*（2），197—214. https://doi.org/10.1080/13676261.2014.944121.

Richardson, L.（1997）. *Fields of Play: Constructing an Academic Life*. Rutgers University Press.

Swanson, C.（2014）. "Unbundling Stories: Encountering Tensions between the Familial and School Curriculum-making Worlds." *Learning Landscapes*, *7*（2），299—317. https://doi.org/10.36510/learnland.v7i2.667.

17 突现性分析：理解不断 发展的纵向研究的策略

阿德里安·拉尔比-谢里夫　科里·伊根　约书亚·L.格莱泽

摘要：当研究人员调查多方面的现象时，如教学过程和系统变化，调查过程可能是复杂的。在这种情况下，研究人员通常需要随着他们对正在调查现象的理解来完善他们的研究问题。在这种情况下，代表初步工作理论的初始代码不再充分，需要重新概念化。当数据源的数量使重新编码整个数据集变得不可行时，这些问题会变得更加复杂。在这一章中，我们将探讨决策分析和备忘录策略，我们在分析 150 多个来自教育工作者的访谈中使用了这些策略，这些访谈来自一个旨在发展数学教学实践的学校系统。我们记录了大型研究团队在处理跨越多个角色组、系统级别和学年的数据库时，从编码数据转移到备忘录的过程。

关键词：纵向质性分析；分析备忘录写作；教学改进

17.1 引言

理想情况下，研究问题、访谈协议和编码方案之间的联系是明确的。访谈协议将研究问题转化为参与者可以理解的问题，参与者在访谈过程中提供解决问题所需的数据。编码方案是带有定义的代号（MacQueen，McLellan，Kay and Milstein，1998；Saldaña，2016）——允许研究人员指定转录文本的哪些部分对应于特定的研究问题，然后分析需要"提取"相关的代码来构建一组发现和解释。

虽然这听起来像是质性研究的理想化愿景，但在某些情况下，这个过程可以运用刚才描述的线性和直接的方式。例如，提出明确问题的研究能够解决概念领域有限或参与者少的问题，可以潜在地协调数据收集、编码和分析以及备忘录编写，而不会出现意外问题。

然而，对于大量的社会科学研究来说，情况更加复杂和不确定。通常研究问题，甚至更大的研究课题，会随着研究的进程而变化。这发生在我们最近对田纳西州接管区——成就学区的研究中（Glazer and Egan，2018）。我们最初的问题涉及旨在推动教学变革改进模式的技术要素（TAL，例如课程、学校领导）。然而，研究进行一年后，我们发现这些问题被政治层面和当地社区成员的热情回应淹没了。这种情况变得很明显，以至于我们需要根据实际情况调整我们的研究问题。

随着研究课题衍生出越来越复杂的理论，研究人员需要在最初的转录文本编码和最后的备忘录撰写阶段之间有第二个编码周期。在这个周期中，重新系统地编码访谈记录，将它们分配给概念上显著的类别，这些类别以前是未预料到的或者没有被原始码本捕获的。这一过程旨在解决质性研究周期的突然展开，这是质性研究人员熟悉的情况，因为他们通常无法预测复杂研究的非线性过程。

在彻底和系统地审查数据之前，研究人员倾向于形成分析和初步的主张。我们在这里描述的过程对于这种倾向也是一个有用的检查过程。研究人员通常从项目一开始就积极参与感知。随着调查的进行，他们不断修改自己的工作叙述（Helms Mills，Thurlow and Mills，2010）。在许多情况下，这种感知对于好的研究是不可或缺的。但是，如果参与者的数量、问题的多样性和研究团队的规模都过于庞大，无法通过非正式的感知过程可靠地构建经验上有效的分析，该怎么办？ 如果研究人员之间的非正式感知过程无意中忽略了大部分数据，忽略了某些角色群体的观点，或者下意识地受到研究人员偏见和倾向的影响，会怎么样？ 我们在这里提出的系统旨在通过引入一种正式的方法来降低这些可能性，通过这种方法，数据在初始编码过程之后被再次系统地分析。

在本章接下来的部分，我们描述了一个第二轮编码的过程，第二轮编码使研究人员能够利用初始编码方案的方式识别和概念性地分类先前摘录的编码，同时还引入了一组在研究开始时没有预料到的新代码。然后，第二轮编码带来了一个集体备忘录编写过程，该过程是围绕研究的突现性分析主题和概念组织的。通过这种方式，它结合了非正式传感的灵活性和正式编码分析的严谨性。

17.2 范例

本章描述的分析方法是在对谢尔比县学校的转型项目 iZone 进行多年混合方法研究的背景下出现的。iZone 代表了一项雄心勃勃的努力，旨在大幅提高该州 23 所表现最差学校的教与学(Glazer，Massell，Lenhoff，Larbi-Cherif，Egan，Taylor，Deleveaux，Ison and Millinton，2020；Larbi-Cherif，Lchnoff and Glazer，2019)。除了考试成绩一直很低，这些学校还饱受代际贫困、社会孤立和被忽视的困扰。当一项研究显示 iZone 在最初三年的表现优于竞争对手的改革举措时，它在田纳西州乃至全国范围内都获得了引人注目的地位(Zimmer，Henry and Kho，2017)。我们的研究始于 2017 年春季，结束于 2019 年冬季，重点是了解 iZone 的改进策略以及影响教师和领导者如何实施该模式的关键因素。

17.2.1 阶段 1:提炼研究问题、分析领域和研究子问题

我们用五个研究问题启动了这项研究，这些问题构成了我们的调查：

1. iZone 的目标是什么，鉴于它们和教与学的改进有关?
2. iZone 实现这些目标的策略是什么?
3. 区工作人员、学校领导和教师如何解释和实施 iZone 的战略?

4. 当地和州环境中的哪些因素影响了 iZone 战略的设计和实施？

5. 如果有的话，该地区如何学习改进设计和实施？

在 2017 年秋季的一轮采访后，我们开发了一个与这些初始问题相一致的编码方案。对于和 iZone 目标相关的第一个问题，我们定义了像"iZone 使命和目标"这样的简单代码来标记参与者描述 iZone 使命的实例。这段代码和其他代码与最初的研究问题紧密相关（例如，"iZone 战略和行动理论"）。这第一轮编码帮助我们以与我们的研究问题明确一致的方式描述 iZone 的策略和实现。在这个早期阶段，关键的研究过程和调查阶段看起来非常一致。研究问题为访谈协议提供了信息，而访谈协议反过来又形成了编码方案。

然而，在研究的第一年进行了两次额外的数据收集后，我们对 iZone 战略的解释开始转变。图 17.1 说明了我们研究项目的时间表，以及正在进行的数据收集、备忘录编写和第一周期编码如何形成我们的研究问题。因此，我们发现有必要在每个研究年度结束时调整我们的研究问题。

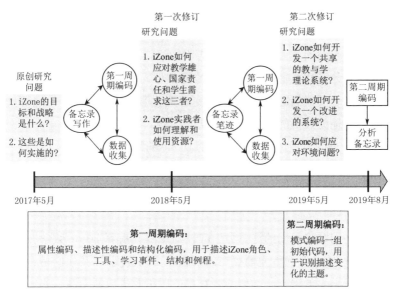

图 17.1　谢尔比县伊佐尼项目的第一周期和第二周期编码和分析

在第一年结束时，我们专注于三个相互交叉的挑战，其中包括：iZone 数学教学愿景在概念和教学上的严谨性、高风险责任的压力，以及 iZone 学生薄弱的学术基础和紧迫的社会需求。第二年伊始，我们重新调整了我们的研究问题和访谈方案，将重点放在这些挑战的相互作用中出现的关键实践问题，以及 iZone 领导人试图通过结合物质资源、学习机会和激励措施来解决这些问题的方式。我们主要的调查主题是相同的，但我们的问题和分析视角更加集中，有细微差别。

在研究的第二年结束时，我们通过区分教学中的 iZone 理论及其改进理论来完善我们的理论。更具体地说，我们了解到 iZone 的发展可以用两个系统来解释：教室中的教学系统以及支持教师和领导在日常工作中实施这些实践的改进系统。我们还注意到，iZone 面临着大环境中的挑战，这些挑战可能会削弱对这一愿景的努力。这种环境挑战包括要求持续改进州评估的压力，以及对学生应该如何学习数学的不同看法。建立和管理这些系统的复杂性及大环境压力，清楚地表明成功取决于 iZone 随着时间的推移学习和改进的能力。但是，在一个建立在自治和应试教育规范基础上的庞大官僚城市地区，这种学习如何进行呢？此外，我们如何从经验上研究这个问题？

研究问题的第一次和第二次迭代的语言和框架虽然没有错，但已经不能充分描述我们所观察主体的复杂性。因此，如图 17.1 所示，我们再次修改了我们的研究问题，以更好地代表我们对 iZone 的理解，也可更明确地为我们的数据分析提供信息：

1. 什么因素促进和削弱了整个 iZone 的教学共同理论？

2. 哪些因素促进和削弱了跨 iZone 的共同理论的改进？

3. 哪些流程促进和削弱了 iZone 领导者学习和改进 iZone 设计策略的能力？[①]

这些问题将我们的注意力引向教师理解和解释 iZone 数学教学愿景的方式、它与实践者先前存在的信念冲突的程度，以及他们是否认为它满足了学生的需求。类似的调查也适用于改进后的问题。我们询问

---

① 本章的其余部分着重于我们对前两个问题的分析方法。

学校和系统负责人，关注课程保真度是否有意义，以及学校和 iZone 系统如何支持教师的实践和改进策略的其他实践。我们还试图了解不同领导人阐述不同改善战略的程度，以及这些不同战略导致整个地区差异的程度。

虽然这些新问题更准确地代表了我们的研究，但它们使一些初始代码的相关性变弱了，整体代码本不完整。换句话说，我们从第一周期编码中定义的代码并没有包含可以与我们最近的理论迭代相联系的部分。在某种程度上，我们认为自己的任务是发现隐藏在我们初始码本中的相关代码。

此外，我们的数据集跨越多年时间和不同的角色组，包括教师、校长、iZone 地区人员和州领导，这一事实使得重新编码初始代码以开始我们的第二周期编码过程变得很麻烦。例如，课程计划代码应用于来自不同参与者的 500 多个摘录。因此，我们需要设计方法在概念和分析上简化我们的工作。此外，我们的许多参与者，特别是 iZone 的领导者，在研究期间换了新的工作或离开了 iZone，这反过来又为 iZone 带来了新的专业人员，这一不断增长的参与者群体——跨越 9 次数据收集旅行的 157 次访谈——产生了一个大数据集和扩展的代码本[1]，其中包括 93 个代码和子代码、4 800 个编码摘录和 2.3 万多个代码应用。可以说，记录我们所有的数据并不是一个好的选择！

简化记录的一个策略是将嵌套在前两个研究问题下的精确分析领域具体化，包括工具、实践问题、专业学习和激励。这些分析领域帮助我们完善了关于 iZone 如何开发教学系统和改进系统的理论。例如，了解 iZone 实践者如何使用工具揭示了工具使用中出现的实践问题。然后，我们分析了 iZone 领导者如何通过专业学习活动（例如，专业发展、一对一辅导）和激励相结合来应对这些实践问题。出于我们的目的，我们将实践问题定义为实践者在日常工作中遇到的基本困境，特别是当它们被应用于 iZone 战略和工具的制定时。

---

[1]　我们使用 Dedoose，一个在线编码平台来管理和编码我们的数据集。编码平台允许多个用户同时编码，这是一个非常适合我们地理分散的研究团队的特性。

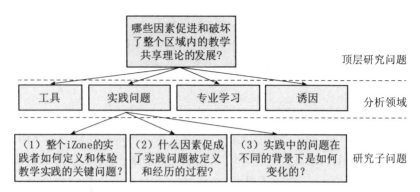

图 17.2　分析结构：从研究问题到分析领域再到子问题

然而，分析领域的形成没有提供如何分析这些领域中的数据的结构。为此，我们为每个领域开发了一组更精细的研究子问题来构建我们的分析。例如，在调查实践领域的问题时，我们试图回答以下问题：

1. 整个 iZone 的实践者如何定义和体验教学实践的关键问题？

2. 是什么因素导致了这些问题？

3. 教学实践的问题在不同的背景下是如何变化的？

参见图 17.2，了解我们的分析如何从研究问题发展到领域再发展到子问题。在本章中，我们将集中在"实践问题"领域来说明我们的方法。

17.2.2　阶段 2：系统地分析每个分析领域

随着分析结构的建立，我们将自己分成两个团队，每个团队被分配调查一个顶层研究问题：

1. 哪些因素促进和破坏了整个 iZone 的教学共同理论的发展？

2. 哪些因素促进和破坏了跨 iZone 的共同理论？

在接下来的十周内，两个团队为每个分析领域整理并编码了数千份摘录。重要的是，我们使用原始代码本提取摘录，然后在我们的新领域中重新编码。我们将在下面深入阐述这个过程，包括检查摘录，使用模式编码来识别主题，并最终在每个领域的分析备忘录中记录发现

(Miles，Huberman and Saldaña，2020；Saldaña，2016)。正如萨尔达尼亚(Saldaña，2016:236)所定义的，一个模式化的代码将第一周期代码合成一个"更有意义和简洁"的元代码(例如，主题)。

　　第一步:确定为每个分析域提取哪些代码。 为了处理每个分析领域，我们进行小组会面，首先讨论从原始代码本中提取哪些代码，以及考虑哪些角色组。团队首先阅读并讨论了与这个领域相关的子问题，从我们的原始代码本中选择一个代码子集，这些代码是我们推断为对实践问题有影响的代码。这项任务很艰巨，因为尽管实践领域的问题似乎受到了足够的限制，但在我们最初的代码本中，许多代码包含了超过 1 000 个摘录——这个数量远远超过了我们团队为每个分析领域重新分析的能力。此外，这些初始代码中没有一个被标记为"实践的问题"，也没有一个单独的代码整齐地包含与实践问题相关的摘录。

　　我们的研究团队在每个领域获得了 300—400 个编码摘录，这个数字对于我们的团队规模和时间限制来说是可管理的，同时提供的数据足够解决我们的研究问题。对于实践领域的问题，我们选择了初始代码"教学工具"和"教学实践"，因为我们发现这些代码将包含参与者报告的他们在 iZone 学校教学困境的数据，特别是因为它与最近实施的尤里卡数学课程有关(参见图 17.3)。然而，这两个代码仍然产生了 700 多个摘录。为了达到 300—400 个摘录的目标，我们在两个较大的代码中确定了理论上有意义的子代码。例如，我们选择将初始"教学实践"代码的所有摘录纳入其子代码"实施尤里卡课程的挑战和好处"和"支持当前处境艰难的学生"中，因为我们发现，大多数 iZone 实践者在支持学生和年级讲授内容方面存在争议。从"教学工具"代码中，我们还提取了与进展指南和使用其他课程相关的子代码。这些选择将 700 个摘录减少到 300—400 个摘录。得出的主要结论是，从包含相关摘录的初始代码本中选择代码需要反复尝试，这对研究团队来说是一项可控的分析任务。

　　第二步:第二周期编码过程。 一旦我们为每个分析领域选择了摘录，我们就必须以系统的方式分析这些体量仍然很大的数据。在第一周期编码中，我们使用了描述性和结构性编码，而在第二周期编码中，

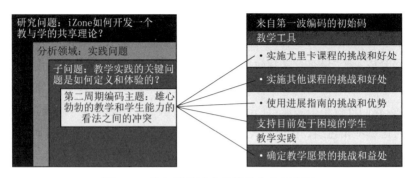

图 17.3　将初始编码方案转换为分析主题

我们使用了模式编码来代表研究子问题理论上的突出主题。为此，我们从数据分析软件中将这些摘录下载到电子表格中。我们在电子表格中设置列来指定摘录及其标识属性（参与者、年份、角色组、学校等）。我们还为每个摘录写了一个摘要，指出摘录是否以及如何与每个子问题相关，并添加了额外的分析记录，以辅助随后的备忘录写作过程，参见图 17.4。图中展示了我们如何为每个摘录编写摘要、指定实践问题，并考虑它如何在不同的环境中变化。从这个电子表格中，我们可以查看摘要并定义主题。例如，请注意这段五年级数学老师的摘录："课程设置与学生在年终考试中看到的问题不一致。"这段节选突出了一个主题：课程与国家评估之间的冲突，样本中的许多教师都注意到了这一点。这个电子表格的结果是一组主题，使我们能够概念化、分类，并提出在 iZone 中的实践问题。

17.2.3　阶段 3：为每个分析维度写备忘录

我们分析过程的最后一步是按领域编码，利用我们的数据来充实备忘录，将实践电子表格的问题转变为一个有理论依据的叙述。

第一步：在分析备忘录中使用主题来表达观点。我们团队使用摘录的摘要、分析笔记和主题来发展与我们的研究问题相关的基于经验的主张。每个研究人员阅读、分析和合成部分记录数据，并在主题和相关的研究子问题之间建立联系。

	A	B	C	D	E	F	G
1	表图示:限定词栏(参与者、年份、角色组)	摘录副本	(1) iZone 的实践者如何定义和体验教学实践的关键问题?	(2) 哪些因素有助于定义和体验 POP 的过程(例如、工具、期望、信念和目标)?	(3) 教学实践中的问题在不同的背景下是如何变化的?	快速总结	分析笔记
2		我面临的挑战是,尤其卡里数学(EM)课程不一定与一定与我们今年的州测试相匹配。如果我以以后的方式向他们展示,当他们会在年底向他们展示时,他们会很挣扎,因为它看起来有很大的不同。这是一个挑战,我们要确保让他们在年底看到什么,至于让他们在年底看到什么,同时还要教授课程。	课程格式与州考试格式不一样。	雄心勃勃的数学教学与国家评估之间的冲突。	高水平的 iZone 领导课程相信,如果学生将在考试中脱颖而出,尽管形式不同。	老师认为由于学生差异的差异,没有为学生准备好年终考试的答案。	认为 EM 不足以让学生为评估做好准备;过高责任感会给老师和学生带来压力。
3		受访者:很多时候,课程的编写方式,他们想让学生先概念化,再程序化。但当那些脆弱的学习者打交道时,情况和那些脆弱学习者总是这样。一旦他们打交道了程序了这些内容,他们就会把它们和概念性的联系起来,然后后他们把它们和概念性的联系起来的一些。决定是建立在学生的自信心的基础上的——受访者:是的。	落后的学生先从概念开始,再从程序开始,但这正是 EM 希望老师们做的。	雄心勃勃的教学与学生能力之间的冲突。	在受访者中,对于是否先数程序或概念的看法差异很大。	老师解释说,脆弱的学习者首先要从程序开始,而作为一名老师,你需要给他们更准要的材料之前建立他们的信心。	令人心酸的摘录,是因为老师似乎真的很想支持开学生,但他的教与学理论是她需要处理该年级的工作。

图 17.4　分析电子表格的截图

我们通过更深入地分析主题中的摘录来构建主张。对于每个主题,我们试图分析摘要的共性,检验最初的假设,注意跨语境的差异,并进一步完善最初的主张。对于"雄心勃勃的教学与对学生能力的认知之间的冲突"这一主题,我们观察到,老师通常难以在年级水平上教授严格的数学内容,因为他们意识到学生的背景知识存在重大差距,这阻碍了他们学习相应年级水平的内容。因此,老师们通过引用他们对学生能力的看法来证明他们以低于年级水平的方式教学生的决定是合理的。这种现象在高中阶段更为普遍,因为老师们意识到学生们更落后了。通过沉浸在我们现在理论上一致的数据子集中,我们能够制定假设,这些假设反过来在我们的分析备忘录中提供完整的形式化的叙述。

第二步:团队修改备忘录。 合作检查主张的有效性是备忘录写作过程的一个重要方面。作为一个团队,我们讨论了最初的主张,并使用额外的数据来源来测试和完善这些假设。例如,早期有一项主张是,iZone 的老师和领导一直认为尤里卡不适合落后于年级水平的学生。在进一步的检查中,我们发现了一些证据,指出 iZone 的老师和领导认为所有学生都应该接受年级水平的教学,特别是考虑到许多学生落后了几个年级。重要的是,这些领导认为这是一个公平及普及问题。正如这个例子所说明的,协作和集体修改主张允许团队进一步完善发现,仔细回应对子问题的回答,并共同构造反映我们数据的广度和深度的备忘录。这个过程的严格性和多阶段性质使我们能够优化这些确定的主题,捕捉细微差别,并突出与我们的研究问题明确相关的例子。

以上面的例子为基础,我们基于团队的备忘录的编写过程帮助我们检查了老师和学校领导如何调整尤里卡课程,用他们的话说,更好地满足学生的需求。这与其他领导人形成了鲜明的对比,他们实施了一些策略使老师能够按照预期的严格程度教授课程。最终,我们对这个单一主题——雄心勃勃的教学和学生能力感知之间的冲突的探索,帮助我们探索了实践问题是如何在研究场所内部和之间被定义和经历的。教学团队和改进团队为四个领域中的每一个领域都完成了这一过程,编写了八份分析备忘录,代表了我们对 iZone 学校转型战略的理解。

17.3 纵向研究分析备忘录的编码和编写的通用方法

在下面的部分,我们将描述提炼研究问题、进行第二周期编码和在团队中写分析备忘录的通用方法。自始至终,都有指导研究人员使用分析和备忘录写作过程来修改他们的工作理论。还有一些关于如何在团队中进行质性分析的讨论。

17.3.1 阶段 1:提炼研究问题、分析领域和研究子问题

在进行了多次数据收集过程、写备忘录及第一周期编码后,研究人员可能想考虑他们对研究的理解是否已经发展到最初的研究问题不再充分代表研究主题的程度。考虑以下问题来指导重新定义研究问题的过程:

1. 初步分析是否使研究变得更加复杂?
2. 你有没有在思维中引入新的概念和框架?
3. 你对是什么促成了改变的理解发展了吗?
4. 研究地点或更广泛环境的变化(如营业额、新政策)是否出现了新的困境?

除了提炼研究问题,定义分析领域有助于将分析分解成更小的概念块,这些概念块反映了正在调查的现象的工作理论。之后,这些领域内的研究子问题可以进一步指导和细化研究。研究人员可以包括不同类型的问题,如描述性问题、综合问题和推理问题,以指导研究过程(Agee,2009)。回到我们的研究,我们使用描述性问题来确定研究人员参与的关键过程,例如工具的使用是如何暴露出实践问题的。然后,我们使用综合问题来理解实践问题是否在多个学校环境常见。最后,我们使用推理问题来检验工具的使用如何导致在不同的学校环境中出现不同的实践问题。研究人员可以利用不同类型的研究问题来理解分析,并为分析增加概念层面。

对团队中的研究人员来说，这个修订过程需要时间和深思熟虑来共同重新考虑(和重构)研究问题，并共同理解新的理论。虽然整合多种研究人员视角和学科可以为工作理论增加维度并开辟新的研究领域，但这也是一个耗时的过程，需要一种基于倾听规范、通过对话过程共同构建意义和建设性批评的冒险团队文化。尽管研究人员开发共享的参考框架需要时间，而且似乎与"研究"没有直接关系，但团队中的研究人员仍然应该考虑参与日常工作，这能在进入项目的每个阶段时帮助他们围绕目标建立共识。此外，我们强调参与日常工作的重要性，这些工作既能追踪表面分歧，又能解决这些分歧。

17.3.2　阶段 2:系统地分析每个分析领域

下一步是确定每个分析领域包含哪些第一周期编码，以及如何进行第二周期编码。有很多编码技术可供研究人员进行第二周期编码(Saldaña，2016)，所以研究人员必须确定哪一种技术与他们的研究最相关。我们选择模式编码是因为它帮助我们识别和构造与我们的研究密切相关的主题(即"超级代码")(Gibson and Brown，2009)。

第一步:确定为每个分析领域提取哪些代码。建立分析领域和子问题后，下一步是识别相关数据进行第二周期编码(Miles，Huberman and Saldaña，2020；Strauss and Corbin，1990)。研究人员必须从初始代码簿中选择一组包含概念相关摘录的代码。在处理大型数据集时，重要的是要考虑在给定时间限制和当前资源的情况下，什么是可管理的编码和分析任务。也就是说，如果数据集很大，研究团队不太可能有时间或资金来重新编码整个数据集。以下问题可以帮助研究人员选择高效的编码进行第二周期编码:

1. 哪些代码在理论上与修订后的研究问题相关?

2. 哪些角色组的观点至关重要，并能更全面地描述兴趣现象?

3. 如果你的研究是纵向的，你的代码是否识别了随时间变化的现象?

通过解决这些问题，研究人员可以明确选定的代码和角色组与其修订的研究问题之间的联系。在这个关键时刻,重要的是研究人员要注意那些可能无法通过只记录一部分数据来解释的数据。研究人员可以参考现场笔记、讨论和初步备忘录来回顾他们研究中的重要发现,并思考他们是否遗漏了关键的数据来源。

　　第二步:第二周期编码过程。确定沿用哪个第一周期代码将进行第二周期编码,有助于建立一个分析电子表格来进行第二周期编码过程。每个编码的摘录可以根据与样本维度的相关性进行组织(例如,参与者、年份、角色组、位置、初始代码、年份等)。此外,如果研究人员想在这些摘录和该领域的子问题之间建立明确的联系,这也将会有所帮助。如图 17.4 所示,我们的研究小组使用第一行所示的子问题来分析每一个摘录。这些分析可以识别描述所调查现象的重要主题(例如,雄心勃勃的教学与学生能力之间的冲突)。

　　这里的任务是定义一组相对较小的模式代码来表示中心主题,从而将第一周期编码分组为更紧凑、理论上更突出的主题。我们建议研究人员最初对一小部分摘录(10％的节选)进行编码,以确定一组简洁的主题。在这个阶段,我们发现在第二周期编码中限制主题的数量迫使我们的团队确定可以用来描述我们理论的中心概念。然后,研究人员可以反思这些初步的主题,以理解他们是否已经定义了其理论的中心方面。

　　研究人员可能会在第二周期编码过程中发现其他主题。你应该考虑潜在主题是否为分析增加了概念深度。如果是这样的话,研究人员要重新编码数据,以确保摘录在最合适的主题下编码,因为额外的代码可能会重新塑造研究人员的理论。编码软件可以大大方便重新编码,然而,在我们的例子中,我们选择在分析电子表格中重新编码。编码过程将提高分析备忘录的清晰度。

17.3.3　阶段 3:为每个分析领域写备忘录

　　完成第二周期编码后,研究人员准备进一步分析编码数据并形成初始主张。在这一部分,我们将重点介绍如何撰写可用于研究出版物的分析性备忘录。我们为从第二周期编码和撰写团队备忘录中合成数据提供指导。

第一步：为分析备忘录确定主张要求。在研究周期的这个阶段，研究人员被要求检查他们的数据，以确定概念之间的关系，形成"如果/那么"陈述，并解释研究中出现的现象（Birks，Chapman and Francis，2008；Miles，Huberman and Saldaña，2020；Saldaña，2016）。在我们的研究中，我们通过识别解释参与者行为的每个主题数据中的共性来形成主张。回想一下，我们是如何通过观察老师根据他们对学生能力的看法，证明低于年级水平的教学是合理的，来确定雄心勃勃的教学和学生能力的看法之间的冲突这一主题的。我们还分析了每个主题中的数据以了解这些趋势的普及程度，并识别例外情况。重要的是要记住这是一个迭代的过程，包括用额外的数据测试最初的主张以了解这些主张，包括判断现象的工作理论是否需要完善。

在开发初始主张时，我们建议研究人员确保数据能够代表样本的各个维度（例如，通过上下文、角色组、年份等）。这样做将有助于研究人员了解他们是否遗漏了重要的数据。我们建议研究人员记录数据源和他们样本的相应维度。例如，在我们的研究中，我们考虑了数据是否充分代表了学校背景、角色组和学习年份。记录数据来源可以帮助识别数据中的潜在缺口，从而表明哪些数据源可能提供相关信息（Shenton，2004）。这在纵向研究中尤其重要，因为在不同的时间段内统一采样数据具有挑战性。然而在多个时间段内进行充分的采样，可以确保研究人员建立可靠的假设，解释现象是如何随着时间发展的。最后，研究人员可以参考之前的备忘录，以检查主张的可信度，并确定是否存在分析漏洞。

第二步：团队修改备忘录。在整个过程中，研究人员必须保持一定程度的怀疑态度，因为他们不确定是否已经完全了解了问题中的现象，为此我们建议在团队中修改分析备忘录。请注意，对分析性备忘录的集体修订涉及多轮精练的主张和支持证据。对于每个分析领域，这个修订过程通常需要循环阅读分析备忘录、评论和编辑内容，以及讨论共识与分歧。我们重复这个过程，直到达到概念饱和（Saunders，Sim，

Kingstone，Baker，Waterfield，Bartlam，Burroughs and Jinks，2018）。在我们的分析中,两个关键的饱和指标是解决主要分歧和合并额外的数据来弥合理论差距。在这里,团队合作通过识别和挑战我们对现场经验的各种看法来改进我们的分析备忘录,从而增强了我们对分析备忘录中主张的信心。

在团队中写备忘录虽然更耗费时间,但却变成了一个集体学习的过程。每个团队成员都可以分享他们在该领域的研究专长和经验,这一过程可以通过整合多个学科视角来加强调查。研究人员可以利用该领域的经验和概念视角来更彻底地审查和完善这些主张,并进一步发展理论来解释所调查的现象。

17.4　结论

在本章中,我们讨论了备忘录写作过程如何成为研究的重点,以及它的相应理论如何在多次现场访问和时间中发展。我们认为,对于复杂的研究,第一周期编码方法不太可能提供编写分析备忘录所需的理想概念化。在这种情况下,需要进行第二周期编码。而且,如果数据集是广泛的,很可能需要对数据的一个子集应用第二周期编码。然而,研究人员在对数据子集进行编码时,必须有策略,确保选择的初始代码包含有理论意义的数据和不同的视角。我们还提倡在分析大型数据集时,团队集体编写分析备忘录。虽然这一过程很耗时,但通过整合多个领域的经验和学科视角,可以产生概念更严谨的分析备忘录和研究成果。

尽管分析备忘录的写作过程具有多阶段和深思熟虑的性质,但重要的是要使用一些可增强发现有效性的方法。研究人员可以通过记录用于撰写分析备忘录的证据来增强其主张的可确认性和可信性。通过仔细研究信息源,研究人员可以发现他们的分析中潜在的漏洞,当你只对部分数据进行编码时,这一点尤其重要。此外,在纵向研究中,跨多个时间段和数据来源测试你的工作理论很重要。在研究人员准备发表有意义的手稿时，花时间彻底审查分析备忘录中的主张，将有助于研究人员完善他们的理论。

补充阅读

Glazer，J. L.，Massell，D.，Lenhoff，S.，Larbi-Cherif，A.，Egan，C.，Taylor，J.，Deleveaux，J.Ison，A. and Millinton，Z.(2020). *District-led Turnaround at Scale：Lessons from the Shelby County iZone.* George Washington University.

Saldaña，J.(2016). *The Coding Manual for Qualitative Researchers* (3rd ed.). SAGE.

Shenton，A. K.(2004). "Strategies for Ensuring Trustworthiness in Qualitative Research Projects." *Education for Information，*22(2)，63—75. https://doi.org/10.3233/efi-2004-22201.

回顾与练习

1. 考虑你对主题的理解和概念化的发展程度。根据你现在的理解，你会如何重新构架你最初的研究问题？这种重构对未来的数据收集、编码方案和/或初步分析有影响吗？

2. 在本章中，我们描述了仅将第二周期编码应用于第一周期编码的子集。这种方法的启示和约束是什么？研究人员如何增强这种方法所构建的主张的有效性？

3. 参考本章图 17.3：

（1）将雄心勃勃的教学和对学生能力的感知与一套初始代码之间的冲突（"实施尤里卡课程的挑战和好处""实施其他课程的挑战和好处""使用进展指南的挑战和优势""支持目前处于困境的学生"和"确定教学愿景的挑战和益处"），在最初的代码集和主题之间建立联系。谈谈你的看法，详细说明为什么主题是这些初始代码的更高层次、更抽象的概念化。

（2）考虑到质性研究本质上是主观的，确定一个你可以从（1）中的初始代码集构建的主题。然后，解释初始代码如何与你构建的主题相联系。

参考文献

Agee，J.(2009). "Developing Qualitative Research Questions：A Reflective Process." *International Journal of Qualitative Studies in Education，*22(4)，431—447. https://doi.org/10.1080/09518390902736512.

Birks，M.，Chapman，Y. and Francis，K.(2008). "Memoing in Qualitative Research：Probing Data and Processes." *Journal of Research in Nursing，*

13(1), 68—75. https://doi.org/10.1177/1744987107081254.

Gibson, W. and Brown, A.(2009). *Working with Qualitative Data*. SAGE. https://doi.org/10.4135/9780857029041.

Glazer, J. L. and Egan, C. (2018). "The Ties That Bind: Building Civic Capacity for the Tennessee Achievement School District." *American Educational Research Journal*, *55*(5), 928—964. https://doi.org/10.3102/0002831218763088.

Glazer, J. L., Massell, D., Lenhoff, S., Larbi-Cherif, A., Egan, C., Taylor, J., Deleveaux, J., Ison, A. and Millinton, Z.(2020). *District-led Turnaround at Scale: Lessons from the Shelby County iZone*. George Washington University.

Helms Mills, J., Thurlow, A. and Mills, A.(2010). "Making Sense of Sensemaking: The Critical Sensemaking Approach." *Qualitative Research in Organizations and Management*, *5*(2), 182—195. https://doi.org/10.1108/17465641011068857.

Larbi-Cherif, A., Lehnoff, S. W. and Glazer, J.(2019). "Where's the Playbook? Common Curriculum and High School Turnaround." In C. Meyers and M. Darwin(Eds.), *School Turnaround in Secondary Schools: Possibilities, Complexities, and Sustainability*. Information Age Publishing.

MacQueen, K. M., McLellan, E., Kay, K. and Milstein, B.(1998). "Codebook Development for Team-based Qualitative Analysis." *CAM Journal*, *10* (2), 31—36. https://doi.org/10.1177/1525822x980100020301.

Miles, M., Huberman, M. and Saldaña, J.(2020). *Qualitative Data Analysis: A Methods Sourcebook*(4th ed.). SAGE.

Saldaña, J.(2016). *The Coding Manual for Qualitative Researchers*(3rd ed.). SAGE.

Saunders, B., Sim, J., Kingstone, T., Baker, S., Waterfield, J., Bartlam, B., Burroughs, H. and Jinks,C.(2018). "Saturation in Qualitative Research: Exploring Its Conceptualization and Operationalization." *Quality & Quantity*, *52*(4), 1893—1907. https://doi.org/10.1007/s11135017-0574-8.

Shenton, A. K.(2004). "Strategies for Ensuring Trustworthiness in Qualitative Research Projects." *Education for Information*, *22*(2), 63—75. https://doi.org/10.3233/efi-2004-22201.

Strauss, A. and Corbin, J.(1990). *Basics of Qualitative Research*. SAGE.

Zimmer, R., Henry, G. T. and Kho, A. (2017). "The Effects of School Turnaround in Tennessee's Achievement School District and Innovation Zones." *Educational Evaluation and Policy Analysis*, *39*(4), 670—696. https://doi.org/10.3102/0162373717705729.

18 使用质性数据提出论断

蒂姆·赫夫曼

摘要:提出论断是一项帮助质性研究人员从数据分析转向写作的练习。通过提出论断,研究人员可以尝试和测试他们项目的可能方向。本章提供了六个启发式工具,可用于生成或深化论断。这些启发式工具包括:(1)设想可能的分析方向的概念鸡尾酒会;(2)为假设可能的解释而进行的溯因推理;(3)危险研究问题,将论断与问题联系起来;(4)帮助人们做出明智选择的思辨论断;(5)携行论断,以测试其适当性和活力;(6)否决或收紧论断要求的负面案例分析。总之,这套工具帮助研究人员创造性和有效地从数据分析过渡到项目的写作阶段。

关键词:提出论断;溯因推理;启发式;数据分析

18.1 引言和文献综述

从严格的分析过渡到写作的创造性过程可能很难。教会一个人从数据模式到论点结构的创造性跳跃是一项挑战。研究人员可能会迷失在编码中,看不清他们是如何从概念范畴进入一篇有明确论点的完整论文的。有时,质性研究人员得到数据和代码,但不确定何时处理,也不知道如何处理编码的数据。

我听过的很多关于质性分析的故事都有"顿悟"的时刻,从而取得思维上的突破,或者在顿悟中出现障碍。老实说,我有时也会这样。我花费数小时艰难地在电脑前通过筛选、编码和备忘录进行质性分析。但当天晚些时候，当我在其他地方做其他事情时，我会突然想到一个解决方案。但是依靠灵感自己出现并不是一个可靠的策略。那么，这一章应该讲些什么呢？"确保你在编写代码时与人交谈。你可能会突然意识到。"或者，"当你卡住的时候，洗个澡。很多人在淋浴时都有'顿悟'的时刻"。

当然，研究人员在做质性分析的时候一直洗澡和与其他人交谈是愚蠢的。但是如何从分析实践中得到值得说的东西并不完全是一个谜题，虽然人们不能强迫创造力的产生，但有一些实践可以培养它。这些实践被称为启发式工具，它们是创造新的思维形式的思考模式（Abbott，2004）。启发式工具之所以有效，是因为它们通过提供生成性框架降低了创新的认知障碍。

研究人员可以使用启发式工具来突破分析和写作之间的过渡区。我相信，在分析和写作之间的中间地带就是提出论断。论断是混合的，也是分析的，因为研究人员解释和理解数据。但论断也是一种思想的陈述，这是写作的基本组成部分。一个精心制作的论断（或一组论断）可以作为基本的论文陈述或理论基础，可以集中在最终的分析，并支撑剩下的写作。

论断的启发也有助于研究人员获得变革性的想法。因为我采取了实用主义的方法（在批判/社会正义的背景下；参见 Huffman，2018），所以我希望我的想法不仅仅是关于数据集群的总结性陈述。我希望他们挑战和改变那些剥夺公民权利和边缘化他们的压迫性结构和话语。我希望我的想法能让人们行动起来。我希望他们能与学者、专业人士、政策制定者和公民交流。因此，我的论断必须从数据中得出，是的，但也要在更广泛的学术和社会背景下与不同的利益相关者对话。虽然一些分析策略更加适合批判和正义导向的学术研究（Charmaz，2011），但启发式工具也有助于弥补这一差距。

在这一章中，我提供了一套启发式方法来助推这一创新性过程。它们是一个集合，因为不同类型的研究/数据/权利要求需要不同类型的创新。此外，不同的思考者发现不同的启发式的方法有或多或少的帮助。拥有各种各样的选择可以让你巧妙而谨慎地发展想法。我希望这一套启发式的工具可以作为一个工具箱、一个药草园，或者一套刷子（选择最有效的隐喻），为发现创造空间，为质性研究人员或学生服务。

我阐述了推动质性项目向前发展的两种思维模式：提出论断和深化论断。提出论断的策略有助于研究人员从分析到发展一套论点，而深化论断的活动运用评判性的、理论的和基于社区的逻辑来区分这些萌芽主张的性质。这些活动的基础是各个学者的思考和写作。有些是质性研究的支柱，如扎根理论的负面案例分析。其他的则来自美国实用主义传统下的哲学家的作品［比如威廉·詹姆斯（William James）、查尔斯·桑德斯·皮尔斯（Charles Sanders Pierce）和理查德·罗蒂（Richard Rorty）］。还有一些则来自当前的思想家（例如傅以斌）。这里介绍的启发式工具是由这些不同作家的作品组合而成的，与思想的创造或批判有关。我将它们的具体步骤一步一步地提供出来，使它们在数据分析过程中更容易理解。我在自己的研究中使用了这些策略，在本科生和研究生的课堂上也使用了它们，并利用我自己的反思和他人的反馈来修止启发式过程。

这些练习的目的是创造和深化要求。大多数学术文章和概念论文在他们最终讨论的话题上都有一些论断，有时甚至只有一个论断。例如，马修·德斯蒙德（Matthew Desmond）的作品《驱逐》（*Evicted*，2016）就是由一个单一的论断促成的，即更明智的做法是将驱逐视为贫困的一个原因，而不是贫困的结果。当然，当我们做一个项目的时候，会提出更多的论断而不只中心论断一个。但我们的附加论断往往支持研究的中心论断或主题。论断可以帮助生成中心和支持性的论断，构建更广泛的写作框架。

为了展示论断是如何工作的，我首先通过一个质性研究项目讲述了一个提出论断过程的例子。然后我描述了每一种启发式方法，并解释了这些方法是如何工作的。呈现的启发方法包括概念鸡尾酒会、溯因推理、危险研究问题、思辨论断、携行论断和负面案例分析。每个都提供了一个从数据中提出或深化论断的过程。我以一组问题和活动来结束本章，将启发法付诸实践。

18.2 范例

在这一部分,我讲述了一个质性研究项目的故事。在这个项目中,我进行了各种各样的活动来提出论断。该项目是一个为期三年半的基于社区的质性研究项目,关注无家可归的年轻人和为他们服务的非营利组织。具体来说,我的项目通过观察成功和失败的同情沟通行为,即观察让人们感到被关心的社会互动,来理解和改善年轻人在这些组织中是如何得到帮助的。赫夫曼和特雷西(Huffman and Tracy,2018)描述了这个故事的许多细节,它是一个综合性的例子,概述了本章的所有启发式方法。

该项目始于 2009 年秋季,从我在亚利桑那州凤凰城的"为孩子挺身而出"机构分部做志愿者开始。我的志愿服务包括提供食物、水、卫生用品等,培训志愿者,经营一个周末活动中心。项目结束时,我担任了当地分部的执行董事。在学术层面,前两年我致力于非营利组织、利他主义和组织中的积极沟通的项目。2011 年,我开始构思一个更大的研究项目(我的论文)。

为了聚焦我的解释,我使用了思辨论断(稍后详细解释)来产生想法,这些想法将指导其他人在相关的环境中做出明智的选择。我通过考虑谁在现状中处于有利和不利的地位判断社会状况向何方发展,如果这是可取的,我们应该为它做些什么。在我参与其中的两年里,我在非营利组织中看到了各种人性化的沟通方式(例如,一对一建立关系、处理冲突),但也看到了深度非人性化的沟通方式(比如将项目需求强加到年轻人身上)。当年轻人感觉不到组织的关怀时,他们就不太可能使用组织的服务。此外,工作人员和无家可归的年轻人的冲突,有时会导致年轻人被踢出该项目。在所有这些情况下,负面交流是服务失败的原因。这种消极的互动对青年人最有害,他们通常是社会环境中最脆弱的群体。一种可以补救这种情况的做法是有目的地寻求和借鉴无家可归的年轻人的经验。通过倾听他们的担忧,非营利组织可以改善实践、培训和政策。通过这个面向明智决策的实用框架,我将研究重点放在有同情心和成功的非营利组织上。

在对自己的实地工作数据进行了重要的一级编码(开放式阅读,同时注意观察)和二级编码(系统识别数据中的新主题)之后,我使用了一种被称为"概念鸡尾酒会"的策略(Huffman and Tracy,2018)。它让研究人员把他们的研究项目想象成一群人在交谈,包括他们引用的人和该领域的参与者。通过这样做,该策略可以帮助研究人员思考他们的专业知识、他们希望接触到的受众、他们可以接触的文献,以及他们可以提出的论断。当时,我知道一些与我的研究相关的学术领域,即非营利/志愿者相关文献、组织中的情感和同情问题,以及对无家可归的各种概念化。因此,我选择了更多地学习关于同情沟通的过程的理论(Miller,2007;Way and Tracy,2012)。我希望我作品的读者包括社会正义和传播的学者,我挑选了一些发表过类似主题的目标期刊,还确定了我想要接触的专业受众,并制定能最好地做到这一点的策略(例如,在地区会议上的演讲、非营利人员的培训和直接组织),我还考虑了这些社区习惯使用的知识和理由。

在我回顾了相关文献,确定了我的理想受众,并思考了需要怎样取得我研究涉及的不同社区的信任之后,我开始使用溯因推理来生成对我的数据中发生的事情进行解释的论断。这个论断生成技术利用我的惊讶来推动解释的形成。例如,当谈到关怀时,无家可归的年轻人经常提到志愿者的在场和具体行为,我对此感到惊讶。因此,我推测:"在场传达了关怀。"我认为通过在场和服务,志愿者和工作人员表明了他们的关心。我寻求对这个论断更多的支持,我问自己:"所有的在场都被视为关怀和同情吗?"我还推测了关于动态边界跨越、幽默和非传统问题解决的主张,但是我应该进一步调查哪一个呢?

为了确定这一点,我采用了一种名为"携行论断"(Carrying Claims)的做法,我会带论断到现场,看看它如何推动我采取行动,并帮助我做出选择。我通过外联、培训和与年轻人建立关系,在非营利组织中工作和服务。我问问题,观察,反思自己的经历,并设想了新的理论和组织模式。我收集了资源(包括财务、人力和学术资源),并在组织内外展示了我的工作成果。

以下是携行论断的两个例子。早些时候,我认为非传统的解决问题的方法对于志愿者和年轻人之间的积极互动至关重要。我读了更多关于领导-成员交换理论和动态边界跨越的文章(Lilius,Worline,Dutton,Kanov and Maitlis,2011),这两方面的文章都阐明了人与人之间动态和非常规联系的重要性。我刚刚进入这个研究领域就提出了论断,我试着用它来理解社交场合。但即使我心里有论断,它也没有改变我的活动,也没有给我新的方向。最终,我放弃了这个论断。因为它从来没有帮助我做出选择,我选择放弃非传统的问题解决方式。

为了调查"在场传达关怀"这一说法,我把它带到研究中。这个说法非常有用,它帮助我对自己的非语言互动和环境结构提供策略,它给了我如何更有同情心地互动的想法。

我的论断根植于我的数据,并在研究中引起了共鸣。下一步是负面案例分析。我查看了自己掌握的数据,并积极寻找该领域的数据来反驳这种说法。此时出现了一个复杂的情况:在场并不总是传达关心!值得注意的是,年轻人批评那些"只是为了薪水"或"只是在那里点击他们的电脑"的员工。他们用"在那里"这个短语来形容被关心的感觉,但是"仅仅在那里"不是关心。经过更多的收集和分析,我设法弄清楚发生了什么。事实证明,通过不同的非语言实践和服务行为,关怀有一种具体化的体现。因此,我修改了这个论点,提出当人们用他们的身体为他人着想时(而不是仅仅在场),才被认为是富有同情心的。因此,一种新的论断出现了:"具体的'关涉'传达关怀。"这成为该项目的中心论点(Huffman,2017)。

18.3　论断的方法/实践和它们的使用

18.3.1　概念鸡尾酒会

想象一下,你正在举办一个概念鸡尾酒会,试图邀请合适的人进行最刺激的对话。

想象你正在举办一个聚会,这是什么样的聚会? 你邀请谁? 需要做什么准备才能在聚会上发生最好的对话? 应该有座位分配还是混坐在一起? 这是第一个提出主张的启发式方法。胡夫(Huff, 1999)认为,论文最好被想象成挤满学者的拥挤房间。伯克这样描述它:

想象你走进一间客厅。你来晚了,当你到达时,其他人早在你之前已经到达,他们正在进行一场激烈的讨论,这场讨论太激烈了,他们不会停下来告诉你这到底是关于什么的讨论。事实上,讨论早在他们中的任何人到达之前就已经开始了,所以在场的任何人都无法为你追溯之前的所有步骤。你听了一会儿,直到你确定自己已经领会了论点的主旨,然后才参与进去。(Burke, 1973: 110—111)

这个比喻让人想起了了解的社区性质。我们知道的不是一个静止的、孤立的东西。这是一个动态的关系结构,意味着我们认识的人很重要。当研究人员开始解释他们的分析时,思考受众、相关文献和基本目标是有帮助的。这为更有针对性地提出论断创造了条件。

概念鸡尾酒会启发式方法包括考虑(1)与项目相关的学术文献(在你聚会上的学术嘉宾),(2)你生成和分析的数据(数据/参与者嘉宾),以及(3)潜在的受众,包括专业人士、活动家和学者(读者嘉宾)。每个领域均包括你想"邀请"的声音。就学术文献而言,你邀请的学者写的东西给你的项目带来了重要的见解。就你的数据而言,你想邀请最有力地描述你研究的社会现实的声音和对话。就你的读者而言,你想要想象你的潜在读者以及他们认为重要、有趣和相关的东西。通过询问

以下问题,利用概念鸡尾酒会为主张搭建舞台:

1. 该项目应该汇集哪些学术作者、数据/参与者和读者?

2. 每组出现的主题/论点/想法是什么?他们提出了什么问题?

3. 每个领域中出现的问题和争论是如何联系起来的?专注于哪些方面最能取得成效?

在一个专注于为无家可归者提供永久性支持性住房的研究项目中,我利用概念鸡尾酒会活动列出了该项目可以借鉴的内容,涉及健康、建筑和社区。在回顾文献时,我看到了创伤知情护理、社区定义和非营利组织之间的联系。我最终选择为关注无家可归问题的读者写作。通过结合这三个领域,我确立了论文的概念方向。该论文的最终论点是,创伤知情建筑为在曾经无家可归的居民中培养社区创造了机会,尽管仍有挑战。

这种策略在收集了至少 2/3 的数据并经过数据研究过程后最有效。理想情况下,在研究人员彻底完成分析之前,酒会在研究人员的头脑中被富有想象力地"进行"。回答这些问题要么会开始产生论断,要么会设定你的主张的背景。

18.3.2　溯因推理

> 我只是问了爸爸一个简单的问题,他就崩溃了!
>
> 他可能没有吃午饭。他血糖低时就会发脾气。

下一个启发式方法是溯因推理。溯因推理是(至少)三种逻辑推理之一:演绎推理、归纳推理和溯因推理。演绎推理侧重于通过应用一般和具体的主张得出真实的结论。归纳推理包括给定多少证据支持一个特定的主张的情况下,提出可能的论断。溯因推理包括提出可能的解释,说明为什么会出现这种情况。这三种逻辑都在质性研究中发挥作用。例如,归纳推理是任何基于观察的理论化的基础。(事件 B 在事件 A 之后定期发生,因此,它们之间是有关系的。)演绎逻辑可以辅助许多编码方法,但归纳对于提出声明特别有帮助。

以下提示是查理·皮尔斯(Charles Peirce,1903)的溯因推理大

纲,或他所谓的猜测逻辑。质性研究中,溯因推理有四个步骤:

1. 找出一个令人惊讶的例子(例如,爸爸在我问了他一个简单的问题后崩溃了)。

2. 猜想一种论断,如果论断是真的,那它带来令人惊讶的事实可能是理所当然的(例如,可能不是这个问题吓坏了他,而是因为他没有吃午饭)。

3. 试着阐明这一论断将如何导致令人惊讶的事实。如果是的话,它可能就是真的。

4. 寻找其他支持条件。(我们问问爸爸有没有吃午饭,等他吃完了,再问我们的问题,看他反应如何。)

范例:

1. 找出一个令人惊讶的例子:这个治疗性园艺培训的参与者从植物中汲取情感力量。

2. 猜想一种说法:非人类行为者,如植物和动物,也可以成为支持社区中的主体。

3. 阐明这一主张如何导致神秘或令人惊讶的例子:通过坚持、互动和熟悉,非人类行为者参与社区中人们的情感生活。

4. 寻找这种关爱提供情感资源的证据支持。这可能意味着更多的编码、一个额外的采访问题、集中的实地观察和/或查阅文献。

这种“惊讶-猜想-表达-支持”的过程最好在数据研读之后使用。这主要有两个原因:首先,它有助于将研究人员的思维转移到相对不受阻碍的创造性空间。每一个推测的说法都不会被写进论文,但生成解释对于推动研究人员给项目带来解释框架是有成效的。我鼓励研究人员在推测论断时要大胆,要敢于胡乱猜测,合并几个不实用的猜测,再发表强有力的声明。该过程的后期部分(即负面案例分析)用于删除不值得提出的主张。但正如许多有创造力的人所知,戴上创造性的帽子,让批评者沉默一段时间是有价值的,批判性的想法会阻止创造性的进程。然后就是批判的时候了,就数据中一些令人惊讶的事情发生的原因做出一些大胆的推断。

启发式方法有用的第二个原因是,为一个令人惊讶的事实创造一个解释通常被认为是必要的。正如皮尔斯(Pierce,1903)所言,人类的思维在惊讶之后寻求解释。通过关注惊讶作为出发点,我们将自己定位于读者最有可能认为有趣或有新闻价值的东西。不同的观众会对不同的事情感到惊讶,所以在概念鸡尾酒会后用溯因来推测主张可能是有价值的。

18.4 危险研究问题

在危险(Jeopardy)研究中,答案以问题的形式表达。事实上,它最初叫作"有什么问题?"。在许多方面,质性分析是相似的。转录文本是一大堆数据,它包含答案,研究人员的工作是弄清楚它回答了什么问题。这种启发式方法反转了问答式方法。启发式方法恰好认识到,思想工作的一部分解释就是在确定和重新确定问题。许多质性研究的解释方法在研究之前没有静态的研究问题,它们始于对潜在问题的预感或表述,但研究人员通常会保留最后的思维框架以备后用。这种技术有很多优点,但它确实意味着研究人员可以一直使用到项目的解释阶段,并且非常需要回溯思考。研究人员可能知道数据在表明什么,但他们需要将自己定位于数据能够回答的问题。有两个基本步骤:

1. 我的数据是如何表述的?

2. 该表述回答了什么问题(参见图 18.1)?

使用危险研究问题最好是在某种形式的数据研读(编码、多次阅读等)之后进行。它也可以帮助你通过把这些论断当作陈述,想象它们可以回答的问题。此外要记住,不同类型的问题对不同的人有不同的价值。在概念鸡尾酒会活动之后使用这种启发式方法会有所帮助,是因为熟悉相关文章可以让你知道另一位学者的观点是什么。这一点在"未来研究"部分可以很明确。它也可以隐含在可以扩展的理论中,或在可以探索的新背景中。

来自数据的语句	它回答了什么问题？

图 18.1　危险研究问题表

如果研究问题可以体现研究和相关作品之间的逻辑联系，那么该研究问题就是最好的。思考研究问题如何将类似作品中的技术/理论语言与研究问题结合，这向读者传达他们所期待的内容，在语言上符合观众需求，也向先前的作品表示相应的尊重。

18.4.1　实践智慧型论断

你能证明你对这个问题的描述是真实的吗？

不能，但我可以提供有关正在发生的事情的详细叙述，以及一些具体的例子，说明对谁有什么后果。我认为这会帮助我们决定下一步应该做什么。

亚里士多德说，有各种形式的认识：

- 知识——抽象的、假设的、总是/经常是真实的知识；
- 技术——基于日常偶发事件的专业判断、流程和知识；
- 实践——帮助人们做出基于语境的判断的实践智慧。

质性研究可以做出所有这三种类型的论断。它擅长揭示受访者/参与者的认知。此外，关于特定现象时常发生的归纳论点支持了知识式的主张；技术式知识最好的产生方法是密切关注过程是如何发生的以及这些过程的结果；但是实践性知识可能是质性数据最强的知识形式,因为它可以通过密切关注语境,帮助人们在考虑相关上下文中的实际问题时做出明智的选择。

试图提出一个实践智慧型论断(Phronetic Claims)不需要研究人员证明他的观点确定无疑。相反,它需要帮助其他人就可以做什么和应该做什么做出决定。这里有四层思辨声明(来自 Flyvbjerg,2004,参见图 18.2)。

指导问题	研究员评估
这个社交世界的发展方向是什么?	
谁赢谁输,通过什么样的权力机制?	
这种发展是否可取?	
如果有的话,我们该怎么办?	

图 18.2　确定实践智慧型论断

通过回答图 18.2 中的问题,研究人员对所研究的社会背景提出了一系列论断。这包括赞扬或批评社会问题/行为者并考虑可能进行的行动。根据论文的风格,研究人员用来构建论文的论断可以从这些问题中的任何一个中出现。

实践智慧型论断可以推动对选择更集中、更微观的分析(见下面的问题)。这些问题中的任何一个都能为学术或专业读者产生一篇书面论文的中心主张。但作为一个集合,他们将研究人员的注意力集中在数据中出现的务实的、能够做出选择的空间:

1.社会场景中最有意义的结果在哪里?

2.哪些选择或行动导致了这些结果?

3.在数据中,这些选择是在哪里做出的,是谁做出的?

4.通过给定数据,明确什么是明智的选择,什么是愚蠢的选择?

5.什么是最有希望带来最好结果的实践?

6.在这种情况下,一个人需要知道什么才能做出明智的选择?

每个答案都是一种论断。有些人可能会聚集在一起,提出更广泛的论点。其他人可能会带一整篇论文或一本书。在我关于无家可归的年轻人的项目中,我就这些原则问题提出了一系列关于非营利组织如何持续沟通表达关爱的主张。这些问题有助于确认实践,但更重要的是确认人际交往方法,这些方法被年轻人理解为关爱。

当然,并不是所有的论断都像其他论断一样有用,使用诸如实践智慧型论断和负面案例分析这样的技术可以帮助你找出哪些是最有力和最严格的论断。

18.4.2 携行论断

> 理论成为工具,而不是谜题的答案。我们可以在其中休息,我们不依赖于它们,而是向前走,有时在它们的帮助下,我们可以重新创造自然。实用主义使我们所有的理论都变得简单、灵活,并使每个理论都发挥作用。(James,1904:42)

携行论断是一种深化论断的实践,研究人员在继续从事实地工作的同时,通过反思来评估论断的效力和用途。它植根于实用主义的格言,也就是说,一个论断的真正价值在于可以衡量通过它导致不同的行动和结果。

提出论断的第一步是清楚地表达论断。第二步是实地研究的时候把它带在身边(把它写在纸上、放在口袋或手机壳里,或者把它放在心里)。第三步是以下注意事项,不分先后:

- 提出问题,让人们的声音和经验来挑战和支持这一主张;
- 用主张作为解释的框架来观察日常生活;
- 以主张为导向为人们服务;
- 代表社区劳动,并注意主张是否说明事情是如何组织的;
- 收集与社区相关的材料和知识,并查看主张如何支持或限制这一努力;
- 向有知识的其他人展示主张;
- 反思过去的经验,将主张作为考虑的重点;
- 设想组织/社区如何考虑主张。(Huffman and Tracy,2018)

最后,研究人员考虑他们的携行论断是否有帮助、有激励作用,或对他们的行动和对场景的解释有价值。如果不是,这并不意味着这个主张就失败了,但它可能没有这个过程中提出的其他论断那么有价值。通常,随着新的数据/现场经验重构想法,提出论断的过程会改变论断,在我关于无家可归的年轻人的项目中,我有一个早期的主张论断,认为非常规问题的解决是志愿者和年轻人之间融洽关系的基础。然而,在实地研究后,我认为它并没有那么有价值。这可能是真的,但它并没有帮助我看到新的事物,或以一种特殊的方式推动我。然而,之后的关于富有同情心的沟通的论断更具有指导性,并最终成为我未来论文的重点。

携行论断的价值很简单。它给了研究人员一个反思这一思想的语用价值的机会。当然,不同的人会发现不同的想法或多或少会有助于他们在社交空间中移动,最好的论断对人们在世界上移动和行动是有用的。

18.4.3　负面案例分析

> 你的芝士蛋糕是派对上最好的甜点。
>
> 你确定吗?你这么说只是为了示好吗?
>
> 相信我。为了找到更好的东西,每种甜点我都吃了三份。它仍然是我的最爱。

有些人很难根据质性证据提出论断,是因为他们担心自己错了。好消息是,有一种方法可以让论断变得更加严格。在使用像溯因或危险研究问题这样的技术来提出大胆的、创造性的论断后,研究人员可以使用负面案例分析来尽一切可能反驳它们。这项技术建立在扎根理论恒定比较法的基础上,有助于拒绝弱论点和使强论点产生细微差别。负面案例分析的过程概述如下:

1. 清楚地陈述一项论断;

2. 我的数据中有什么证据证明我的论断是错误的?有没有我能收集的数据可以证明它是错的?

3. 我应该放弃我的论断吗?

4. 或者,是否产生细微差别或我能否收紧它以纳入新数据?

负面案例分析是在研究人员有论断并想考虑其优势后进行的。负面案例分析的最强版本是在仍然可以进一步实地调查的情况下进行的,因为在实地寻找矛盾的数据有助于研究人员挑战他最初进行数据收集时的猜想。也就是说,查看收集情况良好的数据就足以使用该技术。负面案例分析可以连续使用多次。研究人员可以提出一个论断,在整个过程中使用它,再提出一个新的论断,并重复这个过程。通过这种方式,负面案例分析可以发展论点,使它们更紧密、更有用、更有启发性。通常,被负面案例分析批评的原始论断会变得更深刻。

18.5 结论

在这一章中,我回顾了生成启发法:概念鸡尾酒会、溯因推理、危险研究问题、实践智慧型论断、携行论断和负面案例分析。每一个都提供了一种提出论断的方式,论断是指导一个更大的工作所基于的概念过程的清晰陈述。

我们如何把一大堆数据变成一篇条理清晰、文笔优美的论文?坦率地说,有些人只是开始写作,并不断修改,直到他们有一些美妙的东西。写作本身可以是分析性的/解释性的。但是许多研究人员,尤其是新的研究人员,在这个过程中感到十分痛苦。我认为提出论断的启发法是分析和写作之间的垫脚石——一种富有想象力、批判性和生成性的思维方式。

补充阅读

Abbott, A. (2004). *Methods of Discovery: Heuristics for the Social Sciences*. W. W. Norton & Co.

Davis, M. S. (1971). "That's Interesting! Towards a Phenomenology of Sociology and a Sociology of Phenomenology." *Philosophy of the Social Sciences*, *1*(2), 309—344. https://doi.org/10.1177/004839317100100211.

Huffman，T. P.（2018）．"Paradigmatic Tools for Communication Scholar-activists：Toward a Pragmatic and Relational Epistemology." *Review of Communication*，*18*，19—36. https：//doi.org/10.1080/15358593.2017.1405460.

回顾与练习

1. 通过以下问题来建立一个概念鸡尾酒会：

（1）我知道（或应该知道）哪些与这个项目相关的已发表的学术文献？

（2）我的数据中出现的主要观点/主题是什么？

（3）哪些人/观众会关心这个项目的内容？考虑这些问题的答案如何重叠，从而成为你未来提出论断的背景。

2. 提出一些论断，然后：

（1）使用溯因推理建立一些开始的论断。在你的数据中找到一个令人惊讶的事实。然后，猜测一个说法，这将使令人惊讶的事实变成理所当然的事情。如果你能清楚地说明你的推测是如何解释这个令人惊讶的事实的，那就用一颗星星来表示。

（2）使用实践智慧型问题来就权力如何运行以及可能因此而采取的措施提出一些论断。从你在概念鸡尾酒会活动中确定的听众的角度来回顾你的观点。如果你认为听众会发现这一论断与决策相关，那就给它加上一颗星。

（3）对于每个带有星星的论断，请使用下面的携行论断和负面案例分析活动。

3. 确保论断是正确的：

（1）用你已经有的数据进行负面案例分析。考虑你的论断，阅读你现有的所有数据来反驳它。如果你发现了许多相反的证据，就考虑把它舍弃。如果你只找到一些，就考虑收紧你的论断，然后把它带到现场。

（2）将论断带到现场。把它写在一张纸上，带着它做实地调查，做实地笔记。看看这个论断是否影响了你的解释或激发了你的行动。如果它形成了一种解释，就有理由相信它有学术价值。如果它能感动你或提供行动的工具，那么它就有实际价值。如果两者都有，你应该考虑写一篇关于它的论文。

参考文献

Abbott，A.（2004）．*Methods of Discovery：Heuristics for the Social Sciences*. W. W. Norton & Co.

Burke，K.（1973）．*The Philosophy of Literary Form：Studies in Symbolic Action*（3rd ed.）. University of California Press.

Charmaz，K.（2011）．"Grounded Theory Methods in Social Justice Research." In N. K. Denzin and Y. S. Lincoln（Eds.），*The SAGE Handbook of*

Qualitative Research (4th ed., pp.359—380). SAGE.

Desmond, M.(2016). *Evicted: Poverty and Profit in the American City*. Crown.

Flyvbjerg, B.(2004). *Making Organization Research Matter: Power, Values and Phronesis*. Department of Development and Planning, Aalborg University.

Huff, A. S.(1999). *Writing for Scholarly Publication*. SAGE.

Huffman, T. P. (2017). "Compassionate Communication, Embodied Aboutness, and Homeless Young Adults." *Western Journal of Communication*, *81*(2), 149—167. https://doi.org/10.1080/10570314.2016.1239272.

Huffman, T. P.(2018). "Paradigmatic Tools for Communication Scholar-activists: Toward a Pragmatic and Relational Epistemology." *Review of Communication*, *18*, 19—36. https://doi.org/10.1080/15358593.2017.1405460.

Huffman, T. and Tracy, S. J.(2018). "Making Claims that Matter: Heuristics for Theoretical and Social Impact in Qualitative Research." *Qualitative Inquiry*, *24*(8), 558—570. https://doi.org/10.1177/1077800417742411.

James, W.(1904). *What Is Pragmatism, from a Series of Eight Lectures Dedicated to the Memory of John Stuart Mill, A New Name for Some Old Ways of Thinking*.

Lilius, J. M., Worline, M. C., Dutton, J. E., Kanov, J. M. and Maitlis, S. (2011). "Understanding Compassion Capability." *Human Relations*, *64*, 873—899. https://doi.org/10.1177/0018726710396250.

Miller, K. I. (2007). "Compassionate Communication in the Workplace: Exploring Processes of Noticing, Connecting, and Responding." *Journal of Applied Communication Research*, *35*, 223—245. https://doi. org/10.1080/00909880701434208.

Peirce, C. S. (1903). Harvard lectures on pragmatism. In P. A. Turisi (Ed.), *Pragmatism as a Principle and Method of Right Thinking: The 1903 Harvard "Lectures on Pragmatism."* State University of New York Press.

Way, D. and Tracy, S. J.(2012). "Conceptualizing Compassion as Recognizing, Relating and (re) Acting: An Ethnographic Study of Compassionate Communication at Hospice." *Communication Monographs*, *79*(3), 292—315. https://doi.org/10.1080/03637751.2012.697630.

第六部分　以艺术为基础的实践

约翰尼·萨尔达尼亚

引言

　　阅读教育工作者、社会科学家、医疗保健专业人员等撰写的研究方法文献,让我们大开眼界。我们注意到,他们给别人规定的质性研究的重要技巧,实际上是艺术家们在他们的工作室和工作场地几乎每天都在做的事情。艺术家可以进行概念性、象征性和隐喻性的思考,这是分析叙事和视觉数据的基本属性——即使这不是生活本身。每当质性研究人员对访谈记录构建代码、分类、主题和其他解释性总结时,他们就会将自然的数据浓缩成更丰富的意义形式。

　　艺术家也被教导将情感带到他们工作的最前沿。艺术理论家苏珊·K.兰格(Susanne K. Langer,1977)提出了一个著名的观点:艺术是"人类情感的重要象征形式"。她当时并不知道,几十年后,她的定义也适用于质性研究报告。

　　艺术是独特的语言。在创造性的认识论中形成的词汇和语法——认识的方式——能够富有洞察力地告诉研究人员人类的状况(Barone and Eisner,2012;Eisner,1993)。我断言,具有音乐、视觉艺术、舞蹈、戏剧、电影或诗歌等艺术背景的质性研究人员都有两个共同点:(1)对社会生活有更好的洞察力;(2)有研究社会生活的创新方法。

　　我惊讶地发现,人类学家克劳德·列维-斯特劳斯(Claude Levi-Strauss)等民族志领域的一些最杰出的人物是如何涉足舞台风景设计的,而高产的社会学家帕特里夏·利维(Patricia Leavy)则是从戏剧专业开始接受学术培训的。著名的人种学家哈里·F.沃尔科特(Harry F. Wolcott)是歌剧的赞助人和爱好者,而艾略特·艾斯纳(Elliot Elisner)则以视觉艺术家的身份开创性地探究问题。

　　我自己的背景是戏剧,所以我几乎在我所做的每一件事中都"以戏剧方式思考"(Saldaña,2015)。但是在我的教育和职业生涯中,我参与了所有的艺术形式,从水彩渲染到音乐会乐队,从舞剧到诗歌,从电影研究到舞台导演。当我第一次学到质性探究时，我很惊讶在学术研究文献中出现了如此多的戏剧和戏剧术语，如演员、场景、表演、戏剧，等等。当我了解到像维克多·特纳（Victor Turner）、德怀特·克尔古德（Dwight Conquergood）和 D.索伊尼·麦迪逊（D. Soyini Madison）这样的著名学者是如何从表演研究的角度来集中他们的实地工作时，我感到放心了：艺术在质性研究中占有合理的位置。最近出版的以艺术为基础研究的手册（Cahnmann-Taylor and Siegesmund，2018；Knowles and Cole，2008；Leavy，2018，2020）证明了这些流派的有效性，并为质性研究人员提供了合宜的指导模型。

以艺术为基础的研究也与自我民族志有着密切的联系。自我民族志是最近的一种质性研究类型，要求研究人员将反思的目光转向他们自己。亚当斯、琼斯和埃利斯解释说，该方法是一个"艺术和分析的演示，演示我们如何知道、命名，并解释个人和文化经验"（Adams，Jones and Ellis，2015：1）。反身性——作为一个研究人员与参与者的关系和研究主题的立场和立场的内省检查——是艺术家们被教导要做的事情。他们接受训练以进行深入观察，以便更加深刻地理解作为人类这些意味着什么，并通过重要的形式实现这些意义。电影导演马丁·斯科塞斯（Martin Scorsese）宣称："最个性化的就是最有创造力的。"

以艺术为基础的研究不仅指参与和接受艺术的研究，而且指使用艺术表达方式来分析、解释、表现和呈现主要的质性数据。例如：

- 一位研究人员在访谈记录中注意到，参与者的故事和声音带有一种无助和悲观的腔调。研究人员思考了可能伴随着采访录音的音乐类型或"原声带"。她选择了塞缪尔·巴伯（Samuel Barber）的弦乐柔板四重奏，因为这首乐曲的节奏、调、乐句等与叙述相协调。研究人员将忧郁的音乐和转录文本进行比较，以便对参与者的情感世界观有更深入的理解。

- 采访录音是在一个开放的空间中播放的，研究人员在对参与者的话、故事和声调的反应中移动她的身体。她"正在数据中跳舞"，使用她的身体作为一个解释工具，相信她的直觉会按照叙述来移动。这种非语言的分析练习给予她对参与者的洞察力。在她听完录音之后，在这种舞蹈的刺激下,她撰写了几份关于学习的分析备忘录。

●一位前视觉艺术教育家访谈了在城市高中工作的艺术教师同事,了解他们的教学方法和职业生涯。他逐字记录访谈内容,进行传统的质性数据分析,但也用混合媒介(水彩和/或拼贴画)描绘每个参与者的肖像,以捕捉他们生活经历的现象学本质。他对颜色、线条、纹理和其他设计元素的策略性艺术选择为自己提供了视觉符号,代表了教师们的观点。访谈记录体现了他的艺术,而艺术体现了他对访谈记录的解释。肖像作为图形包含在最终报告的结果部分。

这三个例子只是基于艺术的研究的一些可能的方法。

使用这种分析和解释的方法并不总是必须以艺术作品为结果,如戏剧表演或写作诗歌。在研究人员的私人空间——研究工作室中,如果你愿意的话,进行艺术探索的过程可以产生对社会生活的重要理解。

在我的质性数据分析研讨会中,参与者主要来自非艺术学科,我总是提供即兴活动和创造性、诗意写作的机会。我承认,一开始参与这些练习,他们可能会感到不舒服,但我鼓励他们尝试,接受新的启发式方法,或者发现的方法。我还没有看到任何人拒绝参与。事实上,对其中一些人来说,他们从事的艺术经历是他们职业生涯中的第一次,这使他们意识到,他们的身体,而不仅仅是他们的思想,是一种分析工具,采访记录数据可以被压缩,从平凡的散文变成有力的诗歌。所需要的只是一种尝试的意愿,这是任何艺术作品创作的第一步。

也许艺术家最大的天赋是他们的创造力——作为大师级的手工艺者和工匠的能力,以提升和超越传统的学术作品,使其成为丰富的、美学的形状。本部分的章节展示了如何通过新颖的方法进行质性数据分析,以便产生对人类的意义是什么——艺术和质性研究的最终目标——的深刻表述和介绍。

在第19章中,我提供了一个民族戏剧和民族剧院的概述,也就是将实地调查数据转换为舞台或屏幕上的表演。指导方针着重于记录访谈改编,强调艺术的严谨性。

第20章,罗宾·申菲尔德和莫妮卡·普伦德加斯特通过引人入胜的例子说明了访谈和反思性文本转换成诗歌形式的过程。诗歌的目的是通过优雅的语言表达意义，作者展示了发现诗歌和诗歌转录的技巧。

第 21 章展示了卡卡莉·巴塔查里亚沉思的分析方法，以及他们通过视觉表现的渲染。她引人注目的插图通过设计展示了社会解释的力量。

第 22 章介绍了插画家萨莉·坎贝尔·加尔曼的标志性漫画小组，并以此作为本部分的结束。她通过艺术媒介本身描绘了自己创作过程的幕后之旅。艺术家是打破常规的人，加尔曼鼓励研究人员画画，而不仅仅是写出他们的分析。

也许最难改变的观点是那些受过传统教育的质性研究人员，他们认为艺术与社会科学的严格目标是不相容的。所有的艺术家都会在他们作品的执行和展览中尝试。在观众面前展示原创的、有创意的想法需要极大的勇气。因此，我请读者探索这些以艺术为基础的研究章节，勇敢地尝试戏剧化、诗化来说明他们的数据。以艺术为基础的实践是一种认识方式——一种分析和解释社会世界的方式。任何帮助研究人员深入理解人类意义的方法都应该被接受和探索。

回顾与练习

1. 在阅读了第 19 章关于民族戏剧的内容之后，尝试将访谈记录中选定的部分改编成 1—2 分钟的舞台独白。

2. 在阅读了第 20 章关于诗歌探究的内容后，将访谈记录的选定部分改编成诗歌。

3. 在阅读关于沉思数据分析的第 21 章后，通过铅笔素描、拼贴画，或彩色笔（马克笔、水彩、彩色铅笔等）呈现一个访谈参与者的肖像。

4. 在阅读了关于漫画数据分析的第 22 章后，画一个包含 3 或 4 幅漫画的连环画，说明一个小插曲或故事，将它纳入采访记录中。

参考文献

Adams, T. E., Jones, S. H. and Ellis, C. (2015). *Autoethnography*. Oxford University Press.

Barone, T. and Eisner, E. W. (2012). *Arts Based Research*. SAGE.

Cahnmann-Taylor, M. and Siegesmund, R. (Eds.). (2018). *Arts-based Research in Education: Foundations for Practice* (2nd ed.). Routledge.

Eisner, E. W.(1993). *The Enlightened Eye: Qualitative Inquiry and the Enhancement of Educational Practice*. Macmillan.

Knowles, J. G. and Cole, A. L.(Eds.). (2008). *Handbook of the Arts in Qualitative Research: Perspectives, Methodologies, Examples, and Issues*. SAGE.

Langer, S. K. (1977). *Feeling and Form: A Theory of Art Developed from Philosophy in a New Key*. Charles Scribner's Sons.

Leavy, P.(Ed.). (2018). *Handbook of Arts-based Research*. Guilford.

Leavy, P. (2020). *Method Meets Art: Arts-based Research Practice* (3rd ed.). Guilford.

Saldaña, J.(2015). *Thinking Qualitatively: Methods of Mind*. SAGE.

19 戏剧化访谈

约翰尼·萨尔达尼亚

摘要：本章阐述了将访谈记录数据转换为剧本表演的戏剧化叙述的方法。民族戏剧是一个戏剧脚本，是为舞台或屏幕进行艺术戏剧化的基于研究的描述。民族剧场利用现场剧场或媒体的惯例制作和上演民族戏剧剧本。民族戏剧改编过程包括：(1)获得参与者的书面许可，以改编访谈数据用于表演；(2)将叙述浓缩为具有戏剧化潜力的部分；(3)考虑逐字摘录和/或改编访谈文本是否最适合单一逻辑的叙述；(4)仔细考虑最有效的开头和结尾台词和/或舞台动作；(5)绘制参与者的三维肖像；(6)考虑独白采用"有机诗歌"形式是否合适；(7)为表演设想所有戏剧或数字视频效果的场景设备。

关键词：民族戏剧；民族剧院；独白；戏剧化；艺术研究

19.1 引言

本章的目的是描述如何将访谈记录数据转换成戏剧和舞台形式，作为以艺术为基础的质性研究的表现形式。

19.1.1 术语和定义

民族戏剧(一个结合民族志和戏剧的复合词)是一个戏剧脚本，为舞台或屏幕对实地研究数据进行以研究为基础的戏剧化剧本。民族戏剧资料可以来源于访谈、参与观察、书面文件和其他经验材料,但大多数作者将访谈记录资料改编为独白和对话形式。民族戏剧不一定是纪录片(因为它们通常在视频和电影中被贴上标签),这种类型的附加术语包括纪录片、非小说剧本、民族志表演文本和其他变体。

民族剧场是利用现场的剧场或媒体的惯例(如服装、灯光、剪辑)制作和表演民族戏剧剧本。舞台的规模可以是坐着大声朗读剧本的演员,也可以是装备齐全的正式制作和全套的戏剧设备,可能会在百老汇专业的舞台上看到。这种表现形式的术语包括纪实剧场、表演民族志、引录剧场和其他变体。

19.1.2 简单例子

教育人类学家哈里·F.沃尔科特对 19 岁的流浪汉"布拉德"进行了一系列访谈。20 世纪 80 年代,布拉德随意地在沃尔科特位于俄勒冈州的广阔林地上蹲着。研究人员最初将访谈记录在一篇文章和一本书的章节中(Wolcott,1983,1987),几乎一字不差的摘录通过分类后的副标题(例如,正规教育、福利、"把我的生活过好")按主题组织在报告中。1983 年的文章将布拉德的人生故事作为一个扩展的概述,而1987 年的章节的引用将其与沃尔科特的评论和分析交织在一起。

萨尔达尼亚的以艺术为基础的项目——一个根据哈里(Harry)和布拉德的研究和个人关系改编的题为《找到我的位置:布拉德三部曲》(*Finding My Place:The Brad Trilogy*)(Wolcott,2002)的民族戏剧化改编的项目——选取了访谈摘录,并以戏剧化的结构组织内容,以模拟这位民族志学家和其参与者之间的对话。在下面的场景中,沃尔科特在户外采访了布拉德。注意斜体的舞台指示,这是剧本文学的惯例,表明独白中的关键短语作为幻灯片投影,并建议演员进行舞台动作:

(幻灯片:"一个很大的不同")

布拉德:我几周前见过一个和我年纪相仿的人。我五年级的时候,他住在我们后面的房子里。他现在还和父母住在同一个地方。我想到他过去九年一直在做的事情和我过去九年一直在做的事情,有很大不同。他上过高中。现在他在一家加油站工作,有一辆摩托车,并努力改进他的卡车。我想这对他来说没问题,只要他和他的父母相处融洽。

(*幻灯片:"我从来没有真正的工作。"*)

(*传给哈里,坐在草坪上的椅子上。*)

我为父亲工作了一段时间——帮他给房子装钢丝,做轻型建筑。我为一家公司刮油漆。我在一个墓地工作了八个月,做了一段时间的水管工,种了一段时间的树,还有洗碗。我从来没有真正工作过。我不想像很多人一样忍受做一份赚不了多少钱的工作。比如在收银台工作,我不想面对那么多人,我不喜欢大家都看着你的工作。

(*幻灯片:"独行侠"*)

我想我是个孤独的人,也许是个隐士,我有过亲密的朋友,但现在没有了。

(*强忍眼泪*)

哈里:(*对布拉德说*)我要把录音机关掉一会儿吗?

布拉德:(*摇头说"不",努力装出一副勇敢的样子*)你已经得到了你所拥有的。别人拥有什么并不重要。你不能希望自己是别人,这样做毫无意义。自己一个人并没有什么不同。反正也没人知道我是谁。

(*哈里安慰地把手放在布拉德的膝盖上;布拉德一动不动,看起来他好像要伸手去抓哈里的手,然后拉开,拿了一个扳手,开始修理他的自行车。*)(Wokott,2002:187—188)

19.1.3 民族戏剧和民族剧院的目的

质性研究人员可能会选择戏剧化的采访记录摘录。对参与者的经验进行艺术性的描述,将为读者或听众提供最可信的、生动的、有说服力的表现的研究。"一篇传统的期刊文章可以很好地展示实地调查的描述性和分析性结果。但是,高质量的审美性表演方法有可能通过实时的戏剧沉浸,在情感上和集体上吸引观众。"(Saldaña,2018a:378)

其次,将访谈记录文本戏剧化地转化为独白形式,为质性研究人员提供了一种更有趣的方法来分析和解释叙事数据。把访谈改编成一个短剧脚本,而非编码或构建主题,为捕捉人的层面的调查提供了一个创造性的表达方式。戏剧艺术家们把角色独白称为"微型肖像"。因此,一个人的民族戏剧形式可以作为参与者经历的一个独立的小插曲。

最后,戏剧化的转录文本优先考虑参与者的声音。剧院和媒体是各行各业的人们分享他们独特经历和感受的民主论坛。在文笔优美的民族戏剧中,学术话语被推到一边,通过更真实、更容易理解的语言来沟通日常生活和特殊事物。

这种以艺术为基础的关键剧本写作和制作方法来自艾克罗伊德和奥图尔(Ackroyd and O'toole,2010),哈蒙德和斯图尔德(Hammond and Steward,2008)、考夫曼和麦克亚当斯(Kaufman and McAdams,2018)、诺里斯(Norris,2009)以及萨尔达尼亚(Saldaña,2005,2011,2018a)的研究。接下来,我展示了一个扩展的案例研究来说明采访记录如何可能发展成民族戏剧形式。

19.2 范例

以下是一位 50 多岁的慢性阻塞性肺病(chronic obstructive pulmonary disease,COPD)患者的逐字采访记录,他在睡觉时使用持续正压通气(continuous positive air pressure,CPAP)呼吸机,与采访者讨论他目前的健康状况:

[我:你在服用什么药物治疗慢性阻塞性肺病?]

威廉(William):我在服用 Montekulast、Dulera,那个灰色的东西,叫什么? Spiriva 和 ProAir 救援吸入器。如果有必要的话,我睡觉的时候会使用持续正压通气呼吸机,但那是在我被诊断出慢性阻塞性肺病之前。

［我:药物治疗对你有效吗?］

威廉:还可以吧,我想是的。我的病情一直在持续,但至少没有恶化。

［我:有什么经常发生的事情吗?］

威廉:爬楼梯或弯腰捡东西时,偶尔会呼吸困难。我的胸口有点紧,我不得不时不时地做几次深呼吸来喘口气。有时候我一整天都觉得很累,但我觉得这更像是我的睡眠,而不是慢性阻塞性肺病。我最近得了肺不张,我想它就叫这个名字,我不得不用抗生素治疗了几个星期,照了 X 光,病情好转了。从那以后就没有问题了。

［我:慢性阻塞性肺病对你的日常生活有什么影响?］

威廉:我没有尽可能多地运动,但不是因为慢性阻塞性肺病,而是因为我经常坐着。我确实注意到,当我出门的时候,有时候我的呼吸变得更加困难,所以我想这就是问题所在。我尽量待在室内。这并没有真的让我衰弱,但我知道我不会去跑马拉松。

［我:有没有……］

威廉:就像现在,我胸部的这一部分有点紧(双手在胸部上方移动),但不疼,只是很明显。我没有以前说话时那么大的力气了,我的呼吸有时会在一句话结束时耗尽,我得多呼吸一点空气才能说话。

［我:你多久使用一次救援吸入器?］

威廉:不是经常,真的,也许每两周左右一次。那时我觉得胸口很紧,呼吸困难,需要放松。这真的很有效,ProAir,很好。

［我:你觉得持续正压通气呼吸机怎么样?］

威廉:很好。有时候我觉得压力不够大,但我知道压力比你需要的更大是什么感觉。当你第一次打开它的时候,你必须调整你的呼吸和压力同步,深呼吸,通过你的嘴或鼻子进入一个呼吸的节奏。我已经使用它很多年了,到现在也许已经 15 年了,但是它仍然是每晚必做的事情。我知道没有这台机器会是个什么样子,所以我要确保它能工作,并且帮助我在早上醒来时感觉更好。

[我:在哪些方面?]

威廉:头脑更清醒,好像我更警觉。我最初是因为打鼾才买的机器。我以前抽烟,打呼噜很大声,醒来时昏昏沉沉。我的医生让我做了一些睡眠研究,他们觉得我最好还是用那台机器,它真的改变了我早上醒来时的感觉。不像以前那么混乱或昏昏欲睡。我以前吃过安眠药,但都不管用,还有奇怪的副作用,所以我现在只用沃尔格林的非处方安眠药。

[我:你对你的慢性阻塞性肺病有什么担忧吗?]

威廉:情况会变得更糟吗? 据我所知,会的。到目前为止还不错,虽然不是很好,但还不错。我担心自己是否会发作得很严重,甚至无法呼吸。我担心我是否需要一个氧气罐。我现在只能放轻松,不要过度紧张,但是我无法控制我的肺里发生了什么。所以,我只能接受这个事实。(Saldaña, 2018b:13—15)

访谈结束后,本研究及其分析的目的是将与医疗保健相关的访谈节选转化为以艺术为基础的形式。首先改编成诗歌,其次改编成民族戏剧独白。这项研究到目前为止还没有发表,但它是一个正在进行的老龄化性项目的一部分。它的目标受众主要是老年医学和辅助生活方面的老年人和卫生保健工作者。

通过"戏剧性的思考"(Saldaña, 2015:129—131)来改编——让我的想象力在我的戏剧训练中得到激发,让我把访谈记录重新设想为一个短小的、在舞台上表演的作品。尽管逐字独白是可能的,有时候甚至更好,但我决定赋予威廉的故事以美学的形式——一种重新叙述的方式,使用简洁的语言,重新排列顺序,比原来的转录文本更加连贯。戏剧性思维也就是戏剧制作的手段——服装、灯光、手工道具、布景、音效等——在改编中被加以考虑,并以斜体字表现出来。

威廉早些时候的访谈叙述包括591个口头词。下面的独白改编使用了其中的281个词——大约是原来长度的一半。访谈者和他的问题被故意排除在改编之外,以优先考虑参与者的声音:

"我担心"

(场景：卧室，夜间。床边有一个床头柜，里面有一个吸入器、一盏灯，还有一个连接着面罩和软管的持续正压通气呼吸机。威廉，一个50来岁的男人，穿着睡衣，慢慢地进来，上气不接下气；他坐在床上，从床头柜上拿起一个吸入器，摇晃它，深深地吸了一口；停顿之后，他又深深地吸了一口，然后按摩自己的胸部；他对观众讲话。)

威廉：当我呼吸困难的时候，我需要一些缓解。

(双手在胸部上方移动。)

就像现在，我胸口这块儿有点紧，不疼，只是很明显。我以前是个烟民。我没有以前说话时那么大的力气了。我呼吸的力气有时会在一句话结束时耗尽。我得多呼吸一点空气才能说话。

(深呼吸，把吸入器放在床头柜上，起身准备睡觉。)

当我爬楼梯或弯下腰去拿些东西时，我不得不时不时地做几次深呼吸来缓解一下呼吸。我注意到，当我走到外面时，我的呼吸变得更加吃力——那是空气中的东西在影响着我。我尽量待在室内。我一整天都感觉很累，我没有做应该做的那么多运动，我只是经常坐着。(笑)我不打算跑马拉松。

(坐在床上，拿起持续正压通气呼吸机面罩。)

我睡觉的时候会用持续正压呼吸机通气，但那是在我被诊断出慢性阻塞性肺病之前很久的事了。

有时候我觉得压力不够大，当你第一次打开它的时候总是需要调整，你必须让你的呼吸和压力同步，深呼吸，通过你的嘴或鼻子进入呼吸的节奏。

(停顿；看起来很担心。)

我的情况不是很糟糕，但是，它会变得更糟吗？据我所知，会的。我担心我是否需要一个氧气罐，我担心自己是否会发作得很严重，甚至无法呼吸。

(他把持续气道正压通气呼吸机面罩戴在脸上，透过面罩说话。)

　　我现在只是放轻松,不能让自己太累,但我无法控制我的肺里发生了什么。所以,我只能接受这个事实。

　　(他打开持续正压通气呼吸机,努力使自己的呼吸与空气压力同步;他躺在床上,关灯;持续正压通气呼吸机的声音变大,然后在黑暗中慢慢消失。)

　　下一部分将讨论分析师的具体方法和选择,参考威廉的独白,将访谈记录改编成民族戏剧的形式。

19.3　民族戏剧方法及其应用

　　几种方法决策可供研究人员-剧作家考虑,从而将采访记录数据转换成民族戏剧形式。这些决策中的任何一个都可以用来进行改编,但通常按照发生的顺序对它们进行讨论。

19.3.1　访谈之前

　　所有关于人类参与者的研究都必须遵守道德准则,特别是那些在机构审查委员会(Institutional Review Boards,IRB)监督下的研究。主要研究人员可能在项目构思时就知道,研究的戏剧性表现和戏剧性呈现的是预期的结果。但也有可能研究人员直到后来采用传统研究的视角才意识到,基于艺术的作品,例如剧本,才是展示结果的合适方法。

　　无论何时做出决定,对参与者的采访记录进行民族戏剧性的改编,都需要在书面同意中附加协议表。"一个人在舞台上或电影中的形象比仅仅在印刷品中更容易受到伤害。双方之间的任何协议都必须根据具体情况进行谈判。"(Saldaña,2018a:391)研究人员应该咨询他们的伦理审查委员会,为民族戏剧性项目提供指导。事实上,有些伦理审查委员会甚至有可能不考虑民族戏剧作品研究,而是将其视为"艺术作品"，并免于必要的审查。

纽约大学教授乔·萨尔瓦多(Joe Salvatore)是斯坦哈特引录表演实验室的主任，他专为民族戏剧制作拟定了一份参与者同意书。该文件的摘录如下，以供民族戏剧研究人员-剧作家采用。

同意书还包括有关版权所有权和生产权的法律协议，以及标准的同意书主题，如保密的保证、可能的风险、利益、自愿参与、退出研究、赔偿、联系信息和签名区。民族戏剧编剧和导演应该为每个独特的项目确定许可过程和书面协议。

如前所述，大多数以艺术为基础的研究人员开始他们的研究之前就知道收集的数据将被改编成民族戏剧形式。其他研究人员可能直到后来才意识到他们的访谈记录具有戏剧性的潜力。但不管灵感何时出现，一定都有参与者的书面许可，因为他们的故事将被戏剧化地呈现在公众面前。

访谈发放表

你已经被邀请参加一个逐字记录的戏剧项目[标题]，这个项目将探究[主题]。这个项目将由[剧作家和导演的名字]构思和创建，研究人员-演员受他们的监督和培训。

如果你同意成为这个项目的一部分，你将被要求参加一个关于你自己的[主题]经验的开放式访谈。这些访谈的结果将会用于戏剧化的表演。而你，作为一个访谈的参与者，可能在表演中由一个研究人员-演员扮演，使用你访谈中逐字逐句的话语和动作。

你的访谈会被录音并转录，你的访谈和其他参与者的访谈的部分内容会被安排成一个剧本。这个剧本将由参与这个项目的研究人员和演员们排练，台词将被记住，然后剧本将被表演给观众看。你的特点，如举止、手势或外表，也可能会影响你的访谈和其他人的访谈所产生的剧本在舞台上的表现。

也有可能由于时间的限制或重复材料的限制，你的访谈可能不会用于最终版本的脚本……

19.3.2　浓缩叙事

改编的第一个决定是考虑哪些原始文本应该保留,哪些对最终的独白作品来说似乎是不必要的。一个经验丰富的演员可以表演威廉的完整采访记录,并有效地呈现它,但叙述本身包括了无关的细节。戏剧表演时间有限,因此戏剧脚本应该集中在故事的关键要素上,而且只能是讲述故事的关键词。大约 1/3 到一半包含最丰富内容的转录文本供改编考虑,60 分钟的访谈可能生成不超过 5 分钟的丰富的戏剧性叙述。

在威廉的故事里,我认为他的呼吸困难包含着紧张,这是一场好戏的基本元素。他的药物治疗和睡眠研究的细节虽然很有趣,但是在内容上太过真实,并没有推动行动的进行。正如质性分析师关注那些收集的数据中涉及感兴趣的研究问题的部分一样,民族戏剧学家也应该关注那些看起来最引人注目的采访记录部分,并强调研究的主要问题或者参与者的核心问题。

对于包括对多个参与者进行单独访谈的研究,如果一些转录文本包含与研究主题相关且独特的观点,戏剧作家可能会将一系列简短的独白作为剧本的结构。然而,另一种选择是创建一个综合叙述,其中不同的参与者的数据交织成一个单一的片段,由一个代表集体的"角色"说话。记住,并不是每个受访者都能提供具有戏剧性潜力的材料。选择和调整与表现相关的和有趣的内容。

19.3.3　逐字引用和/或改编

第二个常见的决定是考虑戏剧化是否应该包括或完全由转录文本的逐字段落组成,或者研究人员是否应该改编参与者的叙述成为一个更具美学性质的作品。他说:"逐字摘录提高了演讲的真实性,保持了参与者的声纹。而改编消除了日常演讲中偶尔出现的语言碎片,从而创造出更具艺术感的叙述。"(Saldaña,2018a:380—381)有时候,自然的错误、重复的话语以及日常说话的结结巴巴是有趣的，也能体现个体的独特个性。但是，这需要一个非常有能力的演员，以自然和可信的方式逐字逐句地讲述语言碎片。

我选择了从威廉的故事中挑选出来的逐字段落，但重新调整了它们的顺序。文本中的每个句子都变成了一个不同的拼图块，我把它们剪切粘贴在文本编辑页面上，以评估从一个想法到另一个想法的最佳流程。参与者可能并不总是能够流畅而连贯地分享他们故事。因此，一个民族戏剧性的改编能以更强有力的线性故事情节来重构叙述。在必要的时候，为了清晰或者美学的目的，我们可以进行语法修正，但是我坚持逐字逐句保留儿童和青少年的叙述，以便对他们的思维方式有敏锐的洞察力。

19.3.4　开始和结束

当参与者在我的民族戏剧工作室创作他们的原创作品时，我给他们的一条建议是："仔细考虑你的独白的第一句话是什么（从一开始就吸引你的观众）和你的最后一句话是什么（你想留下的最终印象将产生最大的影响）。在你的起点和终点之间呈现的是你从第一个想法到最后一个想法的个人旅程。"

有时候，舞台动作而不是台词为表演的作品提供了有趣的开始和结束。呼吸问题是威廉的核心压力。因此，我以威廉使用他的吸入器这个与他的生活困境有关的中心支柱开始他的故事。结尾是一个讽刺的、逐字摘录的方式，他自己结束了他的采访："所以，我只能接受这一点。"随后是持续正压通气呼吸机气流在黑暗中的音效。

19.3.5　参与者的"特征"

接下来，研究人员要考虑进行中的独白是否保持了参与者的观点和经历的基调与完整性。剧作家不仅要写剧本，还要大声说出来，以评估语言流、词汇的选择和表现力。我建议研究人员采用同样的技巧，将采访记录改编成民族戏剧。通过大声朗读文本,你获得了掌控权,并对你的作品的"特点"有了更深刻的理解。

当我大声朗读威廉进行中的独白时,我开始意识到可以删除无意识的单词重复和无关的段落。非正式地表演作品(通俗地称为信息)也让我感觉到文本是否具有可信度———一种质性研究人员有时称为逼真度或忠实度的感觉。

通过角色阅读,剧作家也开始意识到自己的性格特征。一个真实参与者的忠实的民族戏剧表现当然不是虚构的,但是应该考虑选择的戏剧角色,以更好地确保一个更加三维的渲染呈现。第一个是目标———一个角色想要做什么或者想要别人做什么。演员创造动作动词,他们把这些动作动词记在脑子里,以推动他们的声音和身体表演。在威廉的独白中,他的主要目标可能很简单,就是"轻松呼吸"。

角色塑造的第二个要素是冲突或紧张———阻碍角色实现其目标的事物或人物。威廉的慢性阻塞性肺病使他无法轻松呼吸,因此他产生了策略———采取行动帮助他克服冲突,实现他的目标,这是角色的第三个要素。他自己在整个独白中描述了几种策略:"多呼吸一点空气来说话""时不时地深呼吸来喘口气""尽可能待在室内",等等。

第四个元素是态度———关于自己、其他人物、冲突等的感觉和信念。我加强了威廉对自己未来健康状况的担忧,将这篇文章命名为"我担心"。第五个元素是情绪———人类状况的普遍性。忧虑是贯穿整个独白的主要情绪,但我在自嘲中加入了一丝幽默"(笑)我不打算跑马拉松"。第六个元素是潜台词,即读者或观众从叙述和演员的微妙表演中推断出来的东西。在采访记录和独白中,威廉看起来很诚实,并没有隐藏他的观点。最后一句话"所以,我只能接受这个事实"的确是一个讽刺的机会———也就是说,演员在躺下之前带着一丝遗憾说出最后一句话。

目标、冲突和策略通常是剧本创作的内在要素。但是态度、情绪和潜台词主要通过演员在表演中的诠释来表现。然而,改编参与者故事的研究人员应该考虑这六个主要的角色要素是否在剧本中得到了体现。

19.3.6 诗歌格式

民族戏剧作家的一个格式选择来自行为民族学先驱安娜·迪佛·史密斯(Anna Deavere Smith, 2000)的书面作品。史密斯证实,人们每天都以"有机诗歌"的形式说话,当她的录音参与者停下来解析他们的讲话时,她会仔细聆听。她早期的作品将逐字对话格式化为诗歌诗节,从而提高了对剧本中每一个字的认识。

威廉独白的第一部分以平淡无奇的形式出现:

威廉(William):当我呼吸困难的时候,我需要一些缓解。
(双手在胸部上方移动。)

就像现在,我的胸部这块儿有点紧,不疼,只是很明显。我以前是个烟民。我没有以前说话时那么大的力气了。我呼吸的力气有时会在一句话结束时耗尽。我得多呼吸一点空气才能说话。

利用史密斯的有机诗歌格式,同样的段落现在出现如下:

威廉:
当我呼吸困难的时候,
我需要一些缓解。
(双手在胸部上方移动。)
就像现在,
在我胸部的这块儿有点紧,
不疼,只是
很明显。
我以前是个烟民。
我没有以前说话时那么大的力气了。
我呼吸的力气有时会在一句话结束时耗尽。
我得多呼吸一点空气才能说话。

建议采用诗歌的格式,以引起读者对参与者故事中短语的注意,以及选择逐字采访摘录进行表演。

19.3.7 从戏剧角度思考

最后一种方法是从戏剧的角度来思考意义,考虑所有戏剧的舞台风格和设计以及它们是如何融入独白的。那些没有接受过戏剧训练的人通常默认在演讲台上布景,让访谈者和参与者一起出现在舞台上,然后坐下来听故事。这不是戏剧性的思考,因为这些是研究会议的惯例,而不是表演。所有的制作公司都受到预算限制、可用时间和人员专业知识的限制。但是,创造力是剧院的资本,研究人员被强烈建议"停止像社会科学家一样思考,而是开始像艺术家一样思考"(Teman and Saldaña,2019)。

威廉描述了他的几个健康维护项目,如处方药、吸入器和持续正压通气呼吸机。这些都是他在独白中可以使用的想法。他的访谈还提到了一些特殊的环境:户外、卧室、X 光诊所、药店、睡眠研究中心和医生的检查室。这些地方中的任何一个都可以成为表演的物理环境和伴随的风景元素。我选择了一间卧室,因为睡眠时的呼吸在他的叙述中占有重要地位。呼吸问题是威廉最关心的,呼吸困难和持续正压通气呼吸机的声音如果以某种方式加强,会产生强大的影响。大多数情况下,参与者会在访谈中提出适应舞台或屏幕所需的视觉和听觉元素。研究人员的戏剧性想象力对这些线索做出反应,并设想将它们实现。在一些时候,社会科学研究人员可以与戏剧艺术家合作进行指导。

民族戏剧化过程总结如下。

1. 访谈前:获得参与者的书面许可,让其了解访谈数据将如何适应脚本化表现。

2. 浓缩叙述:从完整的访谈记录中,考虑哪些部分具有戏剧化的潜力,并直接关系到研究的目标。

3. 逐字引用和/或改编:探索逐字摘录和/或改编的原始访谈文本是否将更好地服务于独白叙述。

4. 开始和结束:仔细考虑最有效的方法,以有影响力的台词和/或舞台动作开始和结束民族戏剧。

5. 参与者的"角色"：通过真实地表现参与者,并考虑参与者的目标、冲突、策略、态度、情绪和潜台词,呈现参与者的三维肖像。

6. 诗歌形式：如果适当的话,考虑一个"有机诗歌"形式的独白是否会为读者和表演者提供更高的短语意识。

7. 戏剧性思考：设想所有的舞台布景设备(服装、道具、声音等)或数字视频效果(编辑、溶解、特写等),以便在表演的作品中进行潜在的舞台布置和动作。

19.4 结论

有时候,访谈数据的分析需要编码、分类和主题来提取和构建人类经验的见解。但是对参与者的故事进行艺术性的戏剧化处理应优先考虑以第一人称叙事作为分析媒介。访谈选择的民族戏剧表现形式通过舞台表演或中介表演将数据真实地呈现出来。文字版的民族戏剧也可以对读者产生影响,但剧本的功效仍然是通过演员的身体和声音为观众呈现出来的。

文字剧本和表演的艺术品质是民族戏剧表现成功的关键：

> 研究人员有关文章或书籍形式的优秀民族志的标准并不总是与艺术家对优秀戏剧的标准相一致。这对于一些人来说可能难以接受,但对我来说,戏剧的主要目标既不是教育也不是启蒙。戏剧的首要目标是娱乐——娱乐观众的同时也娱乐观众的想法。民族志的表现承担着为观众创造一个娱乐性的信息经验的责任,是一种审美上合理的、智力上丰富的、情感丰富的形式。(Saldaña,2005：14)

对于一部民族戏剧来说,最重要的标准是它包含了一种艺术上的严谨。戏剧脚本不是一篇杂志文章,因此,民族戏剧脚本不应该包含学术文献的脚注或引用。我们应该让参与者为自己说话。如果改编得当,舞台设置得当,民族戏剧性的表演对观众来说可以是一种迷人的、启示性的、美学的体验。

补充阅读

Maslon，L.，Sankoff，I. and Hein，D.(2019). *Come from away：Welcome to the Rock*. Hachette Books.

Saldaña，J.(2011). *Ethnotheatre：Research from Page to Stage*. Left Coast Press.

Teman，E. D. and Saldaña，J.(2019). "'Stop Thinking Like a Social Scientist and Start Thinking Like an Artist'：The Research-based Aesthetic Product." *International Review of Qualitative Research*，12(4)，453—475. https://doi.org/10.1525/irqr.2019.12.4.45.

回顾与练习

1. 一个民族戏剧作家可以做什么来更好地确保剧本(和制作)对那些可能怀疑以艺术为基础的质性研究的学术合法性的观众具有可信度?

2. 至少阅读三部民族戏剧,讨论它们作为戏剧作品和研究表征的功效。

推荐剧目:

14 by Jos'e Casas(2018).

Ann by Holland Taylor(2016).

Erma Bombeck：At Wit's End by Allison Engel and Margaret Engel(2016).

The Gun Show by E. M. Lewis(2019).

I Am My Own Wife by Doug Wright(2004).

My Left Breast by Susan Miller(2006).

Notes from the Field by Anna Deavere Smith(2019).

Pretty Fire by Charlayne Woodard(1992).

This Beautiful City by The Civilians，written by Steven Cosson and Jim Lewis，music and lyrics by Michael Friedman，from interviews by The Company (2010).

The Vagina Monologues by Eve Ensler(2001).

3. 选择一个单个参与者的访谈文本并将其改编为约 3—5 分钟的独白舞台剧。包括斜体的舞台提示及成果推荐(如景物元素、演员舞台移动、声音/音乐效果)。

参考文献

Ackroyd，J. and O'Toole，J. (2010). *Performing Research：Tensions*,

Triumphs and Trade-offs of Ethnodrama. Trentham Books.

Casas, J.(2018). *14*. Dramatic Publishing.

Engel, A. and Engel, M.(2016). *Erma Bombeck: At Wit's End*. Samuel French.

Ensler, E.(2001). *The Vagina Monologues*. Villard.

Hammond, W. and Steward, D.(Eds.). (2008). *Verbatim Verbatim: Contemporary Documentary Theatre*. Oberon Books.

Kaufman, M. and McAdams, B. P. (2018). *Moment Work: Tectonic Theater Project's Process of Devising Theater*. Vintage Books.

Lewis, E. M.(2019). *The Gun Show*. Samuel French.

Miller, S.(2006). *My Left Breast*. Playscripts, Inc.

Norris, J.(2009). *Playbuilding as Qualitative Research: A Participatory Arts-based Approach*. Left Coast Press.

Saldaña, J.(2005). *Ethnodrama: An Anthology of Reality Theatre*. AltaMira Press.

Saldaña, J.(2011). *Ethnotheatre: Research from Page to Stage*. Left Coast Press.

Saldaña, J.(2015). *Thinking Qualitatively: Methods of Mind*. SAGE.

Saldaña, J.(2018a). "Ethnodrama and Ethnotheatre: Research as Performance." In N. K. Denzin and Y. S. Lincoln(Eds.), *The SAGE Handbook of Qualitative Research*(5th ed.), (pp.377—394). SAGE.

Saldaña, J.(2018b). *Writing Qualitatively: The Selected Works of Johnny Saldana*. Routledge.

Smith, A. D.(2000). *Talk to Me: Listening between the Lines*. Random House.

Smith, A. D.(2019). *Notes from the Field*. Anchor Books.

Taylor, H.(2016). *Ann*. Dramatists Play Service.

Teman, E. D. and Saldaña, J.(2019). "'Stop Thinking Like a Social Scientist and Start Thinking Like an Artist': The Research-based Aesthetic Product." *International Review of Qualitative Research*, 12(4), 453—475. https://doi.org/10.1525/irqr.2019.12.4.453.

The Civilians, Cosson, S., Lewis, J. and Friedman, M.(2010). *This Beautiful City*. Dramatists Play Service.

Wolcott, H. F.(1983). "Adequate Schools and Inadequate Education: The Life History of a Sneaky Kid." *Anthropology and Education Quarterly*, 14(1), 3—32.

Wolcott, H. F. (1987). "Life's Not Working: Cultural Alternatives to Career Alternatives." In G. W. Noblit and W. T. Pink(Eds.), *Schooling in Social Context: Qualitative Studies*(pp.303—325). Ablex.

Wolcott, H. F.(2002). *Sneaky Kid and Its Aftermath : Ethics and Intimacy in Fieldwork*. AltaMira Press.

Woodard, C.(1992). *Pretty Fire*. Dramatists Play Service.

Wright, D.(2004). *I Am My Own Wife*. Faber and Faber.

20 怎样才能成为一名优秀的老师？通过访谈诗歌式转录来展示良好的教学实践

罗宾·申菲尔德 莫妮卡·普伦德加斯特

摘要：本章根据从访谈数据精心挑选编写的诗集，以诗歌的方式呈现访谈中提出的一个问题：成为一名"好"的戏剧老师需要什么样的特征或品质？我们之所以选择这个特别的问题来回答，是因为这些老师的回答的情感性质塑造了我们对于"诗歌式场合"（Sullivan，2009）的理解。在本章中，我们讨论了新兴的诗歌研究领域，以及通过诗歌来处理访谈数据的方法，包含来自文学和我们自己工作中的例子。最后，我们向有兴趣用诗歌式方法呈现数据的质性研究人员发出呼吁，包括对诗歌式场合、诗歌式语言和诗歌形式的考虑。

关键词：诗歌式转录；以艺术为基础的研究；诗歌式探究；教学；戏剧

20.1 引言和文献综述

在过去的十年里，诗歌式探究已经成为一种充满活力的以艺术为基础的研究方法，它赋予参与者和研究人员的声音以特权。它是一种以艺术为基础的研究形式，是一种跨学科的知识建设方法，在研究背景中运用了创造性艺术的原则（Leavy，2018）。基于艺术的研究实践和方法工具可以被跨学科的研究人员在包括问题产生、数据或内容产生、分析、解释和表示的所有阶段使用。

诗歌式探究因丹增和林肯所说的"表征危机"(Denzin and Lincoln，2011:3)而兴起，质疑研究人员如何在研究文献中寻求表征复杂的社会世界。诗歌提供了另一种选择，它以一种引起共鸣和富于美学的方式展示质性数据，声音被提到舞台上。利用研究数据写诗或通过诗歌进行分析，在文学作品中被描述为一种"扩展人类经验视角"的方式(Vincent，2018:51)，其采用率的显著增加证明了李维所说的质性研究界的"转向科学的艺术型表达"(Leavy，2015:66)。作为一种研究方法，诗歌式探究融合了创造性和分析性。它促进了批判性，能够明确揭示研究人员的地位，并允许通过诗歌的审美和表现媒介来审视各种声音、观点和经验。

普伦德加斯特(Prendergast，2009)在她的博士后研究中，对诗歌式探究实践进行了一项调查，发现230多篇已发表、经同行评议的期刊文章或书籍章节将诗歌确定为研究过程或研究报告的主要内容。尽管许多术语被用作诗歌式调查的同义词，但多数研究可以分为三类：

1. 自传之声/民族志之声——关于研究人员生活经验的诗。

2. 参与之声——由研究人员或研究人员与参与者之间的访谈、焦点小组或观察数据创作的诗歌。

3. 声音理论——从已有的理论、哲学或其他文本中创作出来的诗歌。

普伦德加斯特后来将这些声音形式扩展到五种以上：

1. 理论之声/诗学之声——关于自我、写作和作为方法的诗歌。

2. 正义之声——关于公平、平等、社会正义、阶级、自由的诗歌。

3. 身份认同之声——诗歌探索，自我/参与者的性别、种族、性取向。

4. 关怀之声——关怀、护理、照顾者/病人的经验之诗。

5. 创造者之声——父母、家庭和/或宗教诗。(Prendergast，2015:6)

关于诗歌式探究作为一种研究方法，沙利文认为，有些材料比其他材料更适合诗歌渲染，"我们大多数从事这项工作的诗歌研究人员可能会凭直觉或通过深入内化的知识来识别这些材料，感觉很直观"(Sullivan，2009:111)。至于何时将诗歌式探究作为一种适当的研究方

法学,她要求研究人员对"诗歌场合"保持"警觉、专注和协调":

> 更高层次的思维(我们喜欢这样称呼它)需要联系、联想、有意
> 识和无意识元素的联系、记忆和情感、过去、现在和未来在创造意
> 义的过程中融合在一起,这些正是诗人积极寻求培养的过程。这
> 些内在的复杂性是吸引诗人目光和心灵的材料,让他/她沉浸下来
> 工作。(Sullivan,2009:118)

诗歌式探究是一种多功能的质性研究工具,以多种形式出现在许多领域,但尤其是在卫生保健、人类学、社会学和教育的文献中。然而,作为一种学术方法论形式,我们必须做好诗歌式探究,并做好审美愉悦的艺术形式和批判性探究之间的平衡,以免其声誉受损(Barone,2001;Faulkner,2007)。相应地,我们承认在某些领域的学者,特别是那些最经常进行量化和混合方法研究的学者,仍然抵制诗歌式探究。理查德森(Richardson,2000)认为艺术和探究不需要分开,伊斯内尔也寻求将创造性和分析性结合在一起的方法,认为诗歌可以超越语言,并具有"唤起数据的表述"(Eisner,1997:5)。我们认为,诗歌式探究是一种跨学科的方法论,它为学者提供了解放声音的机会,这种方法既能有效地捕捉一个瞬间或感觉,又能在诗歌式场合出现时揭示数据的核心。

20.2　范例

诗歌式探究是戏剧教育研究的一种方法论。在戏剧教育的所有表现形式中,一个核心和不可替代的因素是老师促进课堂。研究表明,这项工作的成功至少在一定程度上取决于老师的艺术性和教学法(Dunn and Stinson,2011;Gray,Wright and Pascoe,2017;Stinson,2009)。尼兰德斯(Neelands,2004)提醒我们,"当然,戏剧本身不能以任何形式教我们,甚至它本身也不会是强有力的。必须得通过我们人类自己的能动性借助戏剧来实现,也正是这些决定了我们采取的教学方法和

特定的权力"。他在其他地方指出,戏剧"本身没有任何作用,只有老师对戏剧的处理方式才能产生影响"(Neelands,2009:11)。因此,在我们试图揭示戏剧教学实践的基本要素时,我们决定直接走向源头:戏剧教师本身。

2016—2017 年,我们开展了一个研究项目,对不列颠哥伦比亚省大维多利亚地区的老师进行了访谈,以收集他们对实施新的表演研究课程的看法,该课程名为"表演网络:合奏手册"(Web of Performance: An Ensemble Workbook)(Prendergast and Weigler,2018)。在获得维多利亚大学的伦理认可后,我们选择了七名具有丰富戏剧教学经验(15 年至 30 多年)的老师参加个人的半结构化访谈。选择这些老师是为了广泛代表当地学校类型和地区的多样性;三名老师来自私立学校,四名来自当地的公立学校。就性别而言,三名参与者是女性,其余四名为男性。从种族上来说,这七个人都是欧洲白人,反映了加拿大这个地区的老师主要是白人。所有的访谈都是录音,然后转录两次,以确保转录的准确性。这项研究制作了一个"转录/脚本"(Cahnmann-Taylor and Soutou-Manning,2010:38)。老师的声音交织成一个脚本片段,试图将不同的声音带入想象中的专业空间,作为无意中听到的对话的戏剧性呈现(Neelands and Goode,2015:49)。我们在 2018 年于新西兰奥克兰举办的第九届国际戏剧教育研究学会(IDIERI 9)上展示了这项工作,并随后发表在《戏剧教育研究:应用戏剧与表演》(*Research in Drama Education: The Journal of Applied Theatre and Performance*)杂志上(Prendergast and Shenfield,2019)。

作为这些访谈的一部分,老师们还被要求分享关于他们的教育和专业背景、老师身份和教学方法的信息。他们被问到的第一个问题是:"成为一名优秀的戏剧老师意味着什么?"这些数据是我们为了本章而选择的重点。

我们利用访谈记录中的精选片段,创作了两首诗歌或诗歌式转录作品,一首由罗宾(Robyn)创作,另一首由莫妮卡(Monica)创作,旨在以诗歌的形式表现无意中听到的对话这一戏剧性惯例(Neelands and Goode,2015:49)。我们正在"拜访"这七名经验丰富的戏剧教育家所说的话。对于人类学家和诗人迈尔斯·理查德森来说，"诗歌，作为一种特殊的语言，特别适合那些特殊的、奇怪的，甚至是神秘的时刻，把零碎的东西突然结合在一起"（Richardson，1998：451）。因此，当我们考虑围绕戏剧教育家的无数语境特质达成的学术共识时，诗歌式探究的特殊方法论恰好触动了我们。

经过多次阅读，我们开始了创作过程中的主题编码方法，编码和分类数据，并产生主要的主题（如教学法、师生关系和个人反思），然后开始诗歌式转录的工作。诗歌式转录是"从受访者转录的话语中创造出诗一样的作品，由研究者塑造，以给予快乐和真理"（Glesne，1997：213）。它是一种朝着诗歌的方向前进的形式，但它不是最真实意义上的诗歌。代表受访者特定观点或经历的事实通过研究人员过滤，赋予作品一种反思性质。读者会更加意识到研究人员与参与者之间的关系，受访者的回答经过深思熟虑的诗歌式"表演"，从伦理上讲，他们的声音优先于研究人员的声音（Glesne，1997；Richardson，1992）。

在这篇文章中，我们试图以我们自己的方式，围绕着好的戏剧教学实践的核心要求"具体化"（Richardson，2000）七名老师的思想。这个过程包括仔细阅读和重新接触访谈记录，选择特定的对话时刻，这些时刻因其内容和意义而突出。罗宾的长诗是由七名参与者的访谈中发现的词语组成的。罗宾把选定的对话片段整理成一份文件，并按主题进行分类，然后编成一首自由诗，把一段对话从一位老师转到另一位老师，创造出一种谈话流畅的感觉，尝试在声音和时刻之间切换节奏。如果将对话分割成若干片段，使其无机地"迎合"一个更为正式的诗性结构，会让人觉得是人为的，会损害对话的纯粹性和丰富性。

虽然诗歌的内容是普通的对话，但她努力强调一些特别突出的时刻，从文本和空间的物理位置，创造一些诗意的意象和感觉的作品。例如，通过文本的堆叠来传达戏剧和戏剧传统的丰富和宏伟的历史：

剧院

作为一个

全球化

还有

普遍的

还有

古老的

艺术形式。

通过延伸教学、教育和艺术的可能性的广度：

我们的艺术形式可以。

以及在课堂上逐时逐刻的发现，通过将课文分层并排排列：

轻轻地抓住

这样你才能跟上

紧急课程

正如它所呈现的

它本身

莫妮卡选择先听一个老师的访谈声音，一次聆听一个。她诠释的方法专注于优化每个老师的声音，与罗宾的混搭/拼贴方法形成对比。这里没有"更好"的方法，所以为了本章的目的，我们选择了对比的方法。莫妮卡的方法和罗宾的方法一样，需要密切关注数据，以便找到参与者声音中的节奏和意象。通过这种方式，她捕捉到了一些词汇和短语，这些词汇和短语表达了她所理解的参与者对访谈问题的意思——成为一名好的戏剧老师意味着什么？ 这个问题是一个哲学性的问题，因为它揭示了戏剧老师在日常实践中以及随着时间的推移形成的价值观。这种反思的立场很适合诗歌式转录；诗歌是一种沉思和反省实践，哲学也是如此。莫妮卡在她的诗歌式转录中运用了诗意的重复工具（例如，"我认为"重复了很多次，就像参与者所说的那样）和意象（例如，当参与者描述自己像"一条鲑鱼在你的整个生命中逆流而上"）。她还尝试了删除文字来生成诗歌，其中一些文字被删除，留下的成为一首散文诗。

对于这本书的读者来说，他们的兴趣在于"看到"同样的数据如何能够导致各种各样的诗歌式转录方式。也就是说，在这两种情况下，我们通过从参与者的回答中选择具体的文本时刻，努力创造一种对话感以及和同事对话的感觉。我们还尝试了如何将文本展示在页面上，以便表达许多受访者共同的主题和想法，以及通过自然的间歇和沉默来表达谈话的流程。也许页面上的空白处代表了与有效教学和实践相关的无数其他未说出口的问题，这些问题在访谈中可能没有被透露出来。正是通过这些例子，我们阐明了诗歌式探究的方法。

罗宾的诗

成为一名优秀的戏剧老师意味着什么？

对无意中听到的谈话的诗意表达

这是个如此重要的问题！

你必须掌握学科知识，交流知识的策略，以及人际关系技巧。

这就是逻辑。如果你丢了这些东西，肯定不管用。

　　一种让孩子们明白他们可以与众不同

　　　　　　可以承担风险，

　　　　　　可以有冒险精神，

　　　　　　可以玩耍。

同情心和同理心。

　　你知道这个，　我知道这个，　所以让我们折中一下。

　　这是第一件事。

　　　　　　　　　有停止主导的能力。

　　　　　　　　　进行倾听。

　　　　　　　问一些你不知道答案的问题。

我认为你需要一些批判性思维技巧，并与他人合作。

我觉得你必须非常灵活。

我觉得你必须要有耐心。

我认为你必须很好地沟通，不仅仅是和你的同龄人，还有你的学生，并且尝试从他们的角度看问题。

　　如果你真的想做好这件事，你会有很多精力。

　　　　　　当我告诉别人我是一个戏剧老师

　　　　　　的时候

他们的第一反应几乎 80% 都是：

"你一定玩得很开心！"

孩子们很开心，我也是 　　　[但是]

就像其他工作一样

工作量很大。

有时候会消耗……精力。

对于这种艺术形式是什么和可以是什么的理解的广度。

剧院

作为一个

全球化

还有

普遍的

还有

古老的

艺术形式。

理论与实践之间的微妙平衡。

希望你有技能和技术以及历史位置的背景，但也有自由和意愿玩手头和可用的东西。

我担心的是，有人可以在教育系选修一门课学戏剧或戏剧课，然后成为一名

高中戏剧老师。

这让我很担心。

你在一堂课上学到了什么？

艺术老师本身就是课程。

我很感激我的个人经历。

我也很感激那些年轻的同事

他们正在做一些非常前沿的工作

并重新定义我们的艺术形式可以是什么。

我认为你应该有创造力，你需要幽默感。

你必须有很强的职业道德。

······很容易陷入无所事事的状态。

你必须想要跟上那些发生在戏剧界的事件。
我觉得你一定很喜欢戏剧，
因为如果你不喜欢戏剧
我不知道你为什么要这么做。

我认为艺术教育应该是危险的。
也许科学系在培养新的科学家，
数学系在培养新的数学家，
但我不是在培养新的演员。

我是在给人们提供生活技能。
我总是告诉我的学生"我不希望你进剧院"，

事实上······

他们中的一些人会去。
但是我不期望大多数······
他们不会成为明星。
而他们中的大多数
将获益
所有这些

令人惊叹

的品质
来自
戏剧
教室。

在教室里听到一些东西，然后
思考某人刚才说的话。
你停下来
你听着

你迷惑了
你把它抛向空中
而你却任其发展
坐下。

轻轻地抓住
这样你才能跟上

生成课程
正如它所呈现的本身
而不是有一个分层的课程计划
上面写着我们必须在
表演的这一部分或课程的那一部分上努力。
有时真正好的东西
就是正在发生的事情
这里
它不允许你到达
那里。

有时候,混乱是一种情况的正确结果。
你可以让人们做很多不同的事情,
他们仍然可以是一个共同体;
他们不会被孤立。
这让我在这个年龄段的工作中充满了灵感
因为他们无限的野心和好奇心。

我了解到学生们真的很想做不同的事情。
我认为当我们第一次进入教室的时候,我们感觉到的第
一件事就是这个,〈混乱〉
他们都想着
同样的事情,
他们都会以同样的标准
评判我们,

他们都想要

同样的东西，

他们都不喜欢

同样的东西。

在你花费时间之后，你会意识到你必须

创造

不同的道路

为

不同的孩子。

我想要

创造

某种形式的

一个地点

那里，

推动

自我表达，

独一无二的

个体

我们正在合作的人

共同合作。

没别的了。

莫妮卡的诗歌

怎样才能成为一名优秀的戏剧老师?

我认为

对任何老师来说

都一样

你必须拥有

学科知识

沟通策略
和人际关系技巧。

这就是逻辑。

如果你缺少了什么
就不管用。

没别的了。
还有别的吗？
当然有
但这些是基础。

我试着有自己的事业
做戏剧工作
在我成为一名老师之前。
这就是美（我认为）
这是我作为一名老师带给它的。

你认为怎样才能成为一名优秀的戏剧老师，一名好的戏剧老师？
一种人格
让孩子们明白他们可以与众不同
可以承担风险，
可以有冒险精神，
可以玩耍。

我觉得我很幸运。
确实有很多人来找我，
告诉我他们从我的项目中学到了什么。

我和我的校长谈过了
关于那些邮件。
我不知所措是因为
有些学生给我发邮件说
"你帮助我找到了创造性的一面。"

我意识到我的选择
比我想象的
更加广阔
比我所能承受的
还要多。

太棒了
父母们也
非常欣赏。

我们（艺术）仍然倾向于被边缘化。
在这所学校可不是这样。
我上过的其他学校
学术研究往往被视为珍宝。

                                        戏剧往往被推到一边。

你的教育和经验有多重要？
我认为教育
非常重要。
这一点怎么强调都不为过。
体验是一切。

要成为一名好的戏剧老师，你需要把什么带入工作中？（两首被删除的散文诗）

■ my first response ■ what it takes to be a good teacher ■ philosophy of Education ■ theories and ■ practices ■ personal experience■ teach by asking questions ■ inviting students to speak about ■ reflect on ■ understand their own experiences ■ anything that I have to offer them ■ my expertise ■ my experience ■ a connection ■ I make with their ■ experience■ that's good teaching. That's the first step for a good teacher. ■ who are you ■ where are you from ■ what do you know about this ■ what do you think about this. Okay ■ you know this ■ I know this ■ let's meet in the middle. ■ The second thing ■ connected to that ■ it's vital for everybody in this vocation ■ the qualities of compassion and empathy ■ wanting every one of your students to thrive to be their best selves ■ to do their best work. What else? To be a good drama teacher. ■ from experience ■ studying ■ reading ■ having been an audience in many many different manifestations of theatre■ a breadth of understanding about what this art form is and can be. I'm saddened ■ that many students■ mostly North American students, who've had a background in drama in schools■ their understanding of drama is very very limited. They don't ■ have ■ any introduction to theatre as a global ■ universal ■ ancient art form. ■ I'm not ■ overly impressed with ■ some drama syllabuses ■ I hope that doesn't sound unkind or ungenerous■ a good drama teacher ■ needs to have reference points ■ you can actually say oh yes that reminds me of Indonesian shadow puppetry right or yes, isn't that animated TV series that you like, you might want to see this thing about commedia dell'arte because there's a lot of overlap■ having a breadth that allows■ students to have a root into what this art form is rather than having a very narrow sense of drama and theatre based on ■ western■ sort of conventional ■ middle of the road sense of theatre. I'm very grateful for my personal experience ■ a range of theatre ■ addressed social issues ■ I'm grateful for that experience. I regret ■ our younger colleagues, that experience is not available to them. I'm also grateful for those younger colleagues ■ doing some really cutting edge work ■ redefining what it is ■ our art form can be.

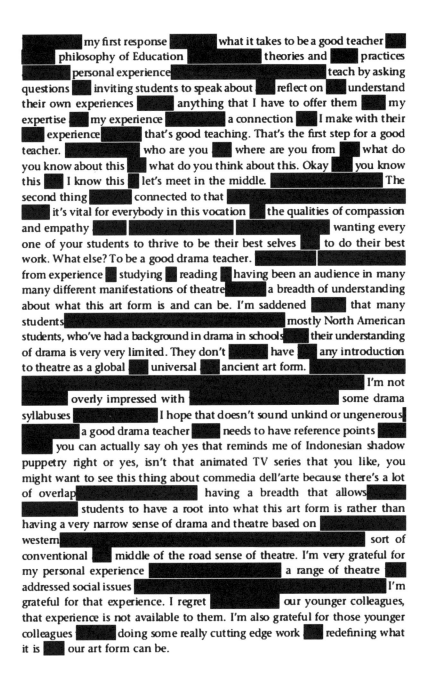

好吧，我想我的第一反应应该是怎样才能成为一名好老师，我确实有一套教育哲学，包括一些理论和实践以及一些个人经验。只要有可能，就通过提问来教学，邀请学生谈论、反思和理解他们自己的经历。我用我的专业知识和经验提供给他们的所有东西，都来自我与他们自己的经验建立的联系。我认为这是很好的教学。这是好老师的第一步。就像你是谁，你来自哪里，你对这个有什么了解，你对这个有什么看法。好吧，你知道这个，我也知道这个，所以让我们折中一下。这是第一件事。第二件事可能听起来很老套，但我认为对于从事这个职业的每个人来说都至关重要，那就是同情心和同理心，以及成功的教育。基本上就是教学，希望你的每一个学生都能成长为最好的自己，做最好的工作。还有什么？做一名好的戏剧老师。无论是来自经验、学习、阅读，还是在许多不同的戏剧表现形式中成为观众，我认为对于这种艺术形式是什么以及可以是什么有着广泛的理解。事实上，我很难过，许多学生，我在这里工作的许多学生，大部分是北美学生，他们在学校有戏剧背景，但他们对戏剧的理解非常有限。他们似乎对戏剧这种全球性的、普遍的、古老的艺术形式一无所知。但我对我现在所知道的一些戏剧知识并没有特别深刻的印象，我希望这听起来不是不友好或者不慷慨。我认为一名好的戏剧老师真的需要有正确的参考点，在那里你可以说，哦，是的，这让我想起了印度尼西亚的皮影戏，不是你喜欢的那个电视动画，但你可能想看这个关于喜剧艺术的东西，因为它们有很多重叠。这里有一个宽度，允许个人学生在这种艺术形式里扎根，而不是基于西方传统和折中的戏剧理解形成一个非常狭隘的戏剧意义。我非常感激我在剧院中围绕社会问题的一系列个人经验。我很遗憾，我们的许多年轻同事没有这样的经历。我也很感激那些年轻的同事，他们正在做一些真正前沿的工作，并重新定义我们的艺术形式可以是什么。

你能谈谈你是如何讲授国际文凭课程的吗？

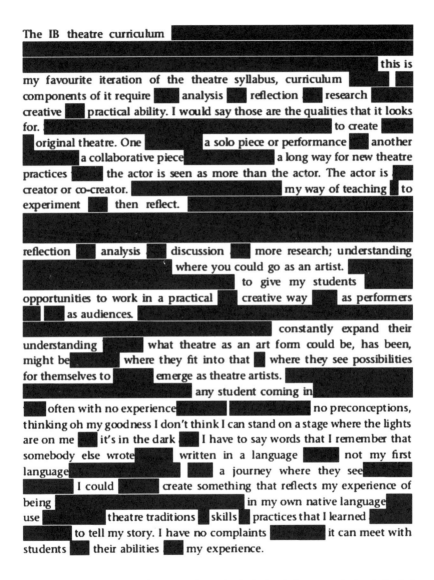

国际文凭戏剧课程是我最喜欢的戏剧课程,因为它既需要分析、反思和研究,也需要创造和实践能力。我认为这些才是它所追求的品质。创作原创剧场。一个是独奏或者表演,另一个是合作。我认为这对新的戏剧实践有很大的帮助,在这种实践中,演员不仅仅是演员本身。演员也是创作者或者共同创作者。我的教学方式就是先尝试，然后反思。通过反思、分析、讨论和更多的研究，了解如何成为一名艺术家。让我的学生有更多的机会以实际和创造性的方式工作，既是表演者，也是观众。不断扩大他们的理解，关于什么是戏剧，它作为一种艺术形式可以是、已经是、可能是什么样，还有他们适合哪里，他们在哪里看到自己的可能性，并实际上成为戏剧艺术家。一些没有经验的学生进入，没有概念，他们想着，哦，我的上帝，我不认为我可以站在一个舞台上，灯光照在我身上，它是在黑暗中，我不得不说我记得别人写的话，那不是用我的母语写的。他们有一个旅程，真的可以创造一些东西，用自己的母语创造，并使用不同的戏剧传统或技能或实践，我学会讲述我的故事。我没有抱怨它是如何与学生相处的，他们的能力和我的经历。

停止主导

专心倾听
问问题（你不知道答案的问题）
有片刻的思考
某人刚刚说的话

你停顿了一下
你听着
你困惑
然后扔出去
抛向空中
你袖手旁观
（适应沉默）

有时候很混乱
是
正确的结果

你必须创造
不同的道路
为了
不同的孩子
变得更加发散
成为一个共同体

不要变得孤立
我知道那种感觉
我知道那种感觉
就像游泳的鲑鱼
在你的整个生命中逆流而上
我认为
你会精力充沛的

我总是告诉别人
当我告诉他们
我是个戏剧老师
他们的第一反应
几乎 80％ 的情况是
"你一定玩得很开心！"

孩子们玩得很开心
我也有过这样的时刻
就像其他工作一样
但工作量很大
（精力方面）

发挥创造力
（你需要

幽默感）

强烈的职业道德
（真的
很容易陷入做不了什么事的状态）

关注事情进展
正在发生的事情
　　　在社区里
　　　在戏剧界

我认为你必须热爱戏剧
因为如果你不喜欢戏剧
我不知道你为什么要做这个

我觉得你们需要合作

我觉得你必须非常灵活
我觉得你得耐心点
我认为你必须沟通得非常好

我觉得你需要敞开心扉
接受新的想法
不要挑剔
而是鼓舞人心

艺术教育应该是危险的
艺术老师本身就是课程
（我不希望学生迎合我的口味）

我想创建一个网络
促进自我表达，
对个体来说是独一无二的
我们正在合作的人
以及所有人
（我知道这不太可能）

意识到这些道德敏感性是很重要的
它激励着我
和这个年龄段的人一起工作
因为他们的
无拘无束的野心和好奇心。

这使我能够保持
充满艺术性的野心和好奇心。

我认为这也与控制有关
轻轻地抓住

跟随紧张的课程
如它自我呈现的样子

这是理论与实践之间的微妙平衡。

有技能和技巧的背景
和历史位置
也是一种自由和意愿
玩手头的和可用的东西

我为我们所做的工作感到骄傲

让辛勤的工作变得有趣。

牺牲。

把别人的需要放在自己的需要之前。

这些是我首先想到的一些事情，也是一个好戏剧老师的优点。

20.3 方法/练习及其应用

为了支持诗歌式探究方法的研究，我们推荐桑德拉·福克纳(Sandra Faulkner，2019)的书《诗性探究：工艺，方法和实践》(*Inquiry：Craft, Method and Pratice*)。福克纳提供了丰富的范例和处理数据的方法，包括她自己的优秀诗歌。诗歌探究网站(www.poeticinquiry.ca)列出了两年一度的国际诗歌探究专题讨论会(International Symposium on Poetic Inquiry)出版的所有期刊特刊和书籍，为希望更多了解这种以艺术为基础的质性研究方法的读者提供了另外一个好资源。质性研究期刊定期出版有关诗歌式探究、人类学和人文学的内容。在关于研究人员资格的基于艺术的研究的持续争论中，我们认为，一些先前的诗歌写作经验是理想的(如创造性写作的艺术硕士学位)，但愿意探索和实验这种类型可能足以创造良好的诗歌式探究。

20.4 结论

在这一章中，我们概述了诗歌式探究，讨论了处理采访数据的方法，审查了文献，并展示了我们如何写作诗歌来代表受访者的声音。卡尔·拉古，一位杰出的诗歌式探究者，写道："我不再问：'这是一首好诗吗？'我问：'这首诗有什么好处？'"(Carl Leggo，2012：143)对于任何对诗歌式探究的可能性感兴趣的研究人员，我们建议他们深入沉浸在各种文学诗歌中。我们还主张对"沉溺和捕获"的创作过程持一种开放的态度（Wolff，1972；参见 Prendergast，2015），这是一种基于艺术研究的现象学方法，尤其是诗歌式探究。研读访谈数据的过程中，在一种完全沉浸的状态下，参与者的声音在诠释和意义构建的波浪中冲刷着研究人员，一首诗可能（也许）就形成了。

补充阅读

Faulkner，S. L.(2019). *Poetic Inquiry：Craft，Method and Practice*(2nd ed.). Routledge.

Glesne，C. (1997). "That Rare Feeling：Re-presenting Research through Poetic Transcription." *Qualitative Inquiry*，3(2)，202—221. https://doi.org/10.1177/107780049700300204.

Sullivan，A. M. (2009). "On Poetic Occasion in Inquiry：Concreteness，Voice，Ambiguity，Tension，and Associative Logic." In M. Prendergast，C. Leggo and P. Sameshima(Eds.)，*Poetic Inquiry：Vibrant Voices in the Social Sciences*(pp.111—126). Sense Publishers.

回顾与练习

1. "诗歌式场合"的特征是什么（Sullivan，2009）？ 为什么研究人员会考虑用诗歌式的方法来分析数据？

2. 在什么情况下，诗歌式数据分析方法不是一个恰当的选择？

3. 重读作者诗歌式转录的案例。你注意到代表所有受访者的作品有哪些特质，以及这些作品特别注重的独特声音是什么？ 每种方法的优缺点是什么？

参考文献

Barone，T.(2001). "Science，Art，and the Predispositions of Educational Researchers." *Educational Researcher*，30 (7)，24—28. https://doi.org/10.3102/0013189X030007024.

Cahnmann-Taylor，M. and Soutou-Manning，M.(2010). *Teachers Act up*！：*Creating Multicultural Learning Communities through Theatre*. Teachers College Press.

Denzin，N. K. and Lincoln，Y. S.(2011). "Introduction：The Discipline and Practice of Qualitative Research." In N. K. Denzin and Y. S. Lincoln(Eds.)，*The*

SAGE Handbook of Qualitative Research(pp.1—20). SAGE.

Dunn，J. and Stinson，M.(2011). "Not without the Art!! The Importance of Teacher Artistry When Applying Drama as Pedagogy for Additional Language Learning." *Research in Drama Education: The Journal of Applied Theatre and Performance*，16（4），617—633. https://doi. org/10. 1080/13569783. 2011.617110.

Eisner，E. W.(1997). "The Promise and Perils of Alternative Forms of Data Representation." *Educational Researcher*，26(6)，4—10. https://doi.org/ 10.2307/1176961.

Faulkner，S. L.(2007). "Concern with Craft: Using Arts Poetica as Criteria for Reading Research Poetry." *Qualitative Inquiry*，13(2)，218—234. https:// doi.org/10.1177/107780040629563610.1177.

Faulkner，S. L.(2019). *Poetic Inquiry: Craft, Method and Practice*(2nd ed.). Routledge.

Glesne，C.(1997). "That Rare Feeling: Re-presenting Research through Poetic Transcription." *Qualitative Inquiry*，3(2)，202—221. https://doi.org/ 10.1177/107780049700300204.

Gray，C.，Wright，P. and Pascoe，R.(2017). "There's a Lot to Learn about Being a Drama Teacher: Pre-service Drama Teachers' Experience of Stress and Vulnerability during an Extended Practicum." *Teaching and Teacher Education*，67，270—277. https://doi.org/10.1016/j.tate.2017.06.015.

Leavy，P.(2015). *Method Meets Art: Arts-based Research Practice*(2nd ed.). Guilford.

Leavy，P. (2018). "Introduction to Arts-based Research." In P. Leavy (Ed.)，*Handbook of Arts-based Research*(pp.1—21). Guilford.

Leggo，C.(2012). "Living Language: What Is a Poem Good for?" *Journal of the Canadian Association for Curriculum Studies*，10(2)，141—160. https://jcacs.journals.yorku.ca/index.php/jcacs/article/view/36281.

Neelands，J. (2004). "Miracles Are Happening: Beyond the Rhetoric of Transformation in the Western Traditions of Drama Education." *Research in Drama Education: The Journal of Applied Theatre and Performance*，9(1)，47—56. https://doi.org/10.1080/1356978042000185902.

Neelands，J.(2009). "Acting together: Ensemble as a Democratic Process in Art and Life." *Research in Drama Education: The Journal of Applied Theatre and Performance*，14(2)，173—189. https://doi.org/10.1080/13569780902868713.

Neelands，J. and Goode，T. (2015). *Structuring Drama Work* (3rd ed.). Cambridge University Press.

Prendergast，M.(2009). "'Poem Is What?' Poetic Inquiry in Qualitative

Social Science Research." *International Review of Qualitative Research*, 1(4), 541—568. https://www.jstor.org/stable/10.1525/irqr.2009.1.4.541.

Prendergast, M. (2015). "Poetic Inquiry, 2007—2012: A Surrender and Catch Found Poem." *Qualitative Inquiry*, 21(8), 678—685. https://doi.org/ 10.1177/1077800414563806.

Prendergast, M. and Shenfield, R.(2019). "From Theatre to Performance Studies: Collaborating on Curriculum Change with Secondary Level Dramatic Arts Teachers." *Research in Drama Education: The Journal of Applied Theatre and Performance*, 24, 118—132. https://doi.org/10.1080/13569783.2018.1551127.

Prendergast, M. and Weigler, W. (Eds.). (2018). *Web of Performance: An Ensemble Workbook*. [eBook]. University of Victoria. https://dspace. library.uvic.ca/handle/1828/9426.

Richardson, L.(1992). "The Consequences of Poetic Representation." In C. Ellis and M. G. Flaherty (Eds.), *Investigating Subjectivity: Research on Lived Experience*(pp.125—137). SAGE.

Richardson, M.(1998). "Poetics in the Field and on the Page." *Qualitative Inquiry*, 4(4), 451—462. https://doi.org/10.1177/107780049800400401.

Richardson, L.(2000). "Writing: A Method of Inquiry." In N. K. Denzin and Y. S. Lincoln(Eds.), *Handbook of Qualitative Research*(2nd ed.). SAGE.

Stinson, M.(2009). "'Drama Is Like Reversing Everything': Intervention Research as Teacher Professional Development." *Research in Drama Education: The Journal of Applied Theatre and Performance*, 14(2), 225—243. https://doi.org/ 10.1080/13569780902868820.

Sullivan, A. M. (2009). "On Poetic Occasion in Inquiry: Concreteness, Voice, Ambiguity, Tension, and Associative Logic." In M. Prendergast, C. Leggo and P. Sameshima(Eds.), *Poetic Inquiry: Vibrant Voices in the Social Sciences*(pp.111—126). Sense Publishers.

Vincent, A.(2018). "Is There a Definition? Ruminating on Poetic Inquiry, Strawberries and the Continued Growth of the Field." *Art/Research International: A Transdisciplinary Journal*, 3 (2), 48—76. https://doi. org/10. 18432/ari29356.

Wolff, K. H. (1972). "Sociology, Phenomenology, and Surrender-and-catch." *Synthese*, 24(3—4), 439—471. https://doi.org/10.1007/BF00144932.

21 在访谈研究中嵌入批判性、创造性和沉思性的数据分析

卡卡莉·巴塔查里亚

摘要：基于对质性研究课程中的博士生的访谈研究，在本章中，我将讨论为设计、数据收集和分析制定批判性、创造性和沉思的框架所采取的方法步骤。我认为，数据分析是对自我、他人的分析，也是对我们与参与者之间关系的结果的分析，这种关系超出了建立融洽关系和信任的交互目的。我详细描述了一个混合媒介，一个基于艺术的分析过程，这个过程产生了超越经过验证的转录文本的直观见解。由于关系是递归的，数据分析也是递归的，因此需要在没有期望的情况下进行。这样的情况需要放弃了解和进入研究关系的意愿，谦卑地向参与者学习。最终，我打破了以白人为中心的质性研究的话语性质，为超越传统和/或特权范围的探究分析的文化定位行动创造空间。

关键词：沉思；批判；以艺术为基础的

有一次，在国际质性研究大会(International Congress of Qualitative Inquiry's，ICQI)的年会上，我向与会的学者建议，数据分析是自我分析的一部分。人们倒吸了一口凉气，一个小组成员、和我一起读研究生的白人女性很快纠正我："卡卡莉，我不认为我会走那么远。"在本章中，我将走到这一步，主张自我分析不仅是理解和执行数据分析的一部分，而且是最关键的一部分。

我是一名受过培训的质性方法学家，自 2005 年以来一直在这个领域工作。我指导的论文使用包括解释性的、批判性的、解构性的和实验性的方法来进行质性探究。因此，我遇到过一些学生，他们更喜欢明确

定义的数据分析路径,或者至少是一些宽泛的指导原则,还有一些学生觉得受到了这些标准的限制。还有一些人在想要一个预先确定的方法和想要保持开放的态度来处理数据,看看会发生什么之间摇摆不定。最成功和最有影响力的工作,不管采用什么方法,都是由学生们完成的,他们明白自我是如此错综复杂地参与意义的形成,以至于没有考虑到研究人员、参与者和数据之间的纠缠,分析往往显得肤浅、无用和错误。

尽管在新唯物主义和后人类主义的启示下,质性研究中出现了紧张的对话,但我认为,在进行人类探究时,不能完全忽略人的中心地位。人类写任何东西,无论是人类还是非人类,都不可避免地以人类的感性和解释为中心。这种信念是我从事批判性和(非)殖民研究的不可或缺的一部分,在这些研究中,我故意将那些传统上被抹去或代表性不足的人作为中心。这种关注是个人的、政治的和紧迫的。质性研究充斥着排外心理、种族中心主义、父权制和非人道主义的例子。因此,数据分析从来不是价值中立的、非历史的或非文化的。

我将自己置身于质性研究的批判性和殖民化/去殖民化的框架中(Bhattacharya,2006,2009,2015,2019)。由于我已经写了大量关于这些框架以及我与它们在其他地方的关系的文章,在这里我只提供一个关于定位的简短介绍。我是一个有色人种女性,出生在印度,在印度、加拿大和美国接受教育。我在大学期间攻读了生物化学的学士学位,最终转到了心理学专业,毕业时拿到了足够的学分,获得了生物化学和心理学双学位。因此,当我遇到那些想要讨论质性研究的"科学"的学者时,我很乐意与他们进行对话。当质性研究人员在没有正确理解科学概念的情况下以隐喻的方式引用科学概念时,我会感到不舒服。

我有印度的种姓、阶级和宗教特权背景。当我来到西方时,这些特权基本上被抹去了,直到我通过高等教育重新赢得了一些阶级特权。我致力于在我的研究和指导中做正义的工作,记录那些代表性不足的人的历史和重要性,并利用我的学术地位为这种叙述腾出空间。

我不认为殖民主义/去殖民主义仅限于在土著人-殖民地国家争夺土地,而是从更广泛的、全球化的角度来看,也应包括那些曾经被殖民的人。从这个角度来看，我认为殖民主义是一种压迫的力量，甚至在殖民主义者离开之后，侵略也以各种方式影响着人民和社会。因此，殖民化/去殖民化代表着一种混合式的存在，一种在渴望一个没有殖民主义的乌托邦未来和在各种殖民势力中谈判一个人的当前存在之间的不断变化。

我在工作中引入了安热尔都阿的混血意识、尼潘特拉（nepantlera，一个进出多个世界的人，在没有特定世界观灌输的情况下跨越阈值）、跨越边界和阈限的概念（Anzaldúa，1987，2015a，2015b）。这些概念告诉我，参与探究意味着参与和我所探究的事物的递归关系。当我构建数据时，我同时也被它所构建。翻译和转录数据分析表示我对它的理解不可避免地解释和改变了我，类似于露丝·贝哈尔（Ruth Behar，1993）的工作。在下一部分，我将讨论我理解数据的方法如何影响我开发分析洞察力的方法。

21.1 取消/学习"数据收集"

我意识到给完美的英语单词添加斜杠或连字符是多么令人分心。然而，考虑到它们在表达某些混合情感方面的价值，我请求读者们的宽容，并承诺将它们保持在最低限度，注意萨尔达尼亚（Saldaña，2014）的提醒"降低一个等级"①。学习/不学习表明在用批判性和殖民/去殖民性质的方法进行质性研究时，我需要同时学习和忘记学习。

批判性的观点阐明了权力在社会结构、基础设施、制度、叙事、文化历史和人们生活中的话语中的作用（Freire，1973；Giroux，2009）。这些观点清楚地表明，研究是一个不可否认的剥削过程。研究人员把他们的人类同胞视为数据（信息）仓库，而研究方法的培训使研究人员成

---

① 萨尔达尼亚认为，"如果把前缀放在括号内，就像（re）search 或（de）construction，或者用斜线将 'em 分开，就像 un/conditional 或 mis/appropriation，那就相当于把它降了一级"（Saldana，2014：979）。

为从参与者那里提取信息的人。许多质性研究人员甚至认为，一旦参与者验证了采访记录的准确性，参与者就不再拥有数据——转为研究人员拥有。有些人会失去对自己话语的所有权，这种剥削性思维维持着研究人员和参与者之间的等级关系。

　　我把研究当作建立关系的过程，需要放松压制预先决定的想知道的意愿(Bhattacharya，2009)。鉴于研究目的和系列问题引导研究的研究期望，这听起来违反直觉。对于这一点，我说，是的，人们可以在从事这些工作的同时进行这些研究。但是，人们也需要知识上的谦卑，才能认识到与研究参与者建立关系可能会照亮与最初设想不同的探究道路。

　　建立人际关系需要尊重他人经历的神圣性。这意味着我们没有获取信息的"权利"，同意书也没有效力(Bhattacharya，2007)。同意书是一个西方概念，它忽略了人们如何建立关系以及这些关系的流动性。例如，在我的论文研究中，参与者拒绝进行成员检查，尽管他们在同意书上同意这样做。他们拒绝是因为，作为比我年轻的印度研究生，他们把我当作他们的姐姐。从文化的角度来看，他们不愿意"监督"我的工作。他们相信我不会做错事(这种观点让我感到永远焦虑和不值得信任)，他们没有资格纠正我。我本可以提醒他们同意书的内容，但那会破坏我们在研究过程中建立起来的让我能够真正地与他们接触的关系。

　　因此，我建议不要"收集数据"并声称拥有所有权，就像英国人从印度收集珍贵的宝藏并声称拥有所有权，然后在英国博物馆展示它们一样。相反，我建议把参与者作为我们推进一项互利工作的合作伙伴来对待。如果我们有正义感，这些参与者应该从某种形式的参与中获益。如果我们尊重这种关系，我们会谦卑地接受参与者选择提供的东西，即使它不同于我们预先确定的调查路径。我们带着好奇心、发现力和无条件的积极关注来建立关系；即使是经过签署的同意书授权的，也不把这些关系视为理所当然或为了探究而跨越某些界限。签署的文件中的文字已经对世界各地的社区造成了巨大的伤害。

　　对我来说，学习/不学习包括我如何培养与参与者的关系，并接受我可能不会发现我最初想知道的东西。如果调查涉及与参与者建立关系，那么我不是在"收集数据"，而是记录我对我们关系的理解，以及通过建立关系分享了什么。最重要的是，我承认参与者对于跟我分享什么拥有完全的所有权和控制权，最终，成为更广泛的听众。

虽然这种转变在直觉上似乎是显而易见的，在道德上也是合理的，但要打破多年来的质性研究实践和理解，说"我进入研究领域，谦虚地了解我的同胞们提供了什么"，却是一件颇有挑战性的事。训练有素的探索者使用工具和技术"收集数据"，与谦逊的学习者之间存在巨大区别。对于前者来说，建立融洽关系通常是为了提取信息和获得学术成就。对于后者，进入研究空间时没有坚定的意愿要去知道，而是希望去学习和接受由于真诚的关系建设而主动提供给我们的东西，这意味着"数据分析"分析了关系建设的结果和在这一过程中分享的内容。这个过程不可避免地变成了一个递归分析，分析自我和他人的叙述是如何以不同的方式相互交叉和分歧的，以及如何转换角度在自己的世界观和参与者的世界观之间穿梭，在它们之间创造某种可理解性的。

下一部分详细介绍了一个具体的访谈项目、我的数据分析过程以及一些需要考虑的要点。

21.2　创造性、批判性和沉思的"数据分析"方法

2015 年夏天，我与 2015 年春季质性研究入门班的博士生进行了一个访谈项目。作为一名有色人种教师，我班上的某些白人学生很难接受我的地位和专业知识。为了颠覆权力差异，一些学生挑战我的权威，指责我"反向种族主义"，提交了没有建设性意见的刻薄的课程评估，散布谣言，甚至在与我的互动中撒谎。我曾经写过一个这样的事件（Bhattacharya，2018），它最终让我把公开的正义导向的阅读融入我的课堂中。在此之前，我不确定在质性研究中传达一种公开的正义导向的方法会激起多大的敌意。然而，在对我过去遇到的阻力十分敏感之

后,我决定在自己的质性研究方向上更加直接、开放、脆弱和透明,因为我知道学生们可以自由地不同意我的观点,并找到他们自己的道路。

在 2015 年春天,我介绍了各种去殖民化的、批判性的、创造性的、沉思的、哲学的和文化定位的方法论读物(Bhattacharya,2020)。这些读物中的大多数颠覆了白色人种和知识建设的西方优越性,颠覆了几十年来一直处于中心位置的异族父权和能力主义的方法。我在课堂上让学生参与创造性的、批判性的和沉思性的活动:举行新闻发布会讨论阅读;表演戏剧、歌曲和诗歌;创作摄影作品、短纪录片和音乐作品来展示他们对阅读的理解。

作为一名教育工作者,我一直都知道,不管我的教学方法有多好,不是每个人都会有同样的反应,总会有不同意见。然而在这次尝试中,我惊讶于学生们对我的教学方法和内容的接受程度。这种独特的学生组合引起了我的兴趣,在我们的教学结束后的那个夏天,我让他们参与了一个访谈项目。15 个学生中有 13 个参加了,另外 2 个因为与我的项目时间有冲突而未能参加。

访谈以对话形式呈现,内容简单易懂,具有相互信任和接受的特点。学生们知道我渴望了解他们是如何体验这门课的,这与前几个学期以及他们在其他课堂上的经历截然不同。他们讲述了自己在阅读、作业、活动和最后的双重民族志[①]项目中的经历。然而,访谈不可避免地转向学生的个人信念、价值观、假设和世界观是如何通过一种相互联系的感觉受到挑战、加强或扩展的。

在课堂上,我向学生们介绍了一种混合媒介、沉思、以艺术为基础的数据分析方法。我已经在其他地方写过这种方法和结果(Bhattacharya,2018,2020;Bhattacharya and Cochrane,2017)。在这里,我提供了这种方法的叙述,以及在从事这种形式的递归艺术和制造意义时需要考虑的一些要点。

---

① 理查德·索耶和乔·诺里斯(Richard Sawyer and Joe Norris,2012)证实了"二重民族志"(duoethnography)这一术语,指的是两个或以上研究人员参与的关系类、分层次和嵌入式的自传式民族志研究。在研究中,他们既是参与者又是研究人员。

21.2.1　转录之后

每次我开始处理参与者的叙述时，我都会点燃一支蜡烛，在起居室里画一个想象中的圆圈，里面有我的伴侣和我的狗。我祈祷并邀请有创造力的缪斯女神、智慧守护者和祖先的引导者伴我工作并保护我，使我远离有害的能量，这样我就可以保持接受灵感的开放性。我的伴侣在 5—6 个小时的时间里演奏激发我的创造力的音乐，这段时间我只需要通过一次访谈对话来完成工作。

这个过程是凭直觉的和迭代的。我参加了一些混合媒体艺术制作课程，并将我在这些课程中学到的知识与我的质性研究知识结合起来，保持开放的心态，接受能够提供分析的见解。我早些时候使用这个过程创建了一个艺术镜像窗口，并在之前的出版物中强调了这些步骤（Bhattacharya and Payne，2016）。

为了创造艺术和意义，我阅读了访谈记录，然后根据我对它的理解绘制了具有代表性的图标和符号（参见图 21.1）。

图 21.1　画布上的图标和图像

我试图在这些符号之间建立视觉上的联系。然后我开始摆弄涂料、墨水和粘贴在画布上的部分访谈记录。我会把画布翻过来,让颜料滴下来,当它干涸的时候,我开始自由写作,更深入地探究那些时刻对我来说发生了什么(参见图 21.2)。

图 21.2　粘贴访谈记录、绘画、写作和连接

在这期间,当我写作时,我开始看到转录文本、参与者的故事、我认识和理解世界的方式、我还没有看到和理解的人们的存在方式,以及他们如何解开和得出新的和不同的见解之间的联系。

在最近的一篇文章中,我写道:

在这个艺术创作过程中,我没有任何预先设定的目标就使用墨水。这种释放控制的直觉过程将我与这些没有语言标记的存在以默契的认知方式联系在一起,让我活在当下。当我不停地转动画布,用水喷洒水滴时,看墨水是如何滴落的,我能够从多个角度,通过不同的世界观,在阈限中看到艺术。我认为这个过程是深思熟虑的,因为在存在的那一刻,我连接到内在的我、世界,也许超越了超越这个领域的意识空间。就好像我在他们身上看到了叙事,完整的、隐藏的、显露的、聚焦的、模糊的，通过颜色、运动、滴落的颜料、和我具体的连接变成了新的形式。（Bhattacharya，2020:79）

在某些方面，这是一个过程驱动的调查和分析。在其他方面，这种艺术创作本身就构成了探究。通过提取出对我有强烈吸引力的访谈中的多个元素，我调查了在创作艺术时产生这种吸引力的原因（参见图21.3）。

图21.3　分层、绘画、滴落、书写、深入内心

在整个过程中，我的目标是在保持开放和扩展的同时，探究正在发生的事情。我会问："还有什么事？"我会旋转我的画布，从多个角度观察它，看到不同的视角。在我的自由写作中，我探究和质疑我的直觉、洞察力和假设。然后我看着画布上滴着的颜料、拼贴的访谈记录以及象征着部分叙述的图标，试着凭直觉创作一个作品。

很难用语言来表达一个作品是如何出现在我面前的。这是一个相信我的直觉的过程，我知道从我身上流露出来的知识和洞察力，所有在我的自由写作或画布上出现的东西都是有原因的。我会停下来，沉思，静静处于叙述的矛盾和紧张中。我试着感受自己身体里的这些紧张情绪，从而进行透视。我问自己："你现在想到了什么？"这个问题一直持续到我意识到一些答案为止。

在这样的调查结束时,我会追溯最鼓舞我的东西,并且,当我开始从事艺术工作时,我会凭直觉创作一个作品。这幅图像可能是人类的,也可能是无生命的——任何在我脑海中突出的东西。当我勾勒出构图的轮廓,画出构图的时候,它会以某种形式包含先前的拼贴,包括图像内部和外部。然后我会选择图像的前景和背景,决定背景是不透明的、透明的,还是半透明的。我选择背景是基于我如何理解引发叙事和叙事本身的关系(参见图 21.4)。

图 21.4　遗弃和收养的创伤

在其他地方,我解释了在图 21.4 中激发图像灵感的叙事:

对于这张照片,我想起阿米莉亚(Amelia)分享的她被收养的故事。故事讲述了当阿米莉亚得知她的生母把她送给别人收养,留下了她年长和年幼的亲生兄弟姐妹,临走只留下一些信件时,她有多么难过。阿米莉亚的母亲在怀她的时候吸毒成瘾,再加上阿米莉亚的混血血统,领养机构对她的收养价格打了个折扣。当我开始思考这幅画的构图时,阿米莉亚的痛苦、母亲的子宫,以及这些信件都在这幅画布上达到高潮。(Bhattacharya,2020:80)

当我开始创作这个作品的时候,水滴和颜料滴落的方式、我的色彩选择,以及我的艺术技巧都使我画出河流般的波浪线来勾勒这个女人的脸。这样做了以后,在这个女人存在的画面中心,她的脸和红色的颜料勾勒出痛苦。在照片的一角,我看到了阿米莉亚因为被忽视而感到的痛苦。从母亲和孩子的角度来看,这种先无关紧要,后又很重要的状态,加上细胞层面的创伤和痛苦,成为阿米莉亚一生所承受的沉重负担,即使她自己即将成为一名母亲。

刚开始的时候,当我读到这些故事,反思我们的关系和对话时,我从来不知道我会以这种方式走到这一步。让自己敞开心扉,接受各种可能性和惊喜,这为洞察力的形成提供了一条途径。在下一部分,我将讨论与一位参与者展开的对话中,"数据"分析是如何采用它自己的递归形式的。

21.2.2　与米歇尔一起工作

米歇尔(Michelle),一个 35 岁左右的白人女性,在中西部乡村长大。她告诉我,她的家人经常使用这个带有种族主义色彩的黑人词汇,她对此感到很不舒服。当她意识到她的黑人同龄人有着不同的人生轨迹,包括她童年时期的一些朋友的死亡,她开始仔细考虑她的一些白人特权。尽管米歇尔认为自己是穷人,但她注意到自己能够利用黑人朋友无法获得的机会来克服贫困。在我们的谈话中,米歇尔是诚实的,有时会流泪,有时只是静静地坐着,带着理解她的白人同胞的沉重,即使她自己从来没有故意伤害过任何人。

当我着手处理米歇尔的叙述并开始创作一个作品时,不知为什么,一张叶子的图片进入了我的意识。我追踪这种意识并创作了我的作品(参见图 21.5)。

我把作品拿给米歇尔看,让我吃惊的是,她开始哭泣,然后她问:"你怎么知道的?"

"知道什么?"我回答。

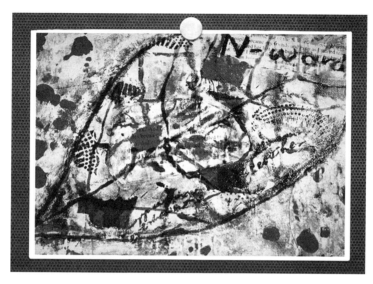

图 21.5　翻开新的一页

"我的家庭是种族主义者,我不喜欢这样。我对园艺很感兴趣,这样我在家的时候就不用和他们待在一起了。"

我说:"好吧。"

"我一直认为自己应该拓展自己的领域,开启新的一页,开启我教给孩子们、学生们新的可能性。这就是我对自己的看法。"米歇尔看看我。"但是你怎么知道的? 我没有告诉你。"

我不知道我是怎么知道的。我敞开心扉,反思我们的关系,反思米歇尔告诉我的以及她没告诉我的。我并没有试图证明自己是对的,也没有表演什么心灵启示的小把戏。我只是参与了我真诚地、直觉地、迭代知道的事情。

我们的谈话进一步深入米歇尔挑战自己的共谋事宜和冒险的方式。米歇尔谈到了她与家人和孩子之间艰难的对话。她表达了她对自己家庭的尴尬,以及她是如何被迫中断白人生活的。在之前的一次访谈中,她很快总结了她的家庭故事。然而,当她看到我的作品时,我们停顿了一下,深入讨论了我们的根源和路线。

米歇尔的反应让我明白了隐藏的、含蓄的叙述的价值,这些叙述与柔和的情感共存,可以存在于如此强烈的情感中,以至于它们成为引导一个人生活的核心。在文字、段落和句子之间没有说出来或者留下来的东西成为一个肥沃的分析来源。在下一部分，我将提供一些在从事创造性、沉思性和批判性的叙事分析方法时需要考虑的要点。

21.3　值得考虑的要点

本章所描述的艺术和感觉的形成过程是非常个性化的。对于那些希望在自己的研究中探索这种方法的人，我提供了一些要点供他们考虑。

21.3.1　复制不会产生相同的结果

在质性研究中详细描述一个人的探究过程，会使人容易被指责为规定性和还原性的，而不是探索性的。虽然所有的途径不一定都是规定性的，但使某些过程透明化并阐明研究人员参与的过程是有价值的。然而，重要的是，复制描述的过程将不会产生相同的结果。这些过程是个人的，受到研究人员-参与者关系和信任的驱动，经过几个月的交谈、学习和成长而形成的时候，他们怎么能做到呢？这个过程是直觉的，一个人必须相信自己的直觉和冲动，看看会发生什么。

我鼓励那些对这个过程感兴趣的人留意是什么召唤他们参与其中。即使一个人不能用语言表达"召唤"，拥有一些批判意识也是很重要的。也许它是一种将批判性、创造性和沉思融合在一起的过程的倾向，一种准备进行正念练习的意识，或者一种在高等教育的苦差事中失去的创造力的重新觉醒。不管是什么原因，参与这个过程需要对自己诚实，然后才能理解参与者的叙述。

21.3.2　理解自我-他人关系的递归性质

对这种方法感兴趣的人必须询问在世界上他们是谁，世界如何塑造他们,以及作为回应,他们如何塑造世界。挖掘一个人在世界上的位置需要谦卑地理解特权和压迫的多重性和交叉性以及个人与它们的关系。进行这样的挖掘需要对某些静止、存在和内省的沉思实践持开放态度。

尽管这听起来可能很奇怪或者很神秘,但要想站在他人的视角理解他人的叙述,就需要完全诚实地审视自己的叙述,理解这些叙述是如何促成自我的创作的。只有当一个人深入挖掘自己的内心世界时,才能对他人的故事有深刻的洞察力。换句话说,研究人员必须从事培养深度洞察力的实践活动,然后才能洞察他人的经验或他们分析的文件、媒体或其他材料。

在分析一个人与他人的关系时,不可能完全消除自我,正如期望人类研究却不以人类为中心一样是不合理的。因此,任何实证主义者对于在质性探究中建立人际关系的不适都应该尽快丢掉。建立关系本质上不应该是交易性的。相反,研究人员应该重视建立关系本身。通过珍视我们与同类的关系,我们学会了如何以尊严和谦卑的态度对待这种关系的展开,即使它不能产生推动我们工作的确切"数据"。只有当我们放弃装腔作势地想要知道的意愿,我们才能培养真诚的关系,产生反思的机会,理解自己和他人之间的关系。

21.3.3　作为可能性入口的沉思创造力

重要的是,那些寻求从事沉思创造性形式的意义创造的人必须首先接受自己做不好创造性工作。一个人的艺术作品,诗歌或摄影作品不需要是能进博物馆或获奖的。相反,至关重要的是,要把这些参与视为通往其他地方的门户,开启广阔的可能性,并继续接受这些可能性及其与个人工作的相关性。重点不在于创造杰作,而在于通过参与过程来学习。

人们常常被创造性的工作吓倒,因为他们认为这需要掌握一系列技能。我相信我们都有能力成为有创造力的思想家和实干家,即使我们的创作可能不符合某些审美标准。糟糕的审美仍然是一种审美,但更重要的是,创造的过程变成了探究和分析的过程,产生了新的见解。

如果你有兴趣尝试创造性的意义创造形式,我建议你接受这个召唤,去做吧。如果你最终喜欢上了这个创造性的活动,我鼓励你更加勤奋地学习这个技巧。换句话说,不要把你的第一首诗作为一首创造性的杰作。学习写诗的艺术,发现你的创造力和审美情趣,提升你的作品。你的探索将更有深度,你的作品将在很多维度创造无数的切入点。

下面,我提供一些实验指南。这些指导方针并不具有规约性;这个过程是非常个性化的,在实践之前,请参考前面提到的要点。接受生成性的和广泛的可能性,而不是重复类似的结果。这种指导原则的提供是极尽可能透明的,同时参与迭代和直觉形式的意义创造。

克劳福德(Crawford,2017:77)记录了我的教学法(Bhattacharya,2015)中适用于沉思创造力的几个指导方针。其中包括以下内容:

1. 仔细阅读转录文本。与转录文本联系起来,不是为了识别代码、类别或主题,而是为了对参与者在谈话中所陈述的内容产生深切的共鸣。感受你口中的话语,慢慢地阅读它们,你开始意识到你的身体和思想对这些话语的反应。

2. 仔细阅读之后,从转录文本中选出突出的段落。

3. 以任何你喜欢的形式,在你认为突出的段落画视觉图标。这些图标不一定要有很高的美学品质,但是它们必须将你的思想、情感和洞察力与选定的文章联系起来。

4. 剪下你选择的部分,把它们粘在你喜欢的任何方向的画布上。

5. 把你的画布转向另一个方向,这样你就可以有一个不同的视角。

6. 使用任何形式的艺术和标记工具来连接画布上转录文本的摘录。

7. 把你的画布转向另一个方向,这样你就可以有一个不同的视角。

8. 在一张单独的纸上,写下当你看到你的符号和你的联系时,你所产生的经历、情绪和想法。自由写作来回应下面的提示:"此时此刻,我在这件艺术作品中想到的故事是……"

9. 思考以下问题：

（1）通过这次活动,你发现了什么/理解了什么/加深了什么？

（2）覆盖、揭露、写作和绘画是如何让你深入了解如何处理质性数据的？

（3）这项活动会如何改变或影响你进行质性研究的方式？

（4）当你处理参与者与你分享的故事时,你发现了什么关于你自己的见解？

我建议你随身携带一个笔记本,以任何你喜欢的形式记录你的想法。它甚至可以帮助你记录你的梦想、灵感、预感——任何对你有情感冲击的事情。通过这种方式,你可以追溯自己的旅程,清楚地表达你是如何关注创造力、直觉和本能的,以此作为分析的依据。

21.4　结论

在质性研究中撰写数据分析是具有挑战性的,因为这是一个个性化的过程,复制不会产生类似的结果。在国际质性研究大会会议上,我因为提出数据分析是自我分析的一部分而被驳回。在这一章中,我深入探讨了自我分析是数据分析的一个关键要素的说法,因为建立关系是质性研究的一个核心方面——如果通过批判性和/或殖民性/去殖民性框架得出结论,情况就更是如此。

从这些角度来看,学者们因关系建设本身的缘故才进入关系建设,所以关系建设超越了传统的交互式研究的期望。我建议,任何从这种关系建设中产生的探究都需要谦卑并放弃了解的意愿。作为研究人员,我们不应该把我们的人类同胞视为我们有权从中提取信息的数据仓库。相反,我们可以从参与者身上学到他们选择提供给我们的东西：参与学习、好奇心和发现的旅程,有时可能显示替代的路径和见解。

这些例子详细介绍了基于混合媒体艺术的数据分析的各种过程,提供了深入的见解,其中一些是默认的,没有在访谈中阐明。在米歇尔的案例中，一句随口说出的话传达了她如何书写自己生活的核心部分，阐明了在数据分析过程中留心直觉和本能洞察力的价值。

我认为数据分析，至少在一定程度上，是对参与者和研究人员之间关系的分析——对自我和他人的分析。执行这样的分析需要一些沉思的参与和批判性叙事，形成一个人自己的世界观、信仰、假设和身份。只有当我们与参与者是递归关系时，我们才能意识到自己纠缠不清的叙述中相互交织和特定位置的特权。

本章中提出的任何内容都不应按照规定进行处理。这些只是简单的指导方针，是可以参与甚至改变的作品。例如，如果要求画螺旋线，但你想画三角形、梯形或茶杯，当然可以，这是一个探索和培养深度洞察力的个人旅程。

质性研究不能脱离其固有的以白人为主和特权的西方位置，因为著名的质性研究学者都位于北半球或主要是白人的国家。因此，要从批判性和/或殖民性/去殖民性的角度进行数据分析，就必须打破对质性研究的现状理解，并超越传统的调查和分析的界限。在本章中，这种跨越边界的行为被描述为具有诱惑力的举动，鼓励读者承担智力和创造性的风险，去从事他们自己的洞察力驱动的发现。

补充阅读

Bhattacharya，K.（2018）. "Contemplation，Imagination，and Post-opposi-tional Approaches in Qualitative Inquiry." *International Review of Qualitative Research*，*11*(3)，271—285. https：//doi.org/10.1525/irqr.2018.11.3.271.

Bhattacharya，K.（2019）. "Theorizing from the Streets：De/colonizing，Contemplative，and Creative Approaches and Consideration of Quality in Arts-based Qualitative Research." In N. Denzin and M. Giardina(Eds.)，*Qualitative Inquiry at a Crossroads：Political*，*Performative*，*and Methodological Reflec-tions*(pp.109—125). Routledge.

Bhattacharya，K.(2020). "Understanding Entangled Relationships between Un/interrogated Privileges：Tracing Research Pathways with Contemplative Art-making，Duoethnography，and Pecha Kucha." *Cultural Studies↔Critical Meth-odologies*，*20*，75—85. https：//doi.org/10.1177/1532708619884963.

回顾与练习

当我邀请读者参与他们自己的创造性的、沉思的和批判性的数据分析时，我建议考虑和讨论以下问题。这些问题没有好的、坏的、正确的，或者错误的答案；它们只是为引导沉思而设计的。

1. 在哪些方面（除了本章中提到的那些）你可以把探究作为一种谦卑的形式？也许可以从研究目的、问题、设计、数据收集、分析、表述和伦理的角度来思考。

2. 如果数据分析是关系分析，那么什么样的分析对于你的关系建设方法是必要的呢？换句话说，你身上有什么东西可以促进和/或者阻碍以谦卑为导向的不受事先期望影响的人际关系的建立？

3. 无论你从事哪种形式的数据分析，你如何能够注意到数据分析和意义制造的直觉本质？这对你来说是什么样的？你会做些什么来拥抱和激活自己的直觉，并进行数据分析？

4. 所有形式的调查都是通过一个有组织的视角来框定的。当你从事数据分析的批判性、创造性和沉思的方法时，什么样的理论和方法论方法为你的分析提供了框架？这些框架可以来自已有的学术成果，也可以来自学术界传统空间之外的知识。

参考文献

Anzaldúa，G. E.(1987). "La conciencia de la Mestiza：Towards a New Consciousness." In W. Kolmar and F. Bartkowski (Eds.)，*Feminist Theory：A Reader*(pp.398—402). Mayfield Publishing.

Anzaldúa，G. E.(2015a). "Flights of the Imagination：Rereading/rewriitng Realities." In A. Keating(Ed.)，*Light in the Dark/Luz en lo oscuro：Rewriting Identity，Spirituality，Reality*(pp.23—46). Duke University Press.

Anzaldúa，G. E.(2015b). "Geographies of Selves—Reimagining Identity：Nos/otras(us/other)，Lasnepantleras，and the New Tribalism." In A. Keating (Ed.)，*Light in the Dark/Luz en lo oscuro：Rewriting Identity，Spirituality，Reality*(pp.65—94). Duke University Press.

Behar，R.(1993). *Translated Woman：Crossing the Border with Esperanza's Story*. Beacon Press. Bhattacharya，K. (2006). "De/colonizing Methodologies and Performance Ethnography：Extending and Legitimizing Qualitative Approaches to "Scientific" Inquiry." Paper presented at the American Educational Research Association，San Francisco，CA.

Bhattacharya，K. (2007). "Consenting to the Consent Form—What Are the Fixed and Fluid Understandings between the Researcher and the Researched?" *Quali-*

tative Inquiry，13(8)，1095—1115. https://doi.org/10.1177/1077800407304421.

Bhattacharya，K.(2009). "Othering Research，Researching the Other: De/colonizing Approaches to Qualitative Inquiry." In J. Smart(Ed.)，*Higher Education: Handbook of Theory and Research*(Vol.XXIV，pp.105—150). Springer.

Bhattacharya，K.(2015). "The Vulnerable Academic: Personal Narratives and Strategic De/colonizing of Academic Structures." *Qualitative Inquiry*，22(5)，309—321. https://doi.org/10.1177/1077800415615619.

Bhattacharya，K. (2018). "Contemplation，Imagination，and Post-oppositional Approaches: Carving the Path of Qualitative Inquiry." *International Review of Qualitative Research*，11(3)，271—285. https://doi.org/10.1525/irqr.2018.11.3.271.

Bhattacharya，K. (2019). "Theorizing from the Streets: De/colonizing，Contemplative，and Creative Approaches and Consideration of Quality in Arts-based Qualitative Research." In N. K. Denzin and M. D. Giardina(Eds.)，*Qualitative Inquiry at a Crossroads: Political，Performative，and Methodological Reflections*(pp.109—125). Routledge.

Bhattacharya，K. (2020). "Understanding Entangled Relationships between Un/interrogated Privileges: Tracing Research Pathways with Contemplative Art-making，Duoethnography，and Pecha Kucha." *Cultural Studies↔Critical Methodologies*，20(1)，75—85. https://doi.org/10.1177/1532708619884963.

Bhattacharya，K. and Cochrane，M.(2017). "Assessing the Authentic Knower through Contemplative Arts-based Pedagogies in Qualitative Inquiry." *Journal of Contemplative Inquiry*，4(1). https://journal. contemplative inquiry. org/index. php/joci/article/view/76.

Bhattacharya，K. and Payne，R.(2016). "Mixing Mediums，Mixing Selves: Arts-based Contemplative Approaches to Border Crossings." *International Journal of Qualitative Studies in Education*，29(2)，1100—1117. https://doi.org/10.1080/09518398.2016.1201163.

Crawford，B. L.(2017). *Lights up When Plugged in，the Superpower of Disability: An Arts-based Narrative* (*Publication No.*10619664) (Doctoral dissertation). Kansas State University: Pro-quest Dissertations Publishing.

Freire，P.(1973). *Education for Critical Consciousness*. Seabury Press.

Giroux，H.(2009). "Critical Theory and Educational Practice." In A. Darder，M. P. Baltodano and R. D. Torres (Eds.)，*The Critical Pedagogy Reader* (2nd ed.，pp.27—51). Routledge.

Saldaña，J.(2014). "Blue-collar Qualitative Research: A Rant." *Qualitative Inquiry*，20(8)，976—980. https://doi.org/10.1177/1077800413513739.

Sawyer，R. D. and Norris，J. (2012). *Duoethnography: Understanding*

Qualitative Research. Oxford University Press.

　　Smith，L. T.(1999/2002). *Decolonizing Methodologies：Research and Indigenous Peoples*. Zed Books Ltd.

　　Smith，L. T. (2005). On Tricky Ground："Researching the Native in the Age of Uncertainty." In N. K. Denzin and Y. S. Lincoln(Eds.)，*The SAGE Handbook of Qualitative Research*(3rd ed.，pp.85—107). SAGE.

22

跟随头灯：基于漫画的数据分析

萨莉·坎贝尔·加尔曼

跟随

头灯

基于漫画的数据分析

◉萨莉·坎贝尔·加尔曼

嗨！我是一名卡通家和质性研究人员，这就是我如何基于漫画艺术的工具和过程来分析数据！

因此……我们来回顾一下：这是什么数据分析？

从一个非常基本的意义上来说，它需要大量的数据。

并将它们分类成小块的数据。

这些小团块的命名和排列方式有助于讲述一个故事，这样我们就可以理解现象。

?!?

(Galman, 2013)

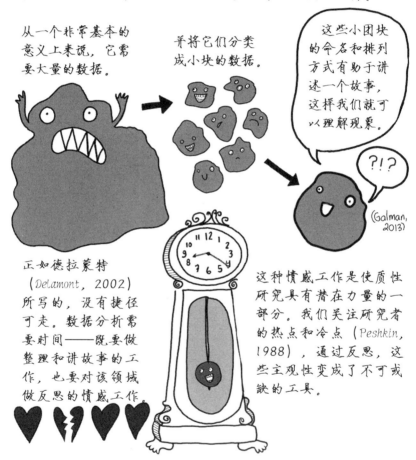

正如德拉蒙特（*Delamont*, 2002）所写的，没有捷径可走。数据分析需要时间——既要做整理和讲故事的工作，也要对该领域做反思的情感工作。

这种情感工作是使质性研究具有潜在力量的一部分。我们关注研究者的热点和冷点（*Peshkin*, 1988），通过反思，这些主观性变成了不可或缺的工具。

但是漫画如何适应呢？

漫画和其他视觉艺术可以是基于艺术的研究形式（ARTS BASED RESEARCH, ABR）1 研究人员"系统地利用艺术过程，在所有不同的艺术形式中实际制作艺术表达，作为研究人员和他们参与研究的人理解和检查经验的主要方式"（McNiff, 2008：29）。

这些视觉 ABR 方法之一是

WHOA!!

基于漫画的研究

这不是你妈妈的连环漫画!!

CBR 是"使用漫画形式收集、分析和/或传播学术研究的广泛实践"（Kuttner, Sausanis and Weaver—Hightower, 2008：397）。

请注意，不要将 CBR 与 CPR 混淆，虽然漫画艺术当然也能救命。

数据分析需要动态地同时把握部分与整体。

这可能是一种复杂的脑力体操。

你可能会被难住，不知所措！

写字和画画都有用！漫画以多模态方式构建分析者的认知（Weaver-Hightower，2013）。

漫画讲述了一个故事。随着对故事的分析，漫画可以使作者以线性和非线性的方式探索感觉、数据、主题和想法。漫画提供了移情和经验洞察的途径，这是实现质性研究目的的关键（Weaver-Hightower，2017：229）。

好的。但是我该如何做呢？

一个小小的背景故事

自2015年以来，我一直在对变性儿童进行质性研究。在2016年总统大选之后，我在美国中西部收集数据

作为一名研究人员，整个选举后的经历对我来说是痛苦的。当我回到家并需要分析数据时，我发现我想利用我作为漫画家培训的工具来探索新的想法。

作为一项分析任务，我最终写了一个简短的喜剧短片——把我的所见所感整合成一个连贯的故事。正如库特纳所写的，"文字—图片互动可以成为探索其他类型关系的有用工具……这可能是一个研究不确定性和模糊性的机会……"（Kuttner，2018：41）

嗯……摸起来有点热……

还记得关于热点、冷点和主观性的整件事吗？

当我思考、阅读和反思这些数据时，我知道有一些事情正在发生，一些重要的事情在那里，并以此为题材制作了一部漫画。

即使这样做，我也只能看到前方隐喻性的前灯。

数据

……可以进行数据分析工作！

作为一名漫画艺术家，我必须关注数据的各个部分和整体是如何结合在一起的。这意味着小心拼接缝合。
韦弗—海托尔（Weaver-Hightower，2017）称该过程为"重述故事"。漫画艺术家掌握着所有的信息、想法、文字和图像，并对它们进行排列和重组，直到它们按逻辑顺序呈现

当我浏览我的现场笔记、备忘录和当时的采访记录时，我花时间探索阅读时出现在脑海中的单词和图像。我首先感到的是一种强烈的末日感。按照德拉蒙特（Delamont，2002）的说法，我在这一领域广泛阅读，这一次是鲍勃·迪伦（BobDylan，1999）对伍迪·格思里（Woody Guthrie）最后的想法，这是出现在头灯中的图像。我一遍又一遍地画它，当我读一个单词时就跟着它。

我能感受到牙齿

……在我脚下

画画变成了一种动觉性的提问：这里有什么故事？是不稳定吗？恐惧？厄运？当我阅读的时候，这个图像出现了，它的含义也不会太远。

在这个过程中，我
找到了组织主题：

当我写着、画着，努力想弄清楚车灯把我带到哪里时，
我意识到——当我一次又一次地画出那些牙齿和张开
的血盆大口时——这不是关于毁灭或危险的故事——
这是关于勇敢的故事。

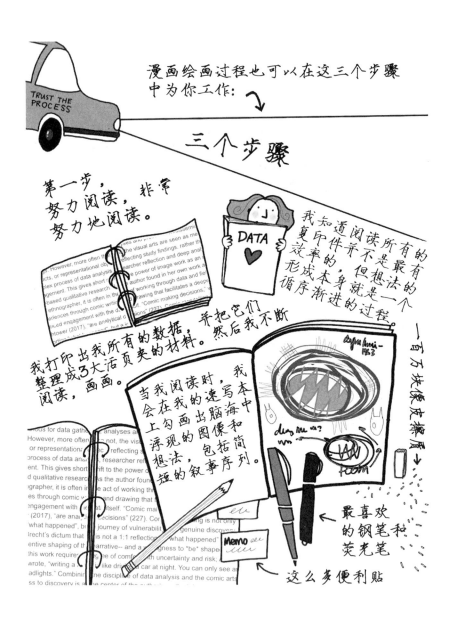

漫画绘画过程也可以在这三个步骤中为你工作：

三个步骤

第一步，努力阅读，非常努力地阅读。

我知道阅读所有的复印件并不是最有效率的，但想法的形成本身就是一个循序渐进的过程

我打印出我所有的数据，并把它们整理成3大活页夹的材料。然后我不断阅读，画画。

当我阅读时，我会在我的速写本上勾画出脑海中浮现的图像和想法，包括简短的叙事序列。

一百万块橡皮擦

最喜欢的钢笔和荧光笔

这么多便利贴

3.人们往往会对严谨
的标准感到不安。
基于漫画的研究中有
很多这样的例子，但
在分析工作中，对我
来说，最具共鸣的标
准是我们如何"忠实
于研究人员的经验和
主体性——这有时可
以通过将研究人员作
为一个角色插入到作
品中来解决……
（参见Kuttner，Sousanis
and Weaver-Hightower，
2018：413）

另一个又好
又简单的规
则：要创造
出好的艺术，
你必须创造
好的科学

反之亦然

显然不
是真的

你也可以用小
动物或其他东
西来代表其他
的声音！

当你鼓起勇气的时候，考虑通过这些练习来激起你对基于漫画研究的兴趣：

1. 想一想你自己的工作，试着从你的数据或你在这个领域的经验中写一个小故事。

2. 去书店或图书馆看看我的一本关于研究方法的漫画书。运用漫画有什么不同？材料的组织和呈现方式有什么不同？

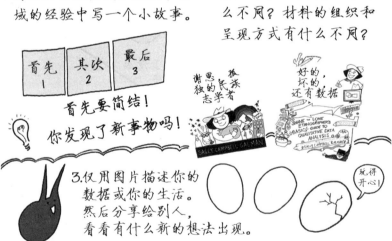

3. 仅用图片描述你的数据或你的生活。然后分享给别人，看看有什么新的想法出现。

参 考 文 献

Delamont, S. (2002). *Fieldwork in educational settings: Methods, pitfalls and perspectives.* (2nd ed.) Routledge.

Dylan, B. (1991). Last thoughts on Woody Guthrie. [Song]. On: *The Bootleg series: Rare and unreleased 1961-1991.* Columbia Records.

Galman, S. C. (2018a). This is Vienna. In C. Kray, H. Mandell, & T. Carroll (Eds), *Nasty Women and Bad Hombres: Historical Reflections on the 2016 Presidential Election.* (pp. 296-290). University of Rochester Press.

Galman, S. C. (2018b). *Naptime at the O.K. Corral: A beginner's guide to the ethnography of childhood.* Routledge.

Galman, S. C. (2018c). *Shane the Lone Ethnographer: A beginner's guide to ethnographic research.* (2nd ed.) Rowman & Littlefield.

Galman, S. C. (2017). Research in Pain. *Anthropology News*, 14-17. http://www.anthropology-news.org/index.php/2017/05/08/research-in-pain

Galman, S. C. (2013). *The Good, the Bad, and the Data: A beginner's guide to Qualitative Data Analysis.* Routledge.

Galman, S. C. (2009). The truthful messenger: Visual methods and representation. *Qualitative Research.* 9(2), 197-217. https://doi.org/10.1177/1468794108099321

Kuttner, P., Sousanis, N. & Weaver-Hightower, M. B. (2018). How to draw comics the scholarly way: Creating comics-based research in the academy. In P. Leavy (Ed.) *Handbook of arts-based research.* (pp. 396-425). Guilford.

McNiff, S. (2008). Arts based research. In J. G. Knowles & A. L. Cole. (Eds.) *Handbook of the arts in Qualitative Research: Perspectives, methodologies, examples and issues.* (pp. 29-40). SAGE.

Peshkin, A. (1988). In search of subjectivity—one's own. *Educational Researcher* 17(7), 17-21. https://doi.org/10.3102/0013189X017007017

Weaver-Hightower, M. B. (2017). Losing Thomas & Ella: A father's story. *Journal of Medical Humanities*, 38(7), 215-230. https://doi.org/10.1007/s10912-015-9354-2

Weaver-Hightower, M. B. (2013). Comics and the narrative/ethnographic moment. Paper given at the annual meeting of the American Educational Research Association, San Francisco, CA.

更多请见：
sallycampbellgalman.com

第七部分　写作实践

保罗·米哈斯

引言

　　质性研究人员所做的不仅仅是"写下"他们的发现,更是写下整个发现过程。作为一种实践,不仅仅是一个阶段,写作和重写的工作不断地激活知识,提高我们的理解力。写作是经验的表现(Bruner,1986)——它传达了研究人员和参与者的理解。做笔记、备忘录、转录、提案、概念论文和其他形式的研究写作之间是相互补充与建立的。最终的"成果"会反映出许多写作层次,这通常是一个更大的研究程序中的一个衡量站。

　　在访谈中,我们沉浸于参与者的听觉讲述,这种讲述已经从更大的体验中脱离出来。在转录中,我们将这个口头事件转换成文本事件(参见第4—6章关于转录的练习)。在分析中,我们辨别叙事意味着什么,努力寻找意义——写下有关引语、转录文本和代码的备忘录——并通过这种方式发展我们的写作声音,确定研究的独特语言(参见第13—15章)。在写论文、文章、博客或书籍时,我们关注的是特定的从业者、学者或普通大众(或所有这些人)。每一个书面的经验表述都将我们带向研究性的突破和作为一种认知方法的写作(Richardson,2000)。

　　读者也参与这种知识生产,因为他们对作者的叙事框架、精选证据和意义论断有自己的体验。读者将我们的文字——我们的结构和"发现"——转变成基于他们自己的学科和定位的意义。当我们考虑在写作实践中的所有层次的经验时,找到一种方法来传达参与者的暗示和他们看到的关键时刻可能是艰难的。记住与参与者交谈,而不是为他们说话,这让我们更接近研究的背景和探索的地点。写作鼓励我们提出论断,并在一些被称为"证据链"的领域用说明性数据和逻辑意义阐明这些论断(Yin,2014)。

　　作为一种传递经验的工具,写作有其局限性。当读者对参与者的反应产生困惑的时候,书面文本不能让读者听到参与者的声音或看到他们的脸。尽管如此，在书面记录中，我们有机会分享一个具体化的社会世界的含义，并让听众参与我们的讲述。诗人保罗·康诺利（Paul Connolly）说："改变文化的不是在争论中占上风，而是不同的表达。"（Retallack and Spahr，2006）即使我们的目标不是改变"文化"本身，而是参与发现并改变我们曾经认为我们（或我们的学科）理解的东西，说"不同"的话也是一种值得培养的实践。当我们质疑假设，抵制学术陈词滥调，运用尖锐的语言作为一种新的认知方式时，我们就在有效的写作中发展了这些技巧。因为质性研究为我们提供了从参与者自己的言语和口头意识中建立知识的途径，所以"用不同的方式说话"的机会比比皆是。我们也可以使用不同的叙事形式——平淡的、诗歌的、戏剧性的和技术性的（Saldaña，2018）——选择一种也许最能以新的方式展示现象的形式，尽可能通过参与者的眼睛展示他们的社会世界。

出版的定义包括"普遍公开"和"向公众传播"（Merriam-Webster，2020）。传统上，出版关注的是知识的生产和传播，而质性研究人员关注的不仅仅是研究的"结果"，也关心参与者的复杂现实、生活经验和意义的构造。

无论我们的工作是否带有民族志、现象学或叙事分析的色彩，我们都需要构建一个引人注目的叙事，而不仅仅是一个信息丰富的叙事。我们必须交流我们的研究是如何提炼、反驳和扩展之前的内容的。结缔组织将看似冲突的解释连接在了一起。通过把注意力吸引到把看似矛盾的叙述联系在一起的结缔组织上，我们获得了读者的注意，我们希望还能获得他们的信任。我们的任务是使用书面文字来传达理解，通过讲故事来激发人们对某种现象的兴趣，而这种现象的维度尚未知晓或正在不断演变。一篇压缩的期刊摘要可能足以传达一篇量化文章的发现，但质性研究却不是这样。读者需要体验正在展开的研究旅程，并尽可能地听取参与者的声音，以获得不仅仅是浓缩的知识，而且是对现象、场合或故事的经验性掌握。正如诗人穆里·鲁凯泽（Muriel Rukeyser，1968）提醒我们的那样，"宇宙是由故事组成的，而不是由原子组成的"，正是这些故事让读者更加靠近并参与这种微妙的知识生产。

在一篇质性论文或以艺术为基础的创作开始时，研究人员与读者达成了一个隐含的契约。读者可以很快地了解作者是否以及如何与他们合作,以及作者是否以及如何帮助他们通过证据、论断和故事找到自己的道路。在许多方面,作者向读者发出如何阅读他们作品的信号。他们通过案例的力量,通过提高读者对上下文的敏感度,通过提出读者自己可能提出的疑问来做到这一点。在评估一篇质性论文时,理查德森提醒我们扪心自问它是否完成了以下几点:

- 实质性贡献(一个值得分享的发现);
- 美学价值(引人注目的研究人员的声音);
- 反身性(充分的自我意识);
- 影响(这会影响到读者吗?);
- 现实的表达(一种体验的感觉)(Richardson,2000)。

在最好的情况下,阅读在作者和读者之间生成了一种智力上的和社会层面上的伙伴关系,以实现这些目标。

这一部分介绍了写作实践的方法和见解以及如何面对广泛的读者。在第23章,艾莎·纳希达、哈斯琳达·宾蒂·阿卜杜拉、史蒂文·埃里克·克劳斯和诺巴亚·宾蒂·艾哈迈德讨论了如何运用叙事分析的方法将访谈记录转换成故事,使用策略围绕主要转折点排列和组织书面作品,同时传达讲故事者的声音。在第24章,杰西卡·斯马特·格利恩向我们展示了通过概念论文、博客和专栏与公众进行交流的意义。她分享了如何确保我们的工作有更长的保质期和更大的影响力的策略和实践,而不仅仅是在学术期刊上。她告诉我们,读者总是问为什么一个话题是重要的,而且当我们完成了自己的工作,读者想知道接下来会发生什么。在第25章,米切尔·艾伦强调了作者和编辑之间关键而复杂的关系,因为他把出版当作一种社会行为来赞美,这种行为通常以对话开始。

回顾与练习

1. 在阅读了纳希达等人(Nasheeda et al.,Chapter 23)和格里恩的研究(Gullion,Chapter 24)之后,重写一段你的研究或者访谈记录的摘录,首先写一个叙述性的小插曲,然后写一个概念论文或者专栏。通过这些写作实践你有什么发现,它们对读者有什么意义?

2. 在读完艾伦的研究(Allen,Chapter 25)之后,写一封电子邮件给出版公司的策划编辑,内容是关于一本基于你的研究的书的想法。

参考文献

Allen, M.(2022). "Sophie's Choices: The Social Act of Publishing a Qualitative Study." In C. Vanover, P. Mihas and J. Saldaña(Eds.), *Analyzing and Interpreting Qualitative Research: After the Interview.* SAGE.

Bruner, J. (1986). *Actual Minds, Possible Worlds.* Harvard University Press.

Gullion, J. S. (2022). "Writing for a Broad Audience: Concept Papers, Blogs, and OpEds." In C. Vanover, P. Mihas and J. Saldaña(Eds.). *Analyzing and Interpreting Qualitative Research: After the Interview.* SAGE.

Merriam-Webster.(2020). Merriam-Webster.com dictionary. https://www.merriam-webster.com/.

Nasheeda, A., Abdullah, H. B., Krauss, S. E. and Ahmed, N. B.(2022). "Turning Transcripts into Stories." In C. Vanover, P. Mihas and J. Saldaña(Eds.), *Analyzing and Interpreting Qualitative Research: After the Interview.* SAGE.

Retallack, J. and Spahr, J.(2006). *Poetry and Pedagogy: The Challenges of the Contemporary.* Macmillan.

Richardson, L.(2000). "Writing: A Method of Inquiry." In N. K. Denzin and Y. S. Lincoln(Eds.), *The SAGE Handbook of Qualitative Research* (2nd ed., pp.923—948). SAGE.

Rukeyser, M.(1968). *The Speed of Darkness: Poems.* Random House.

Saldaña, J.(2018). *Writing Qualitatively: The Selected Works of Johnny Saldaña.* Routledge.

Yin, R. K.(2014). *Case Study Research.* SAGE.

23 把转录文本变成故事

艾莎·纳希达　哈斯琳达·宾蒂·阿卜杜拉
史蒂文·埃里克·克劳斯　诺巴亚·宾蒂·艾哈迈德

摘要：叙事是描述事件的书面记录或口头描述或记忆词汇。访谈中包含的叙事可以通过多种方法进行分析。然而，很少有作者描述将采访转化为故事的过程。本章以第一作者关于马尔代夫青年人生活技能教育方案经历的博士研究成果为例，描述了重构参与者访谈经历的过程。我们提供了一个循序渐进的例子，说明一系列的转录文本是如何结构化并组织起来生成可供分析的故事的。该内容分四个阶段进行，描述参与者的故事是如何从访谈记录稿发展而来，通过起草一个按时间顺序排列的情节，到共同创建和修订文本，并从转录文本中获得意义。修订后的转录文本成为质性分析的重点。

关键词：叙事；经验；故事；质性数据分析中的多方法进展；转录文本

23.1　什么是叙事？

叙事的定义大多包括对事件、编年史或故事的口头或书面描述。拉波夫和瓦莱茨基（Labov and Waletzky，1997）将叙事定义为暂时与叙述的事件相吻合的时刻。波尔金霍恩（Polkinghorne，1985）将叙事定义为一个过程，通过将一系列事件与一个主题或情节联系起来从而赋予这些事件意义。因此，叙事是描述随着时间的推移而展开的人类经历的表征(Clandinin and Rosiek，2007)。

23.2 叙事的表现

在质性研究中，通过广泛的程序和实践来收集和分析叙事。研究人员可以通过访谈、观察、文本分析以及采集他们自己的写作和自我对话的样本来收集叙事。

收集的故事可以通过当代方法进行分析，如主题分析、结构分析和表演分析(Riessman，2005)。在主题分析中，重点在于文本的要点，也就是说，传达了什么，而不是一个故事是如何写或说的。在主题分析中，着重强调文本的大意，关注一篇文章的主旨是要传达什么而不是一个故事是如何写成或者讲述的。主题分析的意义构建重点在于演讲的内容。语言被视为一种普遍的艺术，读者可以将假设分析中的主题组合在一起代表叙述者的经验(Riessman，2005)。相比之下，结构分析强调故事的叙述方式，并试图找出与口头或书面语言相关的核心意义，以便理解叙事是如何构成的(Hyvarinen，2008)。因此，结构分析中讲故事的表征往往局限于分析事物是如何表达的，而不是调查塑造参与者生活的制度性和互动性的力量(Ahmed and Rogers，2017)。对话/表演分析超越了讲故事的范畴，转向了表演，关注的是社会/文化背景，而不是个人故事(Riessman，2001，2005)。

大多数使用访谈中收集到的故事的叙事探究和其他研究都是从对特定体裁的使用中发展出来的，如传记、自传、生活史和口述历史。每一种体裁都有不同的做法来指导数据收集(Creswell and Poth，2018)，这些做法影响着访谈者和参与者如何共同构建叙事来记录和/或转录数据(Breheny and Stephens，2015)。

尽管许多研究将叙事探究作为一种设计(Clandinin and Connelly，2000；Clandinin and Rosiek，2007)，也有许多研究提供了叙事访谈的指导（Anderson and Kirkpatrick，2015；Jovchelovitch and Bauer，2000），但很少有作者写过将访谈转化为构建故事的过程（Jeppesen，2016）。有许多不同的方式来表现和分析故事（例如，Connelly and Clandinin，1990；Cortazzi，1994；Ollerenshaw and Creswell，2002；Riessman，1993）；然而，把一个口头访谈变成一个可供分析的故事的过程往往被认为是理所当然的（McCormack，2000），这一过程也是我们准备分析的。

本章描述的转录文本分析和故事发展的方法论过程是由多种策略构建的转换叙事（Clandinin and Rosiek，2007；Czarniawska，2004；Riessman，2005）。重述框架的目标（参见 Nasheeda，Abdullah，Krauss and Ahmed，2019）是按时间顺序排列记录，以代表参与者的故事，同时继续与参与者对其经历的理解保持联系。随着分析的进展，记录和后续访谈可能被用来发展和理解参与者的故事。该框架由四个阶段组成，即从现场采访谈到转录文本，从最初的访谈记录草拟一个时间顺序情节，到共同创建和修改文本，以及从修改后的访谈记录中构建意义。下面的部分将为读者提供关于这一进程的逐步说明；我们将展示如何结构化和重组一套转录文本来生成供分析的故事。

23.3　研究描述

面向青年人的生活技能教育方案对于从儿童早期和青春期到成年期的个人福祉进行建设性调整至关重要（Nasheeda，2008）。这项研究的目的是描述生活技能教育项目的经历如何塑造一个人的生活。参与者在一个 60 分钟的访谈中分享了她的经历。然后，正如我们讨论的那样，在一系列后续采访和社交媒体互动中，对团队的问题和评论提供了反馈。参与者的访谈记录被用来编写一个故事，重建参与者经历的意义，同时保持原来的声音。

23.4　把访谈变成故事

本章介绍了一个由四个阶段组成的过程，描述了参与者的故事是如何从访谈记录中发展出来的。反复多次阅读参与者的访谈记录初稿以便理解她在访谈中分享材料的时间顺序，进而形成一个连贯的故事。在这个过程中，与参与者的合作增加了原始访谈中共享的叙述的意义。使用了多种形式的叙事分析的实践和策略来构建重述框架，例如整体内容阅读（Lieblich，Tuval-Mashiach and Zilber，1998）、故事元素（Clandinin and Connelly，2000；Clandinin and Rosiek，2007；Czarni-awska，2004；Imabuchi and Ogata，2012）、叙事探究（DiCicco-Bloom and Crabtree，2006）和结构分析（Riessman，1993，2001，2005）。图 23.1 说明了多方法的途径。

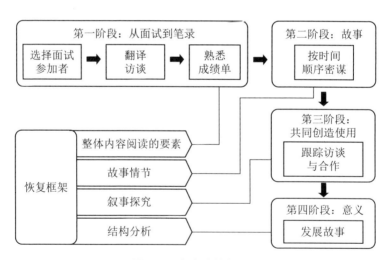

图 23.1　多方法恢复途径

23.5 第一阶段：从访谈到谈话内容

23.5.1 选择采访对象，收集数据，并主持会议

这个过程的第一步是选择合适的参与者进行访谈。在质性研究中，选择样本的目的是为了理解中心现象。因为这项研究是关于青少年在生活技能教育项目中的经历，所以选择曾参加过该项目的参与者至关重要。

数据的主要来源是半结构化的面对面访谈、后续访谈，以及通过脸书（Facebook）即时通讯、Viber 和电子邮件等社交媒体平台进行的非正式对话（表 23.1 显示了与参与者的交流次数）。所有的访谈都是录音并在完成后立即进行转录。原始的访谈指南可以在纳希达的研究（Nasheeda，2020）中找到。

表 23.1　和邵（Shau）共同创作故事的谈话类型和时间

参与者	谈话类型	花费的时间/天数
邵（21 岁，女，住在马尔代夫，马勒）	半结构化的面对面访谈	60 分钟，1 次访谈
	面对面的后续访谈	45 分钟，2 次访谈
	1 月至 2018 年 4 月之间的 Viber 信息	11 条信息，每次谈话大概 15—20 分钟，11 天
	电子邮件	3 封电子邮件
	脸书即时通讯	30 分钟，1 天

23.5.2 转录访谈

每个访谈都是由第一作者转录。第一作者仔细检查转录的访谈录音，以确保访谈内容的准确性。转录文本包括访谈过程中的逐字对话，以及语言暗示（微笑、点头）、外来词（例如"喜欢"）和口语（"嗯"）。转录

文本也会发送给参与者以确保其准确性。这项细致的工作对于叙事分析的成功至关重要。详尽的转录文本提供了交互作用的详细特征,有助于协商故事的边界和相关性(Riessman,2001)。

23.5.3　熟悉转录文本

下一步是通过一遍又一遍的阅读来熟悉第一份记录。整体内容阅读能让研究人员辨认和识别参与者如何整合访谈过程中所发生的事件的背景(Czarniawska,2004)。这个过程有助于研究人员识别和组织参与者讲话中交流事件的时间顺序。下面是邵(化名,21 岁)的第一次访谈记录,描述了她在青春期的生活技能教育项目经历。

[我:那么你最近完成了 A 级别的考试?]

邵:是的,我完成了我的(伦敦,普通教育文凭)A 级水平测试,然后工作了一段时间,之后我去完成了我的大学预科的水平测试。所以我现在正等待进入医学院的录取程序。

[我:你参加生活技能教育项目多长时间了?]

邵:当我在小学、中学和高中的时候,我接触到了生活技能,当我在读大学预科的时候(也接触到了)。所以在小学,当我在六年级、七年级,然后在中学,是在十年级,然后在高中是在我开始我的十一年级之前。

[我:当你六年级的时候,你已经 11 岁了,是吗?]

邵:我那时十三四岁,不! 十二三岁。

[我:你如何描述你的青春期?]

邵:有人(犹豫了一下)告诉我,我块头很大(不舒服地笑了笑)。所以我在小学的时候确实遇到了一点欺凌。那时我的父母开始告诉我,不是所有事情都称心如意。我不得不面对批评,人们不会总是说些让我高兴的话。虽然我被欺负了一段时间,但是从一开始我的父母就非常支持我所做的一切,他们说即使我块头很大,即使我和其他人不同,我也可以做任何我想做的事情。所以,我的青春期,从我开始面对欺凌,到我克服它的时候,当我(犹豫着寻找合适的词语)明白我要解决所有我不喜欢的事情的时候,我仍然认为这是我生命中非常美好的时期。在我做错事之前,我可以向我的母亲倾诉,她会指导我做正确的事情。事实上,我能够在不犯大错误的情况下学到东西。即使我犯了错误,我也做了错事,我也犯了不少错误,但我的父母都一直在我身边支持我。我知道如果我做错了什么,或者在我尝试做某件事之前,我会征求他们的意见。所以,这是一段美好的时光。即使现在,什么都没有改变,但是,我会在不同的时间遇到不同的人,但是他们不断地给我建议,指导我如何做事情,如何处理某些事情。所以总的来说,这是非常好的。我的意思是,我没有任何遗憾。

[我:你如何描述生活技能教育项目?]

邵:生活技能课程,小学、中学和高中的设置是不同的。所以当我在小学的时候,他们会教我如何同情他人,如何处理某些事情。我记得,当我在五年级的时候,我觉得,我十分自我,以至于有时候,我忽略了别人的观点。

所以有一天,我母亲来接我,不知道为什么,我在班上不喜欢一个女孩。她总喜欢问我一些事情,我感到非常沮丧和恼火,我说:"这不关你的事,你为什么要问我这个?"(她的声音提高了一点)母亲说:"这不应该是你处理事情的方式。"(停顿)母亲教给我的东西和我在生活技能项目中学到的东西,我可以运用它们。自那之后,我对自己许下了承诺。不要对任何人说任何粗鲁的话,即使有人对我说了粗鲁的话。我总是努力成为一个善良的人,在做出判断或评论之前听取别人的意见。所以在那个阶段,即使有人对我说了什么,我也会不屑一顾,因为我知道我不是那样的人。那是他们的观点,他们只是把自己感觉正在经历的事情放在我身上。这是我从小学到中学时学到的东西。当我在中学的时候,基本上都是一样的,一切都是(生活技能项目和它的进行方式——集体会议),话题都是差不多的,没有什么新的东西。但当我进入高中时,他们开始告诉我们:"这个年龄段,你将与某人亲密无间,你将与某人建立亲密关系,你会与某人成为伴侣或生活伴侣,所以当你处于这个阶段时,你将遇到不同类型的人,他们会问你不同类型的问题。"有一件事情我到现在还记忆犹新,那就是我的 LS 课程老师。她告诉我,"在你这个年龄,这是非常普遍的,色情短信是非常普遍的"。但对我来说不是这样,即使我有了很多社交平台,我也被限制只能与家人和非常亲密的朋友聊天。我妈妈认识我所有的朋友。

转录文本摘录了一系列事件,包括三个不同的时间段:小学、中学和高中。同样明显的是,参与者没有按照特定的时间顺序叙述事件,所描述的大多数事件都与学校的生活技能经历有关。访谈的流程包括回忆访谈者提出问题时的想法和经历。

23.6 第二阶段：从第一次访谈记录中起草一个时间顺序图

故事由时间顺序和非时间顺序两个维度组成(Jov-chelovitch and Bauer,2000)。时间维度是关于故事的顺序,而非时间维度是关于故事的元素,如形式、功能和现象。

23.6.1 排序叙事

从转录文本中对叙事进行排序对讲故事至关重要。这个过程揭示了重大事件、主要转折点和讲故事者的声音(Feldman,Skoldberg,Brown and Horner,2004)。为了推动时间顺序图发展,以下问题用于组织和排序转录文本中的材料:

1. 谁是这个故事的主要人物?
2. 主要事件是什么?
3. 这些事件发生的时间和地点是什么?
4. 参与者在故事中是如何定位自己的?

然后将数据分成事件,并通过省略访谈问题来重新组织,以理解参与者的叙述过程,从而编排他们的故事。使用叙事文本是建立事件联系和相关意义构建机制的一种手段;换句话说,它发展了一种叙事结构,使当时发生的事情有意义(Czarniawska,2004)。下面的摘录演示了如何组织转录文本来理解参与者故事的情节。许多其他摘录被放在这三个主要的时间类别中。

　　早年(小学,10 岁、11 岁、12 岁、13 岁)。我记得,当我在五年级的时候,我觉得,我十分自我,以至于有时候,我忽略了别人的观点。所以当我上小学的时候,他们会教我如何同情他人,如何处理某些事情。

　　青少年(中学年龄,14 岁、15 岁、16 岁)。即使有人对我说了什么,我也不会不屑一顾,因为我知道我不是那种人。那是他们的观点。当我在中学的时候,事情基本上是一样的,一切都是。

　　高中(17 岁、18 岁、19 岁)。当我进入高中时,他们开始告诉我们:"这个年龄段,你将与某人亲密无间,你将与某人建立亲密关系,你会与某人成为伴侣或生活伴侣,所以当你处于这个阶段时,你将遇到不同类型的人,他们会问你不同类型的问题。"有一件事情我到现在还记忆犹新,那就是我的 LS 课程老师。她告诉我,"在你这个年龄,这是非常普遍的,色情短信是非常普遍的"。

一旦参与者的叙述被按时间顺序排列,她的转录文本就会被阅读,看看时间顺序是否对所代表的内容有意义。然而,在这个阶段,许多摘录组合在一起仍然不是一个故事。一个故事是一系列个人行为和经历的实例化(Feldman,Skoldberg,Brown and Horner,2004),其中包含了重要的元素,如冲突、斗争、主人公和连续的情节。由于参与者在回顾中叙述了她的经历,我们的任务是从她与我们分享的材料中复述她的故事,以达到我们调查的目的。

23.6.2　故事维度

　　分析(第一次访谈中的)叙事文本,以确定故事的维度,如形式、功能和现象(参见 Kurtz,2014)。下面是一个作为故事形式的批判性故事摘录。故事的形式由交谈结构组成。参与者说她在生活技能教育项目中学到的想法和内容成为她理解生活的一部分：

> 我因为自己的体型和与众不同而被欺负。有人说我块头大。我意识到人们会在人群中注意到我，因为我比同龄人要高得多。然而，我的父母非常支持我，他们说，即使我（块头）很大，我不同于其他人，我仍然可以做任何我想做的事。他们还告诉我，不是所有事情都称心如意。我将不得不面对批评，人们不会总是说些让我高兴的话。我把这件事放在心上。

借用这个说明性的摘录，我们修改了事件的时间序列，并确定了所讲述的生活技能教育计划是如何影响邵在小学、中学和高中的经历的。

在下面的摘录中，生活技能教育的核心能力（WHO，1997）提供了使参与者能够应对生活挑战的价值观、思想和情感。参与者将她的生活技能教育和她的经历直接联系起来，这些联系成为她故事的一部分。因此，摘录有助于理解故事的功能。故事的功能涉及故事人物与他们的计划、目标和行动之间的联系。

> 我会遇到挫折，我会一直等到有人来向我敞开心扉。即使有人对我说了什么，我也不会理会，因为，我知道我可以做得更好。那是他们的观点。他们只是把自己感觉正在经历的事情放在我身上。这是我从小学到中学时学到的东西，当我在中学的时候，基本上都是一样的，一切都是。没有什么新的东西。

23.6.3 故事中的故事

叙事的一个重要方面是故事中的故事。人们生活在不止一个故事里。随着时间的流逝和人在社会中的生活，多个故事发生在同一人身上（Czarniawska，2004；Kurtz，2014；Singer and Blagov，2004）。个体在他们的叙述中讲述故事，以便更加强调他们的经历。下面的摘录使用了故事中的故事，正如邵描述了一个特定的事件对她的影响：

> 有一天，我妈妈来接我放学，她注意到我正在和我班上的一个女孩聊天，她知道，因为某种原因我不喜欢她。她问了我一些事情，我非常沮丧和恼火，因为她问了太多的问题，我对她厉声说：

"这不关你的事,你为什么问我这个?"我妈妈吓坏了,她告诉我:
"这不应该是你处理事情的方式。"那时我 11 岁。

23.6.4 角色变化

当角色变化被识别出来的时候,故事就开始有意义了。一个人的性格可以根据情况和环境而改变。一个人可以扮演两个或更多的角色。他们可能把自己理解为一个恶人,一方面在叙事平衡中制造混乱,另一方面又觉得自己是自己行为的受害者并责备自己。同一个人可以通过寻求帮助或改变自己的行为来修正这些想法。这些角色变化是参与者的内心冲突。下面是一段文字摘录,详细阐述了角色的特征以及这些角色是如何变化的:

> 当我离开的时候,我真的很生自己的气。我就像……因为我的 A 级别成绩没有我想要的那么理想。我很沮丧。我想,好吧,现在我必须为我的生活做点什么。我必须努力工作。我是如此绝望,想要在那个时候被雇用、赚钱、成就我自己。所以我做了一份固定的工作,然后做了一份兼职。所以我总是很忙。我没有时间去想……没用的事情。我喜欢工作。我会把赚来的钱都存起来。我永远不会出去喝咖啡,所以我会这么坚定。

参与者为她生活中发生的事情责备自己。她也意识到她必须为自己的行为负责。这种角色准备有助于理解参与者是如何试图解决内部冲突的。解决冲突是生活技能教育的重要组成部分,因此也是我们分析的重要问题。

尽管故事的功能已经确定,但到目前为止,整个故事的叙述仍然没有什么意义。下一阶段为我们提供了解决这些差距的策略。

23.7　第三阶段：后续行动和共同创建

叙述产生的意义是暂时的,在叙述中总有可以探索的空白和省略。

加深理解并在事件之间建立联系的一种方法是进行后续访谈，以确认、澄清和阐述从早期访谈中获得的信息（Bolderston，2012）。在我们的研究中，后续采访被用于合作创作一个故事的时间顺序图。一旦转录文本被按时间顺序绘制，就会发送给参与者以检查故事情节，从而确认故事的顺序是否合理。例如，有人问了几个问题：(a)这是你吗？(b)你看到自己了吗？这些问题有助于澄清参与者的声音是否仍然存在于时间顺序图中。

转录文本的许多部分给我们带来了我们试图理解的困惑。在这些情况下，我们的问题更加复杂。我们可能会发送或询问后续问题，以澄清故事中的漏洞，例如沉默和矛盾的例子。我们探索了故事中词汇和短语的含义，也试图探索表面的意义，暗示但没有直接陈述。例如，我们问了这样的问题："'是，是啊'的意思是什么？"或者"'喜欢'这个词对你来说有什么不同的含义吗？"（谈话中经常使用"喜欢"这个词）

在合作建设过程中发生了几次来回的互动。随着故事的展开，通过 Viber 和脸书发送的即时消息对于澄清事实很有帮助。参与者使用的一些词汇被合作检查，以确定他们是否在叙述中嵌入了含义。与参与者合作和共同创作故事有助于赋予时间顺序图以意义。

在这一阶段结束时，我们通过整合初始访谈和后续分析以及一系列按时间顺序排列的摘录，共同构建了一个丰富的转录文本。转录文本被修改为围绕参与者的生活技能教育计划经验演变的叙述。虽然仍然有很多差距和困惑，但我们已经缩小了范围，因为我们从最初的访谈（Feldman，Skoldberg，Brown and Horner，2004）中找到了可能的含义，并证实或否定了我们最初的一些预感。

23.8 第四阶段：创造意义

在构思故事的最后阶段，分析所有的转录文本非常重要，包括后续访谈、Viber 信息、电子邮件和即时信息，以便了解故事的大部分内容是如何融入更广泛的背景的。从不同的角度检查转录的叙事，以了解参与者是如何谈论自己的。我们会定期听原始的访谈,以理解转录文本的含义,并比较按时间顺序排列的情节,以了解故事是如何展开的。

仔细地听和读对于故事的发展至关重要。在讲故事的过程中,人们可能会改变代词的用法,开始用第一人称、第二人称或第三人称交谈。这些变化经常预示着故事中事件的关键转折(Kurtz,2014)。

为了理解叙事作品的结构,我们分析了转录文本中使用的人称转变。表 23.2 是来自转录文本的叙事作品的例子:

表 23.2 叙事作品的范例

转录文本	叙事作品及其内容代表
他们只是放一些东西,他们觉得自己正在经历我(所经历的)。所以……这是当我从小学升到中学所学到的。	评估:个人的亲身经历。
她告诉我"在你这个年纪这很常见,色情短信很常见"。所以即使我有了很多社交平台,呃,我也被限制只能与家人和非常亲密的朋友聊天。我的母亲,甚至我父亲会认识我所有的朋友。	直接引语:让叙述更加真实。
当我上高中的时候,他们开始说我们这个年龄段你将与某人亲密接触,你将与某人建立亲密关系。	代词变换:表示参与者想复述的重要的叙事。
她就像在学校的岗位上,她有点太自我了。	以第三人称谈论自我:代表别人的观点
我一直相信我的想法是不能被强迫的,所以,我总是说:"好吧,他为什么要这么做?"这么多的工作,为什么我要做这么多。 我不相信刻板印象——一个女孩应该这样,一个男孩就应该这样做。	观点/价值观/偏见/判断:代表参与者的意识:自我和身份认同。

表 23.2 中不同的叙事作品有助于理解参与者以及她如何构建自己的生活技能教育项目经验。

在这个阶段可以进行许多形式的分析。研究人员可能使用数字叙事(Cunsolo Willox,Harper and Edge,2013;Lang,Laing,Moules and Estefan,2019),可以是研究人员的隐喻(Bell,2003)和诗歌(Furman,2007;Shenfield and Prendergast,Chapter 20)等。所有这些分

析可能成为进一步合作构建和故事发展的机会。在邵的案例中，我们使用了一个时间顺序、人称变换分析，最重要的是，一个共同构建的转录文本，以及对邵的经验的丰富感受。我们从这项工作中发展出来的故事存在于这些文本中，也存在于研究团队的头脑中。最终，这个故事成为我们关于生活技能教育写作的一部分（Nasheeda，Abdullah，Krauss and Ahmed，2019）。正如费尔德曼、斯卡德伯格、布朗和霍纳（Feldman，Skoldberg，Brown and Horner，2004）所述，没有一个故事能够代表一个人的全部经历。我们的工作使我们加深了对生活技能教育如何塑造邵的生活的理解。图 23.2 显示了从邵的叙述中摘录的故事。

转变

邵上六年级时，学校开展了生活技能教育活动。从那时起，她就参加了从中学到高中的生活技能教育活动。邵能够回忆起生活技能教育活动中的一些项目以及她自己的成长经历。邵非常自信。

成长过程

我 10 岁的时候，我父母搬进了我们自己的公寓。在一个大家庭里生活了 10 年，我知道我的生活才刚刚开始。

小学——我的整个人生

我小学就读于吉亚苏丁（Giyasuddin）学校。……我喜欢我们学校，我在学校很受欢迎，……所以即使我因为体型大而被欺负也没关系，至少我自己觉得没关系。每当我有困惑的时候，我总是向母亲吐露心声，她会全力支持我。我父母总是告诉我，并不是每件事都会称心如意。我不得不面对批评和指责。人们不会总是说令我愉快的话。所以我拒绝成为这些行为的受害者。我把所有的精力都放在学习上。某种程度上来说，我是有些自我的。有时会忽视别人的看法和感受。我记得有一次我母亲来学校接我，我正好在和班上一个女生聊天，我并不是很喜欢她。她问了我太多问题，我很不耐烦，对她厉声说："这不关你的事……"把我母亲吓坏了，她说："这不应该是你处理问题的方式。"从那天起，我发誓不会再对任何人无礼，即使别人对我无礼。

图 23.2　故事节选

23.9　结论

在给出的例子中，我们遵循阶段性进展，从转录文本中编织出一段叙述。创建了单独的转录文本,然后将数据摘录重新按时间顺序排列,以确定关键事件的时间和地点。这样排序使故事发展更连贯,并与参与者分享,用于共同构建对转录文本和年表的修订。这个修订后的转录文本成为分析的焦点。我们创建的故事在转录文本、分析作品以及参与者和研究团队的脑海中都很明晰。

我们的工作意味着,虽然编写一个故事可能会耗费时间并非常艰难,但是与参与者深入交流是一个有益的过程。从访谈中构思故事的过程扩展了我们对故事结构和功能的理解。我们研究小组未来的一个方向是深入探索故事结构和功能如何与参与者对其感受、思想和行为的描述相联系。

补充阅读

Boyd，R. L.，Blackburn，K. G. and Pennebaker，J. W.(2020). "The Narrative Arc: Revealing Core Narrative Structures through Text Analysis." *Science Advances*，6(32). https://doi.org/10.1126/sciadv.aba2196.

Ford，E.(2020). "Tell Me Your Story: Narrative Inquiry in LIS Research." *College & Research Libraries*，81(2)，235. https://doi.org/10.5860/crl.81.2.235.

Jeppesen，J.(2016). "From Interview to Transcript to Story: Elucidating the Construction of Journalistic Narrative as Qualitative Research." *The Qualitative Report*，21(9)，1636—1650. https://nsuworks.nova.edu/tqr/vol21/iss9/5.

回顾与练习

1. 试着听一段采访的音频,顺着转录文本阅读,确定参与者是如何将事件整合到叙事中的。

2. 识别叙事过程,例如语言、故事中的故事,以及叙事的构成,以便从访谈记录中得到有意义的解释。

3. 仔细阅读一段叙事数据,然后创建一系列后续问题,这些问题将帮助你理解和创造故事。你可能会问谁这些问题?你可能会使用哪些平台进行沟通?如何将这些数据整合到你的分析中?

参考文献

Ahmed，A. and Rogers，M.(2017). "Polly's Story: Using Structural Narrative Analysis to Understand a Trans Migration Journey. *Qualitative Social Work*, *16*(2), 224—239. https://doi.org/10.1177/1473325016664573.

Anderson, C. and Kirkpatrick, S.(2015). "Narrative Interviewing." *International Journal of Clinical Pharamacy*, February 2016. https://doi.org/10.1007/s11096-015-0222-0.

Bell, A.(2003). "A Narrative Approach to Research." *Canadian Journal of Environmental Education*, *8*(Spring), 95—110. https://cjee.lakeheadu.ca/article/view/240.

Bolderston, A. (2012). "Conducting a Research Interview." *Journal of Medical Imaging and Radiation Sciences*, *43*(1), 66—76. https://doi.org/10.1016/j.jmir.2011.12.002.

Breheny, M. and Stephens, C.(2015). "Approaches to Narrative Analysis: Using Personal, Dialogical and Social Stories to Promote Peace." In D. Bretherton and S. Law(Eds.), *Peace Psychology Book Series. Methodologies in Peace Psychology: Peace Research by Peaceful Means*(Vol.26, Issue September, pp. 275—291). Springer International Publishing. https://doi.org/10.1007/978-3-319-18395-4_14.

Clandinin, D. J. and Connelly, F. M.(2000). *Narrative Inquiry: Experience and Story in Qualitative Research*. Jossey-Bass.

Clandinin, D. J. and Rosiek, J.(2007). "Mapping a Landscape of Narrative Inquiry: Borderland Spaces and Tensions." In D. J. Clandinin(Ed.), *Handbook of Narrative Inquiry: Mapping a Methodology* (Issue 2001, pp. 37—75). SAGE. https://doi.org/10.4135/9781452226552.n2.

Connelly, F. M. and Clandinin, D. J.(1990). "Stories of Experience and Narrative Inquiry." *Educational Researcher*, *19*(5), 2—14. https://doi.org/10.2307/1176100.

Cortazzi, M.(1994). "State of the Art Article: Narrative Analysis." *Language Teaching*, *27*(3), 157. https://doi.org/10.1017/S0261444800007801.

Creswell, J. W. and Poth, C. N.(2018). *Qualitative Inquiry and Research Design: Choosing among Five Approaches*. SAGE.

Cunsolo Willox, A., Harper, S. L. and Edge, V. L.(2013). "Storytelling in a Digital Age: Digital Storytelling as an Emerging Narrative Method for Preserving and Promoting Indigenous Oral Wisdom." *Qualitative Research*, *13*(2), 127—147. https://doi.org/10.1177/1468794112446105.

Czarniawska, B. (2004). *Narratives in Social Science Research: Introducing Qualitative Methods*. SAGE.

DiCicco-Bloom, B. and Crabtree, B. F.(2006). "The Qualitative Research Interview." *Medical Education*, *40*(4), 314—321. https://doi.org/10.1111/j.

1365-2929.2006.02418.x.

Feldman, M. S., Sköldberg, K., Brown, R. N. and Horner, D. (2004). "Making Sense of Stories: A Rhetorical Approach to Narrative Analysis." *Journal of Public Administration Research and Theory*, 14 (2), 147—170. https://doi.org/10.1093/jopart/muh010.

Furman, R. (2007). "Poetry and Narrative as Qualitative Data: Explorations into Existential Theory." *Indo-Pacific Journal of Phenomenology*, 7(1), 1—9. https://doi.org/10.1080/20797222.2007.11433939.

Hyvärinen, M. (2008). "Analyzing Narratives and Story-telling." In P. Alasuutari, L. Bickman and J. Brannen(Eds.), *The Sage Handbook of Social Research Methods*(Vol.First, pp.447—460). SAGE. https://dx.doi.org/10.4135/9781446212165.n26.

Imabuchi, S. and Ogata, T.(2012). "A Story Generation System Based on Propp Theory: As a Mechanism in an Integrated Narrative Generation System." In H. Isahara and K. Kanzaki (Eds.), *Advances in Natural Language Processing: 8th International Conference on NLP, JapTAL 2012* (pp. 312—313). Springer.

Jeppesen, J. (2016). "From Interview to Transcript to Story: Elucidating the Construction of Journalistic Narrative as Qualitative Research." *The Qualitative Report*, 21(9), 1636—1650. https://nsuworks.nova.edu/tqr/vol21/iss9/5.

Jovchelovitch, S. and Bauer, M. W. (2000). "Narrative Interviewing." In M. Bauer and G. Gaskell (Eds.), *Qualitative Researching with Text, Image and Sound: A Practical Handbook*. SAGE. https://doi.org/10.1300/J021v28n01.

Kurtz, C. F.(2014). *Working with Stories in Your Community or Organization: Participatory Narrative Inquiry*(3rd ed.). Kurtz-Fernhout Publishing. http://www.workingwithstories.org/.

Labov, W. and Waletzky, J.(1997). "Narrative Analysis: Oral Versions of Personal Experience." *Journal of Narrative and Life History*, 7(1—4), 3—38. https://doi.org/10.1075/jnlh.7.1-4.02nar.

Lang, M., Laing, C., Moules, N. and Estefan, A.(2019). "Words, Camera, Music, Action: A Methodology of Digital Storytelling in a Health Care Setting." *International Journal of Qualitative Methods*, 18, 1—10. https://doi.org/10.1177/1609406919863241.

Lieblich, A., Tuval-Mashiach, R. and Zilber, T. (1998). *Narrative Research: Reading, Analysis, and Interpretation*. SAGE.

McCormack, C. (2000). "From Interview Transcript to Interpretive Story: Part 1-viewing the Transcript through Multiple Lenses." *Field Methods*, 12(4), 282—297. https://doi.org/10.1177/1525822X0001200402.

Nasheeda, A. (2008). "Life Skills Education for Young People: Coping with Challenges." *Counselling, Psychotherapy and Health*, 4(1), 19—25.

Nasheeda, A. (2020). *Exploring Social Construction Experiences through Life Skills Education Program during Adolescence in Maldives*. University Putra Malaysia.

Nasheeda, A., Abdullah, H. B., Krauss, S. E. and Ahmed, N. B. (2019). "Transforming Transcripts into Stories: A Multimethod Approach to Narrative Analysis." *International Journal of Qualitative Methods*, 18, 1—9. https://doi.org/10.1177/1609406919856797.

Ollerenshaw, J. A. and Creswell, J. W. (2002). "Narrative Research: A Comparison of Two Restorying Data Analysis Approaches." *Qualitative Inquiry*, 8(3), 329—347. https://doi.org/10.1177/10778004008003008.

Polkinghorne, D. E. (1985). "Narrative Knowing and the Practicing Psychologist." Paper presented at the annual convention of the American Psychological Association, August 23, Los Angeles, CA. https://doi.org/10.1017/CBO9781107415324.004.

Riessman, C. K. (1993). *Narrative Analysis*. SAGE.

Riessman, C. K. (2001). "Analysis of Personal Narratives." In J. F. Gubrium and J. A. Holstein(Eds.), *Handbook of Interview Research: Context and Method* (pp. 695—710). Sage Publications. https://dx.doi.org/10.4135/9781412973588.

Riessman, C. K. (2005). *Narrative Analysis: Narrative, Memory and Everyday Life*. University of Huddersfield.

Shenfield, R. and Prendergast, M. (2022). "What Makes an Effective Teacher? Revealing Good Teaching Practice through Interview Poetic Transcription." In C. Vanover, P. Mihas and J. Saldaña(Eds.), *Analyzing and Interpreting Qualitative Research: After the Interview*. SAGE.

Singer, J. A. and Blagov, P. (2004). "The Integrative Function of Narrative Processing: Autobiographical Memory, Self-defining Memories, and the Life Story of Identity." In D. Beike, J. Lampinen and D. Behrend (Eds.), *The Self and Memory* (pp. 117—138). The Psychology Press. https://doi.org/10.4324/9780203337974.

WHO. (1997). *Life Skills Education for Children and Adolescents in Schools*. WHO/MNH/PSF/93.7A.Rev.2.

24 面向广大读者的写作：概念论文、博客和专栏

杰西卡·斯马特·格利恩

摘要：虽然学术界希望发表同行评议的期刊文章，但我们知道这不一定是将信息反馈给可能从我们的研究中受益的社区的最佳方式。为普通大众写作与为其他学者写作需要不同的技能。在本章中，我将提供一些技巧和方法，让你的作品能够被更多的读者所接受。

关键词：写作；概念论文；博客；社论

尽管学者们需要为学术出版物撰写文章，但普通大众却很少有机会接触到这些出版物（而且说实话，他们对阅读学术文章也没什么兴趣）。这很遗憾，因为质性研究人员往往可以直接为公众提供有益的洞察力和建议。如果你仔细想想，你会发现这是多么可悲——我们把自己的全部精力都倾注在创造知识上，但这些知识只有极少数精英能够获得。

我看了一些关于我自己作品的读者数量的统计数据，这可以给你们一个实例来说明我的意思。根据"研究之门"（ResearchGate）的报道，我最喜欢的一篇文章《啦啦队队长：一位女权主义母亲、她未成年的女儿以及美式足球中女孩的空间》（The Cheerleader：A Feminist Mom，Her Pre-teen Daughter，and the Spaces for Girls in American Football，2016）已经在"研究之门"上被下载了 10 次，并被其他人引用过 1 次。这篇文章发表在一本著名的同行评审杂志上。在杂志的网页上，我可以看到这篇文章在那里被访问了 207 次，这还是比较鼓舞人心的。与此同时，我的一本书《民族志写作》（Writing Ethnography）已经在图书

馆被下载了超过 1.2 万次。我在《新闻周刊》(*Newsweek*)上写的一篇关于大学校园枪支的评论文章获得了成千上万读者的关注。

当浏览下面的内容时,我会谈论更多关于这些项目以及其他一些项目。我们将一起探讨如何在公众实际阅读的场所写出质性研究的结果,如概念论文、博客、观点文章和社论。

24.1　文献综述：出版

我们将从大多数学术出版物开始的地方——文献综述开始。当我们为学术读者写作时,将我们的工作与我们正在写作的任何问题的更广泛的学术讨论联系起来很重要。一个学者应该意识到一些学术谱系,这些应该反映在他们的写作中。

这就是为大众写作的问题:没有人在乎。对不起,但这是事实。一般观众都希望你直奔主题。当然,你需要适当地引用时事或链接到数据,但绝大多数人不会关心你的研究与德勒兹的相关性;你的马克思主义视角可以被解读为社会主义,正如我们从福克斯新闻网了解到的那样,这是一个大大的禁忌。他们寻找自己可以使用的信息,或者他们觉得消遣性的或有趣的文章。他们对花时间阅读大量官样文章不感兴趣(说实话,我们中有多少人会详细阅读无聊的文章?)

24.2　为普通读者写作

当我们考虑在同行评审期刊之外的不同地方发表我们的质性研究作品时,最重要的考虑是我们希望接触到的受众。你的写作应该针对不同的读者而进行调整。

让我们首先看看如何为普通读者写作。为普通读者写作是我们可以培养的一项技能，就像我们为其他学者培养写作技能一样。

在美国，人均阅读水平在六年级左右。如果你想让普通读者阅读你的作品，你必须在这个水平上写作。许多文字处理程序可以告诉你写作的等级水平（通过工具），或者你可以在网上找到免费的可读性分析器。我把这一章通读了一遍，发现它的写作水平介于九年级和十年级之间。

让我们计算一下：如果普通美国成年人的阅读水平只有六年级，那么很多成年人会觉得这一章太难理解了。

术语是影响可读性的一大因素。在学术写作中，我们使用关键词来表明我们的写作是在与我们领域的重要观点进行对话。例如，在这样一本质性研究的书中，我可以使用诸如认识论、三角学甚至是质性的词语，并假设读者理解我所说的话。作为同行质性学者，你和我在遇到这些术语时，对于它们所涉及的内容可能有着相似的理解。我不需要向你们解释。但我不指望我母亲或者我的邻居能像你我一样理解这些术语。我并不是针对我母亲或者我的邻居，他们都很聪明，但是他们没有和我们一样的背景。所以，当我为他们写作时，重要的是我要舍弃那些术语。如果我必须使用它，那么我要确保我能解释清楚自己的意思。

24.3　创造性非虚构作品

当然，对于普通大众来说，写作不仅仅是在正确的水平上写作。长期以来，我一直是创造性非虚构类作品的倡导者（Gullion, 2016）。这需要我们在写质性研究结果时使用讲故事的技巧。

让我们面对现实吧，很多学术写作都是无聊的。当其他学者艰难地完成无聊的写作时，普通大众却不会。如果你想培养广泛的读者群，你需要让你的写作有吸引力。你需要成为一个好的讲故事的人。

哈特（Hart, 2011）写道，一个好的故事里有一些相关联的人物，他们想要一些东西，但需要克服障碍才能得到它。一个好的故事可以唤起感官的细节(图像、声音、感觉)并引起我们的情感。一个好的故事也遵循一个故事的弧线或情节。故事随着我们的阅读而展开,我们想要继续阅读,看看到底发生了什么。

幸运的是,质性研究给了我们所有这些要素。这是我在北得克萨斯州对天然气开发(即水力压裂)进行的民族志研究中的一段话。当你阅读的时候,你可以看到我是如何运用创造性非虚构元素的:

> 我坐在一个大演讲厅里,挣扎着脱掉外套,这时得克萨斯铁路局局长走近我。他正在人群中工作。他伸出手来和我握手,我的手缠在我的袖子里。我试着和他握手,但是动作很笨拙,我的内衣的一部分从我的衬衫领口闪了出来。他无视我的痛苦(如果他注意到的话),继续沿着观众席走。整个交流过程充分体现了活动家们告诉我的他们与他的机构之间的互动。忘记了我个人的挣扎,这个人是来完成任务的。(Gullion,2015:135)

这篇文章的信息(或数据)来自我的实地笔记。我使用感官和情感的细节(我在一个大的演讲厅里,我在挣扎,我在痛苦)。这种困境是可以理解的(你好,我的衣服出了问题)。我们之间有一个主角(我)和一个敌人(铁路专员),还有一个权力差距。段落的最后一句回避了接下来会发生什么的问题,这应该会让读者继续阅读以找到答案。

当你为广大读者写作时,考虑一下如何最好地与他们沟通。他们阅读你作品的动机是什么?他们阅读你的作品是为了娱乐吗?他们是否在寻求政策决策的指导?他们是否想要一些实用的建议?考虑一下为什么他们会对你说的话感兴趣,以及什么会吸引他们阅读到最后。正如我们在研究生院接受的为学术读者写作的训练一样,我们也需要训练自己为大众写作。

24.4　概念论文

现在让我们来讨论一下撰写概念论文的问题。这些概念论文是提供给决策者的信息简报，以指导他们做出决策。

在过去的几年里，我一直在收集美国啦啦队的民族志数据。啦啦队有一个模糊的界限——大多数学校并不认为它是一项正式的运动，但啦啦队是一项非常耗体力的运动，并且以越来越复杂的体操特技而闻名。由于它被认为是一项"活动"而不是一项体育运动，学校啦啦队不需要其他体育运动所需要的专门的安全设备和规章。

在美国有两种类型的啦啦队——竞技啦啦队和橄榄球啦啦队。竞技啦啦队组织（如全国啦啦队协会和美国啦啦队协会）有安全标准和规定，球队必须遵守。运动员在与体操运动员相似的弹簧地板上进行表演。相比之下，橄榄球啦啦队队员在足球比赛期间在边线上表演，在学校的跑道上表演特技和翻滚（跑道通常是柏油路面，不过根据学区的不同，它们的范围可以从橡胶路面到碎石路面）。相对于竞争激烈的啦啦队队员，橄榄球啦啦队队员的安全规定要少得多。

啦啦队是导致女孩运动相关灾难性伤害的首要原因（Mueller，Kucera and Cox，2013）。在我的实地工作中，我目睹啦啦队队员脑震荡、骨折、扭伤、拉伤、瘀伤和受其他轻伤。这项研究的发现之一是，运动与活动之间的模糊问题可能会导致更多的伤害，因为橄榄球啦啦队包含了更多的竞技啦啦队中使用的特技。

虽然同行评议的期刊文章存在这个问题，让我们现实一点：当地学校董事会官员可能不会在做出与这个问题有关的决策之前进行文献分析。学术界可以向社会提供的一项服务是为他们做这项工作，并将这些文献翻译成易于阅读和理解的语言和声音片段。这样他们就可以做出更明智的决定。我们可以通过写一篇概念论文来做到这一点。

一般来说，这些读者想要一个简短的信息总结，更重要的是，想知道为什么这个问题对他们很重要。我的意思是如果可能的话，可以给他们一个要点列表，然后将辅助材料作为附录（或作为网站的链接）。这样，如果读者想要或需要访问这些背景信息，他们可以方便地获得。

如果我正在写一篇关于啦啦队的概念论文，比如说给学校董事会，我想强调一些事实。尽管我们是质性研究人员，但是一些数据对于学校董事会的官员来说是很有帮助的。除了告诉他们啦啦队是造成女运动员灾难性（即危及生命）伤害的主要原因之外，我还可以包括他们所在地区学校的伤害数据。这使得更广泛的数据更具体。我希望他们明白，在讨论伤害问题时，我们谈论的是他们所在地区的儿童，并且把他们的政策变化与防止这些伤害联系起来。我还可以提供来自国家组织的信息，说明我们在地方一级应该做些什么，以及成本的影响（因为他们想知道这将花费多少）。

我是一名博士研究员，研究啦啦队已经好几年了。重要的是，我要确保关于我的这些信息在网页上展示——这让他们知道我是这方面的可靠专家。

我还会附上当地啦啦队队员在坚硬表面做特技表演的照片，这样他们就能清楚地看到我在写什么。最后，我会运用我的质性技巧，引用两三个啦啦队队员的话来强调这个问题，来自他们父母的一句话也是不错的选择。总的来说，概念文件只有一两页长，尽管我可以使用链接将我提供的信息连接到任意多的支持文档。这篇文章应该是视觉上有趣的、引人注目的，有足够的信息来吸引他们的注意力，而不是单调乏味的。

这种类型的写作是为了有说服力；你是在倡导一种特定的社会变革。请记住，许多决策者都是民选官员。他们对自己的选民负责，要想再次当选，他们需要展示自己工作的积极成果。我会通过记录每所学校每年有多少学生参与啦啦队活动，将这一点融入啦啦队的争论中。我还会包括一些关于啦啦队队员在塑造学校精神中的作用以及他们在足球比赛中的能见度。我也可以加入一些东西，比较橄榄球运动员获得的好处和啦啦队的成本。这种并列揭示了一个相当明显的性别差异（因为大多数橄榄球运动员是男孩，大多数啦啦队队员是女孩），我将要求他们解决这个问题。

通过这样做，我不仅要求他们为啦啦队队员的父母做些什么（他们可能会或可能不会在下次选举中投票给他们)，而且要求他们显示对整个学区性别平等的支持(现在我们谈论的是更多的选民)。

24.5　意见/社论

虽然概念论文是接触民选官员的一种手段，但对于研究人员来说，参与由非学者开发和为他们开发的出版平台也很重要。观点文章和社论(以下简称为"OpEd")有一个基本的结构。一篇署名专栏文章的第一句话叫作"引语"。引语应该引起人们的注意，让他们愿意继续阅读。接下来是有支持证据的要点。在你的文章中插入超链接，而不是引用。对于印刷媒体，简要解释来源(例如，根据……)。而对于在线写作来说，超链接具有双重作用，可以把读者从你链接的其他网站带回到你的文章，所以包含大量链接可以增加你的读者数量。

在你提供证据之后，加上一句"可以肯定的是"，这是我从 OpEd 项目(www.theopedproject.org)学到的东西，现在我把它融入我所有的写作中。"确定"是一种打断你的批评者的方法。这是你发出的信号，表明你已经知道他们对你的论点的反对意见是什么，这样你就可以解决它。在本章中，"可以肯定的是"可能看起来像这样：

> 可以肯定的是，学者们必须为期刊撰稿。要么发表，要么丢弃，这是真实的，我们必须在同行评议的场所发表论文，以获得终身职位和晋升。然而，为更广泛的读者写作使我们的作品落入那些可以用它来改善日常生活的人的手中。

写下"可以肯定的是"，使得批评者更难否定你的作品，你承认你已经考虑过(并驳回了)他们的反对意见。

可以通过告诉读者你想让他们在读完你的文章后做什么来结束你的文章。它可以是任何事情，从呼吁武装起来，或者更微观的是，给他们一个建议。

24.6 观点文章和社论的范例

下面是我写的一篇在网上疯传的文章。它首先出现在《对话》
(*The Conversation*)杂志上，然后被《新闻周刊》和《休斯敦纪事报》
(*The Houston Chronicle*)收录。表格中的每一块都是一个新的段落。
右边是一些关于这篇文章结构的注释，你可以通过它看到文章是如何
被组织的(表 24.1)。

表 24.1 OpEd 分析

原　　　文	分　　　析
校园枪支会导致成绩膨胀吗?[a]	编辑写了这个标题。
杰西卡·斯马特·格利恩,得克萨斯女子学院社会学助理教授	我的学术头衔证明了我的资历,为什么我是写这篇文章的最佳人选。
得克萨斯州的大学教授可能很快就会面临一个两难的境地:维护职业道德还是保护他们的生命。	这是一个引子。
12 月 10 日,星期四。 得克萨斯州大学奥斯汀分校建议限制在宿舍、体育赛事和在某些实验室限制枪支,但允许在教室里使用。	这个句子将这篇文章与发生在新闻里的"钩子"联系起来。
专责小组由 19 名成员组成。州政府在 2015 年春季通过了《校园携带法》。 该法将于 2016 年 8 月 1 日起生效,允许持有手枪执照的人在大学校园里携带藏匿的枪支。	使用超链接而非引用来显示获取信息的途径。
建议允许携带枪支进入教室,这是许多学者面临的一个问题,他们是否会被迫给出 A 等的成绩,只是为了避免中枪。	这是争论的核心。
这并不像听起来那么牵强,在 5 年的时间里,作为一名大学教授,当学生得到的分数低于他们自己的预期时,我曾被有情绪困扰的学生恐吓(的经历)。	在这里,这个论点开始得到支持数据。

原　　文	分　析
校园威胁	编辑添加了副标题。
这里有一个威胁经历的例子：一个晚上，在研究生课程中，在我交还学生的试卷后，一位年轻的女学生站起来，指着我尖叫道："这是不可接受的!"身体因愤怒而颤抖。	这是支撑主体的第一点争论：学生们感到沮丧，并真的这样做了，威胁或伤害教职员工。
她走到教室前面，挥了挥手，然后又喊道："不可接受!"经过一番激烈的交流，她离开了教室，站在门外哭泣。	
所有这一切都是因为得到了一个低于预期的 B。	
后面发生的事情更令人吃惊，接下来的一周，这个学生带来了一个肌肉发达的男人，他手臂抱在胸前，透过门口的窗户看着我，整整 3 个小时。	
如果这还不够的话，那个年轻女学生的同学们在校园里躲着我，因为他们说，他们害怕被卷入交火，如果她决定向我开枪的话。	
从那以后，每次她交论文时，我都会感到害怕，祈祷她写得好，这样我就不用给她打个 A 以下的分数。	
吸取这次经验，现在我仅在课程结束时把论文还给他们，或者我只是假装"忘记"带论文。	
我很幸运，那个学生没有在我的课堂上开枪，其他教授就没有这么幸运了。	
2014 年，普渡大学的一名学生在一整个教室学生面前向教授开枪。在 2009 年的另一起事件中，北弗吉尼亚社区学院的一名学生试图在校园里枪杀他的数学教授。2000 年，一名阿肯色大学的研究生开枪打死了他的英语教授。	除了我个人的例子，这里还有一些学生枪击教授的例子。
在这些州，在枪击案发生时，在校园里携带手枪是非法的，尽管今年早些时候在阿肯色州引进的一项法案允许学生携带枪支。	
成绩膨胀	
尽管发生了这些枪击事件和其他枪击事件，但一种新趋势已经出现：在美国各地出现的支持大学生在大学校园持枪（的趋势）。	这是关于这个问题的第二组证据。

（续表二）

原　文	分　析
9 个州允许枪支进入大学，11 个州允许正在考虑类似的立法。	我使用一些定量数据来给出背景。
我们知道不管是否合法，有些学生都会携带枪支。一项研究发现，近 5％的大学生在校园里有枪，2％的学生在校期间受到过枪支威胁。	
允许学生携带武器进入教室剥夺了安全。当谈到他们的平均绩点的时候，学生通常情绪化。	
谁会想给一个学生低分，然后为此挨枪子儿？	
许多专业竞争激烈，入学需要一定的绩点。获得奖学金和其他形式的经济援助的学生必须保持高分以保持他们的资金。一些学生可能采取任何必要的手段来保持他们的绩点，这并不奇怪。	这里我们有第三组证据。
一个国际学生曾在我的办公室哭着求我把他的 F 改成 A，因为如果没有 A，他的国家将不再支付他在美国的费用。我没有改成绩。他在脸书上发布威胁信息来骚扰我。	
所以，问题是，我们会不会很快看到一种新的成绩通胀呢，学生的平均成绩为 4.0 是因为他们的火力，而不是脑力？如果是这样，那么我们在校园里培养的是什么样的未来的公民呢？	虽然这不是一个具体的行动呼吁，但它是一个考虑道德后果的呼吁。

　　注：ᵃ 原文可在 https://www.newsweek.com/will-guns-campus-lead-grade-inflation-327047 上找到。

　　你可以在各种各样的地方发表文章。当然，报纸会刊登它们，但是很多不同的网站也会刊登。就像为期刊写作一样，先询问编辑。请记住，新闻的传播速度很快，比期刊快得多。

　　在准备好之前不要询问编辑。他们可能当天就想要你的文章。一旦你提交了自己的查询，就要随时待命。如果被接受，你可能会被要求立即进行编辑。像期刊出版一样，一次不要询问超过一个编辑。也就是说，如果你在一两天内没有听到任何消息，那就换一个编辑。

　　保持你的发言简洁——三到四句就够了。告诉编辑为什么这篇文章很重要，为什么它现在很重要，为什么你是写这篇文章的合适人选。把你完成的文章粘贴在你的签名下面。

编辑们在你的文章中寻找某种联系。这种联系表明了你的作品是怎么与他们的读者相关的。试着把你的作品和新闻或者流行文化中发生的其他事情联系起来。在我校园随身携带的专栏文章中,得克萨斯州的大学官员正在努力解决新的立法问题——这个问题刚刚出现在新闻中。尽管我的观点(枪支和成绩让同伴不舒服)可以在任何时候提供,但其与最近新闻事件的联系使它能与读者有更多的关联。如果我正在写一篇关于我上面提到的啦啦队问题的专栏文章,我会把它和橄榄球赛季的开幕联系起来。我可能会写这样的话:"当大批年轻男子开始新的橄榄球赛季时,年轻女子正在场边加油……"然后继续我的安全论点。如果在春天的话,同样的文章对读者来说就不那么重要了,因为那个时候橄榄球还没到季节。

24.7　博客

因为你的同事可能还没接触博客,所以写博客是一种突出你学术工作的很好方式。换句话说,对你和你的想法来说,这是一个很好的宣传。

当我们写博客的时候,对于我们的同事和其他对我们正在写的主题感兴趣的人,我们倾向于写一些非正式的东西。就像我在本章中强调的其他类型的写作一样,你需要考虑你的目标读者,然后写给他们。

写博客的好处之一就是你不需要经过编辑或者同行评议就能把你的文字传播出去。写博客有很多不同的平台,而且很多都是免费的。当然,这也意味着你需要自己编辑你的作品——你可以自己发表草率的作品,就像你可以发表优秀的作品一样容易。

如果你想通过商业出版社出版一本书,博客也是一个有用的工具。商业出版商在决定出版你的书之前,通常都想知道你是否有读者。出版商对博客到图书的出版很感兴趣,因为他们知道许多博客追随者会购买你的书,他们可以从这个项目中赚钱。显然,你的博客拥有的关注者越多,你的作品对出版商的吸引力就越大。

如果你打算写博客,定期更新是很重要的。如果人们没有得到新的内容,他们就会停止访问你的网站。许多博主每周发布一次新帖子,如果可以更频繁就会更好。这对于搜索引擎和社交媒体也很重要——你发布得越频繁,你在搜索和新闻源中的地位就越高。如果你正在考虑写博客的话,请记住这一点(播客或视频也是一样)。确保你能够提供新的内容。

就像写一篇概念论文一样,你应该在你的博客中使用图片。图片会吸引人们的注意力。想想你的博客的设计和布局。你希望你的博客吸引眼球,而不是过度拥挤。利用留白作为设计元素。看看你喜欢的博客是如何设计的,或者与网页设计师合作来使你的博客变得像你想要的那样专业,这些都是很有帮助的。你也可以使用很多(如果不是全部)我讨论过的技巧来写一篇观点文章。博客的好处之一就是我们可以用它们来与小型学术团体进行交流。如果你拥有这个博客,你可以邀请人们为你写一篇文章,或者与他们进行一次访谈(不要忘记你可以在你的博客中嵌入你自己的视频或音频文件)。

有了这个想法,我们也应该谈谈专业网页和项目网页。许多学者都会在网页上保留他们的简历,链接到可以购买他们的书籍以及有关演讲的信息的地方。如果你是某个实验室或团队的成员,你可以为该组织建立一个专门的网站。让你的研究团队的成员参与进来。你也可以邀请其他作家和在研究领域工作的人来写客座文章——这将我们带回网络。

这是为你提供了一个增加知名度的绝佳平台。你可以将你的博客与你使用的各种社会媒体和知识库连接起来。期刊和出版社通常不会推销我们的作品,我们应该把自己的想法交给那些可以使用它们的人。

24.8 为普通读者出版的黑暗面；或者，我是如何惹恼了全国步枪协会

如果我没有对公开出版发表一个警告,那我就是失职了。当我们

为学术出版物写作时，我们期望一定程度的礼仪。尽管有人可能不同意我们写的东西，但这些不同意见很少会变成死亡威胁（尽管可能会犯错误）。然而，面向公众发表文章会让你面对恶意中伤。

以我的个人经验来说，这可能带来公共场所的灾难，有可能给你造成很大的破坏。

让我们回到我关于在校园随身携带枪支的例子。就像我说的那样，这篇文章在网上疯传。美国步枪协会看到了这篇文章，并在他们的网站上进行了反驳，还附上了我大学网站的链接。许多美国步枪协会分会在他们的网站上转发了他们的反驳以及他们自己的评论。

在线发布的第一条规则是：不要阅读评论。虽然你可能认为这些评论是与人交流的好方法，但我建议你避免使用它们。如果你对学生评价你的教学感到不安，那么你真的不要留意任何关于你的公开写作的评论。这些评论可能是恶意的。一旦你发表了一篇文章，就远离它。

有些人会利用评论区来骚扰作者。对他们来说，这就像是一个让争论继续下去的游戏，而这些争论有可能变得相当令人讨厌。我的专栏得到了很多评论，虽然很多都是正面的，但也有很多人对此表示不满。

然而，骚扰并不止于评论。在我的专栏引发了一阵骚动之后，我所有的社交媒体账户都收到了死亡威胁，通过电子邮件、邮件和语音邮件。我还收到了很多"我会用枪指着你强奸你"的威胁（这只是强化了我对校园枪支的感觉）。此外，他们联系了我的主席、院长、教务长、校长以及民选官员，要求他们解雇我。

我希望我对这次袭击有更充分的准备，所以我现在才告诉你。如果我说我不介意，那就是在撒谎。我暂时关闭了我的社交媒体账户，现在也已经更改了设置：不管什么时候，公开发表前我都会筛选这些评论。我还让一个立场中立的人查看我的电子邮件和电话留言，删除威胁。我把这一切都报告给了行政部门和校园警察，他们努力确保我的安全。

如果你打算发表一些可能引起争议的内容，那么你应该制订一个计划来处理这些后果，并且要注意，这样的结果可能是好的。除了我遇到的麻烦之外，我还收到了许多教员的来信，他们和我一样关心这件事，我还上了国家公共广播电台（福克斯新闻台也想采访我，但我拒绝了他们的邀请）。病毒式传播绝对可以提高你的知名度，一小撮期刊文章的读者可能变成成千上万（如果不是更多的话）的读者。你可以把你的信息公之于众，只是要知道不是每个人都会接受你的信息。

24.9　结论

我们知道大多数期刊文章的读者有限。考虑到很多学术作品被保存在期刊和图书馆网站的防火墙后面，而且这么多的作品是密集地（往往是难以理解的）写给特定的受众，所以学者们在争论这是多么有限（参见 Jago，2018），也就不会让任何人感到惊讶。

作为质性研究人员，我们收集了大量的信息来帮助我们为大众写作。一旦我们对这种技巧进行微调，我们就可以看到我们的读者数量在增长。对于我们这些带着社会正义心态进行质性调查的人来说，培养广泛的读者群对于倡导社会变革大有裨益。

补充阅读

Gullion，J. S.（2016）. *Writing Ethnography*. Sense.

Klinkenborg，V.（2012）. *Several Short Sentences about Writing*. Vintage.

Lamott，A.（1995）. *Bird by Bird：Some Instructions on Writing and Life*. Anchor.

回顾与练习

1. 学术知识以何种方式向公众隐藏？这与对专家的不信任有何关系？

2. 你对其他出版场所的学术纪律的接受程度如何？

3. 把你写的一篇主要论文作为一篇观点文章、概念文章和博客文章来重写。检查你所写论文的可读性，尝试重新构建信息，让它可以在六年级或更低的水平上阅读，但仍然可以描述主要观点。

参考文献

Gullion，J. S.(2015). *Fracking the Neighborhood：Reluctant Activists and Natural Gas Drilling*. The MIT Press.

Gullion，J. S.(2016). *Writing Ethnography*. Sense Publishers.

Hart，J.(2011). *Storycraft：The Complete Guide to Writing Narrative Nonfiction*. University of Chicago Press.

Jago，A. G.(2018，June 1). "Can It Really Be True That Half of Academic Papers Are Never Read?" *The Chronicle of Higher Education*. https://www.chronicle.com/article/Can-It-Really-Be-True-That/243564.

Mueller，F. O.，Kucera，K. L. and Cox，L. M.(2013). *Catastrophic Sports Injury Research Thirty-first Annual Report*. National Center for Catastrophic Sport Injury Research. https://nccsir.unc.edu/files/2015/02/NCCSIR-31st-Annual-All-Sport-Report-1982_2013.pdf.

25

索菲的选择：出版质性研究的社会行为

米切尔·艾伦

摘要：本章致力于揭秘数据密集型质性研究学术出版物出版的黑匣子。关键的论点是，出版就像研究过程中的其他部分一样，是一种社会行为，是一个守门人——图书出版商或期刊编辑与作者之间的互动。在这些互动中，作者具有代理权和影响力。出版一本书的过程是通过一个具体的案例来追溯，即索菲·塔马斯(Sophie Tamas)的《没有离开的生活》(*Life Without Leaving*)，由左岸出版社(Left Coast)出版，这是一个实验性的文本，其中充满了塔马斯论文中的数据。在开发这本书的过程中，作者、出版商和系列编辑之间的通信和互动为作者提供了一条叙事线，并辅之以出版商对作者的建议，即他们如何才能最好地影响一本书的接受、撰写手稿、与出版商的生产部门合作以及帮助推销作品。

关键词：出版；社会互动；学术写作；图书营销

25.1 5月[①]

大多数事情都是从一段对话和一个故事开始的。

---

① 以传统的人种学方式，所提供的教育信息被嵌入故事中。如果你最感兴趣的是关于出版的描述性建议，请阅读右边的部分。这里描述的这本书是由左岸出版社出版的，这是我在2005—2016年创办并经营的出版社。左岸出版社现在是劳特利奇出版社(Routledge)的一部分，塔马斯的书可以从他们那里获得。（转下页）

494

在这个案例中，故事发生在伊利诺伊大学厄巴纳-香槟分校克兰纳特中心外的草坪上。那天我在一个出版工作室授课，索菲提出了一些有见地的问题，引起了我的注意。在吃传统的国会大餐——炸鸡、土豆沙拉和四季豆的时候，能与她分享，践踏一点儿草坪也是值得的。伴随着晚餐，我们喝普通的葡萄酒。

> 出版是一种社会行为。图书编辑和期刊编辑总是在寻找可以出版的好内容。如果你能有效地向他们展示你的作品，你出版的机会就会增加。还有什么比通过电话、电子邮件或者面对面的交谈更能让他们相信你的作品是好的呢？国际质性研究大会的非正式场合是这种对话开始的理想场合。你把守门人变成你的朋友，而不是你的法官。

我的问题是一个开放式的、质性研究人员喜欢的那种：你在研究什么？大多数学者以此为诱饵来阐述他们目前的研究项目。我不是他们领域的专家，我经常在 5 分钟内达到饱和状态——理论上或其他方面。但不是因为索菲的故事。她是一位自传式的民族志作家、一位理论家、一位引人注目的讲故事的人。她编织了一个关于家庭暴力、个人不确定性、文化边缘化、母性的非常个人化的故事，抛出了有关巴哈伊教、育空河和西非的美妙的小故事。所有这些故事都以某种方式被设计进她的论文。这个故事不需要额外的情节，我很容易就相信她的论文具备我想要出版的书的潜质。

（接上页）我选择这个案例作为例子，说明数据驱动的工作，比如索菲的论文，在出版时也可以变成基于艺术的理论项目。虽然这一章主要集中在她的书上，但这里提供的大多数建议对那些试图在期刊上发表文章的人同样适用。本章包含的教学材料首先出现在国际定性研究大会的出版研讨会、定性研究夏季强化研讨会、定性思考研讨会以及其他会议和培训场所。其中一些出现在我写的关于出版定性研究的书里（Allen, 2016）。

我要感谢索菲·塔马斯，她现在是卡尔顿大学的助理教授，我还要感谢卡罗琳·埃利斯允许我发表我们之间的私人电子邮件往来。虽然引用是直接的，问题反映了索菲的书的发展，我在事件的时间线和其他细节上做了一些调整，以简化叙述。这里介绍的一些材料是与我的同事、吉尔福德出版社的 C.黛博拉·劳顿（C. Deborah Laughton）合作开发的，但任何错误或不足都是我个人的。

"只是进行一次对话。"她提醒我，对于我这样一个上了年纪的白人男性来说，这比对于索菲来说要容易得多。对索菲来说，她的第一本书出版的故事有更多的细微差别，交织的关系，体现、嵌入的个人历史，塑造的文化脚本，继续作用于我们每个人和我们内部。我对她和她的书的想法的关注仅仅是一时兴起吗？如果她以同样的方式回应，这会让她对自己作品的价值产生怀疑吗？她最近写信给我说："在这些场景中，我们两个人都得到了社会脚本，并尽我们最大的努力围绕它们即兴创作，以实现我们的人际关系和职业目标。""关心和权力不可避免地纠缠在一起。"她还指出了卡罗琳·埃利斯(Carolyn Ellis)和劳雷尔·理查森(Laurel Richardson)的贡献。这两位是她所在领域的创始人，也是我的老朋友，他们为我们提供了指导和支持。

我要求在论文完成后看一下。

更典型的是，你会被要求提交一份图书建议书，而不是一份完整的手稿。每个图书出版商在他们的网站上都有图书建议书的指导方针。当你提交一篇期刊文章时，如果你从一个对话开始，你通常会想要提交一个标题和摘要给期刊编辑，以帮助引导对话。完整的手稿、书籍或文章，通常会在后面。

在接下来的几年里，索菲成为索菲博士(Dr. Sophie)，《没有离开的生活》(Tamas，2011)出现在了左岸出版社的书单上。但这一切都始于一位编辑和一位作家之间的对话。

25.2 6月

"你确定要这么做吗，索菲？"

这是我的第一个问题，因为我们的电子邮件交流越来越频繁，我知道把她的论文转化成一本可行的书需要花费她好几个月的时间，在这几个月里，她可以向期刊发送文章，以美化她的简历，并提高她找到一份学术工作的机会。

年轻的学者们喜欢把他们的论文以书籍的形式出版——这是他们多年工作的回报。但论文是为三到五个委员会成员写的，书籍甚至期刊文章则需要面向更多的读者。一个好的委员会主席会不断地督促教授的博士生将他们的研究限制在比"大"更小、更易于管理的范围内。

他们一开始就提出了一个问题，这样学生就能在有资格领取退休金之前完成写作。一个出版商和一个期刊编辑想要相反的结果，让他们的工作重新回到解决这个大问题上来。这个过程通常涉及大量的工作。索菲的选择就是去做那些工作，她花了将近两年的时间才完成。

她写道：

我在想：如果我开始分解我的论文，根据其中的一些内容撰写文章，并在各种期刊上发表，我是否会降低整篇论文被发表的几率（因为那时它已经过时了，或者已经存在了，或者版权问题变得混乱，或者其他什么原因）？

答案既不简单也不简短，但总的来说，我鼓励她继续写文章和书。

如果你像索菲一样决定出书，那么先写一两篇文章发表通常是个好主意。这很少会阻止出版商出版整个手稿。恰恰相反，如果论文中的几篇文章被接受，它就能向出版商证实你做得很好，并且通过创造对论文出版的预期，它有助于为你的作品建立读者群。

25.3　7月

塔马斯的研究提出了一个重要问题，即妇女是否真正从家庭暴力中恢复过来了。除了她个人经历的婚姻暴力、背叛及其后果，以及她为写一篇关于这段经历的自我人种学论文所做的努力之外，索菲还采访了 18 位生活和工作在附近的幸存者和服务提供者。将这些数据编织成一个复杂的个人故事成了索菲面临的挑战之一。她的选择是从不同的参与者中挑选出引语，并将它们按主题排列在一个单独的章节中，作为她论文答辩的魔幻现实主义场景。在那里，她在向委员会成员发表讲话时，为这些妇女发声。如何将这些声音以一种信息丰富而又非线性的方式格式化成了一个问题。声音按顺序、和谐与不和谐地互相对话。概念和主题随着歌词的起伏而起伏，渐强、宁静的时刻，寂静，以及视觉表现。这个故事变成了与指挥索菲组织文本的音乐配乐。我和她为如何把这些声音放在一张传统的 6 英寸×9 英寸纸上而苦恼。我们创造也抛弃了很多方案，最终选定了一个符合我们标准书籍格式的解决方案。

我想到了巴赫（Bach）和斯托帕德（Stoppard）：

> 毫无疑问，这首奏鸣曲会非常紧凑。有点像巴赫的作品，我认为你不应该专注于每一个音符。你看过汤姆·斯托帕德的演奏吗？他的对话充满了双关语、想法、文字游戏，以至于没有人能够在演出过程中全部理解。这是故意的。给读者一个读剧本或者第二次去剧院的理由，再一次去理解你第一次错过的东西。我怀疑大多数读者是否会仔细阅读这一章的每一行，至少如果没有剂量充足的阿司匹林是不会的。但是没关系。这就是巴洛克文字奏鸣曲的本质。

编辑可以帮助作者塑造他们的作品，让观众最容易接受。通过建立一种关系，让期刊编辑或图书出版商成为你旅程中的伙伴，他们在出版你所设想的实用主义方面的专业知识可能会帮助你实现自己的目标。

25.4　12 月

索菲作品中的一个关键角色是克里克特（Cricket）。为了探究支撑她研究的理论思想,索菲和克里克特就如何谈论虐待进行了长时间的深夜讨论。克里克特能够从记忆中引用朱迪思·巴特勒(Judith Butler)、琳达·图希瓦伊·史密斯(Linda Tuhiwai Smith)和唐娜·哈拉威(Donna Haraway)的话。对于一个如此年轻的人和一只"邋遢的、奶油色的狗"来说,这令人印象深刻(Tamas,2011:61)。索菲选择与克里克特辩论理论是她的书中最吸引人的特色之一。但是克里克特对索菲著作的贡献并不是毫无争议的。作者把克里克特描述成一个后现代理论家,这比她把克里克特描述成一只狗要好得多。我把索菲送回来,给她更多的狗性,让她更踏实,更有兴趣抓挠和舔屁股,而不是引用福柯的话。这是值得的。出版一年后不久,我收到一封电子邮件,索菲引用了她年幼的女儿的话:"我在给克里克特读你的书。"多拉解释说,"她所扮演的角色。你把她的声音读对了,妈妈,克里克特就是这么说话的"。

组织一个数据驱动的出版物,无论是一篇文章还是一本书,都有一个预定义的格式,甚至有自己的首字母缩写:IMRaD(Introduction,Method,Results,and Discussion)(引言、方法、结果和讨论),省略一些重要的元素,如理论和结论(George Mason University Writing Center,n.d.)。在出版数据驱动的研究中,这种格式是你的论文或书的默认结构。但是质性研究引以为傲的是它的故事叙述、它对研究复杂性的论证,以及它的文学价值。根据出版渠道的不同,作者可以有不同于标准的 IMRaD 公式。比起《美国教育研究杂志》,在《质性研究》这样的杂志上,你会更加幸运地尝试使用格式。你想要的出版渠道是否允许更多的创造性? 对你正在考虑提交文章的期刊进行研究,并向编辑提出问题,就可以回答这个问题。但是需要注意的是:成为一个文学社会科学家要比成为一个文学作家或社会科学家困难两倍。专业作家花费大量时间完善他们的写作技巧,参加写作小组,参加写作研讨会。有志于此的质性研究人员需要在写作技巧和研究技巧上投入同样多的精力。

25.5　1月

卡罗琳·埃利斯(Carolyn Ellis)，左岸出版社"写作生活：民族志叙事系列丛书"(*Writing Lives：Ethnographic Narrative Series*)的编辑之一，也加入了对话。她对于引起共鸣、深思熟虑、见多识广的写作的眼光和对自传式民族志的了解是无与伦比的。卡罗琳对索菲的同情和敏锐的评论给了作者信心，认为她的工作是好的。这也证实了我对索菲的作品的不知情的评价并没有错。卡罗琳给索菲的便条开头写道：

> 亲爱的索菲，我很喜欢你的手稿，今天躺在床上读的，身边还有两只狗！那简直是天堂。我认为它是创造性的、聪明的，并且以聪明的、人道的、复杂的方式处理一些非常棘手的问题。我喜欢你直面问题的方式，从不(很少)采取简单的方式，拒绝在不询问更深层的意义/含义的情况下说出来。太棒了。这当然是一本我会在课堂上用来展示自传式民族志如何与诗歌、艺术、访谈以及以创造性/诗意和更传统/扎实的形式呈现的书，所有这些都能很好地融合在一起。所以我愿意接受这本书，但是如果你想要考虑做一些修改，这里有我的评论。这些修改都不需要太多的努力，但是你可以自由选择你认为合适的。

担任出版社系列丛书的编辑或编辑委员会成员以及期刊编辑顾问的学者通常可以成为你发表文章的渠道。如果你能找到这些人中的一个，通常是你的朋友或导师，来帮助你接近你想要的出版渠道，它将会很好地服务于你。如果出版是一种社会行为，那么这些中间人、守门人作为可信赖的顾问，将给决策者信心，你的工作应该被认真考虑。这些人也可以为你提供可信的建议，告诉你如何重写你的作品，让它更具吸引力。

我给索菲寄了本书的合同。

这是很重要的一步。除非你收到一份合同,并且所有各方都签字,否则出版商不会对你的作品负责。对于期刊来说,一旦期刊编辑接受了文章,这通常只是一个文书手续。但当涉及书籍时,这是非常重要的,因为它表明了出版商对这个项目的承诺。但是请注意:

每个发布合同都包含发布者的例外条款。作品需要出版商"满意"才能出版。极少数情况下,出版商可以退出。如果你已经和决策者建立了关系,这是极不可能的。一定要仔细审阅合同。例如,它会指出你有什么权利重复使用你自己的材料。如果你不清楚或者不喜欢,可以问编辑。

25.6 又是 5 月

(买)更多炸鸡。在当地酒吧再来一杯红酒。和索菲在院子里散步。关注孩子、博士后和出版问题,以及如何处理修订。我告诉她,删除最后的学术章节,这是为了安抚她的论文委员会而写的。让克里克特更像狗,把音乐的元素嵌入手稿中,让它们更深刻地萦绕心头。我们达成了一致,第二天她就回家了,准备好做她要做的工作。

对于年轻的学者来说,修订总是令人望而生畏;年长的学者也是如此。如果你记得出版是一个社会过程,而且你在这些关系中有代理人,那么你可以更好地完成你的出版目标,同时还能安抚决策者。这本身是至关重要的:评论家不会决定你的文章或书是否出版,而是由书籍编辑或期刊编辑来决定。当你收到评论时,要开诚布公地看评论。哪些改进了你的论点? 哪一个会让你的工作更好? 哪些是没有效率的,或者需要你写一些不符合你目标的东西? 从这里开始,列出评论家的建议和你的选择,哪些需要修改,哪些你会忽略。把这份清单呈现给编辑,让他同意这些修改,或者至少和你协商一下。如果你们达成了一致，那么就按照你承诺的那样做，把达成一致的清单和修改后的手稿一起发回给编辑。如果你做了你答应编辑你会做的事情，而不是试图应和每个审稿人的每一个意见，编辑应该接受你的修改。

25.7 第二个 7 月

索菲写道：

> 至于我现在做什么这个更大的问题。这篇评论让我想马上辞职，收拾桌子，整理文本，开始做一个漫长而细致的手术。因为我的博士后工作与我的论文紧密相连，所以花时间理清我的真实想法，学会更直接地说话，尖锐地阐述观点，发展出更优雅的表达方式，并不是一个切题或浪费时间的事情……我也觉得我的陈述可能证明了一些有用的东西——我希望我在这个领域搜索文献时能找到的东西。

索菲的修改花了很长时间，因为她努力在学术和家庭之间寻找平衡，履行工作和教学承诺，生活……并寻找自由时间写手稿：

> 我想我无法回答的问题是，这部作品是否曾经辉煌、原创、有见地、有帮助、有趣、迷人（等）到足够值得这些努力？有值得这些的书吗？我觉得有可能，但我没有看到足够的手稿可以比较。当然，我想知道你是不是因为你不想伤害我的感情而在迁就我。

编辑可以，而且经常同时充当你的心理学家、啦啦队队长和工头。哪个作家没有对自己的作品产生过这样的怀疑呢？一头扎进精神障碍？当其他更快、更直接的任务出现在待办事项清单上时，失去注意力？一个经验丰富、技术娴熟的期刊编辑或出版商可以成为你的学术伙伴，知道什么时候给你安慰，什么时候用最后期限威胁你，什么时候花一个小时听你怎么处理你生病的猫。但是，考虑到这些编辑随时都在处理的项目数量，他们不可能总是在你需要他们的时候出现。一个新手作家的支持小组更常见，也更可靠。组织一个写作小组。当你找到一个愿意在你需要的时候拉你、推你、哄你、安抚你的朋友，读一读你不敢给别人看的初稿。在所有关于独行作家的描述中，写作——甚至超过出版——是一种社会行为，需要一个社会支持系统。

25.8　9月

我写信给索菲，请她帮忙完成我正在考虑出版的其他人的手稿，她周到的回复很有帮助。

建立一段仅仅为了出版一篇文章或一本书的关系是自私的，很容易被忽视。如果期刊是你希望定期出版的，或者出版商也是你希望出版下一本书的，那么做一个积极响应的合作伙伴。自愿为他们写评论，按照他们的方式发送好的项目，当他们发表你认为特别有创造性或有用的东西时给予赞美。当你和编辑们一起做你自己的项目时，他们会记住这些好意。

25.9　秋天

索菲写道：

当/如果你要出版的时候，你是否打印 PDF 文件？因此，如果所有的页面都是打印出来的文本，或者是文本和图像的混合物，假设它们都是黑白的，那又有什么关系呢？我可能想玩混合文字和手写或图像的游戏——不确定它是否可行，或者我是否愿意这样做，但第一步我想看看这是否是一种逻辑上的可能性。

如果她现在担心格式问题，那么她的修订工作一定进展很快。我回答说：

> 从 Word 文件中删除所有格式。尽可能简单。我们的设计师会把它输入另一个程序中，她必须在这样做之前删除所有的格式代码。

> 每个图书出版商和每个期刊都有自己的风格和参考指南。这些指南大部分都发布在网上，以便作者更容易制作出一份能够快速、轻松地完成的文档。这里不是争论牛津逗号、奇怪格式或英美拼写的地方。这些讨论应该在最终手稿提交之前进行，就像索菲在这里所做的那样。如果有需要特殊处理的设计元素，如索菲的数据"奏鸣曲"，确保编辑在早期同意它，并提供明确的指示制作部门如何处理它的方法。

25.10　1月

她完成了！我写道：

> 请寄给我一份最终手稿的复印件和一张带有图片和文字的光盘。卡洛琳(Carolyn)只想要一个电子邮件版本，附上你的一张便条，告诉她你在哪里做了重大改动。她可能不会再读一遍了。

手稿已经完成了，但这个作品叫什么呢？

这个问题在我、索菲和卡洛琳之间引发了比书中其他任何元素更多的对话。我们在很多选择之间来来回回："扮演幸存者""不要爱我""沉船""日常悲伤之歌""写作生存""未被选中""鬼歌""幽灵般的幸存者""好起来，闭嘴，走开""亲密的通道""从康复中恢复""虐待和破坏中的旅程""虐待、康复和僵尸"(那一年的一切都是关于僵尸的)"幸存者之歌""歌唱我们的生存""虐待的交响曲""幸存者的奏鸣曲"(音乐的隐喻贯穿整个手稿）"后记"（删除，弗吉尼亚·伍尔夫写了一本书的标题）"甜言蜜语""离开后的生活"。

还有副标题："女人能从家暴中恢复吗？""家暴幸存者之歌""家暴幸存者的幽灵生活""从家暴中恢复的悖论""被家暴妇女重建生活""家暴的遗迹"。

卡洛琳有她自己的方法为一部作品命名：

> 为了寻找标题，我发现把我的手稿读一遍是很有帮助的。现在你已经快写完了，你可能想这样做。寻找单词、短语、短语转换，然后写下来。米奇（Mitch）的一些建议更好，虽然还没有抓住我的心。我喜欢"康复的悖论"……但它真的是一个悖论吗？

> 标题对于任何出版物的成功都至关重要。它应该告诉读者这篇文章是关于什么的，谁应该读它。对于大多数数据丰富的学术文章，最好只是坚持作品的主题，确保包括最重要的关键字，这样你就可以被搜索你的主题的人发现。对于像索菲这样的文学作品，可以使用一个更具隐喻性的标题，但即使在这种情况下，带有正确关键词的副标题也是至关重要的，而且隐喻性的标题仍然应该意味着作品的主题。《离开之后的生活》就是这么写的，但并不是我们周围的其他人都这么写的。

25.11　又一个 4 月来临

是的，出版商总是让你做索引。索菲问道：

> 我对以下三者之间的界限有点模糊：(1)我讨论的作品的作者；(2)我在文中引用作者名字的作者；(3)在剧本中以演讲者的身份出现的作者（如在泳池场景中）；以及(4)只在尾注中出现名字的作者。老板，我要把他们都编入索引吗？

我回答：

　　我认识的人都不喜欢做索引。这是一种可鄙的行为……直到你需要在别人的书里找到一些东西。你在书里讨论的任何人的作品都应该在索引里。毕竟,在他们屈尊阅读之前,他们会先看看你是否引用了他们的作品。

　　许多出版商已经创建了他们自己的简短索引指南。《芝加哥在线格式手册》(芝加哥大学出版社,2017年)有一个很长的章节,是最有帮助的。至少有一本关于索引过程的好书(Mulvany, 2005)。

25.12　5月又来了

　　又一次质性研究大会,这里有更多的炸鸡。但是今年有一个很大的不同:《没有离开的生活》正在左岸出版社的书展上展示,索菲的工作已经完成了。现在就看出版商的市场部门了,不是吗?

　　索菲的论文获得了加拿大国际质性方法学研究所的奖项。我敦促她接受邀请,在他们的研讨会上发表主题演讲,以此来为这本书建立读者群。那个星期她在国会上做演讲的时候,她能不能拿这本书的一本复印件,请人们到我们的桌子上来看看? 她是否有一份清单。她和谁有关于这本书的联系以便我们给他们发送关于这本书的信息? 有没有人可能会给我们的广告代言? 她有没有计划与当地的妇女团体进行会谈,在那里她可以分发关于这本书的传单?

　　索菲的书在社交媒体普及之前就已经出版了。这些渠道——你的脸书、推特、Instagram账户——是宣布你的出版物的关键。如果你有一个博客,或者你可以客串别人的博客,那么你的博客将会产生重要的影响。每所大学都有一个公共信息办公室,如果你能让他们相信你的工作的重要性,他们可能会对广泛宣传你的工作感兴趣。如果你写了一本书,研究一些你可能提交的潜在奖项。如果是一篇文章,一定要发送数字副本给你所在领域的"影响者",他们可能会对你的文章感兴趣,并帮助你获得更多曝光。不要把你作品的公告只留给出版商。最好的结果就是和他们一起完成市场营销。

> 大多数学者认为，销售一本书，或宣布一篇文章的发表，是出版商的工作。确实如此。但出版商可能会在你的书出版的同时推销几十本或几百本书以及几千篇文章。出版商将对你的作品进行大量无形的营销——将它们纳入关键参考资料和索引服务，向批发商提供元数据，让他们联系到可能购买这本书的图书管理员，将你的作品放在可能卖给世界各地图书馆的图书和文章的集合中。这些机构渠道对大多数学者来说是看不见的。更具体的读者对出版商来说更难接触，但对你来说更容易：你所属的专业组织的专业兴趣小组的通讯；一直在询问这本书的专业同事和朋友的网络；你咨询的社区团体。与出版商合作，你应该确定一个策略来接触每一个可能对你的作品感兴趣的读者。有些工作是他们的，有些应该是你的。对于你发表的任何文章来说，这一点都更加重要，因为出版商主要关心的是杂志的广告，而不是你对杂志的特殊贡献。

25.13 夏天

"你在做什么？"

索菲回答道：

> 我有一个想法，我一直在酝酿……我想它最终会成为一本书，可能命名为《废纸》。如果我的研究表明，我们可能无法从某些创伤和损失中真正恢复，那么问题就变成了，我们如何处理或利用我们的过去？我想通过照片和访谈，在两个截然不同的地方探索这个问题：农村废品场和郊区的剪贴簿店。我喜欢这些空间里的男子气概、肮脏和不羁与剪贴簿里有序的女性气质之间的对比。在我看来，这两者都像是把过去放回原处并在其中找到有用之处的

系统，但它们采取了如此不同的方法。

与出版商或期刊编辑建立关系的一个关键点是，第二次会变得更容易。如果他们喜欢你的作品，他们会更容易接受你提供给他们的第二件作品，整个出版过程对你们来说都会更容易。你已经了解了媒体的文化、流程和系统，他们也了解到你是一个有才华、可靠的作家，你的作品有读者。索菲一旦有出版第二本（也是第三本）书的想法，就会发送给我。我很乐意出版第二本，但第三本是为不同的读者设计的，于是我给了她一些关于如何让第三本书出版的建议。左岸出版社在她把第二本书寄给我出版之前就关门了，所以我只有一次机会和这位才华横溢的学者合作。

一切又重新开始了，作者和编辑之间的对话。

补充阅读

Allen，M. (2016). *Essentials of Publishing Qualitative Research*. Left Coast Press.

Luey，B. (Ed.). (2007). *Revising Your Dissertation：Advice from Leading Editors*. University of California Press.

Rabiner，S. and Fortunato A. (2003). *Thinking Like Your Editor：How to Write Great Serious Nonfiction and Get it Published*. Norton.

回顾与练习

1. 在一次招待会上，你遇到了你最喜欢的图书出版商的编辑，希望她能考虑出版你的论文。准备一个 30 秒的"电梯演讲"，让她注意到你的作品。30 秒，不准作弊。

2. 拿一篇你目前正在写的或者正在考虑写的文章，用网络研究创建 3 种期刊的列表，这 3 种期刊可能最符合你的目标。

3. 创建一个简短的问题列表，你可以通过电话或电子邮件向这些期刊的编辑提问，以确定这些期刊是否符合你的出版目标。

参考文献

Allen，M. (2016). *Essentials of Publishing Qualitative Research*. Left

Coast Press.

George Mason University Writing Center. (n. d.). *Writing a Scientific Research Report* (*IMRaD*). https://writingcenter. gmu. edu/guides/writing-an-imrad-report.

Mulvany, N. (2005). *Indexing Books* (2nd ed.). University of Chicago Press.

Tamas, S. (2011). *Life after Leaving：The Remains of Spousal Abuse.* Left Coast Press.

University of Chicago Press. (2017). *The Chicago Manual of Style Online* (17th ed.). University of Chicago Press. https://www. chicagomanualofstyle. org/home. html.

结　论

保罗·米哈斯　约翰尼·萨尔达尼亚　查尔斯·瓦诺弗

数据科学时代的质性研究

这本书和它的编辑描述了质性研究的全过程和其独特的知识获取形式。我们从描述如何为分析准备访谈数据的一组章节开始,然后进入了转录、编码、解释策略和写作实践的过程。质性研究中的质量是在质性研究全过程的每个阶段所做的战略决策的产物(Maietta，Hamilton，Swartout and Petruzzelli，2019)。质量也是将信息传递给我们的受众(包括公众)所必需的努力的产物。萨莉·坎贝尔·加尔曼在第22章的漫画中,让我们思考一个重要的问题:在一个经常讨论方法的领域,如果我们努力将质性研究的激情传达给每个人会怎样? 杰西卡·斯马特·格利恩在第24章中要求我们想象一下,使用能够让成千上万的人阅读研究成果的写作形式所带来的好处和存在的缺陷。米切尔·艾伦在第25章中提醒我们,发展可发表的质性研究需要复杂的社会和技术选择。找到合适的受众是一项复杂但又必要的工作。

我们在总结分析和诠释质性研究时会问,鉴于社会和行为调查等其他创新研究领域的发展,质性研究可能会为大学内外的人提供什么。使用数据科学和大数据分析的研究在工业界和学术界都越来越受欢迎,数据科学的学院(和专业)在美国和国际上的大学中如雨点般涌现。我们可能会问自己,相比之下,这种新兴趋势和对"大"的关注将质性研

510

究人员与我们的小得多的研究相提并论,这些研究可能不像机器学习和人工智能那样具有突破性。

大数据确实可以容纳迄今难以想象的大量文本。例如,来自佛蒙特大学的研究人员使用了 2008 年 9 月至 2011 年 9 月 46 亿条推文中包含的单词的值来跟踪幸福水平(Parry,2011)。他们认为每年的最后几个月,星期六和清晨是快乐的时光,而 1 月是最快乐的日子,一周的头几天和深夜就不那么好了。他们的数据和分析方法为他们提供了难以置信的精确度。日常幸福感通常"在当地时间早上 5 点至 6 点达到顶峰,然后迅速下降,然后逐渐下降,达到晚上 10 点至 11 点的平均值,一夜之间回到峰值"(n. p.)。这些发现可能有助于临床心理学家(和营销人员)研究幸福从高到低的日常循环。但由于与研究对象的生活经验相去甚远,这种方法只关注大趋势,而没有揭示社会奥秘,也没有理解经历这些幸福周期的人们每天和每年的生活情境。在这个大数据研究中是必然不存在的情境相关的知识,它允许研究人员和实践者从基于规则的思维发展为更精细的、合格的专业知识(Flyvbjerg,2006)。

质性研究的定义更接近研究问题和被研究人群。它的本质是有目的性的、典型的小样本的研究,但它提供了深层现象和语境。在与参与者共处一室(或视频通话)时,研究人员和参与者之间的距离是通过倾听的行为来弥合的,而不仅仅是收集。倾听是一种"危险的行为",它会给参与者和情境研究者变得脆弱(Karner and Warren,1995:81)。正如克雷格·M.麦吉尔、德鲁·普罗维和马克·杜斯拉克在第 13 章中所讨论的那样,"如果没有脆弱感,数据周围就会有一堵墙",这往往是研究过度关注量化变量的情况。大数据研究人员从网络或电子邮件服务器上"抓取"数据,但质性研究人员倾向于在"那里",从个人的声音和行动中生成数据。捕获的数据已经发生,而访谈数据就在我们眼前展开。

通过使用量身定制的探针来打开访谈中的讲述时刻,质性研究人员更深入地调查意义。杰米·费德勒在第 16 章中提醒我们:"探索一个连续的现象需要长时间的参与,而不是'快闪'式的方法。"在与几位老师为期一年的研究对话中,她发现质性实践如何让她和她的合作研究人员"更深入地研究:我们可以回顾过去,展望未来,或者在我们交谈的时候谈论当前的经验"。生活的任何一部分都没有被"忽视"。相反，这些生活的描述——带有意想不到的弯路——被浓缩成一个共同的诠释。尽管一条 140 字的推文可以揭示一个人的精神状态——数十亿条推文或许可以在全球范围内做到这一点——但质性研究放慢速度，看看其他人可能会看什么（Vagle，2018）。

麦吉尔（McGil et al.，Chapter 13）表示，将他们的自传式民族志工作"放在世界上是一种令人兴奋和极其脆弱的行为"。卡卡莉在第 21 章中表示，质性数据分析是"部分自我分析"。这些作者注意到了所谓的中立伪装，指出了研究人员的反身性，这是研究人员在质性研究全过程中采用的一种宝贵的模式。尽管大数据研究人员也必须质疑他们的方法、他们自己的视角、他们的研究人员的立场和行动，尽管这并不总是在研究成果中被提及，也许很少有迹象表明为什么他们可能"把事实中的一项赋予更高权重"（Richardson，2000:927）。正如珍妮特·理查兹在第 9 章中提醒我们的那样："在研究过程的每一步，研究人员都需要检查并有意识地承认他们在调查中带来的假设和偏见，这会影响他们的决策和诠释。"

无论是好是坏，大数据都是遥远的数据，有时它揭示的是地图而不是版图。质性数据访谈、观察、焦点小组、日记——使研究人员更接近"噪音"和真实经历。数据科学让我们能够记录人们何时在推特上发表更快乐的想法，但我们在很大程度上仍不知道原因。此外，幸福是与环境相关的；让我们每个人快乐的东西是复杂的，也是非常个性化的。社会科学家和应用实践者都致力于研究"为什么"的问题，这样他们就可以将人类行为理论化，或者为令人烦恼的行为问题和社会不公提供实际干预。通过用更少的人进行更深入的分析，质性研究人员承担了一项深潜任务来揭示社会奥秘的多个层面，是什么、如何、以什么方式以及为什么。

然而，我们可以把大数据和质性数据视为不同的知识基础，而不是把它们视为竞争对手。我们的研究问题，作为知识问题，既可以寻找大数据，可以寻找复杂的质性数据来帮助我们建立理论，也可以通过参与者的视角和通过大数据识别的趋势来了解现实世界。费德勒（第 16

章)指出,经验是故事性的、持续的,通过社会对一个人的内在生活和他们独特的个人历史的影响而构建。质性探究可以深入这种内在生活的复杂问题和人与人乃至人与生活之间的"空间"(Vagle,2018:8)。

社会学家马里奥·斯莫尔(Mario Small,2017)在《倾诉对象》(*Someone To Talk To*)一书中结合社会网络分析、对经历重大生活变化的成年人的近距离采访和对美国人的一般调查,来研究我们如何选择知己——我们在亲密和复杂的事情上倾诉的人。他的作品告诉我们,知己并不总是最好的朋友或配偶,有时只是飞机上坐在我们旁边的陌生人。对参与者的采访揭示了这些正在展开的秘密时刻,揭示了人类心灵的奥秘——一个善良的陌生人可能比我们高中最好的朋友更能让我们敞开心扉。相比之下,调查数据和大数据可能记录更大的披露事实,带有可能性的尺度和信任的衡量标准。质性数据,也就是讲述的亲身经历,让我们能够更精确地了解披露某些秘密的动机,比如青少年时期的入店行窃,以及我们在婚姻中会有多孤独。大数据让我们的发现停留在事实的领域,我们被排除在现象之外,而质性研究的专注倾听和深入将我们带入生活和披露的冲动。

查马兹在研究患有慢性疾病的人时,甚至比分析人们透露了什么以及向谁透露了什么更深入。她研究沉默,考察生活经验和对生活经验的描述之间的差异,并"将身体纳入分析的范畴"(Charmaz,2002:302)。她的工作展示了质性研究最适合做什么,研究极具挑战性的领域,如沉默和身份,并赋予抽象的主题,如潜在的自我迷失的意义。要解决这些令人困惑的问题,我们需要的不仅仅是大数据的大视角。我们需要与参与者建立伙伴关系,并研究叙事层面,同一个体中的多种声音,这对计算机算法来说是一项艰巨的任务,但拥有丰富故事数据的经验丰富的质性研究人员可以面对这一挑战。

社会学家、ResearchTalk 的总裁雷·马耶塔(Maietta et al.,2019)在课堂上经常回忆一名女性的访谈,她的断腿打了石膏,被抬到椅子上,脚趾露在外面。作为访谈者,每当马耶塔进入具有挑战性的情感领域时,她的脚趾就会绷紧。这是作为血管的人体。文字不仅仅是文本,而是非常具化的;他们能体现我们从参与观察和具体化的数据收集中学到的东西，这些无法从 46 亿条无具体化的推文中收集到。正如玛丽亚埃琳娜·巴尔泰萨吉在第 5 章中提醒我们的那样，质性研究人员有许多方法来接近访谈过程，将其视为真实的遭遇。尽管转录文本可能看起来像是脱离了上下文的文本，但转录文本也"非常具化，它们注重我们如何倾听和听到了什么，这些与我们关于立场和微观话语的文化理解分不开"（Bartesaghi，Chapter 5）。靠近现象和复杂的口语，努力来创建一个具化的转录文本，我们正在接近马里奥·斯莫尔所说的"认知移情"，这是一种"按照他人理解的方式来理解他人的困境"的能力（Small，2018：n.p）。在第 10 章中，詹姆斯·伯诺尔的认知共情方法是反复听采访录音，并在心里做笔记，条件反射地考虑自己的意识。这种对数据听觉本质的关注是向参与者的信念、逻辑和价值观靠拢的另一个例子，当然，在大数据的世界里，这是一项艰巨的任务。

尽管质性分析有自动文本搜索和加速编码的软件工具，正如杰西卡·N.莱斯特和特雷娜·M.保卢斯在第 2 章中所说，质性数据分析软件包只是简单的工具，而大数据分析没有自动化就无法完成；数据加速通常是关键。数据科学应用程序提供了大量的文本数据供我们使用，并提供了用于聚类文档和跨时间或组比较频率的自动化过程。

例如，考虑一个研究问题，关注最高法院的裁决是否反映了下级法院的语言和理解。利用数据科学，研究人员可以研究最高法院的数千项裁决，以确定高等法院的语言是否反映了下级法院的语言。这将涉及使用诸如 R 语言之类的编程工具，而不是阅读数千页的法院裁决来编码数据、编写备忘录等使用诠释分析。我们不能否认花一天或两天的时间甚至不阅读数据来回答这个研究问题的效率。然而，向理解和意义构建的转变仍然必须包括人类识别的诠释性理解，而不是简单地通过自动化实现。

对许多人来说，数字是诱人的，大数据尤其如此。长期以来，社会科学家一直关注样本规模、统计能力和代表性样本。随着计算能力对普通研究人员来说变得更加普及，质性研究人员想要理解，而不仅仅是用一个巨大的 n 来支持一个相关的论断，他们该怎么办呢？n 有很多种，不仅仅是研究中的人数，还包括研究人员在研究全过程中能够提取和分析的上下文(或声音层次)的数量。大数据自动化可以让我们分析数百万甚至数十亿封电子邮件,但是,正如斯莫尔提醒我们的那样,语境仍然只有一个——电子邮件的单一语境(Small,2017)。因为质性数据可以使用多种数据收集媒介——采访、观察、日记,等等,并激活揭示多种社会背景的故事,因此背景信息可能非常丰富。在通过自动化分析一个组织中的数千封电子邮件时,我们错过了电子邮件中不能发生的互动(Small,2017)。在访谈中,我们了解到这些没有记录的邂逅——走廊上的闲聊和在浴室水槽边分享的信息。叙事数据,那些由访谈激活的故事,告诉我们这个过程:什么激活了一个过程,什么保持了一个过程,什么使它不稳定,以增强或挑战来自海量数据集的发现。大数据研究的广角镜头和计算能力加速了信息的传播,但如果我们正在寻求解开过程的谜题,成为数据的倾听者而不仅仅是数据的消费者,那么我们就需要采取质性研究实践,为竞争和意料之外的环境留出空间。

用麦吉尔等人的话来说,研究人员参与了"对那个人的世界的吸收和对那个数据的内在思考"。质性研究人员试图架设分析的桥梁——实践、策略和视角,让我们更接近数据中的意义。基恩(第15章)讨论了使用不同的逻辑,如溯因推理,来探究表面的复杂性。备忘录写作"使我们能够看到分析中的空白",并可能返回到领域中填补"类别内或类别间的概念空白"。备忘录是做猜想的地方,我们用数据来检验这些猜想。一个大数据研究人员不可能阅读数百万条推文;停留在数据中并添加另一层"数据"——备忘录,是不可想象的。这些编码、备忘录撰写、绘画的实践,并不是追求加速。当通过成员检查或其他方式与参与者分享时,他们专注于注意力和挖掘的时刻以便带来进一步的联系和合作。

在基于艺术的研究中,研究人员从质性数据中创造出一种艺术作品——诗歌、民族戏剧和卡通面板(例如,参见坎贝尔·加尔曼,第22章)。以视觉的、戏剧的和文学的方法为表现方式为学术读者或公众展示复杂的社会世界(第19章)。申菲尔德和普伦德加斯特(第20章)展示了包括发现的诗歌和删除的诗歌在内的诗歌的诠释力,并提醒我们,不是所有的社会科学研究都指向表格、图表和幻灯片。艺术让我们看透事实和发现；在画一幅画或"发现"一首诗时，我们对数据的了解不同，观众的了解也各不一样。的确，正如这本书的序言提醒我们的那样，质性研究是一个有许多参与者的大帐篷（Tracy，2010）。

即使没有利用基于艺术的实践，从事分析过程的研究人员，如主题构建，也可以是创造性的。在费德勒的章节中，她和她的研究合作者构建了"繁重的时间"的主题，将教师在入职几年的经历具体化。对于综合的创造性时刻，她说，"有时我们的讨论中有某种能量，房间里有一种创造的感觉，每个人的兴趣都增强了，我们互相提问、绕圈、大笑"。这是发现的语言，是一种"能量"，既是分析性的，又是启发性的，是一种有经验的质性研究人员非常了解的感觉。

蒂姆·赫夫曼在第 18[①] 章中提醒我们，不同类型的研究需要不同类型的发明，有时会带来"灵光一现"的时刻。质性研究人员提出论断，并有意用方法加以深化。但我们也不要忘记大数据带来的阴影。仅在过去两年，就产生了世界上 90％ 的数据（Marr，2020）。在阅读这句话的这段时间里收集的数据可能比整个 19 世纪收集的数据还要多。有了这些惊人的数据量和优化的分析方法，我们将拥有指数级的知识供我们使用。但我们也要记住，"知识的岛屿越大，奇迹的海岸线就越长"（Sockman，n.d.）。质性研究人员处于独特的位置，可以研究这条海岸线，承认我们所知道的，质疑我们自认为知道的，并更有意识地生活在普通人和非凡人的生活经历中。分析和解释的策略是一种使我们更接近经验世界的方法，运用它们可以让我们理解仍然在我们周围展开的社会奥秘并构建相关意义。

参考文献

Allen，M.（2022）. "Sophie's Choices：The Social Act of Publishing a Qualitative Study." In C. Vanover，P. Mihas and J. Saldaña（Eds.），*Analyzing and Interpreting Qualitative Research：After the Interview*. SAGE.

Bartesaghi，M.（2022）. "Theories and Practices of Transcription from Dis-

---

① 此处原书为 19，有误，应为 18。——编者注

course Analysis." In C. Vanover, P. Mihas and J. Saldaña(Eds.), *Analyzing and Interpreting Qualitative Research: After the Interview*. SAGE.

Bernauer, J. A.(2022). "Oral Coding: An Alternative Way to Make Sense of Interview Data." In C. Vanover, P. Mihas and J. Saldaña(Eds.), *Analyzing and Interpreting Qualitative Research: After the Interview*. SAGE.

Bhattacharya, K. (2022). " Embedding Critical, Creative, and Contemplative Data Analysis in Interview Studies." In C. Vanover, P. Mihas and J. Saldaña(Eds.), *Analyzing and Interpreting Qualitative Research: After the Interview*. SAGE.

Charmaz, K.(2002). "Stories and Silences: Disclosures and Self in Chronic Illness." *Qualitative Inquiry*, 8 (3), 302—328. https://doi. org/10. 1177/107780040200800307.

Fiddler, J. L.(2022). "Listening Deeply: Indexing Research Conversations in a Narrative Inquiry." In C. Vanover, P. Mihas and J. Saldaña(Eds.), *Analyzing and Interpreting Qualitative Research: After the Interview*. SAGE.

Flyvbjerg, B. (2006). "Five Misunderstandings about Case-study Research." *Qualitative Inquiry*, 12(2), 219—245. https://doi.org/10.1177/1077800405284363.

Galman, S. C.(2022). "Follow the Headlights: On Comics-based Data Analysis." In C. Vanover, P. Mihas and J. Saldaña(Eds.), *Analyzing and Interpreting Qualitative Research: After the Interview*. SAGE.

Gullion, J. S. (2022). "Writing for a Broad Audience: Concept Papers, Blogs, and Op-eds." In C. Vanover, P. Mihas and J. Saldaña(Eds.), *Analyzing and Interpreting Qualitative Research: After the Interview*. SAGE.

Huffman, T. (2022). "Making Claims Using Qualitative Data." In C. Vanover, P. Mihas and J. Saldaña(Eds.), *Analyzing and Interpreting Qualitative Research: After the Interview*. SAGE.

Karner, T. and Warren, C. A. B.(1995). "The Dangerous Listener: Unforseen Perils in Intensive Interviewing." *Clinical Sociology Review*, 13 (1), 80—105. http://digitalcommons.wayne.edu/csr/vol13/iss1/9.

Keane, E.(2022). "Critical Analytic Memoing." In C. Vanover, P. Mihas and J. Saldaña(Eds.), *Analyzing and Interpreting Qualitative Research: After the Interview*. SAGE.

Lester, J. N. and Paulus, T. M.(2022). "Using Qualitative Data Analysis Software to Manage the Research Process." In C. Vanover, P. Mihas and J. Saldaña(Eds.), *Analyzing and Interpreting Qualitative Research: After the Interview*. SAGE.

Maietta, R., Hamilton, A., Swartout, K. and Petruzzelli, J., ResearchTalk. (2019). *Qualitative Data Analysis Camp*. ResearchTalk Inc.

Marr，B.(2020). *How Much Data Do We Create Every Day? The Mind-blowing Stats Everyone Should Read*. Forbes. https://www. forbes. com/sites/bernardmarr/2018/05/21/how-much-data-do-we-create-every-day-the-mind-blowing-stats-everyone-should-read/#99fa3960ba99.

McGill，C. M.，Puroway，D. and Duslak，M.(2022). "On Being a Researcher-participant: Challenges with the Iterative Process of Data Production, Analysis and (Re)Production." In C. Vanover，P. Mihas，& J. Saldaña(Eds.)，*Analyzing and Interpreting Qualitative Research : After the Interview*. SAGE.

Parry，W.(2011). *Twitter Reveals When We're Happiest*. Livescience. https://www. livescience. com/17552-happiness-measured-twitter. html.

Richards，J.(2021). "Coding, Categorizing, and Theming the Data: A Reflexive Search for Meaning." In C. Vanover，P. Mihas and J. Saldaña(Eds.)，*Analyzing and Interpreting Qualitative Research : After the Interview*. SAGE.

Richardson，L.(2000). "Writing: A Method of Inquiry." In N. K. Denzin and Y. S. Lincoln(Eds.)，*Handbook of Qualitative Research*(2nd ed.，pp.923—948). SAGE.

Saldaña，J.(2021). "Dramatizing Interviews." In C. Vanover，P. Mihas and J. Saldaña(Eds.)，*Analyzing and Interpreting Qualitative Research : After the Interview*. SAGE.

Shenfield，R. and Prendergast，M. (2021). "What Makes an Effective Teacher? Revealing Good Teaching Practice through Poetic Transcription." In C. Vanover，P. Mihas and J. Saldaña(Eds.)，*Analyzing and Interpreting Qualitative Research : After the Interview*. SAGE.

Small，M. L.(2017). *Someone to Talk to*. Oxford University Press.

Small，M. L.(2018). "Rhetoric and Evidence in a Polarized Society." Harvard University Public Lecture，Coming to Terms with a Polarized Society Lecture Series，ISERP，Columbia University，March 1.

Sockman，R. (n. d.). "Wikipedia." https://en. wikipedia. org/wiki/Ralph_Washington_Sockman.

Tracy，S. J.(2010). "Qualitative Quality: Eight 'Big-tent' Criteria for Excellent Qualitative Research." *Qualitative Inquiry*，*16*(10)，837—851. https://doi.org/10.1177/1077800410383121.

Vagle，M.(2018). *Crafting Phenomenological Research*(2nd ed.). Routledge.

关于作者

哈斯琳达·宾蒂·阿卜杜拉,马来西亚普特拉大学人类生态学院副教授,兼任研究与创新学院副院长,主要从事应用与发展心理学方面的教学和研究。

诺巴亚·宾蒂·艾哈迈德,马来西亚普特拉大学人类生态学院副教授,现任社会与发展科学系系主任。她的研究重点是城市地区的社会问题,包括住房、城市居民的福祉和城市地区的边缘群体。

米切尔·艾伦经营着"路边学术服务",这是一家为学者和出版商提供出版咨询服务的公司。在他 45 年的出版生涯中,他创立了两家专门从事质性研究的独立学术出版社:阿尔塔米拉出版社(AltaMira, 1995—2005)和左岸出版社(Left Coast, 2005—2016),并在 SAGE 出版社工作,在那里他创建了他们的质性研究出版项目。米切尔的学术背景是考古学,他隶属于加州大学伯克利分校和史密森尼博物馆。他是《质性研究要义》(*Essentials of Publishing Qualitative Research*)的作者,并定期为学者和学生开设出版研讨会,是国际质性研究大会和符号互动研究学会颁发的职业成就奖的获得者。

玛丽亚埃琳娜·巴尔泰萨吉,南佛罗里达大学传播学副教授。她研究制度化,即如何在口头和书面话语中追溯权威的社会话语。她在治疗、精神病学、危机环境、学术和定性研究实践方面的研究发表在《话语研究》(*Discourse Studies*)、《管理传播季刊》(*Management Communication Quarterly*)、《传播研究》(*Communication Studies*)、《传播评论》(*The Review of Communication*)、《通讯与医学》(*Communication & Medicine*)和《讨论中的语言》(*Language under Discussion*)等期刊上。她是《医学和医疗保健质性研究》（*Qualitative Research in Medicine and Healthcare*）的主编。

詹姆斯·伯诺尔，宾夕法尼亚州匹兹堡罗伯特莫里斯大学的教育学教授。他在本科和硕士阶段给老师上预备课程，在博士阶段教授质性和量化方法论。他的主要兴趣包括整合方法，以及探索影响教与学的广泛主题和问题。他特别喜欢与他的博士研究生、他所在大学的同事和世界各地的同事合作写作，只要他的创造力一直涌现，他就会继续这样做。

卡卡莉·巴塔查里亚，佛罗里达大学研究、评估和测量项目的多名获奖教授。她是 2018 年 AERA 中期职业生涯有色学者奖的获奖者和 2018 年 AERA G 部门的教育的社会背景指导奖的获奖者。她与肯特·吉伦（Kent Gillen）合著的《权力、种族与高等教育：跨文化平行叙事》（*Power，Race，and Higher Education：A Cross-Cultural Parallel Narrative*）获得了美国学术研究协会（AERA）2017 年杰出出版奖（SIG 168）和国际定性研究大会 2018 年杰出图书奖。她被《多元化》（*Diverse Magazine*）杂志评为高等教育领域最优秀的 25 位女性之一。

安德烈娅·宾厄姆，科罗拉多大学教育学院领导力、研究和基础专业副教授。她的研究重点是质性方法的应用、政策实施和教学改革以及组织变革。在最近的研究中，她使用质性研究方法来了解教师和领导者如何实施旨在改善教育公平的 K-12 学校创新模式。她的研究主要集中在个性化学习模式，包括教师实践、实施挑战和可持续性。

杰拉尔多·L.布兰科，波士顿学院林奇教育与人类发展学院国际高等教育中心学术主任与教育领导和高等教育副教授。他的研究重点是国际高等教育和质性方法在国际背景下的应用。他的教学、研究和咨询工作遍及五大洲 15 个国家。作为一名跨学科学者，他的研究发表在《文化研究-批判方法论》（*Cultural Studies-Critical Methodologies*）、《国际教育定性研究杂志》（*International Journal of Qualitative Studies in Education*）、《比较教育评论》（*Comparative Education Review*）和《高等教育评论》（*Review of Higher Education*）等顶级期刊上。

谢丽尔·L.查特菲尔德，肯特州立大学公共卫生学院的助理教授，也是肯特州立大学质性研究研究生证书的联合协调员。她也是俄亥俄公共卫生杂志的编辑，对各种公共卫生问题进行了一级和二级质性和混合方法研究。

马克·杜斯拉克，苏姆特湖州立学院学生处副主任。他目前正在佛罗里达州立大学完成教育领导力与政策研究方向的博士研究。马克的研究兴趣包括质性和量化方法，主要关注教育中的管理员-服务提供者动态、学术顾问角色明确和学术顾问身份形成相关的主题。可以通过 Duslakm@lssc.edu 联系他。

科里·伊根，乔治华盛顿大学教育与人类发展研究生院助理研究员。在过去的 7 年里，她对田纳西成就学区（Tennessee Achievement School District）进行了研究，最近又对孟菲斯的谢尔比县学校（Shelby County Schools）的周转区进行了为期三年的混合方法研究。在加入乔治华盛顿大学之前，她曾在田纳西州教育部担任研究员，并在北卡罗来纳州担任"为美国而教"组织成员。

杰米·L.费德勒，卡尔加里大学医学博士研究项目的学术项目协调员，她也指导该项目。从她自己的文学硕士之旅开始，她就对以艺术为基础的叙事方法感兴趣，并发表了以研究为基础的戏剧和以艺术为基础的、以设计为基础的叙事方法的著作。她也是《国际艺术/研究：跨学科杂志》的执行主编。杰米的研究兴趣包括应急教学、教师师徒关系、初级教师入职与减员、教师专业学习与成长。

约书亚·L.格莱泽，乔治华盛顿大学教育政策副教授。格莱泽博士的研究考察了改善高度贫困环境中表现不佳学校的多种方法。他最近指导了两项关于孟菲斯学校转型的多年研究，包括州立成就学区（state-run Achievement school District）和当地运营的区域学区，指导自己的改进工作。此外，他还在两个大西洋中部城市开展了一项研究——研究-实践合作关系的多年研究。他是最近出版的《选择特许学校：更好的学校还是更多的种族隔离？》（*Choosing Charters：Better Schools or More Segregation?*）一书的共同编辑。

艾尔莎·M.冈萨雷斯，休斯敦大学教育领导与政策研究系高等教育助理教授,同时担任高等教育博士项目的项目主任。她曾担任休斯敦大学 UH 能源计划的能源研究员。她在墨西哥国立大学(National University of Mexico,UNAM)获得工商管理硕士学位,在得州农工大学获得博士学位。她出版了 73 部著作,研究兴趣包括高等教育领导、跨语言质性数据分析的方法论问题、高等教育中的女性,以及未充分代表的学生的获取、弹性和保留。

西尔瓦娜·蒂·格雷戈里奥,QSR International 研究总监,该公司是 NVivo 的开发商。她是一名社会学家,曾经是一名学者。自 1995年以来,她一直从事质性数据分析软件方面的培训、咨询和出版工作。16 年来,她拥有自己的培训/咨询公司 sdG Associates。她是《使用Web 2.0 工具进行质性分析》(*Using Web 2.0 Tools for Qualitative Analysis*)的作者,与朱迪斯·戴维森(Judith Davidson)合著了《面向软件用户的质性研究设计》(*Qualitative Research Design for Software Users*)和《质性研究与技术:大变革中》(Qualitative Research and Technology:In the Midst of a Revolution),并与琳达·吉尔伯特(Linda Gilbert)和克里斯蒂·杰克逊(Kristi Jackson)合著了《质性分析工具》(*Tools for Qualitative Analysis*)。她是 QSR 产品开发团队的一员。

杰西卡·斯马特·格利恩,得克萨斯女子大学文理学院研究副院长和社会学副教授。她发表了超过 35 篇同行评议的期刊文章和书籍章节,并出版了 7 本书。她最近的著作包括《基于社区的行动研究的去殖民化方法研究》(*Researching With*:*A Decolonizing Approach to Community-Based Action Research*)、获奖的《衍射民族志:本体论转向中的社会科学与民族志写作》(*Diffractive Ethnography*:*Social Sciences in the Ontological Turn*,*and Writing Ethnography*)。

蒂姆·赫夫曼在亚利桑那州立大学获得博士学位,是圣路易斯大学传播学副教授。蒂姆使用参与性行动、质性的方法来理解和促进社会的正义。他特别致力于无家可归者和激进的城市贫困,并试图利用社会的结构和了解过程,为大多数利益边缘化和受压迫人的谋利。蒂姆曾在无家可归者/住房人类服务部门的多个组织中从事基于社区的质性研究项目。他在探究方面的学术成就为传播学研究者提供了范式、方法论和分析工具,使他们能够追求、想象并建立更加公正的社会。

乔治·坎贝雷利斯在密歇根大学获得博士学位,是西科罗拉多大学教育系教授、系主任和研究生项目主任。坎贝雷利斯博士的大部分研究集中在识字教育(尤其是流派研究)和质性调查(尤其是在研究中使用焦点小组)。他在各种期刊和手册上发表文章,包括《质性调查》(*Qualitative Inquiry*)、《国际教育质性研究》(*International Journal of Qualitative Studies in Education*)、《美国政治与社会科学院年鉴》(*Annals of the American Academy of Political and Social Sciences*)、《促进教育社会公正手册》(*Handbook on Promoting Social Justice in Education*)、《SAGE 质性研究手册》(*SAGE Handbook of Qualitative Research*)和《牛津质性研究方法手册》(*Oxford Handbook of Qualitative Research Methods*)。

伊莱恩·基恩,爱尔兰戈尔韦国立大学教育学院高级讲师(教育社会学和研究方法)和博士研究主任。她的研究和著作集中在扩大高等教育参与,包括教师教育,特别关注社会阶层、种族和跨文化教育。她是一本关于教学职业多元化的书的首席编辑(Routledge,2022)。伊莱恩担任《高等教育教学》(*Teaching in Higher Education*)编委会成员。她的研究兴趣还包括研究方法,尤其是基于建构主义的扎根理论,她与凯西·查马兹教授合作并发表了该理论,并在国际研讨会上宣讲。

史蒂文·埃里克·克劳斯,马来西亚普特拉大学教育研究学院的教授。他的教学和研究重点是多元文化背景下的积极青年发展,特别关注代际伙伴关系,以支持青年的发展和为青年谋福祉。

阿德里安·拉尔比-谢里夫,匹兹堡大学学习研究与发展中心的副学者。拉尔比-谢里夫博士的研究使用了不同的方法来了解如何在大型城市学区提高教学质量和公平的学生学习机会。他之前的研究调查了学校领导需要知道什么和做什么来支持数学老师发展雄心勃勃的数学教学实践。他目前正在研究学校系统如何利用改进科学和持续改进方法,在有或没有外部中介组织的情况下,改善教学和公平的学习机会。

杰西卡·N.莱斯特，印第安纳州布鲁明顿市印第安纳大学调查方法论（质性跟踪）副教授。她的学术研究集中在质性方法论和方法上，特别关注基于语言的方法论。最近，她与他人合著了《在数字世界中进行质性研究》（*Doing Qualitative Research in a Digital World*，2021）和《应用会话分析：制度环境中的社会互动》（*Applied Conversation Analysis：Social Interaction in Institutional Settings*，2019）。

伊冯娜·S.林肯，得州农工大学鲁思·哈灵顿（Ruth Harrington）教育领导力名誉教授和高等教育名誉教授，她还担任高等教育项目区域的项目主席、系副主任和系主任。她是100多篇关于高等教育或质性研究方法和方法论的章节和期刊文章的作者或合著者。她的研究兴趣包括质性方法和方法论的发展、研究型图书馆的现状和未来，以及新自由主义、全球化和公司化对西方高等教育的影响。

克雷格·M.麦吉尔，堪萨斯州立大学特殊教育、咨询和学生事务系的助理教授。他拥有佛罗里达国际大学成人教育和人力资源开发博士学位。麦吉尔博士是一名质性研究人员，强调身份认同（个人、专业和组织）。他的研究议程集中在社会公正和学术咨询的专业化，他还在音乐剧和酷儿研究方面发表了文章。可以通过 cmcgill@ksu.edu 联系到他。

艾莎·纳希达，马尔代夫维拉学院心理学高级讲师。她在马来西亚普特拉大学完成了社会心理学博士学位，她的研究重点是青少年的生活技能教育和社会心理问题。

特雷娜·M.保卢斯，田纳西州州立大学东方大学本科生研究与创新活动教授兼主任。她拥有印第安纳大学教学系统技术专业博士学位、俄亥俄大学应用语言学硕士学位、富兰克林学院英语和哲学学士学位。她的学术研究集中在方法创新上，尤其是与新技术的交叉。她是《在数字世界中进行质性研究》（*Doing Qualitative Research in a Digital World*，2021）、《在在线谈话中寻找洞察力转换和学习》（*Looking for Insight Transformation and Learning in Online Talk*，2019）和《质性研究的数字工具》（*Digital Tools for Qualitative Research*，2014）的合著者。

莫妮卡·普伦德加斯特,维多利亚大学课程与教学系戏剧/戏剧教育教授。她的研究兴趣包括以戏剧为基础的课程和教学、社区情境中的戏剧/戏剧,以及以艺术为基础的质性研究方法。她的著作包括:《应用剧场和应用戏》《诗意的调查》《分段悬而未决》《加拿大戏剧、戏剧和表演教育》《诗歌式探究 2》《教师与舞台与荧幕教学》。她的简历包括50 多个同行评议的期刊投稿、25 多个章节、书评和专业投稿。莫妮卡还为加拿大广播公司(CBC)广播电台写戏剧评论,为《焦点》杂志写戏剧专栏。

德鲁·普罗维,明尼苏达州圣托马斯大学学术咨询副主任。他拥有圣托马斯大学的教育领导力博士学位,专注于批判性教学法。他是一名质性研究者,研究领域包括学术咨询中的伦理、校园生态和社会正义。可以通过 dwpuroway@stthomas.edu 联系普罗维博士。

珍妮特·理查兹,南佛罗里达大学识字和质性研究教授,她开设了三门质性课程:基于艺术的研究、质性研究教学法和作为研究的写作。她是在线扫盲实践与研究的高级编辑,并因将 OTEL 杂志从印刷版转为开放获取而获得扫盲教师教育者组织的杰出成就奖。她获得了OTEL 的两项研究奖,并担任国际扫盲协会学者,在巴基斯坦、阿塞拜疆、罗马尼亚、爱沙尼亚、匈牙利等新兴国家以及缅甸和泰国之间的丛林开展工作。

格雷琴·B.罗斯曼,马萨诸塞大学阿默斯特分校的名誉教授。她擅长质性研究的设计和方法,与他人合著了 15 本书,其中两本是主要的质性研究专著,即与莎伦·拉利斯合著的《质性研究导论:实地学习(第四版)》(*An Introduction to Qualitative Research*:*Learning in the Field*,4th ed),与凯瑟琳·马歇尔(Catherine Marshall)和杰拉尔多·布兰科合著的《质性研究设计(第七版)》(*Designing Qualitative Research*,7th ed 正在筹备中)。她还撰写或合作撰写了 50 多篇文章、书籍章节和技术报告。

罗宾·申菲尔德,维多利亚大学教育学院课程与教学系博士研究生。她曾在澳大利亚和加拿大的公立和私立学校任教,并在本科阶段为职前小学教师授课。她在许多杂志上发表过文章,包括《戏剧教育研究：应用戏剧和表演杂志》《国际艺术／研究杂志》和《NJ：澳大利亚戏剧杂志》。她的研究兴趣广泛，包括戏剧教育、应用戏剧、道德教育和以艺术为基础的质性研究。

丹尼尔·特纳最初是健康、医疗保健服务和长期条件方面的质性研究员，他参与了与英国国家机构和大学的合作。2014 年，他离开学术界创办了 Quirkos，当时他发现市场对简单可靠的质性分析软件的需求尚未得到满足。他是 Quirkos 的创始人和董事长。他开了一个关于质性方法的博客，非常流行。

艾莉森·韦尔克在科罗拉多州立大学获得教育科学博士学位，在科罗拉多大学丹佛分校获得修辞学和写作教学硕士学位。韦尔克博士过去九年一直在大学教授作文课程，她目前是科罗拉多州立大学的高级英语讲师。她在世哲出版公司出版的《质性研究手册》(*Handbook of Qualitative Research*)、《课程理论化杂志》(*Journal of Curriculum Theorizing*)、《对话教育学：国际在线期刊》(*Dialogic Pedagogy：An International Online Journal*) 和《在线技术传播杂志》(*Journal of Technical Communication Online*) 等书籍和期刊上发表了多篇文章。

帕特里夏·维特科夫斯基，科罗拉多大学科罗拉多斯普林斯分校领导、研究和基础专业助理教授，她对高等教育中的大学生过渡和学生事务专业人士进行了质性研究。她积极参与各种学生事务专业协会，担任 NASPA 高等教育学生事务管理员和 ACPA 国际大学生教育工作者。

图书在版编目(CIP)数据

质性研究分析与诠释 ：访谈之后 ／（美）查尔斯·
瓦诺弗，（美）保罗·米哈斯，（美）约翰尼·萨尔达尼亚
主编 ；秦静，施文刚译. — 上海 ：格致出版社 ：上海
人民出版社，2024.6
（格致方法·社会科学研究方法译丛）
ISBN 978 - 7 - 5432 - 3556 - 4

Ⅰ. ①质… Ⅱ. ①查… ②保… ③约… ④秦… ⑤施
… Ⅲ. ①社会科学-研究方法 Ⅳ. ①C3

中国国家版本馆 CIP 数据核字(2024)第 056237 号

责任编辑 王亚丽
装帧设计 路 静

格致方法·社会科学研究方法译丛

质性研究分析与诠释:访谈之后

[美]查尔斯·瓦诺弗 保罗·米哈斯 约翰尼·萨尔达尼亚 主编
秦静 施文刚 译

出 版 格致出版社
上海人民出版社
(201101 上海市闵行区号景路 159 弄 C 座)
发 行 上海人民出版社发行中心
印 刷 浙江临安曙光印务有限公司
开 本 635×965 1/16
印 张 33.5
插 页 2
字 数 477,000
版 次 2024 年 6 月第 1 版
印 次 2024 年 6 月第 1 次印刷
ISBN 978 - 7 - 5432 - 3556 - 4/C · 307
定 价 138.00 元

上海市版权局著作权合同登记号:图字 09-2024-0047

格致方法·社会科学研究方法译丛